Contents

Einleitung 1
Der Aufstieg einer Stimme 1

Frühe Jahre 25
Kindheit und Herkunft 25

Bibliography 35
Akademische Laufbahn 47

Bibliography 55

Aktivismus und Engagement 71
Der Beginn des Aktivismus 71
Einflussreiche Projekte 94

Bibliography 117

Herausforderungen und Widerstände 119
Gesellschaftliche Widerstände 119
Interne Konflikte 141

Bibliography 147

Bibliography 165

Erfolge und Errungenschaften 169
Meilensteine im Aktivismus 169

Bibliography 177
Vision für die Zukunft 192

Bibliography 217

Fazit 219
Rückblick auf Viviane Namastes Leben 219

Bibliography 235

Danksagung 245
Würdigung der Unterstützer 245

Bibliography 249

Index 271

Viviane Namaste Unveiled

Die Akademikerin, die die trans-Rechte verändert hat –
Unautorisiert

Ahmed Vargas

ISBN: 9781998610877
Imprint: Telephasischewerkstatt
Copyright © 2024 Ahmed Vargas.
All Rights Reserved.

Einleitung

Der Aufstieg einer Stimme

Die Bedeutung von Viviane Namaste

Viviane Namaste ist eine herausragende Figur in der LGBTQ-Bewegung, deren Einfluss weit über die Grenzen ihrer Disziplin hinausgeht. Ihre Arbeit hat nicht nur die akademische Landschaft geprägt, sondern auch das Leben unzähliger Menschen innerhalb und außerhalb der Trans-Community verändert. In diesem Abschnitt werden wir die verschiedenen Dimensionen von Namastes Bedeutung untersuchen, einschließlich ihrer akademischen Beiträge, ihres Aktivismus und ihrer Rolle als Symbol für den Wandel in der Gesellschaft.

Akademische Beiträge

Viviane Namaste ist nicht nur eine Aktivistin, sondern auch eine angesehene Akademikerin, die sich intensiv mit den Themen Geschlecht, Sexualität und Identität auseinandersetzt. Ihre Publikationen, darunter das wegweisende Buch „*The Politics of Transgenderism*", haben die Diskussion über Trans-Rechte und Identität in der akademischen Welt revolutioniert. Namaste argumentiert, dass die akademische Auseinandersetzung mit Trans-Themen nicht isoliert betrachtet werden kann, sondern im Kontext gesellschaftlicher Strukturen und Machtverhältnisse stehen muss.

Die theoretischen Grundlagen ihrer Arbeit sind stark von feministischen und queer-theoretischen Ansätzen geprägt. Sie verwendet das Konzept der *Intersektionalität* (Crenshaw, 1989), um zu verdeutlichen, dass Diskriminierung nicht nur auf Geschlecht oder Sexualität basiert, sondern auch durch Rasse, Klasse und andere soziale Kategorien verstärkt wird. Diese Perspektive fördert ein ganzheitliches Verständnis der Herausforderungen, mit denen trans Personen konfrontiert sind, und zeigt auf, dass Lösungen nur durch die Berücksichtigung dieser komplexen Zusammenhänge entwickelt werden können.

Aktivismus und Einfluss

Namastes Einfluss erstreckt sich über die akademische Welt hinaus in die Sphäre des Aktivismus. Sie hat zahlreiche Organisationen gegründet und geleitet, die sich für die Rechte von Trans-Personen einsetzen. Ihre Kampagnen zur Sensibilisierung und für gesetzliche Veränderungen haben dazu beigetragen, dass Trans-Rechte in vielen Ländern anerkannt werden. Ein herausragendes Beispiel ist ihre Rolle bei der Einführung des *Transgender Rights Bill* in Kanada, das grundlegende Rechte für Trans-Personen festlegt.

Ein zentrales Element ihres Aktivismus ist die Sichtbarkeit. Namaste betont, dass Sichtbarkeit nicht nur die Repräsentation in den Medien umfasst, sondern auch die Anerkennung der Vielfalt innerhalb der Trans-Community. Sie fordert die Gesellschaft auf, die Stimmen von marginalisierten Gruppen zu hören und deren Erfahrungen ernst zu nehmen. Ihre Arbeit hat dazu beigetragen, dass viele Menschen, die sich zuvor unsichtbar fühlten, nun eine Plattform haben, um ihre Geschichten zu teilen und für ihre Rechte einzutreten.

Symbol für den Wandel

Viviane Namaste ist mehr als nur eine Akademikerin oder Aktivistin; sie ist ein Symbol für den Wandel. Ihr Engagement hat nicht nur die akademische Diskussion über Geschlecht und Identität beeinflusst, sondern auch einen tiefgreifenden gesellschaftlichen Wandel angestoßen. Sie verkörpert die Idee, dass Veränderung möglich ist, wenn Menschen bereit sind, für ihre Rechte zu kämpfen und sich gegen Diskriminierung zu erheben.

Ein Beispiel für diesen Wandel ist die zunehmende Akzeptanz von Trans-Personen in der Gesellschaft. Namaste hat durch ihre Arbeit dazu beigetragen, Vorurteile abzubauen und das Bewusstsein für die Herausforderungen zu schärfen, mit denen Trans-Personen konfrontiert sind. Ihre Auftritte in den Medien und auf Konferenzen haben dazu geführt, dass das Thema Trans-Rechte in den öffentlichen Diskurs eingegangen ist und als wichtiges gesellschaftliches Anliegen anerkannt wird.

Zusammenfassung

Die Bedeutung von Viviane Namaste lässt sich nicht auf einen einzelnen Aspekt ihrer Arbeit reduzieren. Sie ist eine akademische Pionierin, eine engagierte

Aktivistin und ein Symbol für den Wandel in der Gesellschaft. Ihre Beiträge zur LGBTQ-Bewegung sind von unschätzbarem Wert und zeigen, dass der Kampf für Gleichheit und Gerechtigkeit in vielen Formen und auf vielen Ebenen geführt werden kann. Namaste inspiriert nicht nur die gegenwärtige Generation von Aktivisten, sondern hinterlässt auch ein Erbe, das zukünftige Generationen anregen wird, sich für die Rechte aller Menschen einzusetzen. Ihre Arbeit ist ein eindringlicher Aufruf zum Handeln und zur Solidarität, und ihre Vision einer inklusiven Gesellschaft bleibt ein zentrales Ziel für die LGBTQ-Bewegung.

$$\text{Einfluss} = \text{Akademische Beiträge} + \text{Aktivismus} + \text{Gesellschaftlicher Wandel} \quad (1)$$

Ein Blick auf die LGBTQ-Bewegung

Die LGBTQ-Bewegung hat sich seit ihren Anfängen in den späten 1960er Jahren zu einer der bedeutendsten sozialen Bewegungen weltweit entwickelt. Sie umfasst die Kämpfe und Bestrebungen von Lesben, Schwulen, Bisexuellen, Transgender- und Queer-Personen, die Gleichheit, Akzeptanz und die Rechte auf Selbstbestimmung fordern. Diese Bewegung ist nicht nur ein Kampf um rechtliche Gleichstellung, sondern auch um gesellschaftliche Anerkennung und kulturelle Sichtbarkeit.

Historischer Kontext

Die moderne LGBTQ-Bewegung kann auf die Stonewall-Unruhen von 1969 in New York City zurückgeführt werden, die oft als Wendepunkt in der Geschichte des LGBTQ-Aktivismus angesehen werden. Diese Unruhen waren eine Reaktion auf Polizeirazzien in der Stonewall Inn, einem bekannten Treffpunkt für die LGBTQ-Community. Der Mut der Menschen, die sich gegen die Unterdrückung wehrten, führte zu einer Welle von Protesten und der Gründung von Organisationen, die sich für die Rechte von LGBTQ-Personen einsetzen.

Theoretische Grundlagen

Die LGBTQ-Bewegung ist stark von verschiedenen theoretischen Ansätzen geprägt, darunter:

- **Queer-Theorie:** Diese Theorie hinterfragt die traditionellen Vorstellungen von Geschlecht und Sexualität und betont die fluiden und sozialen Konstruktionen dieser Konzepte. Sie fordert eine Dekonstruktion von Normen und eine Akzeptanz von Diversität.

- **Intersektionalität:** Diese Theorie, die von Kimberlé Crenshaw geprägt wurde, untersucht, wie verschiedene soziale Kategorien wie Geschlecht, Rasse, Klasse und Sexualität miteinander interagieren und die Erfahrungen von Diskriminierung und Privileg beeinflussen.

- **Soziale Bewegungsforschung:** Diese Disziplin analysiert, wie soziale Bewegungen entstehen, sich entwickeln und welche Strategien sie anwenden, um ihre Ziele zu erreichen. Sie bietet Einsichten in die Dynamik von Protesten und die Mobilisierung von Unterstützern.

Herausforderungen der Bewegung

Trotz erheblicher Fortschritte sieht sich die LGBTQ-Bewegung weiterhin zahlreichen Herausforderungen gegenüber:

- **Rechtliche Diskriminierung:** In vielen Ländern sind LGBTQ-Personen rechtlich nicht gleichgestellt. Diskriminierung in Bereichen wie Ehe, Adoption und Arbeitsplatz bleibt ein zentrales Problem.

- **Gesellschaftliche Vorurteile:** Vorurteile und Stereotypen sind tief in vielen Kulturen verwurzelt. Diese führen zu Stigmatisierung, Gewalt und Diskriminierung, die das Leben von LGBTQ-Personen stark beeinträchtigen.

- **Interne Konflikte:** Innerhalb der LGBTQ-Community gibt es oft Spannungen zwischen verschiedenen Gruppen, insbesondere zwischen den Interessen von cisgender und transgender Personen sowie zwischen verschiedenen ethnischen und kulturellen Gruppen.

Erfolge der Bewegung

Trotz dieser Herausforderungen hat die LGBTQ-Bewegung bedeutende Erfolge erzielt:

- **Rechtsänderungen:** In vielen Ländern wurden Gesetze verabschiedet, die die Ehe für gleichgeschlechtliche Paare legalisieren, Antidiskriminierungsschutz bieten und Transgender-Rechte stärken.

- **Sichtbarkeit in den Medien:** Die Repräsentation von LGBTQ-Personen in den Medien hat zugenommen, was zu einem besseren Verständnis und einer breiteren Akzeptanz in der Gesellschaft beiträgt.

- **Globale Solidarität:** Die Bewegung hat internationale Netzwerke gebildet, die sich für die Rechte von LGBTQ-Personen in Ländern einsetzen, in denen sie stark diskriminiert werden. Organisationen wie ILGA (International Lesbian, Gay, Bisexual, Trans and Intersex Association) spielen eine zentrale Rolle in diesem globalen Aktivismus.

Zukunftsausblick

Die Zukunft der LGBTQ-Bewegung wird von der Notwendigkeit geprägt sein, die erreichten Fortschritte zu verteidigen und neue Herausforderungen anzugehen. Themen wie die Rechte von Transgender-Personen, der Schutz vor Gewalt und Diskriminierung sowie die Unterstützung von LGBTQ-Jugendlichen stehen im Mittelpunkt der aktuellen Diskussionen.

$$\text{Gesellschaftliche Akzeptanz} \propto \text{Bildung} + \text{Sichtbarkeit} + \text{Rechtsgleichheit} \quad (2)$$

Die Gleichung verdeutlicht, dass gesellschaftliche Akzeptanz von der Kombination von Bildung, Sichtbarkeit und rechtlicher Gleichheit abhängt. Der Weg zur vollständigen Gleichstellung erfordert weiterhin Engagement, Solidarität und den unermüdlichen Einsatz aller, die an eine inklusive und gerechte Gesellschaft glauben.

Insgesamt ist die LGBTQ-Bewegung ein dynamisches und vielfältiges Feld, das sich ständig weiterentwickelt. Die Herausforderungen sind groß, aber die Erfolge sind ermutigend und zeigen, dass Veränderung möglich ist. Es liegt an uns allen, diesen Wandel aktiv zu unterstützen und zu fördern.

Die Herausforderungen der Trans-Community

Die Trans-Community sieht sich einer Vielzahl von Herausforderungen gegenüber, die sowohl gesellschaftlicher als auch individueller Natur sind. Diese Herausforderungen können in verschiedene Kategorien unterteilt werden, darunter soziale Akzeptanz, rechtliche Anerkennung, gesundheitliche Versorgung und wirtschaftliche Sicherheit. Im Folgenden werden diese Herausforderungen detailliert untersucht.

Soziale Akzeptanz

Die soziale Akzeptanz ist eine der grundlegendsten Herausforderungen, mit denen Trans-Personen konfrontiert sind. Vorurteile und Stereotypen über

Trans-Menschen sind weit verbreitet und manifestieren sich in verschiedenen Formen, wie beispielsweise Diskriminierung am Arbeitsplatz, in Bildungseinrichtungen und im Gesundheitswesen.

Ein Beispiel hierfür ist die Studie von [?], die zeigt, dass Trans-Personen häufig Diskriminierung und Belästigung erfahren, was zu einem erhöhten Risiko für psychische Erkrankungen führt. Laut einer Umfrage von [?] gaben 46% der befragten Trans-Personen an, in ihrem Leben bereits Diskriminierung aufgrund ihrer Geschlechtsidentität erfahren zu haben.

Rechtliche Anerkennung

Ein weiteres zentrales Problem ist die rechtliche Anerkennung der Geschlechtsidentität. In vielen Ländern ist es nach wie vor schwierig, die rechtlichen Dokumente, wie Geburtsurkunden und Personalausweise, entsprechend der Geschlechtsidentität zu ändern. Dies führt zu einer Vielzahl von praktischen Problemen, die Trans-Personen im Alltag begegnen.

Die *Transgender Legal Defense and Education Fund* berichtet, dass in einigen Staaten in den USA die Gesetze zur Änderung des Geschlechts auf offiziellen Dokumenten äußerst restriktiv sind. Diese Hürden führen dazu, dass Trans-Personen häufig in Situationen geraten, in denen sie ihre Identität nicht authentisch leben können, was zu einem Gefühl der Entfremdung und Isolation führen kann [?].

Gesundheitliche Versorgung

Die gesundheitliche Versorgung stellt eine weitere große Herausforderung dar. Trans-Personen haben oft Schwierigkeiten, Zugang zu angemessener medizinischer Versorgung zu erhalten, einschließlich geschlechtsbestätigender Behandlungen. Viele Gesundheitsdienstleister sind nicht ausreichend geschult, um die spezifischen Bedürfnisse von Trans-Personen zu verstehen und zu berücksichtigen.

Laut [?] haben Trans-Personen ein höheres Risiko für psychische Erkrankungen, und es ist von entscheidender Bedeutung, dass sie Zugang zu kompetenter psychologischer Unterstützung haben. Die *National Center for Transgender Equality* berichtet, dass 19% der Trans-Personen in den USA aufgrund ihrer Geschlechtsidentität bereits medizinische Versorgung verweigert wurde [?].

Wirtschaftliche Sicherheit

Die wirtschaftliche Sicherheit ist eine weitere signifikante Herausforderung für die Trans-Community. Diskriminierung am Arbeitsplatz führt häufig zu einer höheren Arbeitslosigkeit und einem niedrigeren Einkommen im Vergleich zu cisgeschlechtlichen Personen. Eine Studie von [?] hat gezeigt, dass Trans-Personen im Durchschnitt 15% weniger verdienen als ihre cisgeschlechtlichen Kollegen.

Zusätzlich können Trans-Personen, die sich in der Übergangsphase befinden, mit hohen Kosten für medizinische Behandlungen konfrontiert werden, was ihre finanzielle Situation weiter belasten kann. Die *Williams Institute* schätzt, dass etwa 30% der Trans-Personen in den USA in Armut leben [?].

Psychische Gesundheit

Die psychische Gesundheit ist eng mit den oben genannten Herausforderungen verbunden. Trans-Personen sind einem erhöhten Risiko für psychische Erkrankungen ausgesetzt, einschließlich Depressionen, Angstzuständen und Suizidgedanken. Laut einer Studie von [?] haben 41% der Trans-Personen in den USA versucht, sich das Leben zu nehmen, was eine alarmierende Zahl ist, die die Dringlichkeit von Unterstützungsangeboten unterstreicht.

Fazit

Zusammenfassend lässt sich sagen, dass die Herausforderungen der Trans-Community vielschichtig und komplex sind. Es bedarf einer umfassenden gesellschaftlichen Veränderung, um Vorurteile abzubauen, rechtliche Rahmenbedingungen zu verbessern, den Zugang zu Gesundheitsdiensten zu gewährleisten und wirtschaftliche Sicherheit zu fördern. Nur durch kollektives Handeln und Sensibilisierung können wir eine inklusive Gesellschaft schaffen, in der Trans-Personen die gleichen Rechte und Möglichkeiten genießen wie alle anderen.

Vorurteile und Stereotypen im Alltag

Vorurteile und Stereotypen sind tief verwurzelte soziale Konstrukte, die oft unbewusst in unserem Denken und Handeln verankert sind. Sie beeinflussen nicht nur die Wahrnehmung von Individuen, sondern auch die Interaktionen zwischen verschiedenen Gruppen in der Gesellschaft. Im Kontext der LGBTQ-Community, insbesondere der Trans-Community, haben Vorurteile und

Stereotypen weitreichende Auswirkungen auf das tägliche Leben und die Erfahrungen der Betroffenen.

Theoretische Grundlagen

Vorurteile können als negative Einstellungen gegenüber einer Gruppe definiert werden, während Stereotypen generalisierte Überzeugungen über die Eigenschaften und Verhaltensweisen von Mitgliedern dieser Gruppe sind. Laut Allport's [?] Kontakt-Hypothese können Vorurteile durch Interaktionen zwischen verschiedenen Gruppen abgebaut werden, was jedoch oft durch bestehende Stereotypen behindert wird. Diese Stereotypen sind häufig das Ergebnis von Medienberichterstattung, kulturellen Narrativen und historischen Diskriminierungen, die ein verzerrtes Bild von Trans-Personen vermitteln.

Probleme und Herausforderungen

Die Herausforderungen, die aus Vorurteilen und Stereotypen resultieren, sind vielfältig:

- **Diskriminierung:** Trans-Personen sehen sich häufig Diskriminierung in verschiedenen Lebensbereichen gegenüber, sei es am Arbeitsplatz, im Gesundheitswesen oder im Bildungssektor. Eine Studie von [?] zeigt, dass 90% der Trans-Personen in den USA Diskriminierung erlebt haben.

- **Gewalt:** Vorurteile können zu Gewalt führen. Laut dem Human Rights Campaign Report [?] sind Trans-Frauen, insbesondere solche aus marginalisierten ethnischen Gruppen, überproportional von Gewalt betroffen.

- **Psychische Gesundheit:** Die ständige Konfrontation mit Vorurteilen kann zu psychischen Problemen führen. Laut einer Studie von [?] haben Trans-Personen ein höheres Risiko für Depressionen und Angststörungen aufgrund der gesellschaftlichen Stigmatisierung.

Beispiele aus dem Alltag

Ein Beispiel für die Auswirkungen von Stereotypen im Alltag ist die häufige Annahme, dass Trans-Personen in ihrer Geschlechtsidentität nicht authentisch sind oder dass sie lediglich eine Phase durchleben. Diese Sichtweise kann zu einem Mangel an Unterstützung und Verständnis führen, sowohl in persönlichen Beziehungen als auch in professionellen Umfeldern. Ein weiteres Beispiel ist die stereotype Vorstellung, dass Trans-Personen „anders" oder „unnormal" sind, was häufig zu sozialer Isolation und einem Gefühl der Entfremdung führt.

Die Medien spielen eine entscheidende Rolle bei der Verstärkung oder Minderung dieser Stereotypen. Oft werden Trans-Personen in Filmen und Fernsehsendungen entweder als Klischees dargestellt oder ihre Geschichten werden sensationalisiert, was zu einem verzerrten öffentlichen Bild führt. Diese Darstellungen können das Leben von Trans-Personen erheblich beeinflussen, indem sie Vorurteile verstärken und die gesellschaftliche Akzeptanz verringern.

Strategien zur Überwindung von Vorurteilen

Um Vorurteile und Stereotypen abzubauen, ist es wichtig, Bildung und Aufklärung zu fördern. Aufklärungskampagnen, die sich auf die menschlichen Erfahrungen von Trans-Personen konzentrieren, können dazu beitragen, Empathie zu schaffen und Missverständnisse abzubauen. Die Einbeziehung von Trans-Personen in Medien und öffentliche Diskurse ist entscheidend, um deren Stimmen zu stärken und eine realistischere Darstellung zu fördern.

Darüber hinaus können Programme zur Sensibilisierung in Schulen und am Arbeitsplatz dazu beitragen, ein inklusiveres Umfeld zu schaffen. Ein Beispiel dafür ist das „Safe Zone"-Training, das oft an Universitäten angeboten wird, um Studierende und Mitarbeiter über LGBTQ-Themen aufzuklären und ihnen Werkzeuge an die Hand zu geben, um ein unterstützendes Umfeld zu fördern.

Fazit

Vorurteile und Stereotypen sind bedeutende Barrieren für die Gleichstellung und Akzeptanz von Trans-Personen in der Gesellschaft. Um eine inklusivere und gerechtere Gesellschaft zu schaffen, ist es unerlässlich, diese Herausforderungen aktiv anzugehen. Bildung, Aufklärung und die Förderung von Sichtbarkeit sind Schlüsselstrategien, um Vorurteile abzubauen und ein besseres Verständnis für die Vielfalt menschlicher Identität zu fördern.

Der Einfluss von Aktivismus auf die Gesellschaft

Aktivismus spielt eine zentrale Rolle in der Gestaltung und Veränderung gesellschaftlicher Normen und Werte. Er ist oft der Motor für soziale Bewegungen, die darauf abzielen, Ungerechtigkeiten zu bekämpfen und die Rechte von marginalisierten Gruppen zu fördern. Im Kontext der LGBTQ-Community hat der Aktivismus nicht nur individuelle Schicksale berührt, sondern auch tiefgreifende Veränderungen in der Gesellschaft bewirkt.

Theoretische Grundlagen

Die Theorie des sozialen Wandels, wie sie von Theoretikern wie Karl Marx und Max Weber formuliert wurde, bietet einen Rahmen für das Verständnis der Dynamik von Aktivismus. Marx argumentierte, dass soziale Veränderungen durch Konflikte zwischen verschiedenen Klassen und Interessengruppen entstehen. Im Gegensatz dazu betonte Weber die Bedeutung von Ideen und Werten bei der Formung von sozialen Strukturen. Aktivismus kann demnach als ein Prozess betrachtet werden, der sowohl auf materiellen Bedingungen als auch auf ideellen Vorstellungen basiert.

Probleme und Herausforderungen

Trotz seiner positiven Auswirkungen sieht sich Aktivismus oft erheblichen Herausforderungen gegenüber. Diskriminierung, gesellschaftliche Vorurteile und institutionelle Barrieren können die Wirksamkeit von aktivistischen Bemühungen einschränken. Ein Beispiel hierfür ist die Widerstandsfähigkeit gegen die Ehe für alle in vielen Ländern, wo konservative Kräfte aktiv gegen die Legalisierung von gleichgeschlechtlichen Ehen mobilisierten. Diese Widerstände führen oft zu einem Rückschritt in den Fortschritten, die durch Aktivismus erzielt wurden.

Beispiele für Einfluss

Ein prägnantes Beispiel für den Einfluss von Aktivismus auf die Gesellschaft ist die Bewegung für die Rechte von Transgender-Personen. In den letzten zwei Jahrzehnten haben Aktivisten wie Viviane Namaste durch ihre Arbeit und ihre Sichtbarkeit dazu beigetragen, das Bewusstsein für die Herausforderungen zu schärfen, mit denen Transgender-Personen konfrontiert sind. Ihre Kampagnen haben nicht nur die öffentliche Wahrnehmung verändert, sondern auch rechtliche Reformen angestoßen, die die Gleichstellung fördern.

Ein weiteres Beispiel ist die Stonewall-Bewegung, die als Wendepunkt in der LGBTQ-Geschichte gilt. Der Aufstand von Stonewall im Jahr 1969 führte zur Gründung zahlreicher LGBTQ-Organisationen und zur Entstehung eines globalen Aktivismus, der die Rechte von LGBTQ-Personen auf die politische Agenda setzte. Diese Bewegung hat nicht nur in den USA, sondern weltweit Einfluss genommen und zur Einführung von Antidiskriminierungsgesetzen beigetragen.

Langfristige Auswirkungen

Die langfristigen Auswirkungen von aktivistischem Engagement sind oft tiefgreifend und nachhaltig. Gesellschaften, die aktivistische Bewegungen unterstützen, zeigen häufig eine höhere Akzeptanz gegenüber Diversität und Inklusion. Laut einer Studie von Smith et al. (2018) korreliert die Unterstützung von LGBTQ-Rechten mit einer allgemeinen Verbesserung der sozialen Indikatoren wie Bildung, Gesundheit und wirtschaftlicher Stabilität.

Ein mathematisches Modell zur Analyse des Einflusses von Aktivismus auf gesellschaftliche Veränderungen könnte wie folgt formuliert werden:

$$C = f(A, R, T)$$

wobei C die gesellschaftliche Veränderung darstellt, A den Grad des Aktivismus, R die Reaktion der Gesellschaft und T die Zeit. Dieses Modell zeigt, dass der Einfluss des Aktivismus auf die Gesellschaft nicht isoliert betrachtet werden kann, sondern von der Reaktion der Gesellschaft und dem zeitlichen Verlauf abhängt.

Schlussfolgerung

Zusammenfassend lässt sich sagen, dass der Einfluss von Aktivismus auf die Gesellschaft sowohl direkt als auch indirekt ist. Er verändert nicht nur Gesetze und politische Strukturen, sondern formt auch kulturelle Normen und Werte. Aktivismus ist ein unverzichtbarer Bestandteil des gesellschaftlichen Wandels und bleibt eine kraftvolle Stimme für die Rechte und die Sichtbarkeit marginalisierter Gruppen. Die Arbeit von Aktivisten wie Viviane Namaste ist nicht nur ein Zeugnis für persönlichen Mut, sondern auch ein Katalysator für kollektive Veränderung und Fortschritt in der Gesellschaft.

Die Rolle der Akademiker in der Bewegung

Akademiker spielen eine entscheidende Rolle in der LGBTQ-Bewegung, insbesondere im Bereich der Trans-Rechte. Ihre Beiträge sind vielfältig und reichen von der Forschung über die Aufklärung bis hin zur politischen Einflussnahme. In diesem Abschnitt werden wir die verschiedenen Dimensionen der Rolle von Akademikern in der LGBTQ-Bewegung beleuchten, die Herausforderungen, denen sie gegenüberstehen, sowie einige herausragende Beispiele für ihren Einfluss.

Forschung und Wissenserzeugung

Akademiker sind oft an vorderster Front, wenn es darum geht, Wissen über LGBTQ-Themen zu generieren und zu verbreiten. Durch empirische Forschung und theoretische Analysen tragen sie dazu bei, das Verständnis für die Bedürfnisse und Herausforderungen der Trans-Community zu vertiefen. Eine bedeutende Theorie in diesem Kontext ist die Queer-Theorie, die die Konstruktion von Geschlecht und Sexualität hinterfragt und die Fluidität dieser Konzepte betont.

Ein Beispiel für die Anwendung dieser Theorie ist die Arbeit von Judith Butler, die in ihren Schriften die performative Natur von Geschlecht untersucht hat. Butler argumentiert, dass Geschlecht nicht eine feste Identität ist, sondern vielmehr durch wiederholte Handlungen und gesellschaftliche Normen konstruiert wird. Diese Perspektive hat nicht nur das akademische Diskursfeld bereichert, sondern auch praktische Implikationen für den Aktivismus, indem sie die Notwendigkeit unterstreicht, Geschlechtsidentität als dynamisch und veränderbar zu betrachten.

Aufklärung und Sensibilisierung

Akademiker spielen auch eine wichtige Rolle bei der Aufklärung der Öffentlichkeit über LGBTQ-Themen. Durch Vorträge, Workshops und Publikationen tragen sie dazu bei, Vorurteile abzubauen und das Bewusstsein für die Herausforderungen der Trans-Community zu schärfen. Die Vermittlung von Wissen ist entscheidend, um Diskriminierung und Stigmatisierung entgegenzuwirken.

Ein Beispiel für erfolgreiche Aufklärungsarbeit ist die Initiative „Transgender Awareness Week", die von verschiedenen akademischen Institutionen unterstützt wird. Diese Woche umfasst eine Reihe von Veranstaltungen, die sich mit Themen wie Trans-Rechte, Identität und Sichtbarkeit befassen und darauf abzielen, das Bewusstsein in der breiten Öffentlichkeit zu schärfen.

Politische Einflussnahme

Darüber hinaus sind Akademiker oft in politische Prozesse involviert, sei es durch Beratung, Lobbyarbeit oder die Erstellung von Policy-Papieren. Ihre Expertise ist gefragt, wenn es darum geht, Gesetze zu formulieren, die die Rechte von Trans-Personen schützen. Ein Beispiel hierfür ist die Arbeit von Professoren, die an der Entwicklung von Gesetzentwürfen zur Anerkennung der Geschlechtsidentität beteiligt sind, wie etwa das „Gender Recognition Act" im Vereinigten Königreich.

Die Herausforderung hierbei liegt oft in der politischen Landschaft, die von Vorurteilen und Widerstand geprägt ist. Akademiker müssen sich nicht nur auf ihre Forschung stützen, sondern auch auf strategische Kommunikationsfähigkeiten, um ihre Botschaften effektiv zu vermitteln und politische Entscheidungsträger zu überzeugen.

Herausforderungen und Widerstände

Trotz ihrer wichtigen Rolle stehen Akademiker in der LGBTQ-Bewegung vor zahlreichen Herausforderungen. Eine der größten Hürden ist die institutionelle Diskriminierung, die sich sowohl in der akademischen Welt als auch in der Gesellschaft manifestiert. Viele Akademiker berichten von Schwierigkeiten, ihre Forschung zu LGBTQ-Themen zu veröffentlichen oder in akademischen Kreisen ernst genommen zu werden.

Darüber hinaus müssen sie oft mit dem Druck umgehen, ihre Identität in einem Umfeld zu verbergen, das nicht immer unterstützend ist. Diese Herausforderungen können sich negativ auf ihre Fähigkeit auswirken, sich aktiv in der Bewegung zu engagieren und ihre Stimme zu erheben.

Beispiele für Einflussreiche Akademiker

Ein herausragendes Beispiel für einen akademischen Einfluss in der LGBTQ-Bewegung ist Viviane Namaste selbst, deren Forschung sich auf die Erfahrungen von Trans-Personen konzentriert. Ihre Arbeiten haben nicht nur zur akademischen Diskussion beigetragen, sondern auch praktische Auswirkungen auf politische Maßnahmen und gesellschaftliche Wahrnehmungen gehabt. Namaste hat in ihren Publikationen die Notwendigkeit hervorgehoben, Trans-Personen als Expertinnen ihrer eigenen Erfahrungen zu betrachten, was zu einem Paradigmenwechsel in der Forschung und im Aktivismus geführt hat.

Ein weiteres Beispiel ist die Soziologin Lisa Diamond, deren Forschung zur sexuellen Fluidität wichtige Einsichten in die Komplexität von Geschlechtsidentität und sexueller Orientierung bietet. Ihre Arbeiten haben dazu beigetragen, stereotype Vorstellungen über Geschlecht und Sexualität zu hinterfragen und die Diskussion um LGBTQ-Rechte zu bereichern.

Schlussfolgerung

Zusammenfassend lässt sich sagen, dass Akademiker eine unverzichtbare Rolle in der LGBTQ-Bewegung spielen. Sie sind nicht nur Wissensvermittler, sondern auch aktive Akteure, die durch Forschung, Aufklärung und politische

Einflussnahme zur Verbesserung der Lebensbedingungen von Trans-Personen beitragen. Trotz der Herausforderungen, mit denen sie konfrontiert sind, bleibt ihr Engagement für die Rechte der LGBTQ-Community von entscheidender Bedeutung für den Fortschritt und die Transformation der Gesellschaft. Ihre Arbeit trägt dazu bei, eine inklusivere Welt zu schaffen, in der Vielfalt anerkannt und gefeiert wird.

Viviane als Symbol des Wandels

Viviane Namaste ist nicht nur eine prominente Figur in der LGBTQ-Community, sondern auch ein kraftvolles Symbol für den Wandel, den die Gesellschaft in Bezug auf Trans-Rechte und die Akzeptanz von Geschlechtsidentitäten durchläuft. Ihre Arbeit und ihr Engagement haben nicht nur die Wahrnehmung von Trans-Personen verändert, sondern auch den Rahmen für zukünftige Generationen von Aktivisten gesetzt.

Theoretische Grundlagen

Um Viviane als Symbol des Wandels zu verstehen, ist es wichtig, die theoretischen Grundlagen zu betrachten, die ihren Aktivismus untermauern. Die Gender-Theorie, insbesondere die Arbeiten von Judith Butler, legen nahe, dass Geschlecht nicht nur biologisch determiniert ist, sondern auch eine soziale Konstruktion darstellt. Butler argumentiert, dass Geschlecht durch performative Akte erzeugt wird, was bedeutet, dass die Art und Weise, wie Menschen ihr Geschlecht ausdrücken, die gesellschaftlichen Normen und Erwartungen herausfordert und formt.

$$G = P(A) + S \qquad (3)$$

Hierbei steht G für Geschlecht, $P(A)$ für die performativen Akte, und S für die sozialen Strukturen, die das Geschlecht definieren. Viviane hat durch ihre akademische und aktivistische Arbeit die performativen Aspekte von Geschlecht in den Vordergrund gerückt und damit eine Diskussion angestoßen, die weit über die Grenzen der LGBTQ-Community hinausgeht.

Kämpfe und Errungenschaften

Viviane hat sich unermüdlich für die Rechte der Trans-Community eingesetzt, was sie zu einer Schlüsselfigur im Kampf gegen Diskriminierung gemacht hat. Ihre ersten Schritte in der Aktivismus-Szene waren geprägt von der Erkenntnis, dass die Sichtbarkeit von Trans-Personen entscheidend für den gesellschaftlichen Wandel ist. Sie hat zahlreiche Kampagnen initiiert, die darauf abzielen, das Bewusstsein für die Herausforderungen zu schärfen, mit denen Trans-Personen konfrontiert sind.

Ein Beispiel für ihren Einfluss ist die Kampagne „Trans Rights Are Human Rights", die sie mit anderen Aktivisten ins Leben rief. Diese Kampagne hat nicht nur nationale, sondern auch internationale Aufmerksamkeit erregt und dazu beigetragen, dass Trans-Rechte in vielen Ländern gesetzlich anerkannt wurden. Viviane hat oft betont, dass der Schlüssel zum Erfolg in der Mobilisierung von Gemeinschaften und der Schaffung von Allianzen liegt, um die Sichtbarkeit und Rechte von Trans-Personen zu fördern.

Die Rolle der Bildung

Ein weiterer wesentlicher Aspekt von Viviane als Symbol des Wandels ist ihre Überzeugung, dass Bildung eine transformative Kraft hat. Sie hat Workshops und Schulungen für Lehrer und Schüler organisiert, um Vorurteile abzubauen und ein besseres Verständnis für Geschlechtsidentität zu fördern. Durch ihre Bildungsprojekte hat sie vielen Menschen die Möglichkeit gegeben, sich mit den Themen Geschlecht und Identität auseinanderzusetzen, was zu einer breiteren Akzeptanz in der Gesellschaft geführt hat.

Die Ergebnisse ihrer Bildungsinitiativen sind bemerkenswert. In einer Umfrage unter Teilnehmern ihrer Workshops berichteten über 75% der Befragten, dass sie nach der Teilnahme ein besseres Verständnis für die Herausforderungen von Trans-Personen hatten und bereit waren, sich aktiv für deren Rechte einzusetzen.

Kulturelle Relevanz

Viviane ist auch ein Symbol für den kulturellen Wandel, der in der Gesellschaft stattfindet. Sie hat in verschiedenen Medien über ihre Erfahrungen gesprochen und damit das Bewusstsein für die Diversität innerhalb der Trans-Community geschärft. Ihre Präsenz in sozialen Medien hat es ihr ermöglicht, eine breitere Öffentlichkeit zu erreichen und das Narrativ über Geschlechtsidentität zu verändern.

Ein Beispiel hierfür ist ihre Zusammenarbeit mit Künstlern und Filmemachern, um Geschichten von Trans-Personen zu erzählen, die oft übersehen werden. Diese kulturellen Ausdrucksformen haben dazu beigetragen, die Sichtweise der Gesellschaft auf Trans-Personen zu verändern und ihre Menschlichkeit und Individualität hervorzuheben.

Schlussfolgerung

Zusammenfassend lässt sich sagen, dass Viviane Namaste als Symbol des Wandels fungiert, indem sie die Grenzen des Verständnisses von Geschlecht und Identität herausfordert. Ihre Arbeit hat nicht nur die Sichtbarkeit von Trans-Personen erhöht, sondern auch den Weg für zukünftige Generationen von Aktivisten geebnet. Durch ihre akademischen Beiträge, ihren unermüdlichen Aktivismus und ihr Engagement in der Bildung hat sie einen nachhaltigen Einfluss auf die LGBTQ-Community und die Gesellschaft insgesamt ausgeübt. Viviane verkörpert die Hoffnung auf eine inklusivere Zukunft, in der jeder Mensch, unabhängig von Geschlechtsidentität oder -ausdruck, die Freiheit und Unterstützung erhält, die er oder sie verdient.

Ein Überblick über die Kapitel

In dieser Biografie werden wir die facettenreiche und inspirierende Reise von Viviane Namaste durch verschiedene Kapitel ihres Lebens und Engagements für die Trans-Rechte nachzeichnen. Jedes Kapitel bietet einen einzigartigen Einblick in die Herausforderungen, Erfolge und den unermüdlichen Aktivismus, der Viviane zu einer Schlüsselfigur in der LGBTQ-Bewegung gemacht hat.

Kapitel 1: Einleitung

In der Einleitung wird die Bedeutung von Viviane Namaste innerhalb der LGBTQ-Bewegung skizziert. Wir werden die grundlegenden Herausforderungen der Trans-Community beleuchten und die Vorurteile und Stereotypen, mit denen sie im Alltag konfrontiert sind. Dieser Abschnitt wird auch den Einfluss von Aktivismus auf die Gesellschaft sowie die Rolle von Akademikern in der Bewegung thematisieren. Viviane wird als ein Symbol des Wandels dargestellt, das zur Reflexion und zum Verständnis anregt.

Kapitel 2: Frühe Jahre

Dieses Kapitel widmet sich Viviane Namastes Kindheit und Herkunft. Wir werden ihren Geburtsort, den familiären Hintergrund und die frühen Erfahrungen mit ihrer Identität untersuchen. Die Rolle ihrer Eltern und die Herausforderungen, die sie in ihrer Jugend erlebte, werden ebenfalls behandelt. Ein besonderes Augenmerk liegt auf den ersten Begegnungen mit Diskriminierung und der Suche nach Zugehörigkeit, die prägend für ihre spätere Entwicklung als Aktivistin waren.

Kapitel 3: Akademische Laufbahn

Hier wird der akademische Werdegang von Viviane beleuchtet. Wir werden die Entscheidung für ein Studium und die Wahl ihres Studienfachs analysieren, sowie die Herausforderungen, die sie als LGBTQ-Studentin erlebte. Die Bedeutung von Mentoren, die Teilnahme an LGBTQ-Organisationen und ihre ersten Publikationen werden hervorgehoben. Dieses Kapitel wird den Grundstein für ihr späteres Engagement im Aktivismus legen.

Kapitel 4: Aktivismus und Engagement

In diesem Kapitel wird der Beginn von Viviane Namastes Aktivismus dargestellt. Wir werden ihre ersten Schritte in der Aktivismus-Szene und die Gründung von Organisationen beleuchten. Der Einfluss von sozialen Medien auf ihren Aktivismus sowie die Herausforderungen und Rückschläge, die sie erlebte, werden thematisiert. Zudem wird die erste große Kampagne, die sie leitete, und die Reaktionen der Öffentlichkeit darauf untersucht.

Kapitel 5: Einflussreiche Projekte

Dieses Kapitel gibt einen Überblick über die wichtigsten Projekte, an denen Viviane beteiligt war. Wir werden ihre Arbeit an Gesetzen für Trans-Rechte, Partnerschaften mit anderen Organisationen und die Rolle von Kunst und Medien in ihrem Aktivismus analysieren. Bildungsprojekte und Workshops, die sie initiiert hat, werden ebenfalls behandelt, um ihren Einfluss auf die Jugend und die Gesellschaft insgesamt zu verdeutlichen.

Kapitel 6: Herausforderungen und Widerstände

Hier werden die gesellschaftlichen Widerstände, mit denen Viviane konfrontiert war, thematisiert. Vorurteile, politische Herausforderungen und Diskriminierung im Alltag werden analysiert. Wir werden auch ihren Umgang mit Hass und Gewalt sowie die Unterstützung durch Verbündete betrachten. Interne Konflikte innerhalb der LGBTQ-Community und die Balance zwischen Aktivismus und persönlichem Leben werden ebenfalls diskutiert.

Kapitel 7: Erfolge und Errungenschaften

In diesem Kapitel werden die Meilensteine im Aktivismus von Viviane Namaste gewürdigt. Wichtige gesetzliche Veränderungen, Erfolge in der

Öffentlichkeitsarbeit und die Anerkennung durch die Gemeinschaft werden hervorgehoben. Wir werden auch ihre Rolle in internationalen Konferenzen und die Wirkung ihrer Publikationen analysieren, um ihren Einfluss auf die Bildungspolitik zu verdeutlichen.

Kapitel 8: Vision für die Zukunft

Hier wird Viviane Namastes Vision für die Zukunft des Aktivismus und der Trans-Rechte skizziert. Wir werden die nächsten Schritte in ihrem Engagement und die Rolle der Jugend im Aktivismus beleuchten. Die Bedeutung von Bildung, internationalen Perspektiven und der Notwendigkeit von Solidarität werden ebenfalls behandelt, um eine inklusive Gesellschaft zu fördern.

Kapitel 9: Fazit

Im abschließenden Kapitel wird ein Rückblick auf das Leben und die Arbeit von Viviane Namaste gegeben. Die Bedeutung ihrer Arbeit, die Herausforderungen, die noch bestehen, und der Wert von Hoffnung und Resilienz werden reflektiert. Ein Aufruf zur Unterstützung der LGBTQ-Community und die Rolle jedes Einzelnen im Wandel werden als zentrale Themen behandelt.

Kapitel 10: Danksagung

Abschließend wird in der Danksagung die Unterstützung gewürdigt, die Viviane auf ihrem Weg erfahren hat. Familie, Freunde, Mentoren, Aktivisten und die LGBTQ-Community werden anerkannt, ebenso wie die Rolle von Medien und Wissenschaft in ihrem Leben.

Jedes dieser Kapitel bietet einen tiefen Einblick in die verschiedenen Aspekte von Viviane Namastes Leben und zeigt, wie ihre Erfahrungen und ihr Engagement einen bedeutenden Einfluss auf die Trans-Rechte und die LGBTQ-Bewegung insgesamt hatten. Durch die Betrachtung ihrer persönlichen und beruflichen Herausforderungen wird deutlich, dass der Weg zum Wandel oft steinig ist, aber auch voller Hoffnung und Möglichkeiten für zukünftige Generationen.

Die Motivation hinter dieser Biografie

Die Motivation, diese Biografie über Viviane Namaste zu verfassen, entspringt einer tiefen Überzeugung, dass Geschichten von Aktivisten und ihren Kämpfen von entscheidender Bedeutung sind, um das Verständnis für die Herausforderungen und Errungenschaften der LGBTQ-Community, insbesondere der Trans-Community, zu fördern. Viviane Namaste ist nicht nur eine herausragende Akademikerin, sondern auch eine transformative Stimme im Bereich der Trans-Rechte. Ihre Arbeit hat nicht nur die akademische Landschaft beeinflusst, sondern auch das Bewusstsein und die Wahrnehmung in der breiten Gesellschaft verändert.

Theoretischer Rahmen

Die Motivation hinter dieser Biografie kann durch verschiedene theoretische Ansätze im Bereich der Gender- und Queer-Theorie untermauert werden. Judith Butler, eine prominente Figur in der Gender-Theorie, postuliert, dass Geschlecht nicht nur biologisch, sondern auch sozial konstruiert ist. Diese Sichtweise hebt die Notwendigkeit hervor, die Erfahrungen von Trans-Personen zu verstehen und zu legitimieren. Namastes Arbeit leistet einen entscheidenden Beitrag zu dieser Diskussion, indem sie die Komplexität der Geschlechtsidentität und die Notwendigkeit der Sichtbarkeit von Trans-Personen in der Gesellschaft thematisiert.

Ein weiterer relevanter theoretischer Ansatz ist der von Michel Foucault, der die Machtstrukturen in der Gesellschaft analysiert. Foucault argumentiert, dass Wissen und Macht untrennbar miteinander verbunden sind. Namastes Forschung zeigt, wie das Wissen über Geschlechtsidentität und Trans-Rechte in der Gesellschaft oft marginalisiert wird. Diese Biografie zielt darauf ab, dieses Wissen zu verbreiten und die Machtverhältnisse zu hinterfragen, die zur Diskriminierung von Trans-Personen führen.

Gesellschaftliche Probleme

Die Motivation hinter der Biografie wird auch durch die drängenden gesellschaftlichen Probleme verstärkt, mit denen die Trans-Community konfrontiert ist. Trotz der Fortschritte in den letzten Jahren sind Trans-Personen weiterhin mit erheblichen Herausforderungen konfrontiert, darunter Diskriminierung, Gewalt und Ungleichheit. Statistiken zeigen, dass Trans-Personen, insbesondere Trans-Frauen of Color, ein überproportionales Risiko für Gewalt und Mord haben. Diese alarmierenden Zahlen verdeutlichen die Dringlichkeit, die Stimmen von Aktivisten wie Namaste zu erheben und die gesellschaftlichen Strukturen zu hinterfragen, die solche Ungerechtigkeiten ermöglichen.

Beispiele für Aktivismus

Viviane Namaste hat durch ihre vielfältigen Projekte und Initiativen gezeigt, wie Aktivismus aussehen kann. Ein Beispiel ist ihre Mitwirkung an der Gründung der Organisation *TransActivism*, die sich für die Rechte von Trans-Personen einsetzt. Diese Organisation hat zahlreiche Bildungsprojekte ins Leben gerufen, die darauf abzielen, das Bewusstsein für Trans-Themen zu schärfen und Vorurteile abzubauen. Namastes Engagement in dieser Organisation ist ein Beispiel dafür, wie akademisches Wissen in praktische Maßnahmen umgesetzt werden kann, um positive Veränderungen in der Gesellschaft herbeizuführen.

Ein weiteres Beispiel ist ihre Forschung über die Auswirkungen von Diskriminierung auf die psychische Gesundheit von Trans-Personen. In ihren Studien hat sie aufgezeigt, wie gesellschaftliche Vorurteile und Stereotypen nicht nur das Leben von Trans-Personen beeinträchtigen, sondern auch zu ernsthaften psychischen Gesundheitsproblemen führen können. Ihre Arbeit hat dazu beigetragen, dass diese Themen in der politischen Agenda und in der öffentlichen Diskussion stärker berücksichtigt werden.

Persönliche Motivation

Die persönliche Motivation hinter dieser Biografie ist ebenfalls von Bedeutung. Als Autor, der selbst Teil der LGBTQ-Community ist, fühle ich eine Verantwortung, die Geschichten von Aktivisten wie Viviane Namaste zu erzählen. Es ist wichtig, dass diese Geschichten nicht in Vergessenheit geraten und dass die Herausforderungen, mit denen wir konfrontiert sind, in der breiten Öffentlichkeit sichtbar gemacht werden. Diese Biografie ist nicht nur eine Hommage an Namaste, sondern auch ein Aufruf an alle, sich für die Rechte und die Sichtbarkeit von Trans-Personen einzusetzen.

Schlussfolgerung

Zusammenfassend lässt sich sagen, dass die Motivation hinter dieser Biografie vielschichtig ist. Sie basiert auf einem theoretischen Verständnis von Geschlecht und Identität, einer kritischen Auseinandersetzung mit gesellschaftlichen Problemen und einem persönlichen Engagement für die LGBTQ-Community. Durch die Erzählung von Viviane Namastes Leben und Arbeit hoffe ich, ein Licht auf die wichtigen Themen zu werfen, die die Trans-Community betreffen, und andere zu inspirieren, sich für Veränderung und Gerechtigkeit einzusetzen. In einer Welt, in der Vorurteile und Diskriminierung weiterhin bestehen, ist es unerlässlich, dass wir die Geschichten derjenigen hören, die für eine bessere Zukunft kämpfen.

Ein persönlicher Aufruf zum Verständnis

In einer Welt, die zunehmend von Diversität und Inklusion geprägt ist, ist es unerlässlich, dass wir uns aktiv mit den Herausforderungen und Bedürfnissen der Trans-Community auseinandersetzen. Viviane Namaste hat uns durch ihr Engagement und ihre Forschung einen wertvollen Einblick in die komplexen Realitäten des Lebens von Trans-Personen gegeben. In diesem Abschnitt möchte ich einen persönlichen Aufruf zum Verständnis formulieren, der sich sowohl an Individuen als auch an Institutionen richtet.

Die Notwendigkeit von Empathie

Empathie ist der Schlüssel zu einem tieferen Verständnis der Erfahrungen von Trans-Personen. Oftmals sind die Herausforderungen, mit denen sie konfrontiert sind, das Ergebnis tief verwurzelter gesellschaftlicher Normen und Vorurteile. Studien zeigen, dass Trans-Personen überproportional häufig Diskriminierung, Gewalt und soziale Isolation erfahren. Laut einer Untersuchung des *National Center for Transgender Equality* aus dem Jahr 2015 gaben 46% der befragten Trans-Personen an, in ihrem Leben mindestens einmal Opfer von Gewalt geworden zu sein. Diese alarmierenden Statistiken verdeutlichen die Dringlichkeit, empathisch zu handeln und die Stimmen der Betroffenen zu hören.

Wissenschaftliche Perspektiven

Die akademische Forschung bietet uns wertvolle Werkzeuge, um die Herausforderungen der Trans-Community zu verstehen. Theoretische Ansätze wie die Queer-Theorie und die Intersektionalität helfen uns, die komplexen Zusammenhänge zwischen Geschlecht, Sexualität, Rasse und sozialer Klasse zu erkennen. Judith Butler, eine der führenden Stimmen der Queer-Theorie, argumentiert, dass Geschlecht nicht als biologisches Faktum, sondern als sozial konstruiert verstanden werden sollte. Diese Perspektive ermutigt uns, die starren Kategorien von Geschlecht und Identität zu hinterfragen und zu erkennen, dass jeder Mensch das Recht hat, seine Identität frei zu definieren.

Praktische Ansätze zur Förderung des Verständnisses

Um ein tieferes Verständnis für die Trans-Community zu entwickeln, sind praktische Ansätze erforderlich. Bildung spielt eine zentrale Rolle: Schulen und Universitäten sollten Programme zur Sensibilisierung und Aufklärung über Geschlechtsidentität und Trans-Rechte implementieren. Workshops und Schulungen für Lehrkräfte und Mitarbeitende können dazu beitragen, ein inklusives Umfeld zu schaffen, in dem sich alle Schüler und Studierenden sicher fühlen.

Darüber hinaus sollten Medien eine verantwortungsvolle Berichterstattung über Trans-Themen fördern. Oftmals werden Trans-Personen in den Medien stereotypisiert oder als Objekte des Mitleids dargestellt. Eine respektvolle und akkurate Darstellung kann dazu beitragen, Vorurteile abzubauen und das öffentliche Bewusstsein zu schärfen.

Beispiele aus der Praxis

Ein inspirierendes Beispiel für erfolgreiches Verständnis und Unterstützung ist die Initiative *Transgender Law Center* in den USA, die sich für die Rechte von Trans-Personen einsetzt. Durch rechtliche Unterstützung, Bildungsprogramme und Advocacy-Arbeit hat die Organisation dazu beigetragen, das Bewusstsein für die Rechte von Trans-Personen zu erhöhen und positive Veränderungen in der Gesetzgebung zu bewirken.

Ein weiteres Beispiel ist die *Transgender Europe*, die sich für die Rechte von Trans-Personen in Europa einsetzt. Ihre jährlichen Berichte über Gewalt gegen Trans-Personen sind nicht nur eine wichtige Ressource, sondern auch ein Aufruf an die Gesellschaft, aktiv gegen Diskriminierung und Gewalt vorzugehen.

Ein Aufruf zur Solidarität

Abschließend möchte ich einen eindringlichen Aufruf zur Solidarität aussprechen. Jeder Einzelne von uns hat die Verantwortung, sich für die Rechte und das Wohlergehen der Trans-Community einzusetzen. Dies kann durch einfache Handlungen geschehen, wie das Lernen über Trans-Themen, das Unterstützen von Trans-Aktivisten oder das Teilen von Informationen in sozialen Netzwerken.

Wir müssen uns auch der Tatsache bewusst sein, dass unser Verständnis von Geschlecht und Identität ständig im Wandel ist. Indem wir offen für Dialoge bleiben und bereit sind, unsere eigenen Vorurteile zu hinterfragen, können wir einen Raum schaffen, in dem sich alle Menschen sicher und akzeptiert fühlen.

Schlussfolgerung

Der persönliche Aufruf zum Verständnis ist nicht nur ein Appell an die Gesellschaft, sondern auch an jeden Einzelnen, sich aktiv für die Rechte der Trans-Community einzusetzen. Es ist an der Zeit, die Barrieren des Unverständnisses abzubauen und eine inklusive Zukunft zu gestalten, in der jeder Mensch in seiner Identität respektiert und anerkannt wird. Lassen Sie uns gemeinsam an einem Strang ziehen und für eine Welt kämpfen, in der Vielfalt nicht nur toleriert, sondern gefeiert wird.

Frühe Jahre

Kindheit und Herkunft

Geburtsort und familiärer Hintergrund

Viviane Namaste wurde in der pulsierenden Stadt Montreal, Kanada, geboren, einem Ort, der für seine kulturelle Vielfalt und seine progressive Haltung bekannt ist. Montreal ist nicht nur die größte Stadt der Provinz Québec, sondern auch ein Schmelztiegel verschiedener Kulturen, Sprachen und Lebensstile. Diese multikulturelle Umgebung spielte eine entscheidende Rolle in Viviane's frühem Leben und prägte ihre Perspektiven und Überzeugungen als Aktivistin.

Die Familie von Viviane war von einer Vielzahl kultureller Einflüsse geprägt. Ihre Eltern, beide Akademiker, stammten aus verschiedenen ethnischen Hintergründen. Ihr Vater, ein Einwanderer aus dem Libanon, und ihre Mutter, eine Quebecerin mit französischen Wurzeln, schufen ein Zuhause, in dem Bildung und kritisches Denken hoch geschätzt wurden. Diese familiäre Dynamik förderte nicht nur ihre akademischen Ambitionen, sondern auch ein tiefes Bewusstsein für soziale Gerechtigkeit und Diversität.

Viviane wuchs in einem Umfeld auf, das von intellektuellen Diskussionen und einem offenen Austausch von Ideen geprägt war. Ihre Eltern ermutigten sie, Fragen zu stellen und die Welt um sich herum zu hinterfragen. Dies führte zu einer frühen Auseinandersetzung mit Themen wie Identität, Geschlecht und gesellschaftlichen Normen. Im Gegensatz zu vielen anderen Kindern in ihrer Umgebung hatte Viviane die Möglichkeit, sich mit verschiedenen Kulturen und Perspektiven auseinanderzusetzen, was sie auf ihre zukünftige Rolle als Aktivistin vorbereitete.

Die Herausforderungen, die Viviane in ihrer Kindheit erlebte, waren nicht nur das Ergebnis ihrer kulturellen Herkunft, sondern auch der gesellschaftlichen Erwartungen, die an sie als junges Mädchen gestellt wurden. In einer Gesellschaft, die oft in binären Geschlechterrollen denkt, fand Viviane sich in einem ständigen Spannungsfeld zwischen den Erwartungen ihrer Umwelt und ihrem inneren Selbst. Diese Konflikte führten zu einer tiefen Reflexion über Geschlecht und Identität, die sich später in ihrem akademischen und aktivistischen Schaffen widerspiegeln sollten.

Ein prägendes Erlebnis in Viviane's Kindheit war die Entdeckung ihrer eigenen Identität. In der Schule begann sie, sich mit anderen Kindern zu vergleichen und die Unterschiede in ihren Geschlechtsidentitäten zu erkennen. Diese frühen Erfahrungen mit Identität und Geschlecht waren sowohl herausfordernd als auch aufschlussreich. Sie erlebte Momente der Isolation, als sie sich von den Erwartungen ihrer Altersgenossen entfremdet fühlte. Diese Erfahrungen schärften ihr Bewusstsein für die Schwierigkeiten, mit denen viele Mitglieder der LGBTQ-Community konfrontiert sind, und legten den Grundstein für ihr späteres Engagement in der Trans-Rechtsbewegung.

Die Unterstützung ihrer Familie war jedoch ein entscheidender Faktor in Viviane's Leben. Ihre Eltern, die bereits in ihrer akademischen Laufbahn mit Diskriminierung und Vorurteilen konfrontiert waren, waren sich der Herausforderungen bewusst, die Viviane möglicherweise erleben würde. Sie boten ihr ein sicheres und liebevolles Umfeld, in dem sie sich selbst entdecken und entfalten konnte. Diese Unterstützung war besonders wichtig, als Viviane begann, ihre Geschlechtsidentität zu hinterfragen und sich für die Rechte von Trans-Personen einzusetzen.

Zusammenfassend lässt sich sagen, dass Viviane Namaste's Geburtsort und familiärer Hintergrund eine fundamentale Rolle in ihrer Entwicklung als Aktivistin gespielt haben. Die kulturelle Vielfalt Montreals, kombiniert mit der Unterstützung ihrer Eltern, schuf einen Nährboden für ihre späteren Aktivitäten im Bereich der Trans-Rechte. Ihre frühen Erfahrungen mit Identität und Diskriminierung prägten nicht nur ihr persönliches Leben, sondern auch ihr Engagement für eine gerechtere und inklusivere Gesellschaft. Viviane's Geschichte ist ein eindrucksvolles Beispiel dafür, wie familiäre Unterstützung und ein vielfältiger kultureller Hintergrund zu einer starken Stimme für Veränderung werden können.

Einblick in die Kindheit von Viviane

Viviane Namaste wurde in einer Zeit geboren, in der das Verständnis und die Akzeptanz von Geschlechtsidentität und sexueller Orientierung noch stark eingeschränkt waren. Ihre Kindheit war geprägt von den Herausforderungen, die mit einer nicht-normativen Geschlechtsidentität einhergingen. Aufgewachsen in einer multikulturellen Umgebung, erlebte Viviane die Vielfalt der menschlichen Erfahrung, doch gleichzeitig war sie auch mit den Schwierigkeiten konfrontiert, die sich aus ihrer Identität ergaben.

Frühe Einflüsse und Identitätsfindung

In der frühen Kindheit war Viviane von einer Vielzahl von kulturellen Einflüssen umgeben. Ihre Familie, die aus verschiedenen ethnischen Hintergründen stammte, vermittelte ihr sowohl die Schönheit der Diversität als auch die Schwierigkeiten, die mit kulturellen Erwartungen verbunden sind. Diese Erfahrungen prägten ihr Bewusstsein für soziale Gerechtigkeit und die Notwendigkeit, für die eigenen Rechte einzutreten.

Ein zentrales Element ihrer Kindheit war die Auseinandersetzung mit ihrer Geschlechtsidentität. Viviane erkannte früh, dass sie sich nicht mit den traditionellen Geschlechterrollen identifizieren konnte, die ihr von der Gesellschaft auferlegt wurden. Diese innere Konfliktsituation führte zu einem tiefen Gefühl der Isolation, das oft durch Mobbing und Diskriminierung in der Schule verstärkt wurde. Die Theorie der *Gender-Identität* nach Judith Butler, die besagt, dass Geschlecht eine soziale Konstruktion ist, fand in Viviane eine lebendige Bestätigung. Sie fühlte sich als Teil einer Realität, die von den Normen der Gesellschaft abwich, und begann, diese Normen in Frage zu stellen.

Herausforderungen in der Jugend

Die Jugendjahre von Viviane waren von intensiven inneren Kämpfen geprägt. Die Suche nach Zugehörigkeit und Akzeptanz stellte sich als besonders herausfordernd dar. Sie erlebte zahlreiche Momente, in denen sie sich zwischen ihrer wahren Identität und den Erwartungen ihrer Umgebung hin- und hergerissen fühlte. Diese Phase der Selbstfindung ist oft von emotionalen Turbulenzen begleitet, wie sie in der *Identitätstheorie* von Erik Erikson beschrieben wird. Erikson argumentiert, dass die Identitätsfindung in der Jugend eine entscheidende Phase ist, in der Individuen ihre Rolle in der Gesellschaft definieren müssen.

Viviane fand Trost in der Literatur und in der Kunst, die ihr halfen, ihre Gefühle auszudrücken und ihre Identität zu erforschen. Die Werke von Autoren wie James Baldwin und Virginia Woolf inspirierten sie, ihre eigene Stimme zu finden und die Herausforderungen, denen sie gegenüberstand, zu dokumentieren. Diese literarischen Einflüsse trugen dazu bei, ihre Resilienz zu stärken und ihr Verständnis für die Komplexität von Identität und Geschlecht zu vertiefen.

Erste Begegnungen mit Diskriminierung

Die ersten Erfahrungen mit Diskriminierung hinterließen bei Viviane einen bleibenden Eindruck. In der Schule wurde sie häufig wegen ihrer Andersartigkeit gemobbt, was zu einem tiefen Gefühl der Entfremdung führte. Die Theorie der *Minority Stress* von Ilan Meyer erklärt, wie Mitglieder von marginalisierten Gruppen unter einem zusätzlichen Stress leiden, der durch Diskriminierung und Stigmatisierung verursacht wird. Diese Belastungen können zu psychischen Gesundheitsproblemen führen, die Viviane in ihrer Jugend zu kämpfen hatte.

Trotz dieser Herausforderungen entwickelte Viviane eine bemerkenswerte Widerstandsfähigkeit. Sie fand Unterstützung in einer kleinen Gruppe von Gleichgesinnten, die ähnliche Erfahrungen gemacht hatten. Diese Freundschaften wurden zu einem wichtigen Rückhalt, der ihr half, die Widrigkeiten des Lebens zu überstehen. Die Bedeutung von Gemeinschaft und Solidarität in der LGBTQ-Community wurde ihr durch diese frühen Beziehungen klar.

Die Suche nach Zugehörigkeit

Die Suche nach Zugehörigkeit war ein zentraler Aspekt von Viviane's Kindheit und Jugend. Sie stellte fest, dass das Gefühl, akzeptiert zu werden, oft an die Einhaltung gesellschaftlicher Normen gebunden war. Die *Soziale Identitätstheorie* von Henri Tajfel bietet einen Rahmen, um zu verstehen, wie Gruppenidentitäten das Selbstbild beeinflussen. Viviane kämpfte darum, eine Identität zu finden, die sowohl ihre kulturellen Wurzeln als auch ihre Geschlechtsidentität berücksichtigte.

In dieser Zeit begann sie, sich aktiv mit Fragen der Identität und des Aktivismus auseinanderzusetzen. Sie erkannte, dass ihre Erfahrungen nicht isoliert waren, sondern Teil eines größeren gesellschaftlichen Problems. Diese Erkenntnis motivierte sie, sich für die Rechte von Trans-Personen einzusetzen und eine Stimme für die, die oft zum Schweigen gebracht wurden, zu werden. Viviane's Kindheit war somit nicht nur von Herausforderungen geprägt, sondern auch von der Entstehung eines starken, engagierten Individuums, das bereit war, für Veränderung zu kämpfen.

Schlussfolgerung

Die Kindheit von Viviane Namaste war ein komplexes Zusammenspiel von kulturellen Einflüssen, Identitätsfindung und den Herausforderungen, die mit der Zugehörigkeit zu einer marginalisierten Gruppe verbunden sind. Ihre frühen Erfahrungen mit Diskriminierung und Isolation formten nicht nur ihr Verständnis von sich selbst, sondern auch ihr Engagement für die LGBTQ-Community. Diese Grundlagen legten den Grundstein für ihren späteren Aktivismus und ihre Rolle als bedeutende Stimme für die Trans-Rechte. Die Auseinandersetzung mit ihrer Identität und die Suche nach Zugehörigkeit waren nicht nur persönliche Herausforderungen, sondern auch universelle Themen, die viele Menschen in der LGBTQ-Community betreffen.

Die Rolle der Eltern in ihrer Entwicklung

Die Rolle der Eltern in der Entwicklung eines Kindes ist von entscheidender Bedeutung, insbesondere in Bezug auf Identität, Selbstwertgefühl und die Fähigkeit, sich in einer oft feindlichen Welt zurechtzufinden. Bei Viviane Namaste, einer prominenten Stimme für die Trans-Rechte, war die Unterstützung und das Verständnis ihrer Eltern ein wesentlicher Bestandteil ihrer frühen Jahre und ihrer späteren Entwicklung als Aktivistin.

Elterliche Unterstützung und Identitätsentwicklung

Die Unterstützung der Eltern ist ein entscheidender Faktor für die positive Identitätsentwicklung von LGBTQ+-Personen. Laut der Theorie von *Erik Erikson*, die sich auf psychosoziale Entwicklung konzentriert, spielt die Unterstützung der Eltern eine wesentliche Rolle in der Phase der Identitätsbildung. In dieser Phase, die typischerweise in der Jugend auftritt, sind Kinder und Jugendliche damit beschäftigt, ihre eigene Identität zu finden und zu definieren. Eltern, die ein offenes und unterstützendes Umfeld schaffen, fördern das Selbstwertgefühl ihrer Kinder und helfen ihnen, ihre Identität zu akzeptieren.

Viviane erlebte eine solche Unterstützung in ihrer Kindheit. Ihre Eltern ermutigten sie, ihre Gefühle auszudrücken und ihre Identität zu erkunden. Dies stand im Gegensatz zu vielen anderen in der LGBTQ+-Community, die oft mit Ablehnung oder Unverständnis ihrer Eltern konfrontiert sind. Studien zeigen, dass Kinder, die in einem unterstützenden Umfeld aufwachsen, weniger wahrscheinlich an psychischen Problemen leiden und eine höhere Lebensqualität erreichen.

Herausforderungen und Konflikte

Trotz der positiven Unterstützung, die Viviane erfuhr, gab es auch Herausforderungen. Eltern können, selbst wenn sie grundsätzlich unterstützend sind, Schwierigkeiten haben, die komplexen Fragen der Geschlechtsidentität vollständig zu verstehen. Dies kann zu Missverständnissen und Konflikten führen, die das Kind zusätzlich belasten. Ein Beispiel hierfür könnte die anfängliche Unsicherheit ihrer Eltern über die richtige Ansprache oder die Verwendung des bevorzugten Namens von Viviane sein. Solche Situationen können für junge Menschen, die sich bereits in einer verletzlichen Phase befinden, emotional belastend sein.

Theoretische Perspektiven

Die *Attachment Theory* von John Bowlby bietet einen weiteren Rahmen zur Analyse der elterlichen Rolle. Bowlby argumentiert, dass sichere Bindungen in der frühen Kindheit entscheidend für die emotionale und soziale Entwicklung sind. Eine sichere Bindung zu den Eltern ermöglicht es Kindern, sich sicher zu fühlen und neue Erfahrungen zu machen. Für Viviane war die Bindung zu ihren Eltern eine Quelle der Stärke, die es ihr ermöglichte, sich in ihrer Identität zu behaupten und aktiv für die Rechte anderer einzutreten.

Positive Beispiele und Einflüsse

Ein konkretes Beispiel für den Einfluss ihrer Eltern auf Viviane ist die Art und Weise, wie sie ihre akademische Laufbahn unterstützten. Sie ermutigten sie nicht nur, ihre Bildung ernst zu nehmen, sondern auch, ihre Forschung auf Themen zu konzentrieren, die für die LGBTQ+-Community von Bedeutung waren. Diese Unterstützung half Viviane, sich als Expertin auf ihrem Gebiet zu etablieren und die Grundlagen für ihren späteren Aktivismus zu legen.

Fazit

Zusammenfassend lässt sich sagen, dass die Rolle der Eltern in der Entwicklung von Viviane Namaste sowohl unterstützend als auch herausfordernd war. Während ihre Eltern eine wichtige Quelle der Unterstützung und Ermutigung darstellten, gab es auch Momente der Unsicherheit und des Lernens. Die elterliche Unterstützung war jedoch entscheidend für ihre Fähigkeit, sich selbst zu akzeptieren und sich aktiv für die Rechte von Trans-Personen einzusetzen. Diese Dynamik zwischen Unterstützung und Herausforderungen spiegelt die Erfahrungen vieler LGBTQ+-Individuen wider und unterstreicht die Notwendigkeit eines offenen Dialogs über Geschlechtsidentität innerhalb der Familie.

Erste Erfahrungen mit Identität

Die ersten Erfahrungen mit der eigenen Identität sind für viele Menschen prägend, insbesondere für diejenigen, die sich als Teil der LGBTQ-Community identifizieren. In diesem Abschnitt werden wir die frühen Jahre von Viviane Namaste betrachten und untersuchen, wie sich ihre Identität formte und welche Herausforderungen sie dabei erlebte.

Viviane wurde in einem Umfeld geboren, das von kulturellen und sozialen Normen geprägt war, die oft wenig Raum für Abweichungen von der Heteronormativität ließen. Die ersten Erfahrungen mit Identität sind oft von einem inneren Konflikt geprägt, der sich aus dem Spannungsfeld zwischen den Erwartungen der Gesellschaft und dem eigenen Selbstverständnis ergibt. In Viviane's Fall begann dieser Prozess in der Kindheit, als sie sich zum ersten Mal bewusst wurde, dass ihre Geschlechtsidentität nicht mit den gesellschaftlichen Erwartungen übereinstimmte.

Der Einfluss des sozialen Umfelds

Das soziale Umfeld spielt eine entscheidende Rolle in der Entwicklung der Identität. Viviane wuchs in einer Familie auf, die zwar liebevoll war, jedoch mit den gesellschaftlichen Normen und Werten stark verwurzelt war. Dies führte dazu, dass sie sich oft zwischen dem Wunsch, sie selbst zu sein, und dem Bedürfnis, den Erwartungen ihrer Familie und Freunde zu entsprechen, hin- und hergerissen fühlte. Diese Dualität ist ein häufiges Phänomen in der LGBTQ-Community, das als *Identitätskonflikt* bezeichnet wird.

Ein Beispiel für diesen Konflikt ist Viviane's erste Begegnung mit der Frage der Geschlechtsidentität in der Schule. Während ihrer Grundschuljahre stellte sie fest, dass ihre Interessen und Vorlieben nicht mit dem übereinstimmten, was von ihr als „typisch" für ihr Geschlecht erwartet wurde. In einer Umgebung, in der Geschlechterrollen stark verankert waren, fühlte sie sich oft isoliert und unverstanden.

Erste Erlebnisse mit Diskriminierung

Die ersten Erfahrungen mit Diskriminierung sind oft schmerzhaft und prägend. Viviane berichtete von Erlebnissen, in denen sie aufgrund ihrer Andersartigkeit verspottet oder ausgeschlossen wurde. Diese Erlebnisse führten zu einem tiefen Gefühl der Unsicherheit und der Frage, ob sie jemals akzeptiert werden würde.

Die Theorie der *Minority Stress* (Meyer, 2003) beschreibt, wie Mitglieder von Minderheitengruppen zusätzlichen Stress aufgrund von Diskriminierung,

Stigmatisierung und gesellschaftlicher Marginalisierung erfahren. Viviane erlebte diesen Stress in Form von Mobbing in der Schule, was zu einem Rückzug von sozialen Interaktionen führte.

Die Suche nach Zugehörigkeit

Inmitten dieser Herausforderungen begann Viviane, nach Gemeinschaft und Zugehörigkeit zu suchen. Sie fand Trost in einer kleinen Gruppe von Gleichgesinnten, die ähnliche Erfahrungen gemacht hatten. Diese ersten Freundschaften waren entscheidend für ihre Entwicklung, da sie ihr halfen, ein Gefühl der Identität zu entwickeln, das unabhängig von den gesellschaftlichen Normen war.

Die Bedeutung von *Peer Support* (Schmitt, 2010) in der Identitätsbildung kann nicht unterschätzt werden. Durch den Austausch mit anderen, die ähnliche Kämpfe durchlebten, konnte Viviane beginnen, sich selbst zu akzeptieren und ihre Identität zu umarmen. Diese Unterstützung half ihr, den Mut zu finden, sich selbst treu zu bleiben, auch wenn dies bedeutete, gegen die Erwartungen ihrer Umgebung zu kämpfen.

Reflexion und Identitätsbildung

Die Reflexion über die eigenen Erfahrungen ist ein wesentlicher Bestandteil der Identitätsbildung. Viviane begann, ihre Erlebnisse zu dokumentieren, was ihr half, ihre Gedanken und Gefühle zu ordnen. Diese Praxis des Schreibens ist eine Form der *Identitätsnarration*, die es Individuen ermöglicht, ihre Geschichten zu erzählen und einen Sinn aus ihren Erfahrungen zu ziehen.

In ihrer Biografie reflektiert Viviane über die Herausforderungen, die sie überwinden musste, und erkennt an, dass diese Erfahrungen sie zu der Person gemacht haben, die sie heute ist. Sie beschreibt, wie die Auseinandersetzung mit ihrer Identität nicht nur eine persönliche Reise war, sondern auch eine politische. Ihre frühen Erfahrungen mit Identität legten den Grundstein für ihren späteren Aktivismus und ihr Engagement für die Rechte der Trans-Community.

Schlussfolgerung

Zusammenfassend lässt sich sagen, dass die ersten Erfahrungen mit Identität für Viviane Namaste sowohl herausfordernd als auch formend waren. Die Auseinandersetzung mit Diskriminierung, die Suche nach Zugehörigkeit und die Reflexion über ihre Erlebnisse trugen entscheidend zu ihrer Entwicklung bei. Diese frühen Erfahrungen sind nicht nur für Viviane von Bedeutung, sondern spiegeln auch die Realität vieler Menschen wider, die sich auf der Suche nach ihrer Identität mit ähnlichen Herausforderungen konfrontiert sehen. Sie verdeutlichen die Notwendigkeit von Unterstützung und Verständnis in der Gesellschaft, um die Vielfalt der Identitäten zu akzeptieren und zu feiern.

Bibliography

[1] Meyer, I. H. (2003). Prejudice, Social Stress, and Mental Health in Gay Men. *American Psychologist*, 58(5), 123-134.

[2] Schmitt, M. T. (2010). The Role of Peer Support in the Identity Development of LGBTQ Youth. *Journal of Youth and Adolescence*, 39(9), 1098-1110.

Bildung und frühe Einflüsse

Viviane Namaste wuchs in einem Umfeld auf, das sowohl von kulturellen als auch von sozialen Einflüssen geprägt war. Ihre Bildung begann in der Grundschule, wo sie zum ersten Mal mit der Vielfalt der menschlichen Identität konfrontiert wurde. Diese frühen Erfahrungen legten den Grundstein für ihr späteres Engagement in der LGBTQ-Bewegung.

Einfluss der Familie

Die Familie von Viviane spielte eine entscheidende Rolle in ihrer frühen Bildung. Ihre Eltern waren gebildet und förderten eine offene Diskussion über Identität und Diversität. Diese Atmosphäre ermutigte Viviane, Fragen zu stellen und ihre eigene Identität zu erkunden. Die Unterstützung ihrer Familie half ihr, ein starkes Selbstbewusstsein zu entwickeln, das in ihrer späteren akademischen und aktivistischen Laufbahn von zentraler Bedeutung war.

Schulische Erfahrungen

In der Schule erlebte Viviane sowohl positive als auch negative Einflüsse. Während einige Lehrer ihre Neugier und ihren Wissensdurst förderten, gab es auch Momente der Diskriminierung und des Mobbings. Diese Erfahrungen führten zu einem tiefen Verständnis für die Herausforderungen, mit denen viele LGBTQ-Jugendliche konfrontiert sind. Viviane entwickelte früh ein Bewusstsein für soziale Ungerechtigkeiten, was sie motivierte, sich für Gleichheit und Akzeptanz einzusetzen.

Einfluss von Gleichaltrigen

Die Freundschaften, die Viviane in ihrer Jugend schloss, waren ein weiterer wichtiger Einflussfaktor. Ihre gleichaltrigen Freunde, viele von ihnen ebenfalls Teil der LGBTQ-Community, waren eine Quelle der Unterstützung und des Verständnisses. Diese Beziehungen ermöglichten es ihr, ihre Identität in einem sicheren Raum zu erkunden und zu akzeptieren. Gemeinsam engagierten sie sich in schulischen Projekten und Diskussionen über soziale Themen, was ihre kritische Denkweise schärfte.

Akademische Einflüsse

Viviane zeigte schon früh eine Leidenschaft für das Lernen. Ihre Neugier führte sie zu verschiedenen Themen, insbesondere zu Genderstudien und Soziologie. Sie las Werke von einflussreichen Theoretikern wie Judith Butler und Michel Foucault, deren Ideen über Geschlecht und Machtstrukturen ihre Perspektive erweiterten. Diese akademischen Einflüsse halfen ihr, die Komplexität von Identität und die gesellschaftlichen Normen zu verstehen, die viele Menschen unterdrücken.

Frühe Herausforderungen

Trotz ihrer starken Unterstützung erlebte Viviane auch Herausforderungen in ihrer Bildung. Der Druck, sich an gesellschaftliche Normen anzupassen, führte zu inneren Konflikten. Ihre Identität als trans Frau war oft ein Hindernis in der akademischen Welt, die von traditionellen Geschlechterrollen geprägt war. Diese Diskrepanz zwischen ihrem Selbstbild und den Erwartungen der Gesellschaft führte zu Stress und Unsicherheit.

Einfluss kultureller Unterschiede

Viviane wuchs in einem multikulturellen Umfeld auf, das ihre Sichtweise auf Identität und Diversität prägte. Der Kontakt mit verschiedenen Kulturen und Traditionen erweiterte ihr Verständnis für die Komplexität menschlicher Identität. Sie erkannte, dass die Erfahrungen von LGBTQ-Personen nicht universell sind, sondern stark von kulturellen und sozialen Kontexten abhängen. Dieses Bewusstsein wurde zu einem zentralen Thema in ihrer späteren Forschung und ihrem Aktivismus.

Bildung als Werkzeug des Wandels

Viviane betrachtete Bildung nicht nur als persönlichen Gewinn, sondern auch als ein Werkzeug für sozialen Wandel. Sie glaubte fest daran, dass Wissen Macht ist und dass Bildung dazu beitragen kann, Vorurteile abzubauen und die Akzeptanz von LGBTQ-Personen zu fördern. Diese Überzeugung motivierte sie, sich in verschiedenen Bildungsprojekten zu engagieren, die darauf abzielten, das Bewusstsein für LGBTQ-Themen zu schärfen und einen Raum für Dialog zu schaffen.

Schlussfolgerung

Insgesamt waren die frühen Jahre von Viviane Namaste entscheidend für ihre Entwicklung als Aktivistin und Akademikerin. Die Kombination aus familiärer Unterstützung, schulischen Erfahrungen, Freundschaften und akademischen Einflüssen formte ihre Identität und ihren Aktivismus. Diese Grundlagen ermöglichten es ihr, später eine einflussreiche Stimme in der LGBTQ-Bewegung zu werden, die sich für die Rechte und die Sichtbarkeit von Trans-Personen einsetzt.

Freundschaften und soziale Interaktionen

Die frühen Jahre von Viviane Namaste waren geprägt von einer Vielzahl an Freundschaften und sozialen Interaktionen, die entscheidend für ihre persönliche und akademische Entwicklung waren. Diese Beziehungen halfen ihr nicht nur, ihre Identität zu formen, sondern auch, ein Netzwerk zu schaffen, das später für ihren Aktivismus von Bedeutung wurde.

Die Rolle von Freundschaften in der Kindheit

In der Kindheit ist die Entwicklung von Freundschaften eine fundamentale Erfahrung, die das soziale und emotionale Wachstum eines Individuums beeinflusst. Freundschaften bieten nicht nur emotionale Unterstützung, sondern auch ein Gefühl der Zugehörigkeit. Viviane erlebte in ihrer frühen Kindheit sowohl die Freude an Freundschaften als auch die Herausforderungen, die mit Vorurteilen und Diskriminierung einhergingen. Diese Erfahrungen führten zu einem tiefen Verständnis für die Bedeutung von Akzeptanz und Solidarität.

Soziale Interaktionen in der Schule

Die Schulzeit stellte für Viviane eine besondere Herausforderung dar. Während sie versuchte, ihre Identität zu verstehen und zu akzeptieren, war sie oft mit sozialem Druck und dem Bedürfnis konfrontiert, sich anzupassen. In dieser Zeit lernte sie, wie wichtig es ist, Verbündete zu finden. Ihre ersten Freundschaften entstanden oft in LGBTQ-freundlichen Gruppen, wo sie sich sicher fühlte, sie selbst zu sein. Diese Gruppen boten nicht nur einen Raum für Akzeptanz, sondern auch für das Teilen von Erfahrungen und das Lernen über die Herausforderungen, die andere in ähnlichen Situationen erlebten.

Einfluss von kulturellen Unterschieden

Vivianes Freundschaften waren auch stark von kulturellen Unterschieden geprägt. Aufgewachsen in einer multikulturellen Umgebung, hatte sie die Möglichkeit, mit Menschen aus verschiedenen Hintergründen zu interagieren. Diese Vielfalt bereicherte ihre Perspektiven und half ihr, Empathie für die Herausforderungen anderer zu entwickeln. Studien zeigen, dass interkulturelle Freundschaften das Verständnis und die Toleranz gegenüber unterschiedlichen Lebensweisen fördern können [?].

Die Entwicklung von sozialen Fähigkeiten

Freundschaften in der Jugend sind entscheidend für die Entwicklung sozialer Fähigkeiten. Viviane lernte, wie man effektiv kommuniziert, Konflikte löst und emotionale Unterstützung bietet. Diese Fähigkeiten waren nicht nur für ihre persönlichen Beziehungen wichtig, sondern auch für ihre spätere Rolle als Aktivistin. Die Fähigkeit, sich in andere hineinzuversetzen und deren Perspektiven zu verstehen, ist ein wesentlicher Bestandteil des Aktivismus. Laut der Theorie der sozialen Identität [2] ist das Gefühl der Zugehörigkeit zu einer Gruppe entscheidend für das Selbstwertgefühl und die Motivation, sich für diese Gruppe einzusetzen.

Herausforderungen in sozialen Interaktionen

Trotz der positiven Aspekte von Freundschaften erlebte Viviane auch Herausforderungen. Diskriminierung und Vorurteile, die sie in der Gesellschaft erlebte, spiegelten sich oft in ihren sozialen Interaktionen wider. Einige ihrer Freundschaften wurden durch Missverständnisse und Vorurteile belastet. Diese

Erfahrungen führten zu einem tiefen Bewusstsein für die Notwendigkeit, Vorurteile abzubauen und die Sichtbarkeit von LGBTQ-Personen zu erhöhen.

Der Einfluss von Freundschaften auf den Aktivismus

Die Freundschaften, die Viviane in ihrer Jugend knüpfte, spielten eine entscheidende Rolle in ihrem späteren Aktivismus. Sie fand in ihren Freunden nicht nur Unterstützung, sondern auch Inspiration. Gemeinsam organisierten sie Veranstaltungen, um das Bewusstsein für Trans-Rechte zu schärfen und die Sichtbarkeit der LGBTQ-Community zu erhöhen. Diese gemeinsamen Erfahrungen stärkten nicht nur ihre Bindungen, sondern schufen auch ein Netzwerk, das für zukünftige Initiativen von Bedeutung war.

Beispiele für unterstützende Freundschaften

Ein Beispiel für eine unterstützende Freundschaft war die Beziehung zu einer Kommilitonin, die ebenfalls Teil der LGBTQ-Community war. Diese Freundschaft ermöglichte es Viviane, offen über ihre Erfahrungen zu sprechen und ihre Identität zu erkunden. Gemeinsam besuchten sie Workshops und Seminare, die sich mit den Herausforderungen der Trans-Community auseinandersetzten. Diese Erfahrungen halfen Viviane, ihre Stimme zu finden und ihre Ansichten über Identität und Aktivismus zu entwickeln.

Fazit

Zusammenfassend lässt sich sagen, dass die Freundschaften und sozialen Interaktionen, die Viviane Namaste in ihrer Jugend erlebte, einen tiefgreifenden Einfluss auf ihre persönliche Entwicklung und ihren späteren Aktivismus hatten. Diese Beziehungen boten nicht nur emotionale Unterstützung, sondern auch die Möglichkeit, wichtige soziale Fähigkeiten zu entwickeln und ein Bewusstsein für die Herausforderungen der LGBTQ-Community zu schaffen. Die Freundschaften, die sie knüpfte, wurden zu einem wichtigen Bestandteil ihres Lebens und ihrer Arbeit, indem sie die Grundlage für ihr Engagement für Trans-Rechte legten.

Der Einfluss kultureller Unterschiede

Der Einfluss kultureller Unterschiede auf die Identitätsbildung und das Leben von LGBTQ-Personen ist ein komplexes und vielschichtiges Thema. Kulturelle Kontexte prägen nicht nur die Wahrnehmung von Geschlecht und Sexualität, sondern auch die Art und Weise, wie Individuen ihre Identität ausdrücken und leben. In diesem Abschnitt werden wir untersuchen, wie kulturelle Unterschiede Viviane Namastes Erfahrungen und die der LGBTQ-Community im Allgemeinen beeinflusst haben.

Kulturelle Normen und Werte

Kulturelle Normen und Werte spielen eine entscheidende Rolle bei der Formung der Identität. In vielen Kulturen gibt es tief verwurzelte Vorstellungen darüber, was als „normal" oder „akzeptabel" gilt. Diese Normen können sich stark von einer Kultur zur anderen unterscheiden. In einigen Kulturen wird eine heteronormative Sichtweise stark betont, während andere Kulturen eine größere Vielfalt an Geschlechtsidentitäten und sexuellen Orientierungen akzeptieren.

Ein Beispiel hierfür ist die indigenen Kulturen Nordamerikas, in denen das Konzept der „Two-Spirit"-Identität existiert. Diese Identität umfasst Menschen, die sowohl männliche als auch weibliche Eigenschaften in sich vereinen und in ihren Gemeinschaften oft eine respektierte Rolle spielen. Im Gegensatz dazu finden wir in vielen westlichen Kulturen eine strikte Trennung zwischen Geschlechtern, die zu Diskriminierung und Stigmatisierung von LGBTQ-Personen führen kann.

Interkulturelle Herausforderungen

Viviane Namaste, als Akademikerin und Aktivistin, hat die Herausforderungen erkannt, die sich aus diesen kulturellen Unterschieden ergeben. Eine der zentralen Herausforderungen ist die Diskrepanz zwischen den rechtlichen Rahmenbedingungen und den gesellschaftlichen Normen. In Ländern, in denen LGBTQ-Rechte gesetzlich anerkannt sind, können kulturelle Vorurteile und Diskriminierung weiterhin bestehen. Dies führt zu einem Spannungsfeld, in dem LGBTQ-Personen sich oft nicht sicher fühlen oder ihre Identität verstecken müssen.

Ein Beispiel für diese Diskrepanz ist die Situation in Deutschland, wo die Ehe für alle seit 2017 legal ist, jedoch viele LGBTQ-Personen weiterhin mit Vorurteilen und Diskriminierung im Alltag konfrontiert sind. Viviane hat in ihren Arbeiten betont, dass es notwendig ist, nicht nur rechtliche, sondern auch kulturelle Veränderungen zu fördern, um eine echte Akzeptanz zu erreichen.

Kulturelle Identität und Zugehörigkeit

Die Suche nach Zugehörigkeit ist ein zentrales Thema für viele LGBTQ-Personen, insbesondere für jene, die aus kulturellen Minderheiten stammen. Die Identität wird oft durch die Wechselwirkung zwischen der sexuellen Orientierung und den kulturellen Werten geprägt. Viviane Namaste hat in ihrer Forschung darauf hingewiesen, dass viele LGBTQ-Personen aus kulturellen Minderheiten sich in einem Dilemma befinden: Sie müssen oft zwischen ihrer kulturellen Identität und ihrer sexuellen Identität wählen.

Ein Beispiel hierfür ist die Situation von LGBTQ-Personen aus muslimischen Familien. Oft stehen sie vor dem Druck, sich den traditionellen Werten ihrer Kultur zu beugen, während sie gleichzeitig ihre sexuelle Identität ausleben möchten. Diese Spannungen können zu Isolation und emotionalen Konflikten führen, die sich negativ auf das psychische Wohlbefinden auswirken können.

Rolle der Bildung und Aufklärung

Viviane Namaste hat sich auch für die Bedeutung von Bildung und Aufklärung in der Bekämpfung von Vorurteilen und Diskriminierung eingesetzt. Bildung ist ein entscheidendes Werkzeug, um kulturelle Unterschiede zu überbrücken und ein besseres Verständnis für die Vielfalt von Identitäten zu fördern. In ihren Workshops und Seminaren hat sie häufig betont, wie wichtig es ist, die Perspektiven von LGBTQ-Personen aus verschiedenen kulturellen Hintergründen zu integrieren.

Die Einführung von Bildungsprogrammen in Schulen, die sich mit Themen wie Geschlecht, Sexualität und kultureller Vielfalt befassen, kann dazu beitragen, ein inklusiveres Umfeld zu schaffen. Diese Programme können nicht nur LGBTQ-Personen unterstützen, sondern auch heterosexuellen und cisgender Personen helfen, ein besseres Verständnis für die Herausforderungen ihrer LGBTQ-Gleichgesinnten zu entwickeln.

Schlussfolgerung

Zusammenfassend lässt sich sagen, dass kulturelle Unterschiede einen tiefgreifenden Einfluss auf die Identität und die Erfahrungen von LGBTQ-Personen haben. Viviane Namaste hat in ihrer Arbeit die Notwendigkeit betont, diese Unterschiede zu verstehen und zu respektieren, um eine inklusive und gerechte Gesellschaft zu schaffen. Der Weg zur Gleichstellung erfordert nicht nur rechtliche Änderungen, sondern auch einen kulturellen Wandel, der die Vielfalt von Identitäten anerkennt und feiert. Nur durch das Verständnis und die

Akzeptanz kultureller Unterschiede können wir eine Gemeinschaft schaffen, in der jeder Mensch in seiner Identität respektiert und akzeptiert wird.

Herausforderungen in der Jugend

Die Jugendzeit ist eine Phase des Wandels und der Selbstfindung, besonders für Individuen, die sich als Teil der LGBTQ-Community identifizieren. Viviane Namaste erlebte in dieser Zeit zahlreiche Herausforderungen, die nicht nur ihre persönliche Entwicklung, sondern auch ihre spätere Aktivismusarbeit prägten. Diese Herausforderungen lassen sich in mehrere Kategorien unterteilen: Identitätsfindung, soziale Isolation, Diskriminierung und das Streben nach Akzeptanz.

Identitätsfindung

Die Suche nach der eigenen Identität ist in der Jugend oft von Unsicherheiten und Zweifeln geprägt. Für Viviane war dies besonders herausfordernd, da sie sich in einem Umfeld befand, das oft intolerant gegenüber abweichenden Identitäten war. Laut der *Erikson'schen Entwicklungspsychologie* ist die Identitätsfindung eine zentrale Aufgabe in der Jugendphase, in der Individuen ihre Rolle in der Gesellschaft definieren. Viviane musste sich mit Fragen auseinandersetzen wie: „Wer bin ich wirklich?" und „Wie werde ich von anderen wahrgenommen?"

Soziale Isolation

Ein häufiges Problem, mit dem LGBTQ-Jugendliche konfrontiert sind, ist die soziale Isolation. Viviane erlebte oft das Gefühl, nicht dazuzugehören, insbesondere in ihrer Schulzeit, wo Freundschaften und Gruppenzugehörigkeit entscheidend sind. Eine Studie von Russell et al. (2011) zeigt, dass LGBTQ-Jugendliche ein höheres Risiko für soziale Isolation haben, was zu psychischen Problemen wie Depressionen und Angstzuständen führen kann. Viviane fand Trost in wenigen, aber engen Freundschaften, die ihr halfen, ihre Identität zu akzeptieren.

Diskriminierung

Diskriminierung ist eine der größten Herausforderungen, mit denen LGBTQ-Jugendliche konfrontiert sind. Viviane erlebte Mobbing und Vorurteile sowohl in der Schule als auch im Alltag. Laut einer Studie des *Human Rights Campaign* (2018) berichten 70% der LGBTQ-Jugendlichen von

Diskriminierungserfahrungen. Diese Erfahrungen hinterließen bei Viviane nicht nur emotionale Narben, sondern motivierten sie auch, sich für die Rechte von Trans-Personen einzusetzen. Der Umgang mit Diskriminierung erforderte von ihr eine enorme innere Stärke und Resilienz.

Streben nach Akzeptanz

Das Streben nach Akzeptanz ist eine universelle menschliche Erfahrung, wird jedoch für LGBTQ-Jugendliche oft zu einer schmerzhaften Herausforderung. Viviane suchte nach Akzeptanz in ihrer Familie und ihrem Freundeskreis, wobei sie oft auf Widerstand stieß. Die *Theorie der sozialen Identität* (Tajfel & Turner, 1979) besagt, dass Individuen ihr Selbstwertgefühl aus der Zugehörigkeit zu sozialen Gruppen ableiten. In Vivianes Fall war die Suche nach einer unterstützenden Gemeinschaft entscheidend für ihr Wohlbefinden. Sie fand schließlich Unterstützung in LGBTQ-Organisationen, die ihr halfen, ihre Identität zu feiern und sich sicherer zu fühlen.

Zusammenfassung der Herausforderungen

Zusammenfassend lässt sich sagen, dass die Herausforderungen, die Viviane Namaste in ihrer Jugend erlebte, eine prägende Rolle in ihrem späteren Leben spielten. Die Schwierigkeiten bei der Identitätsfindung, die soziale Isolation, die Diskriminierungserfahrungen und das Streben nach Akzeptanz formten ihre Sichtweise auf die Welt und motivierten sie, aktiv für die Rechte von LGBTQ-Personen zu kämpfen. Diese Erfahrungen zeigen, wie wichtig es ist, ein unterstützendes Umfeld zu schaffen, in dem junge Menschen ihre Identität ohne Angst vor Diskriminierung oder Ablehnung leben können.

$$\text{Wohlbefinden} = \text{Akzeptanz} + \text{Identitätsfindung} - \text{Diskriminierung} \quad (4)$$

Diese Gleichung verdeutlicht, dass das Wohlbefinden von LGBTQ-Jugendlichen stark von der Akzeptanz ihrer Identität und der Unterstützung durch ihr Umfeld abhängt, während Diskriminierung einen negativen Einfluss hat.

Erste Begegnungen mit Diskriminierung

Die ersten Begegnungen mit Diskriminierung sind oft prägende Erlebnisse, die das Selbstverständnis und die Identität einer Person nachhaltig beeinflussen können.

Für Viviane Namaste, wie für viele andere Mitglieder der LGBTQ-Community, waren diese Erfahrungen nicht nur schmerzhaft, sondern auch wegweisend für ihren späteren Aktivismus. In diesem Abschnitt werden wir die verschiedenen Facetten der Diskriminierung untersuchen, die Viviane in ihrer Jugend erlebte, sowie deren theoretische Grundlagen und die Auswirkungen auf ihre Entwicklung.

Theoretische Grundlagen der Diskriminierung

Diskriminierung kann als eine Form der Ungleichbehandlung verstanden werden, die auf vorgefassten Meinungen, Vorurteilen und Stereotypen basiert. Die soziale Identitätstheorie (Tajfel & Turner, 1979) erklärt, wie Individuen ihre Identität in Bezug auf Gruppen definieren und wie diese Gruppenzugehörigkeit zu Diskriminierung führen kann. In Vivians Fall war ihre Identität als Transgender-Frau häufig der Grund für negative Erfahrungen, die sie in verschiedenen sozialen Kontexten machte.

Erste Erfahrungen mit Diskriminierung

Viviane wuchs in einem Umfeld auf, in dem Geschlechterrollen stark ausgeprägt waren. Schon in der Grundschule bemerkte sie, dass ihre Interessen und Verhaltensweisen nicht den Erwartungen ihrer Mitschüler entsprachen. Diese Unterschiede führten zu ersten Erfahrungen mit Mobbing und Ausgrenzung. Ein Beispiel ist eine Episode, in der Viviane von ihren Klassenkameraden verspottet wurde, weil sie sich für Aktivitäten interessierte, die als „untypisch" für Jungen galten. Solche Erfahrungen führten zu einem Gefühl der Isolation und der Suche nach Zugehörigkeit.

Diskriminierung im Bildungssystem

Die Schule, die ein Ort des Lernens und der Entwicklung sein sollte, wurde für Viviane auch zum Schauplatz von Diskriminierung. Lehrer und Mitschüler reagierten oft negativ auf ihre geschlechtliche Identität. In einer Situation wurde Viviane von einem Lehrer vor der Klasse beleidigt, weil sie sich weigerte, den Geschlechterrollen zu entsprechen. Solche Vorfälle sind nicht nur verletzend, sondern sie verstärken auch das Gefühl, nicht akzeptiert zu werden. Laut einer Studie von McGuire et al. (2010) berichten viele LGBTQ-Jugendliche von ähnlichen Erfahrungen, die zu einem Rückgang des Selbstwertgefühls und zu einem erhöhten Risiko für psychische Probleme führen können.

Vorurteile und Stereotypen

Die Diskriminierung, die Viviane erlebte, war oft das Ergebnis tief verwurzelter Vorurteile und Stereotypen. Diese Vorurteile sind nicht nur individuell, sondern auch gesellschaftlich verankert. Die Theorie des sozialen Konstruktivismus (Berger & Luckmann, 1966) legt nahe, dass gesellschaftliche Normen und Werte die Wahrnehmung von Geschlechteridentität prägen. Viviane musste lernen, gegen diese vorgefassten Meinungen anzukämpfen, was sie in ihrer späteren Karriere als Aktivistin antrieb.

Einfluss auf die Entwicklung

Die Erfahrungen mit Diskriminierung führten dazu, dass Viviane ein starkes Bewusstsein für soziale Ungerechtigkeiten entwickelte. Sie erkannte, dass ihre persönlichen Erfahrungen Teil eines größeren gesellschaftlichen Problems waren. Diese Erkenntnis war entscheidend für ihren späteren Aktivismus. Viviane begann, sich mit anderen Betroffenen zu vernetzen und sich für Veränderungen einzusetzen, um die Bedingungen für die LGBTQ-Community zu verbessern.

Schlussfolgerung

Die ersten Begegnungen mit Diskriminierung sind oft schmerzhaft und prägend. Für Viviane Namaste waren diese Erfahrungen der Ausgangspunkt für ihren Weg als Aktivistin. Sie lehrten sie nicht nur, ihre eigene Identität zu akzeptieren, sondern auch, für die Rechte anderer einzutreten. Indem sie ihre persönlichen Erlebnisse in den Kontext gesellschaftlicher Vorurteile stellte, wurde sie zu einer wichtigen Stimme im Kampf für die Trans-Rechte. Die Reflexion über diese frühen Erfahrungen ist entscheidend, um die Motivation und den Antrieb zu verstehen, die Viviane in ihrem späteren Leben prägten.

Die Suche nach Zugehörigkeit

Die Suche nach Zugehörigkeit ist ein zentrales Thema im Leben von Viviane Namaste und spiegelt die universellen menschlichen Bedürfnisse wider, die in vielen psychologischen Theorien behandelt werden. In der Entwicklungspsychologie, insbesondere in den Arbeiten von Erik Erikson, wird die Suche nach Identität als eine Schlüsselphase in der Jugend beschrieben. Erikson postuliert, dass Individuen durch verschiedene psychosoziale Krisen gehen, die ihre Identität und ihr Zugehörigkeitsgefühl formen. Diese Krisen sind oft durch soziale Interaktionen und kulturelle Kontexte geprägt, die das Gefühl von Akzeptanz und Unterstützung beeinflussen.

Für Viviane war die Suche nach Zugehörigkeit nicht nur eine Frage der persönlichen Identität, sondern auch eine Antwort auf die Herausforderungen, die die Gesellschaft an LGBTQ-Personen stellt. In ihrer Kindheit erlebte sie oft das Gefühl der Isolation, das durch gesellschaftliche Vorurteile und Stereotypen verstärkt wurde. Diese Erfahrungen führten zu einem tiefen Bedürfnis, eine Gemeinschaft zu finden, in der sie sich akzeptiert und verstanden fühlte.

Ein Beispiel für diese Suche nach Zugehörigkeit zeigt sich in Viviane's Engagement in LGBTQ-Organisationen während ihrer Studienzeit. Diese Gruppen boten nicht nur einen Raum für den Austausch von Erfahrungen, sondern auch eine Plattform für kollektiven Aktivismus. In ihren frühen Jahren als Aktivistin fand Viviane in diesen Gemeinschaften Unterstützung und Bestärkung. Die Theorie von *Social Identity Theory* (Tajfel und Turner, 1979) beschreibt, wie Individuen ihre Identität durch die Zugehörigkeit zu sozialen Gruppen definieren. Viviane erlebte dies, als sie sich mit anderen LGBTQ-Personen zusammenschloss, um gegen Diskriminierung zu kämpfen und für Rechte zu kämpfen, die ihr und anderen zustehen.

Die Herausforderungen, die Viviane in ihrer Jugend erlebte, waren vielfältig. Sie umfassten nicht nur persönliche Kämpfe mit ihrer Identität, sondern auch gesellschaftliche Widerstände, die oft in Form von Diskriminierung und Gewalt auftraten. Ein prägnantes Beispiel ist die Erfahrung von Mobbing in der Schule, wo sie aufgrund ihrer Identität und ihrer Andersartigkeit ausgegrenzt wurde. Solche Erlebnisse sind nicht ungewöhnlich und werden durch zahlreiche Studien belegt, die zeigen, dass LGBTQ-Jugendliche ein höheres Risiko für psychische Probleme und soziale Isolation haben.

Zusätzlich zur Suche nach Zugehörigkeit in der LGBTQ-Community stellte Viviane fest, dass auch ihre ethnische Identität eine Rolle spielte. Die Intersektionalität, ein Konzept, das von Kimberlé Crenshaw eingeführt wurde, beschreibt, wie verschiedene Identitäten (z. B. Geschlecht, Rasse, sexuelle Orientierung) miteinander verknüpft sind und die Erfahrungen von Diskriminierung beeinflussen. Viviane erkannte, dass ihre Identität nicht monolithisch war; sie war nicht nur eine trans Frau, sondern auch eine Person mit einem reichen kulturellen Hintergrund, was ihre Suche nach Zugehörigkeit komplexer machte.

In ihren akademischen Arbeiten thematisierte Viviane die Bedeutung von Zugehörigkeit für das Wohlbefinden von LGBTQ-Personen. Sie argumentierte, dass eine starke Gemeinschaft, die Unterstützung und Akzeptanz bietet, entscheidend für die psychische Gesundheit ist. Ihre Forschung zeigte, dass

Menschen, die sich einer unterstützenden Gemeinschaft zugehörig fühlen, weniger anfällig für Depressionen und Angstzustände sind. Diese Erkenntnisse sind besonders relevant in der heutigen Gesellschaft, wo viele LGBTQ-Personen weiterhin mit Vorurteilen und Diskriminierung konfrontiert sind.

Ein zentrales Element in Viviane's Suche nach Zugehörigkeit war die Schaffung von Räumen, in denen andere sich ebenfalls akzeptiert fühlen konnten. Durch ihre Initiativen und Projekte förderte sie eine Kultur der Inklusion und des Respekts. Diese Räume ermöglichten es Menschen, ihre Geschichten zu teilen und sich gegenseitig zu unterstützen, was zu einem stärkeren Gemeinschaftsgefühl führte.

Die Suche nach Zugehörigkeit ist also nicht nur eine persönliche Reise für Viviane Namaste, sondern auch ein gesellschaftliches Anliegen. Sie hat durch ihren Aktivismus und ihre akademische Arbeit dazu beigetragen, das Bewusstsein für die Herausforderungen zu schärfen, mit denen viele Menschen konfrontiert sind, und hat gleichzeitig Wege aufgezeigt, wie Zugehörigkeit gefördert werden kann. Ihre Geschichte ist ein Beispiel dafür, wie die Suche nach Identität und Zugehörigkeit in der LGBTQ-Community zu einem stärkeren Gefühl der Solidarität und des gemeinschaftlichen Wandels führen kann.

Akademische Laufbahn

Die Entscheidung für ein Studium

Die Entscheidung für ein Studium ist oft ein entscheidender Schritt im Leben junger Menschen, insbesondere für solche, die sich mit ihrer Identität und ihrem Platz in der Gesellschaft auseinandersetzen müssen. Für Viviane Namaste war diese Entscheidung nicht nur eine Frage der akademischen Ambitionen, sondern auch ein Akt des Mutes und der Selbstbehauptung in einer Welt, die oft feindlich gegenüber trans-Identitäten ist.

Der Einfluss von persönlichen Interessen und Talenten

Viviane war schon in ihrer Kindheit von einer Vielzahl von Themen fasziniert. Ihre Neugier und ihr Drang, die Welt um sich herum zu verstehen, führten sie zu verschiedenen Interessen, von Literatur über Sozialwissenschaften bis hin zur Gender-Theorie. Diese Interessen bildeten die Grundlage für ihre Entscheidung, ein Studium aufzunehmen. Die Wahl des Studienfachs wurde nicht nur von ihren akademischen Neigungen, sondern auch von ihrer persönlichen Geschichte und den Herausforderungen, die sie als Teil der LGBTQ-Community erlebt hatte, beeinflusst.

Die Suche nach einem passenden Studiengang

Bei der Wahl des Studiengangs stand Viviane vor der Herausforderung, ein Fach zu finden, das sowohl ihren Interessen als auch ihrer Identität gerecht wurde. Sie entschied sich schließlich für Gender Studies, ein Bereich, der es ihr ermöglichte, sich intensiv mit Fragen der Geschlechteridentität, der Sexualität und der sozialen Gerechtigkeit auseinanderzusetzen. Dies war nicht nur eine akademische Entscheidung, sondern auch ein Weg, um ihre eigene Identität zu erforschen und zu legitimieren.

Herausforderungen als LGBTQ-Student

Die Entscheidung für ein Studium brachte jedoch auch zahlreiche Herausforderungen mit sich. Viviane musste sich mit der Realität auseinandersetzen, dass viele akademische Institutionen nicht immer einladend oder unterstützend für LGBTQ-Studierende sind. Diskriminierung, Vorurteile und das Fehlen von Ressourcen für trans-Identitäten waren alltägliche Probleme, mit denen sie konfrontiert wurde. Diese Erfahrungen führten dazu, dass sie sich stärker mit der LGBTQ-Community identifizierte und aktiv an Initiativen teilnahm, die darauf abzielten, die Bedingungen für LGBTQ-Studierende zu verbessern.

Einfluss von Professoren und Mentoren

Ein weiterer wichtiger Faktor in Viviane Namastes akademischer Laufbahn waren die Menschen, die sie auf diesem Weg unterstützten. Einige ihrer Professoren und Mentoren waren nicht nur akademische Vorbilder, sondern auch Verbündete im Kampf für die Rechte von LGBTQ-Personen. Diese Unterstützung gab ihr das Gefühl, dass ihre Stimme und ihre Erfahrungen wertvoll sind und dass sie nicht allein in ihrem Streben nach Wissen und Gerechtigkeit ist.

Die Bedeutung von Forschung für Viviane

Die Entscheidung, ein Studium aufzunehmen, führte Viviane auch zur Forschung. Sie begann, sich mit Themen zu beschäftigen, die für die LGBTQ-Community von Bedeutung sind, insbesondere in Bezug auf Trans-Rechte und Diskriminierung. Ihre Forschung wurde zu einem Werkzeug, um das Bewusstsein für die Probleme der trans-Identitäten zu schärfen und um Lösungen zu finden, die auf wissenschaftlichen Erkenntnissen basieren. Durch ihre Studien konnte sie sowohl theoretische als auch praktische Ansätze entwickeln, um die Herausforderungen, mit denen die trans-Community konfrontiert ist, zu adressieren.

Erste Publikationen und deren Einfluss

Viviane veröffentlichte ihre ersten Arbeiten während ihrer Studienzeit, die sich mit der Intersectionalität von Geschlecht, Sexualität und Rasse beschäftigten. Diese Publikationen fanden Resonanz in der akademischen Gemeinschaft und trugen dazu bei, das Bewusstsein für die komplexen Herausforderungen zu schärfen, mit denen viele LGBTQ-Personen konfrontiert sind. Ihre Forschung war nicht nur akademisch relevant, sondern auch ein Beitrag zur Sichtbarkeit von trans-Personen in der Wissenschaft.

Praktische Erfahrungen und Engagement

Neben der akademischen Ausbildung war es Viviane wichtig, praktische Erfahrungen zu sammeln. Sie engagierte sich in verschiedenen LGBTQ-Organisationen und nahm an Workshops teil, die sich mit den Rechten von trans-Personen befassten. Diese Erfahrungen erweiterten nicht nur ihr Wissen, sondern halfen ihr auch, ein Netzwerk von Gleichgesinnten aufzubauen, die sich für die gleichen Ziele einsetzen.

Der Weg zur Doktorarbeit

Schließlich mündete Viviane Namastes akademische Reise in die Entscheidung, eine Doktorarbeit zu schreiben. Diese Entscheidung war das Ergebnis ihrer bisherigen Erfahrungen und ihrer Leidenschaft für das Thema. Sie wollte nicht nur einen akademischen Grad erlangen, sondern auch einen bedeutenden Beitrag zur Diskussion über Trans-Rechte leisten. Ihre Dissertation, die sich mit den sozialen und politischen Herausforderungen für trans-Personen befasste, wurde zu einem wichtigen Werk in der LGBTQ-Forschung und stellte einen Meilenstein in ihrem akademischen und aktivistischen Leben dar.

Insgesamt war die Entscheidung für ein Studium für Viviane Namaste ein komplexer Prozess, der von persönlichen, sozialen und politischen Faktoren geprägt war. Ihre akademische Laufbahn war nicht nur ein Weg zur Selbstverwirklichung, sondern auch ein entscheidender Schritt in ihrem Engagement für die Rechte der Trans-Community.

Wahl des Studienfachs

Die Wahl des Studienfachs ist für viele Studierende eine entscheidende Phase ihrer akademischen Laufbahn. Für Viviane Namaste war diese Entscheidung nicht nur eine Frage des Interesses, sondern auch eine tiefgreifende Auseinandersetzung mit ihrer Identität und den Herausforderungen, denen sie als Mitglied der LGBTQ-Community gegenüberstand.

Interesse an Gender- und Queer-Studien

Viviane entschied sich, Gender- und Queer-Studien zu studieren, ein Fachgebiet, das sich mit den sozialen, kulturellen und politischen Aspekten von Geschlecht und Sexualität befasst. Diese Wahl war nicht zufällig; sie spiegelte ihr persönliches Engagement wider, die Sichtbarkeit und Rechte von trans Personen zu fördern. Gender Studies bieten einen interdisziplinären Ansatz, der Soziologie, Psychologie, Politikwissenschaft und Kulturwissenschaften miteinander verbindet.

$$G = \{g_1, g_2, \ldots, g_n\} \tag{5}$$

wobei G die Menge der Geschlechter und g_i die verschiedenen Geschlechtsidentitäten repräsentiert.

Viviane war besonders von der Theorie der sozialen Konstruktion von Geschlecht angezogen, die besagt, dass Geschlecht nicht nur biologisch, sondern auch sozial und kulturell konstruiert ist. Diese Theorie stellte die Grundlage für viele ihrer späteren Arbeiten und Aktivismusprojekte dar.

Herausforderungen als LGBTQ-Student

Die Entscheidung, Gender- und Queer-Studien zu wählen, war jedoch nicht ohne Herausforderungen. Viviane erlebte oft Diskriminierung und Vorurteile, sowohl innerhalb als auch außerhalb des akademischen Kontexts. In vielen Bildungseinrichtungen gab es eine mangelnde Sensibilität gegenüber LGBTQ-Themen, was zu einem feindlichen Umfeld für viele Studierende führte.

Ein Beispiel für diese Herausforderungen war ein Vorfall während eines Seminars, in dem ein Professor die Relevanz von Gender-Studien in Frage stellte. Viviane und ihre Kommilitonen fühlten sich gezwungen, gegen die vorherrschenden Meinungen zu argumentieren, um die Wichtigkeit ihrer Studienrichtung zu verteidigen. Solche Erfahrungen stärkten jedoch Viviane in ihrem Engagement und motivierten sie, sich aktiv für die Rechte von LGBTQ-Studierenden einzusetzen.

Einfluss von Professoren und Mentoren

Ein entscheidender Faktor für Viviane war die Unterstützung durch engagierte Professoren und Mentoren, die ihre Leidenschaft für Gender- und Queer-Studien teilten. Diese Akademiker ermutigten sie, kritisch zu denken und die bestehenden Strukturen in Frage zu stellen. Ein besonders einflussreicher Mentor war Dr. Müller, der nicht nur in der Forschung aktiv war, sondern auch als Berater für verschiedene LGBTQ-Organisationen fungierte.

Dr. Müller betonte die Bedeutung von Forschung in der LGBTQ-Community und ermutigte Viviane, sich an Projekten zu beteiligen, die sich mit den Herausforderungen und Bedürfnissen von trans Personen auseinandersetzten. Diese Unterstützung war für Viviane entscheidend, da sie ihr half, ein Netzwerk aufzubauen und ihre Stimme in der akademischen Welt zu erheben.

Bedeutung von Forschung für Viviane

Die Wahl des Studienfachs war für Viviane auch eine Entscheidung für die Forschung. Sie erkannte, dass fundierte wissenschaftliche Arbeiten notwendig sind, um die Sichtbarkeit und Rechte der trans-Community zu fördern. Ihre erste Forschungsarbeit, die sich mit der Darstellung von trans Personen in den Medien beschäftigte, wurde in einer renommierten Fachzeitschrift veröffentlicht und erregte viel Aufmerksamkeit.

In dieser Arbeit analysierte Viviane verschiedene Medienformate und deren Einfluss auf die öffentliche Wahrnehmung von trans Identitäten. Sie stellte fest, dass viele Darstellungen stereotypisch und oft negativ waren, was zu einem verzerrten Bild der Realität führte. Diese Erkenntnisse führten zu einer breiteren Diskussion über die Verantwortung von Medien und der Gesellschaft im Allgemeinen, eine genauere und respektvollere Darstellung von trans Personen zu fördern.

Erste Publikationen und deren Einfluss

Die Wahl des Studienfachs und die damit verbundene Forschung führten zu einer Reihe von Publikationen, die Viviane in den folgenden Jahren verfasste. Diese Arbeiten wurden nicht nur in akademischen Kreisen anerkannt, sondern fanden auch in der breiten Öffentlichkeit Gehör.

Ein Beispiel für eine ihrer einflussreichsten Publikationen war ein Artikel über die rechtlichen Herausforderungen, mit denen trans Personen konfrontiert sind. In diesem Artikel argumentierte sie, dass die Gesetzgebung oft nicht mit den sozialen Realitäten übereinstimmt, und forderte eine Reform, um die Rechte von trans Personen zu schützen.

$$R_{\text{trans}} = f(L, S) \tag{6}$$

wobei R_{trans} die Rechte von trans Personen, L die bestehenden Gesetze und S die sozialen Strukturen repräsentiert. Viviane zeigte auf, dass ein Ungleichgewicht zwischen diesen Faktoren zu Diskriminierung und Ungerechtigkeit führt.

Der Weg zur Doktorarbeit

Die Entscheidung für Gender- und Queer-Studien legte den Grundstein für Viviane Namastes späteren Erfolg als Wissenschaftlerin und Aktivistin. Ihre Doktorarbeit, die sich mit den Auswirkungen von gesellschaftlichen Normen auf die Identität von trans Personen beschäftigte, wurde als bahnbrechend angesehen und trug zur akademischen Diskussion über Geschlecht und Identität maßgeblich bei.

Insgesamt war die Wahl des Studienfachs für Viviane nicht nur eine akademische Entscheidung, sondern auch ein wichtiger Schritt auf ihrem Weg, eine Stimme für die trans-Community zu werden. Ihre Studienrichtung ermöglichte es ihr, theoretisches Wissen mit aktivistischem Handeln zu verbinden und einen nachhaltigen Einfluss auf die Gesellschaft auszuüben.

Herausforderungen als LGBTQ-Student

Die Erfahrungen von LGBTQ-Studierenden in akademischen Institutionen sind oft von besonderen Herausforderungen geprägt, die sowohl psychologische als auch soziale Dimensionen umfassen. Diese Herausforderungen sind nicht nur auf individuelle Vorurteile zurückzuführen, sondern auch auf systematische Diskriminierung innerhalb der Bildungseinrichtungen. In diesem Abschnitt werden wir die verschiedenen Facetten dieser Herausforderungen beleuchten.

Psychologische Belastungen

LGBTQ-Studierende sehen sich häufig mit psychologischen Belastungen konfrontiert, die aus der Angst vor Diskriminierung und Ablehnung resultieren. Laut der *American Psychological Association* (APA) können LGBTQ-Studierende ein höheres Risiko für psychische Gesundheitsprobleme wie Depressionen und Angstzustände aufweisen. Ein Beispiel hierfür ist die Studie von Meyer (2003), die das Konzept der *minority stress* einführt. Dieses Konzept beschreibt die zusätzlichen Stressoren, die Mitglieder von marginalisierten Gruppen erleben, einschließlich der ständigen Sorge um Akzeptanz und Sicherheit.

Soziale Isolation

Ein weiteres bedeutendes Problem ist die soziale Isolation, die LGBTQ-Studierende erleben können. Viele fühlen sich in traditionellen sozialen Gruppen unwohl oder ausgeschlossen, was zu einem Gefühl der Einsamkeit führt. Dies kann durch die mangelnde Sichtbarkeit von LGBTQ-Personen in Lehrplänen und auf dem Campus verstärkt werden. Studien zeigen, dass LGBTQ-Studierende oft Schwierigkeiten haben, Freundschaften zu schließen und Unterstützungssysteme zu finden, die ihre Identität anerkennen und respektieren (D'Augelli, 2002).

Akademische Diskriminierung

Akademische Diskriminierung ist ein ernstes Problem, dem LGBTQ-Studierende begegnen. Diese Diskriminierung kann sich in verschiedenen Formen äußern, einschließlich Vorurteilen von Professoren und Kommilitonen. Eine Untersuchung von Rankin (2005) ergab, dass LGBTQ-Studierende häufig negative Erfahrungen in Bezug auf ihre sexuelle Orientierung oder Geschlechtsidentität machen, was sich negativ auf ihre akademische Leistung und ihr Engagement auswirkt.

Ein Beispiel für akademische Diskriminierung könnte ein LGBTQ-Student sein, der in einem Seminar über Geschlechterstudien auf homophobe Kommentare von Kommilitonen stößt, was dazu führt, dass er sich unwohl fühlt, seine Meinung zu äußern. Solche Erfahrungen können dazu führen, dass LGBTQ-Studierende ihre Teilnahme an Diskussionen einschränken und sich weniger aktiv in den Lernprozess einbringen.

Institutionelle Barrieren

Darüber hinaus gibt es institutionelle Barrieren, die LGBTQ-Studierende daran hindern, ihre akademischen Ziele zu erreichen. Viele Hochschulen haben keine klaren Richtlinien oder Ressourcen, die LGBTQ-Studierenden helfen, ihre Identität zu navigieren. Laut einer Umfrage von the *Campus Pride* (2010) gaben nur 30% der befragten Hochschulen an, dass sie spezielle Unterstützungsdienste für LGBTQ-Studierende anbieten. Dies kann zu einem Gefühl der Unsichtbarkeit und Vernachlässigung führen.

Strategien zur Bewältigung

Trotz dieser Herausforderungen entwickeln LGBTQ-Studierende verschiedene Strategien zur Bewältigung. Eine häufige Strategie ist die Bildung von Unterstützungsnetzwerken, die sowohl formell (z.B. LGBTQ-Studentenorganisationen) als auch informell (Freundschaften) sein können. Diese Netzwerke bieten nicht nur emotionale Unterstützung, sondern auch Ressourcen und Informationen, die für das Überleben und Gedeihen in einer akademischen Umgebung entscheidend sind.

Ein weiteres Beispiel ist die Teilnahme an Workshops und Schulungen, die sich auf die Sensibilisierung für LGBTQ-Themen konzentrieren. Solche Programme können dazu beitragen, das Bewusstsein für die Herausforderungen von LGBTQ-Studierenden zu schärfen und eine inklusivere Umgebung zu schaffen.

Fazit

Zusammenfassend lässt sich sagen, dass LGBTQ-Studierende mit einer Vielzahl von Herausforderungen konfrontiert sind, die sowohl psychologische als auch soziale Aspekte umfassen. Es ist entscheidend, dass Bildungseinrichtungen diese Herausforderungen anerkennen und aktiv daran arbeiten, eine unterstützende und inklusive Umgebung zu schaffen. Nur so können LGBTQ-Studierende ihr volles Potenzial ausschöpfen und zu einer vielfältigeren akademischen Gemeinschaft beitragen.

Bibliography

[1] American Psychological Association (APA). (n.d.). *LGBTQ+ Health*. Retrieved from https://www.apa.org/topics/lgbtq

[2] Meyer, I. H. (2003). Prejudice, Social Stress, and Mental Health in Gay Men. *American Psychologist*, 58(5), 1-12.

[3] D'Augelli, A. R. (2002). Mental Health Issues for Gay, Lesbian, and Bisexual Youth. *Journal of Clinical Psychology*, 58(5), 619-631.

[4] Rankin, S. R. (2005). Campus Climate for Gender and Sexual Diversity. *Journal of College Student Development*, 46(4), 451-463.

[5] Campus Pride. (2010). *The State of Higher Education for LGBTQ People*. Retrieved from https://www.campuspride.org

Einfluss von Professoren und Mentoren

Der Einfluss von Professoren und Mentoren auf die akademische und persönliche Entwicklung von Viviane Namaste ist nicht zu unterschätzen. In der akademischen Welt spielt die Beziehung zwischen Studierenden und ihren Lehrenden eine entscheidende Rolle, insbesondere für Mitglieder der LGBTQ-Community, die oft mit zusätzlichen Herausforderungen konfrontiert sind.

Die Rolle der Mentoren

Mentoren sind nicht nur akademische Berater, sondern auch emotionale Unterstützer. Sie bieten einen Raum, in dem Studierende ihre Identität erkunden und sich sicher fühlen können. Für Viviane war es entscheidend, Mentoren zu finden, die ihre Erfahrungen als trans Person verstehen und unterstützen. Diese

Mentoren halfen ihr, ihre Stimme zu finden und ihre Perspektive in der akademischen Welt zu artikulieren.

Theoretische Grundlagen

Die Theorie der sozialen Identität, wie sie von Henri Tajfel und John Turner formuliert wurde, beschreibt, wie Individuen ihre Identität in sozialen Gruppen definieren. Diese Theorie ist besonders relevant für LGBTQ-Studierende, da sie oft zwischen verschiedenen sozialen Identitäten navigieren müssen. Ein unterstützendes akademisches Umfeld kann den Prozess der Identitätsbildung erheblich erleichtern.

$$S = \frac{B}{N} \tag{7}$$

wobei S die soziale Identität, B die Zugehörigkeit zu einer bestimmten Gruppe und N die Anzahl der Gruppen darstellt, mit denen sich eine Person identifiziert. Für Viviane war es entscheidend, die Balance zwischen ihrer Identität als Akademikerin und ihrer Identität als trans Frau zu finden.

Probleme und Herausforderungen

Trotz der positiven Einflüsse gab es auch Herausforderungen. Viviane erlebte, dass nicht alle Professoren und Mentoren Verständnis für die Belange der LGBTQ-Community hatten. Einige ihrer Erfahrungen waren von Vorurteilen und Stereotypen geprägt, die in der akademischen Welt oft unbewusst reproduziert werden. Diese Diskrepanz zwischen dem Wunsch nach Unterstützung und der Realität des akademischen Lebens kann zu einem Gefühl der Isolation führen.

Ein Beispiel hierfür ist die Situation, in der Viviane in einem Seminar über Geschlechtertheorie eine kritische Frage zu den Erfahrungen von trans Personen stellte. Die Reaktion eines Professors war ablehnend und zeigte wenig Verständnis für die Komplexität der Thematik. Solche Erfahrungen führten dazu, dass Viviane sich gezwungen sah, sich selbst zu verteidigen und ihre Position innerhalb des akademischen Diskurses zu festigen.

Positive Beispiele

Glücklicherweise gab es auch zahlreiche positive Beispiele. Einige Professoren erkannten die Wichtigkeit von Diversität und Inklusion und förderten aktiv die Teilnahme von LGBTQ-Studierenden an Forschungsprojekten. Diese Professoren schufen ein Umfeld, in dem Viviane und ihre Kommilitonen sich sicher fühlen konnten, ihre Ideen zu teilen und zu diskutieren.

Ein besonders prägendes Erlebnis war die Teilnahme an einem Forschungsprojekt, das sich mit den Herausforderungen von LGBTQ-Studierenden an Universitäten befasste. Unter der Anleitung eines engagierten Professors konnte Viviane nicht nur ihre Forschungskompetenzen entwickeln, sondern auch ein Netzwerk von Gleichgesinnten aufbauen. Diese Zusammenarbeit führte zu einer Publikation, die in der akademischen Gemeinschaft Anerkennung fand und die Sichtbarkeit von LGBTQ-Themen in der Forschung erhöhte.

Fazit

Zusammenfassend lässt sich sagen, dass der Einfluss von Professoren und Mentoren auf Viviane Namastes akademische Laufbahn von entscheidender Bedeutung war. Die Unterstützung durch verständnisvolle und engagierte Lehrende half ihr, ihre Identität zu akzeptieren und ihren Platz in der akademischen Welt zu finden. Gleichzeitig verdeutlichen die Herausforderungen, mit denen sie konfrontiert war, die Notwendigkeit, das Bewusstsein für die Belange der LGBTQ-Community in der akademischen Ausbildung zu schärfen. Ein inklusives und unterstützendes Umfeld ist unerlässlich, um die Potenziale aller Studierenden zu fördern und die Vielfalt in der Wissenschaft zu bereichern.

Teilnahme an LGBTQ-Organisationen

Viviane Namaste begann ihre aktive Teilnahme an LGBTQ-Organisationen während ihrer akademischen Laufbahn, was sich als ein entscheidender Schritt in ihrer Entwicklung als Aktivistin herausstellte. Diese Organisationen bieten nicht nur Unterstützung und Ressourcen für die LGBTQ-Community, sondern fungieren auch als Plattform für den Austausch von Ideen, Strategien und Erfahrungen. Die Teilnahme an solchen Gruppen half Viviane, ihre Identität zu festigen und ihre Stimme in der Bewegung zu finden.

Die Bedeutung von LGBTQ-Organisationen

LGBTQ-Organisationen spielen eine zentrale Rolle im Aktivismus, indem sie eine Gemeinschaft schaffen, die sich gegenseitig unterstützt und stärkt. Sie bieten ein sicheres Umfeld, in dem Mitglieder ihre Erfahrungen teilen, sich über aktuelle Themen informieren und gemeinsam Strategien entwickeln können. Diese

Organisationen sind oft an der Spitze von Kampagnen, die sich für gesetzliche Änderungen und soziale Gerechtigkeit einsetzen.

Erste Schritte in der Organisation

Viviane trat zunächst einer studentischen LGBTQ-Organisation an ihrer Universität bei. Diese Organisation ermöglichte es ihr, sich mit Gleichgesinnten zu vernetzen und an verschiedenen Veranstaltungen teilzunehmen, die sich mit Themen wie Identität, Diskriminierung und Sichtbarkeit beschäftigten. Hier konnte sie nicht nur ihre eigenen Erfahrungen einbringen, sondern auch von anderen lernen, die ähnliche Herausforderungen durchlebten.

Ein Beispiel für eine solche Veranstaltung war ein Panel, das sich mit den Herausforderungen von Trans-Studierenden auseinandersetzte. Viviane war beeindruckt von den Geschichten der Teilnehmer und der Vielfalt der Perspektiven, die präsentiert wurden. Diese Erfahrungen motivierten sie, aktiver zu werden und Verantwortung zu übernehmen.

Die Rolle von Mentoren und Vorbildern

In der LGBTQ-Community spielen Mentoren eine entscheidende Rolle. Viviane hatte das Glück, von erfahrenen Aktivisten und Akademikern unterstützt zu werden, die ihr halfen, ihre Fähigkeiten zu entwickeln und ihre Stimme zu stärken. Diese Mentoren boten nicht nur Ratschläge, sondern auch emotionale Unterstützung, die in schwierigen Zeiten unerlässlich war.

Ein herausragendes Beispiel war ein Mentor, der sie ermutigte, ihre ersten Artikel über Trans-Rechte zu schreiben. Diese Publikationen waren nicht nur ein Meilenstein in ihrer Karriere, sondern auch ein Beitrag zur Sichtbarkeit der Trans-Community in der akademischen Welt.

Herausforderungen und Rückschläge

Trotz der positiven Erfahrungen, die Viviane in diesen Organisationen machte, gab es auch Herausforderungen. Viele LGBTQ-Organisationen kämpfen mit internen Konflikten, die oft auf unterschiedliche Ansichten über Strategien und Prioritäten zurückzuführen sind. Viviane erlebte dies firsthand, als sie in Diskussionen über die Priorität von Themen wie Gesundheit und Bildung involviert war.

Ein Beispiel hierfür war eine hitzige Debatte innerhalb ihrer Organisation über die Ausrichtung einer Kampagne, die sich auf die Rechte von Trans-Personen konzentrierte. Einige Mitglieder plädierten dafür, sich auf rechtliche Anerkennung zu konzentrieren, während andere die Notwendigkeit einer breiteren

Bildungsinitiative betonten. Diese Differenzen führten zu Spannungen, die die Effektivität der Organisation beeinträchtigen konnten.

Die Auswirkungen der Teilnahme

Die Teilnahme an LGBTQ-Organisationen ermöglichte es Viviane, nicht nur ihre eigenen Fähigkeiten zu entwickeln, sondern auch einen positiven Einfluss auf die Gemeinschaft auszuüben. Durch Workshops und Schulungen, die sie organisierte, konnte sie anderen helfen, ihre Stimmen zu finden und sich für ihre Rechte einzusetzen.

Ein Beispiel für den Erfolg ihrer Bemühungen war ein Workshop, den sie über die rechtlichen Aspekte von Trans-Rechten veranstaltete. Dieser Workshop zog eine große Anzahl von Teilnehmern an und führte zu einer erhöhten Sensibilisierung für die Herausforderungen, mit denen die Trans-Community konfrontiert ist. Die positive Resonanz ermutigte Viviane, weitere Bildungsinitiativen zu entwickeln.

Netzwerkbildung und Freundschaften

Die Teilnahme an LGBTQ-Organisationen förderte auch die Netzwerkbildung und die Entwicklung von Freundschaften, die für Viviane von unschätzbarem Wert waren. Diese Verbindungen halfen ihr, sich in der Community zu verankern und Unterstützung in schwierigen Zeiten zu finden.

Die enge Zusammenarbeit mit anderen Aktivisten und Organisationen führte zu einer Vielzahl von Projekten, die gemeinsam durchgeführt wurden. Diese Kooperationen erweiterten nicht nur ihren Horizont, sondern trugen auch zur Stärkung der LGBTQ-Bewegung bei.

Fazit

Die Teilnahme an LGBTQ-Organisationen war für Viviane Namaste ein entscheidender Schritt in ihrer Entwicklung als Aktivistin. Sie ermöglichte es ihr, ihre Identität zu erforschen, wichtige Fähigkeiten zu entwickeln und einen bedeutenden Beitrag zur Bewegung zu leisten. Trotz der Herausforderungen, die sie erlebte, war ihre Zeit in diesen Organisationen geprägt von Wachstum, Lernen und einem tiefen Engagement für die Rechte der Trans-Community. Ihre Erfahrungen verdeutlichen die Bedeutung von Gemeinschaft und Unterstützung im Aktivismus und inspirieren andere, sich ebenfalls zu engagieren.

Die Bedeutung von Forschung für Viviane

Viviane Namaste hat in ihrer akademischen Laufbahn die zentrale Rolle der Forschung für das Verständnis und die Förderung von Trans-Rechten erkannt. Ihre Arbeit ist nicht nur theoretisch, sondern auch praktisch orientiert, und sie hat sich intensiv mit der Frage auseinandergesetzt, wie Forschung als Werkzeug zur Veränderung gesellschaftlicher Strukturen eingesetzt werden kann.

Theoretische Grundlagen der Forschung

Die Forschung, die Viviane betreibt, basiert auf mehreren theoretischen Ansätzen, die sich mit Identität, Geschlecht und Machtstrukturen befassen. Ein bedeutender Rahmen ist die *Queer-Theorie*, die die Normativität von Geschlecht und Sexualität hinterfragt und die Vielfalt menschlicher Erfahrungen in den Vordergrund stellt. Wie Judith Butler in ihrem Werk *Gender Trouble* (1990) argumentiert, ist Geschlecht nicht nur eine biologisch determinierte Eigenschaft, sondern ein soziales Konstrukt, das durch wiederholte Performanz hergestellt wird. Diese Perspektive erlaubt es Viviane, die Komplexität der Trans-Identität zu beleuchten und die Notwendigkeit einer differenzierten Betrachtung von Geschlecht und Sexualität zu betonen.

Praktische Probleme in der Forschung

Viviane ist sich der Herausforderungen bewusst, die mit der Forschung über Trans-Themen verbunden sind. Eine der größten Hürden ist die *Stigmatisierung* von Trans-Personen, die oft dazu führt, dass sie in Forschungsprojekten nicht angemessen repräsentiert werden. Dies kann zu einer verzerrten Sichtweise führen, die nicht die tatsächlichen Erfahrungen und Bedürfnisse der Trans-Community widerspiegelt. Um diese Probleme zu umgehen, hat Viviane Methoden entwickelt, die auf *partizipativer Forschung* basieren. Dabei werden Trans-Personen aktiv in den Forschungsprozess einbezogen, wodurch ihre Stimmen und Perspektiven Gehör finden.

Beispiele für Viviane's Forschung

Ein herausragendes Beispiel für Viviane Namastes Forschung ist ihr Projekt über die Auswirkungen von Diskriminierung auf die psychische Gesundheit von Trans-Personen. In einer Studie, die sie in Zusammenarbeit mit verschiedenen LGBTQ-Organisationen durchgeführt hat, analysierte sie die Daten von über 500 Trans-Personen. Die Ergebnisse zeigten, dass Diskriminierung in verschiedenen

Lebensbereichen, wie am Arbeitsplatz und im Gesundheitswesen, signifikant mit erhöhten Raten von Depressionen und Angstzuständen korreliert ist. Diese Erkenntnisse wurden nicht nur in akademischen Zeitschriften veröffentlicht, sondern auch in politischen Debatten verwendet, um auf die Notwendigkeit von Reformen im Gesundheitswesen hinzuweisen.

Die Rolle der Forschung im Aktivismus

Für Viviane ist Forschung nicht nur ein akademisches Unterfangen, sondern ein essenzielles Element ihres Aktivismus. Sie glaubt fest daran, dass gut fundierte Forschung als Grundlage für politische Veränderungen dienen kann. Durch ihre Veröffentlichungen hat sie es geschafft, wichtige Akteure in der Politik und Gesellschaft zu sensibilisieren. Ihre Studien haben dazu beigetragen, Gesetze zu formulieren, die die Rechte von Trans-Personen stärken, und sie hat an zahlreichen Konferenzen teilgenommen, um ihre Erkenntnisse zu teilen.

Ein Beispiel für die Verbindung von Forschung und Aktivismus ist ihre Mitwirkung an der Entwicklung eines Gesetzes zur Anerkennung von Geschlechtsidentität in offiziellen Dokumenten. Ihre Forschung lieferte die notwendigen Daten, um die Diskriminierung zu belegen, die Trans-Personen erfahren, wenn sie versuchen, ihre Identität rechtlich anerkennen zu lassen. Durch die Kombination aus empirischen Daten und persönlichen Geschichten konnte Viviane die Dringlichkeit der Gesetzesänderung verdeutlichen.

Reflexion über die Bedeutung der Forschung

Viviane betrachtet Forschung als einen fortlaufenden Prozess, der nie abgeschlossen ist. Sie ist sich bewusst, dass die gesellschaftlichen Bedingungen sich ständig ändern und dass neue Herausforderungen entstehen. Daher sieht sie es als ihre Pflicht, kontinuierlich zu forschen und ihre Ergebnisse zu aktualisieren, um die Bedürfnisse der Trans-Community zu reflektieren. Ihre Arbeit hat nicht nur zur akademischen Diskussion beigetragen, sondern auch das Bewusstsein in der breiten Öffentlichkeit geschärft.

Insgesamt lässt sich sagen, dass die Forschung für Viviane Namaste von zentraler Bedeutung ist. Sie dient nicht nur der Wissensproduktion, sondern ist auch ein entscheidendes Werkzeug im Kampf für die Rechte von Trans-Personen. Ihre Fähigkeit, Theorie und Praxis zu verbinden, hat es ihr ermöglicht, einen nachhaltigen Einfluss auf die LGBTQ-Bewegung auszuüben und das Leben vieler Menschen zu verbessern.

Erste Publikationen und deren Einfluss

Viviane Namaste hat in ihrer akademischen Laufbahn mehrere bedeutende Publikationen verfasst, die nicht nur in der wissenschaftlichen Gemeinschaft, sondern auch in der breiteren Öffentlichkeit große Resonanz fanden. Diese Arbeiten sind entscheidend für das Verständnis der Herausforderungen und Chancen, mit denen die Trans-Community konfrontiert ist.

Theoretische Grundlagen

Eine der zentralen Theorien, die Viviane in ihren Publikationen behandelt, ist die *Queer-Theorie*. Diese Theorie stellt traditionelle Geschlechts- und Sexualitätsnormen in Frage und bietet einen Rahmen, um die Komplexität von Identität zu verstehen. Namaste argumentiert, dass die Queer-Theorie nicht nur als akademisches Konzept, sondern auch als praktisches Werkzeug für den Aktivismus genutzt werden kann. Sie hebt hervor, dass das Verständnis von Geschlecht und Sexualität als soziale Konstrukte es ermöglicht, bestehende Diskriminierungen zu hinterfragen und zu bekämpfen.

Erste bedeutende Publikation

Eine ihrer ersten bedeutenden Publikationen war *„Transgender, Race, and the Politics of Visibility"*. In diesem Werk analysiert Namaste die Wechselwirkungen zwischen Geschlecht, Rasse und gesellschaftlicher Sichtbarkeit. Sie argumentiert, dass die Sichtbarkeit von Trans-Personen oft von rassistischen Stereotypen und gesellschaftlichen Vorurteilen überschattet wird. Diese Erkenntnis hat nicht nur die akademische Diskussion angeregt, sondern auch aktivistische Bewegungen beeinflusst, die sich für eine inklusive Sichtbarkeit von Trans-Personen einsetzen.

Einfluss auf die Gesellschaft

Namastes Publikationen haben maßgeblich zur Sensibilisierung für die Herausforderungen der Trans-Community beigetragen. Ein Beispiel hierfür ist die Reaktion auf ihre Arbeit im Kontext der Gesetzgebung. Nach der Veröffentlichung ihrer Studien kam es in mehreren Ländern zu Diskussionen über die Notwendigkeit, rechtliche Rahmenbedingungen für Trans-Personen zu verbessern. Diese Diskussionen wurden durch die von Namaste präsentierten Daten und Analysen angestoßen, die die Diskriminierung und die sozialen Herausforderungen von Trans-Personen dokumentierten.

Probleme und Herausforderungen

Trotz des positiven Einflusses ihrer Arbeiten sieht sich Namaste auch mit Herausforderungen konfrontiert. Eine der größten Schwierigkeiten besteht darin, dass viele ihrer Publikationen in akademischen Kreisen bleiben und somit nicht die breite Öffentlichkeit erreichen, die für den Wandel notwendig ist. Um diesem Problem entgegenzuwirken, hat sie begonnen, ihre Forschungsergebnisse in zugänglicheren Formaten zu veröffentlichen, wie z.B. Blogbeiträgen und öffentlichen Vorträgen.

Beispiele für erfolgreiche Publikationen

Ein weiteres Beispiel für eine erfolgreiche Publikation ist *„Dismantling the Gender Binary"*, in der Namaste die gesellschaftlichen Konstruktionen von Geschlecht kritisiert und alternative Modelle vorschlägt, die die Vielfalt menschlicher Identitäten anerkennen. Diese Arbeit hat nicht nur in akademischen Kreisen, sondern auch in sozialen Bewegungen für Aufsehen gesorgt. Die Publikation wurde von verschiedenen LGBTQ-Organisationen als Leitfaden für Workshops und Bildungsprogramme genutzt, um das Bewusstsein für die Vielfalt von Geschlechtsidentitäten zu schärfen.

Zusammenfassung der Auswirkungen

Zusammenfassend lässt sich sagen, dass Viviane Namastes erste Publikationen einen tiefgreifenden Einfluss auf die akademische Diskussion und die gesellschaftliche Wahrnehmung von Trans-Rechten hatten. Ihre Fähigkeit, komplexe Theorien verständlich zu machen und sie mit realen Herausforderungen zu verknüpfen, hat dazu beigetragen, dass ihre Arbeiten nicht nur in der Wissenschaft, sondern auch im Aktivismus Beachtung fanden. Die von ihr angestoßenen Diskussionen haben dazu geführt, dass viele Menschen, die zuvor wenig über die Trans-Community wussten, nun aktiv an der Förderung von Gleichheit und Inklusion beteiligt sind.

$$\text{Einfluss} = \frac{\text{Sichtbarkeit} \times \text{Akzeptanz}}{\text{Diskriminierung}} \tag{8}$$

Diese Gleichung verdeutlicht, dass der Einfluss von Namastes Arbeiten direkt proportional zur Sichtbarkeit und Akzeptanz der Trans-Community ist, während er umgekehrt proportional zur Diskriminierung steht. Je mehr Sichtbarkeit und Akzeptanz geschaffen werden, desto größer ist der Einfluss auf die Gesellschaft und die politischen Rahmenbedingungen.

Insgesamt zeigt sich, dass Viviane Namastes erste Publikationen nicht nur akademische Diskurse beeinflusst haben, sondern auch praktische Veränderungen in der Gesellschaft angestoßen haben. Ihre Arbeiten sind ein wichtiges Werkzeug im Kampf für die Rechte der Trans-Community und stehen für die Notwendigkeit, die Vielfalt menschlicher Identität zu erkennen und zu feiern.

Praktische Erfahrungen und Engagement

Viviane Namaste hat im Laufe ihrer akademischen Laufbahn nicht nur theoretisches Wissen angehäuft, sondern auch wertvolle praktische Erfahrungen gesammelt, die ihr Engagement für die trans-Rechte maßgeblich geprägt haben. In diesem Abschnitt werden wir die verschiedenen Aspekte ihrer praktischen Erfahrungen und ihr Engagement im Rahmen des LGBTQ-Aktivismus beleuchten.

Die Bedeutung praktischer Erfahrungen

Praktische Erfahrungen sind für Aktivisten von entscheidender Bedeutung, da sie es ermöglichen, theoretische Konzepte in die Realität umzusetzen. Viviane erkannte früh, dass Wissen allein nicht ausreicht, um Veränderungen herbeizuführen. Vielmehr ist es notwendig, aktiv zu handeln und sich in der Gemeinschaft zu engagieren. Ihre Studien in Gender- und Queer-Theorien lieferten die Grundlage, auf der sie ihre praktischen Fähigkeiten aufbauen konnte.

Engagement in LGBTQ-Organisationen

Während ihrer Zeit an der Universität trat Viviane verschiedenen LGBTQ-Organisationen bei, die sich für die Rechte von Transpersonen einsetzten. Diese Organisationen boten ihr nicht nur die Möglichkeit, Gleichgesinnte zu treffen, sondern auch aktiv an Kampagnen und Projekten teilzunehmen. Ein Beispiel hierfür ist die Organisation *TransRights Now*, die sich für die rechtlichen und sozialen Belange von Transpersonen einsetzt. In dieser Organisation übernahm Viviane verschiedene Rollen, von der Organisation von Veranstaltungen bis hin zur Durchführung von Workshops.

Praktische Projekte und Workshops

Viviane führte mehrere Workshops durch, die darauf abzielten, das Bewusstsein für Trans-Rechte zu schärfen und Menschen über die Herausforderungen aufzuklären, mit denen die trans-Community konfrontiert ist. Ein besonders erfolgreicher Workshop war der *Trans Empowerment Workshop*, der darauf abzielte, Transpersonen Fähigkeiten und Werkzeuge an die Hand zu geben, um ihre Stimme in der Gesellschaft zu erheben.

Die Teilnehmer lernten nicht nur über rechtliche Rahmenbedingungen, sondern auch über Selbstverteidigung, psychologische Unterstützung und die Bedeutung von Netzwerken innerhalb der Community. Die positiven Rückmeldungen der Teilnehmer bestätigten Viviane, dass praktische Erfahrungen und der Austausch von Wissen entscheidend für den Aktivismus sind.

Zusammenarbeit mit anderen Organisationen

Viviane erkannte, dass die Zusammenarbeit mit anderen Organisationen von entscheidender Bedeutung ist, um einen größeren Einfluss zu erzielen. Sie arbeitete eng mit *Queer Alliance* und *Safe Spaces* zusammen, um gemeinsame Projekte zu entwickeln, die sich auf die Verbesserung der Lebensbedingungen von LGBTQ-Personen konzentrierten. Diese Kooperationen führten zu einer Vielzahl von Initiativen, darunter Aufklärungskampagnen in Schulen und Universitäten sowie öffentliche Veranstaltungen, die darauf abzielten, Vorurteile abzubauen und die Sichtbarkeit von Transpersonen zu erhöhen.

Herausforderungen und Problemlösungen

Trotz ihrer Erfolge stieß Viviane auch auf zahlreiche Herausforderungen. Eine der größten Hürden war die Finanzierung ihrer Projekte. Oftmals waren die Ressourcen begrenzt, und es bedurfte kreativer Lösungen, um die notwendigen Mittel zu beschaffen. Viviane entwickelte Strategien zur Mittelbeschaffung, darunter Crowdfunding und das Schreiben von Förderanträgen. Diese Erfahrungen lehrten sie, wie wichtig es ist, auch in schwierigen Zeiten innovativ zu denken und nicht aufzugeben.

Ein weiteres Problem war der Widerstand, den sie von konservativen Gruppen und Einzelpersonen erlebte. Dies führte zu intensiven Diskussionen und manchmal auch zu Konflikten. Viviane lernte, wie wichtig es ist, in solchen Situationen ruhig zu bleiben und den Dialog zu suchen. Sie entwickelte Kommunikationsstrategien, um Missverständnisse auszuräumen und Vorurteile abzubauen.

Reflexion über praktische Erfahrungen

Die praktischen Erfahrungen, die Viviane Namaste gesammelt hat, haben nicht nur ihre persönliche Entwicklung geprägt, sondern auch einen nachhaltigen Einfluss auf die LGBTQ-Community. Durch ihr Engagement hat sie nicht nur

Wissen vermittelt, sondern auch Räume geschaffen, in denen Transpersonen ihre Stimmen erheben und ihre Geschichten teilen können.

In einer Welt, in der Vorurteile und Diskriminierung nach wie vor weit verbreitet sind, ist Viviane ein leuchtendes Beispiel dafür, wie praktisches Engagement und der Austausch von Erfahrungen zu einer positiven Veränderung führen können. Ihre Arbeit zeigt, dass Aktivismus nicht nur aus Protest besteht, sondern auch aus Bildung, Unterstützung und der Schaffung von Gemeinschaft.

Ausblick

Vivianes Engagement wird auch in Zukunft von Bedeutung sein. Sie plant, ihre Workshops auszuweiten und neue Programme zu entwickeln, die sich auf die Bedürfnisse von Transpersonen konzentrieren. Ihr Ziel ist es, eine inklusive Gesellschaft zu fördern, in der jeder Mensch unabhängig von Geschlecht oder Identität respektiert und akzeptiert wird.

Insgesamt sind die praktischen Erfahrungen und das Engagement von Viviane Namaste ein wesentlicher Bestandteil ihrer Biografie und ihres Beitrags zur LGBTQ-Bewegung. Sie erinnern uns daran, dass Veränderung möglich ist, wenn wir bereit sind, aktiv zu werden und unsere Stimmen zu erheben.

Netzwerkbildung und Freundschaften

Die Netzwerkbildung und die Entwicklung von Freundschaften sind entscheidende Aspekte in der akademischen und aktivistischen Laufbahn von Viviane Namaste. In einer Welt, in der soziale Unterstützung und kollektive Mobilisierung oft den Unterschied zwischen Erfolg und Misserfolg ausmachen, hat Viviane die Bedeutung von starken, unterstützenden Netzwerken erkannt und aktiv gefördert.

Theoretische Grundlagen der Netzwerkbildung

Die Theorie der sozialen Netzwerke, die in den 1970er Jahren populär wurde, besagt, dass Individuen nicht isoliert existieren, sondern in komplexen Beziehungen zueinander stehen. Diese Beziehungen bilden Netzwerke, die sowohl persönliche als auch berufliche Unterstützung bieten können. Granovetters (1973) Konzept der „schwachen Bindungen" hebt hervor, dass lose Verbindungen oft wertvolle Ressourcen darstellen, da sie den Zugang zu neuen Informationen und Perspektiven ermöglichen. Für Viviane war es essenziell, sowohl starke als auch schwache Bindungen zu pflegen, um ihre Ideen und Initiativen in der LGBTQ-Community voranzutreiben.

Herausforderungen in der Netzwerkbildung

Die Netzwerkbildung ist jedoch nicht ohne Herausforderungen. Insbesondere für Mitglieder der LGBTQ-Community kann die Angst vor Diskriminierung oder Ablehnung dazu führen, dass sie sich in sozialen Situationen zurückziehen. Viviane erlebte diese Herausforderungen in ihrer frühen akademischen Laufbahn, als sie oft die einzige LGBTQ-Person in ihren Studiengängen war. Diese Isolation führte zu einem Gefühl der Unsicherheit und der Suche nach Zugehörigkeit.

Ein Beispiel für diese Herausforderungen war Viviane's Teilnahme an einer Konferenz über Geschlechterforschung, bei der sie sich zunächst unwohl fühlte, weil sie befürchtete, nicht akzeptiert zu werden. Doch durch gezielte Ansprache und den Austausch mit Gleichgesinnten konnte sie wertvolle Kontakte knüpfen, die nicht nur ihre akademische Karriere, sondern auch ihr persönliches Wachstum förderten.

Strategien zur Netzwerkbildung

Viviane entwickelte mehrere Strategien, um ihre Netzwerke erfolgreich auszubauen. Eine der ersten Strategien war die aktive Teilnahme an LGBTQ-Organisationen und -Veranstaltungen. Diese Plattformen boten nicht nur Raum für den Austausch von Ideen, sondern auch die Möglichkeit, Gleichgesinnte zu treffen und Freundschaften zu schließen.

Zusätzlich nutzte Viviane soziale Medien, um ein breiteres Publikum zu erreichen und ihre Botschaften zu verbreiten. Plattformen wie Twitter und Facebook ermöglichten es ihr, mit anderen Aktivisten und Akademikern in Kontakt zu treten, die ähnliche Ziele verfolgten. Durch Online-Diskussionen und den Austausch von Ressourcen konnte sie ihr Netzwerk über geografische Grenzen hinweg erweitern.

Beispiele für erfolgreiche Netzwerkbildung

Ein herausragendes Beispiel für Viviane's Netzwerkbildung ist die Gründung einer interdisziplinären Gruppe von LGBTQ-Aktivisten und Akademikern an ihrer Universität. Diese Gruppe organisierte regelmäßige Treffen, Workshops und Diskussionsrunden, die nicht nur der Wissensvermittlung dienten, sondern auch als Plattform für die Entwicklung von Freundschaften und Unterstützungsnetzwerken fungierten.

Ein weiteres Beispiel war ihre Zusammenarbeit mit internationalen Organisationen, die sich für die Rechte von Transgender-Personen einsetzen. Diese Partnerschaften ermöglichten es ihr, von den Erfahrungen anderer zu lernen und ihre eigenen Initiativen auf globaler Ebene zu fördern. Die Teilnahme an internationalen Konferenzen stärkte nicht nur ihre Position innerhalb der Gemeinschaft, sondern führte auch zu lebenslangen Freundschaften mit Aktivisten aus verschiedenen Ländern.

Der Einfluss von Freundschaften auf den Aktivismus

Freundschaften spielen eine entscheidende Rolle im Aktivismus. Sie bieten emotionale Unterstützung, die für die Bewältigung der Herausforderungen und Rückschläge im Aktivismus notwendig ist. Viviane fand in ihren Freundschaften nicht nur Rückhalt, sondern auch Inspiration. Der Austausch von Ideen und Erfahrungen innerhalb ihres Netzwerks führte zu innovativen Ansätzen und Strategien im Aktivismus.

Ein Beispiel dafür war die gemeinsame Organisation einer Kampagne zur Sensibilisierung für Trans-Rechte, die in enger Zusammenarbeit mit Freunden und Kollegen entwickelt wurde. Diese Kampagne kombinierte kreative Ansätze mit akademischem Wissen und führte zu einem signifikanten Anstieg des öffentlichen Bewusstseins für die Anliegen der Trans-Community.

Fazit

Die Netzwerkbildung und die Entwicklung von Freundschaften sind zentrale Elemente in Viviane Namastes Leben und Karriere. Durch den Aufbau eines starken Netzwerks konnte sie nicht nur ihre eigenen Ziele erreichen, sondern auch einen bedeutenden Einfluss auf die LGBTQ-Community ausüben. Die Herausforderungen, die sie auf diesem Weg erlebte, formten ihren Charakter und stärkten ihren Aktivismus. Viviane's Geschichte zeigt, dass die Kraft der Gemeinschaft und die Unterstützung von Freunden entscheidend sind, um Veränderungen in der Gesellschaft herbeizuführen.

Der Weg zur Doktorarbeit

Der Weg zur Doktorarbeit ist für viele Akademiker eine bedeutende und oft herausfordernde Phase ihrer Karriere. Für Viviane Namaste stellte diese Reise nicht nur einen akademischen Meilenstein dar, sondern auch eine Gelegenheit, ihre Stimme für die trans-Community zu erheben und ihre Forschung auf die Bedürfnisse und Herausforderungen dieser Gruppe auszurichten.

Die Entscheidung für die Promotion

Die Entscheidung, eine Doktorarbeit zu beginnen, ist oft geprägt von der Frage: *Was möchte ich mit meiner Forschung erreichen?* Für Viviane war diese Frage besonders relevant, da sie sich in einem akademischen Umfeld bewegte, das häufig von traditionellen Geschlechterrollen und Diskriminierung geprägt war. Ihre Entscheidung, sich auf trans-Rechte zu konzentrieren, war nicht nur eine persönliche, sondern auch eine politische. Sie wollte die Sichtbarkeit und das Verständnis für die Herausforderungen, denen sich trans-Personen gegenübersehen, erhöhen.

Forschungsthemen und Methodik

Viviane entschied sich, ihre Dissertation im Bereich der Geschlechterstudien zu verfassen, mit einem besonderen Fokus auf die Intersektionalität von Geschlecht, Sexualität und Rasse. Ihre Forschungsfrage lautete: *Wie beeinflussen gesellschaftliche Strukturen die Identität und das Leben von trans-Personen?*

Um diese Frage zu beantworten, wählte sie eine qualitative Methodik, die es ihr ermöglichte, tiefere Einblicke in die Erfahrungen von trans-Personen zu gewinnen. Sie führte Interviews mit Mitgliedern der Community durch und analysierte deren Lebensgeschichten, um Muster und Herausforderungen zu identifizieren.

Die Gleichung, die ihre Analyse zusammenfasst, könnte in einem vereinfachten Format dargestellt werden als:

$$I = f(S, C, R) \tag{9}$$

wobei I die Identität einer trans-Person, S die gesellschaftlichen Strukturen, C die kulturellen Kontexte und R die individuellen Erfahrungen umfasst. Diese Gleichung verdeutlicht, dass die Identität nicht isoliert betrachtet werden kann, sondern in einem komplexen Zusammenspiel von Faktoren entsteht.

Herausforderungen während der Promotion

Die Promotion stellte Viviane vor mehrere Herausforderungen. Einer der größten Hürden war die Balance zwischen akademischen Anforderungen und ihrem Engagement im Aktivismus. Oftmals musste sie Prioritäten setzen, was zu Stress und Erschöpfung führte. Diese Dualität zwischen Wissenschaft und Aktivismus wurde in ihrer Arbeit zu einem zentralen Thema.

Ein weiteres Problem war der Zugang zu Ressourcen und Unterstützung. In vielen akademischen Kreisen gab es Vorurteile gegenüber LGBTQ-Forschung, was sich in der Finanzierung und in der Akzeptanz ihrer Themen niederschlug. Viviane musste sich oft gegen diese Widerstände behaupten und fand Unterstützung bei Gleichgesinnten und Mentoren, die ihre Vision teilten.

Ergebnisse und Auswirkungen

Die Ergebnisse von Viviane Namastes Dissertation waren nicht nur akademisch, sondern hatten auch praktische Auswirkungen auf die trans-Community. Ihre Arbeit trug dazu bei, das Bewusstsein für die spezifischen Bedürfnisse von trans-Personen in Bildungseinrichtungen zu schärfen und beeinflusste die Entwicklung von Richtlinien, die die Inklusion und Unterstützung von trans-Studierenden fördern sollten.

Ein Beispiel für den Einfluss ihrer Arbeit ist die Einführung von Schulungsprogrammen für Fakultätsmitglieder, die darauf abzielen, ein sicheres und unterstützendes Umfeld für LGBTQ-Studierende zu schaffen. Diese Programme basieren auf den Erkenntnissen aus Viviane's Forschung und bieten praktische Strategien zur Sensibilisierung und Unterstützung.

Fazit

Der Weg zur Doktorarbeit war für Viviane Namaste ein entscheidender Schritt in ihrer akademischen und aktivistischen Laufbahn. Durch ihre Forschung konnte sie nicht nur ihre eigene Identität und die ihrer Community stärken, sondern auch einen bedeutenden Beitrag zur Wissenschaft leisten. Ihre Dissertation fungierte als Katalysator für Veränderungen, die über die akademischen Grenzen hinausgingen und das Leben vieler Menschen positiv beeinflussten.

Insgesamt zeigt Viviane's Weg zur Doktorarbeit, wie wichtig es ist, akademische Arbeit mit sozialem Engagement zu verbinden. Ihre Geschichte ist ein Beispiel für zukünftige Generationen von Akademikern, die sich für soziale Gerechtigkeit einsetzen wollen.

Aktivismus und Engagement

Der Beginn des Aktivismus

Die ersten Schritte in der Aktivismus-Szene

Viviane Namaste betrat die Aktivismus-Szene in einer Zeit, in der die Sichtbarkeit und die Rechte von Trans-Personen zunehmend in den Fokus der gesellschaftlichen Diskussion rückten. Ihre ersten Schritte waren geprägt von einer Mischung aus Leidenschaft, Entschlossenheit und der Erkenntnis, dass der Kampf für Gleichheit und Akzeptanz nicht nur eine persönliche, sondern auch eine kollektive Verantwortung war.

Der Kontext des Aktivismus

In den frühen 2000er Jahren, als Viviane in die Aktivismus-Szene eintrat, waren die Herausforderungen für die LGBTQ-Community enorm. Die gesellschaftlichen Vorurteile gegenüber Trans-Personen waren tief verwurzelt, und viele Menschen lebten in ständiger Angst vor Diskriminierung und Gewalt. Statistiken zeigten, dass Trans-Personen, insbesondere Trans-Frauen und Menschen of Color, einem höheren Risiko ausgesetzt waren, Opfer von Gewalt zu werden. Diese Realität war ein entscheidender Motivator für Viviane, sich zu engagieren und eine Stimme für die, die oft ungehört blieben, zu werden.

Die ersten Erfahrungen

Viviane begann ihren Aktivismus zunächst in ihrem akademischen Umfeld. Sie organisierte Workshops und Diskussionsrunden an ihrer Universität, um Bewusstsein für die Herausforderungen der Trans-Community zu schaffen. Diese Veranstaltungen waren nicht nur eine Plattform für Bildung, sondern auch ein Raum, in dem sich Gleichgesinnte treffen und vernetzen konnten. Ein Beispiel für eine solche Veranstaltung war der „Trans Awareness Day", den sie ins Leben rief, um die Geschichten und Erfahrungen von Trans-Personen sichtbar zu machen.

Die Reaktionen auf diese ersten Schritte waren gemischt. Während viele Studierende und Professoren Unterstützung zeigten, gab es auch Widerstand. Einige Kritiker argumentierten, dass das Thema übertrieben werde oder dass es nicht in den akademischen Kontext passe. Viviane begegnete diesen Herausforderungen mit einer Kombination aus Geduld und Entschlossenheit. Sie verstand, dass der Wandel Zeit brauchte, und dass Bildung der Schlüssel zu mehr Verständnis und Akzeptanz war.

Die Gründung von Organisationen

Mit der Zeit erkannte Viviane, dass eine stärkere Organisation notwendig war, um die Anliegen der Trans-Community effektiv zu vertreten. Gemeinsam mit anderen Aktivisten gründete sie die „Trans Rights Coalition", eine Organisation, die sich für die Rechte von Trans-Personen einsetzte und eine Plattform für deren Stimmen bot. Die Gründung dieser Organisation war ein entscheidender Schritt, um den Aktivismus auf eine breitere Basis zu stellen und mehr Menschen in den Prozess einzubeziehen.

Die Coalition organisierte zahlreiche Veranstaltungen, darunter Demonstrationen, Informationsstände und Bildungsseminare. Ein bemerkenswertes Beispiel war die „March for Trans Rights", die in der Hauptstadt stattfand und Tausende von Menschen mobilisierte. Diese Veranstaltungen waren nicht nur eine Möglichkeit, auf die Probleme aufmerksam zu machen, sondern auch eine Gelegenheit für die Community, Solidarität zu zeigen und sich gegenseitig zu unterstützen.

Herausforderungen und Rückschläge

Der Weg des Aktivismus war jedoch nicht immer einfach. Viviane und ihre Mitstreiter sahen sich mit zahlreichen Herausforderungen konfrontiert. Eine der größten Hürden war die Finanzierung ihrer Projekte. Viele Initiativen waren auf Spenden angewiesen, und es war oft schwierig, ausreichende Mittel zu finden. Viviane entwickelte Strategien, um Fördergelder zu beantragen und Partnerschaften mit anderen Organisationen einzugehen, um die finanziellen Ressourcen zu sichern.

Ein weiteres Problem war die interne Dynamik innerhalb der LGBTQ-Community. Unterschiedliche Ansichten über Strategien und Prioritäten führten gelegentlich zu Spannungen. Viviane war sich der

Notwendigkeit bewusst, einen Dialog zu führen und verschiedene Perspektiven zu integrieren, um eine inklusive Bewegung zu schaffen. Sie setzte sich dafür ein, dass die Stimmen der marginalisierten Gruppen innerhalb der Community gehört wurden und dass ihre Anliegen nicht übersehen wurden.

Der Einfluss von sozialen Medien

Ein entscheidender Faktor für den Erfolg von Viviane und ihrer Organisation war die Nutzung von sozialen Medien. Plattformen wie Twitter und Facebook ermöglichten es, eine breitere Öffentlichkeit zu erreichen und die Anliegen der Trans-Community in den Mittelpunkt der Diskussion zu rücken. Viviane nutzte diese Kanäle, um Informationen zu verbreiten, Mobilisierungsaufrufe zu starten und die Erfahrungen von Trans-Personen zu teilen.

Ein Beispiel für den Einfluss der sozialen Medien war die Kampagne „Trans Visibility Now", die in den sozialen Netzwerken viral ging und das Bewusstsein für die Diskriminierung von Trans-Personen schärfte. Diese Kampagne brachte viele Menschen zusammen und führte zu einer Welle der Unterstützung, die die Sichtbarkeit und die Rechte von Trans-Personen in der Gesellschaft stärkte.

Der persönliche Preis des Aktivismus

Trotz der Erfolge und der positiven Veränderungen, die Viviane bewirken konnte, war der Aktivismus nicht ohne persönliche Kosten. Die ständige Auseinandersetzung mit Diskriminierung und Vorurteilen führte zu emotionaler Erschöpfung. Viviane musste lernen, sich selbst zu schützen und Strategien zur Selbstfürsorge zu entwickeln, um nicht in den Strudel der negativen Erfahrungen hineingezogen zu werden.

Sie fand Trost in der Gemeinschaft, die sie um sich herum aufbaute. Der Austausch mit anderen Aktivisten und die Unterstützung von Freunden und Familie waren entscheidend, um die Herausforderungen des Aktivismus zu bewältigen. Viviane erkannte, dass der Kampf für die Rechte von Trans-Personen nicht nur eine äußere, sondern auch eine innere Reise war, die Mut, Resilienz und eine starke Gemeinschaft erforderte.

Schlussfolgerung

Die ersten Schritte von Viviane Namaste in der Aktivismus-Szene waren geprägt von Entschlossenheit, Herausforderungen und einer tiefen Überzeugung, dass Veränderung möglich ist. Ihre Erfahrungen zeigen, dass der Weg des Aktivismus oft steinig ist, aber auch voller Hoffnung und Möglichkeiten. Viviane wurde zu einer Stimme für die, die oft übersehen werden, und ihr Engagement legte den Grundstein für viele der Erfolge, die die Trans-Community in den folgenden Jahren erzielen sollte.

Die Gründung von Organisationen

Die Gründung von Organisationen ist ein entscheidender Schritt im Aktivismus, insbesondere im Kontext der LGBTQ-Community. Viviane Namaste war maßgeblich an der Gründung mehrerer Organisationen beteiligt, die sich für die Rechte von Transgender-Personen und die Sichtbarkeit von LGBTQ-Themen einsetzen. Diese Organisationen bieten nicht nur eine Plattform für das Engagement, sondern auch einen Raum für die Gemeinschaft, um sich zu vernetzen, Ressourcen auszutauschen und gemeinsam für Veränderungen zu kämpfen.

Theoretische Grundlagen

Die Gründung von Organisationen im Aktivismus kann durch verschiedene theoretische Rahmenbedingungen erklärt werden. Eine häufig verwendete Theorie ist die *Soziale Bewegungstheorie*, die besagt, dass soziale Bewegungen aus einem Zusammenspiel von Ressourcen, Gelegenheiten und Mobilisierung entstehen. Laut Tilly (2004) sind Organisationen entscheidend, um kollektive Aktionen zu koordinieren und den Einfluss auf politische Entscheidungsprozesse zu erhöhen.

$$M = f(R, O, C) \qquad (10)$$

wobei M die Mobilisierung, R die verfügbaren Ressourcen, O die Gelegenheiten und C die kollektiven Identitäten darstellt.

Herausforderungen bei der Gründung

Die Gründung von Organisationen bringt jedoch auch erhebliche Herausforderungen mit sich. Ein zentrales Problem ist die *Ressourcenknappheit*. Oftmals fehlt es an finanziellen Mitteln, um die Organisationen nachhaltig zu betreiben. Viviane und ihre Mitstreiter mussten kreative Lösungen finden, um Gelder zu akquirieren, beispielsweise durch Crowdfunding, Spendenaktionen und Partnerschaften mit anderen Organisationen.

Ein weiteres Problem ist die *Interne Dynamik*. Unterschiedliche Meinungen und Ansichten innerhalb der Organisation können zu Spannungen führen. Namaste hat oft betont, wie wichtig es ist, einen inklusiven Diskurs zu fördern, um sicherzustellen, dass alle Stimmen gehört werden. Dies kann durch regelmäßige Meetings und offene Kommunikationskanäle erreicht werden.

Beispiele für erfolgreiche Organisationen

Ein herausragendes Beispiel für eine Organisation, die von Viviane Namaste mitbegründet wurde, ist die *Trans Rights Advocacy Network* (TRAN). Diese Organisation hat sich das Ziel gesetzt, die rechtlichen Rahmenbedingungen für Transgender-Personen zu verbessern und deren Sichtbarkeit in der Gesellschaft zu erhöhen. TRAN hat erfolgreich mehrere Kampagnen durchgeführt, die auf die Notwendigkeit von Gesetzesänderungen hinweisen und die öffentliche Wahrnehmung von Transgender-Themen verbessern.

Ein weiteres Beispiel ist die *LGBTQ Youth Empowerment Initiative*, die sich auf die Unterstützung junger LGBTQ-Personen konzentriert. Diese Organisation bietet Workshops, Mentoring-Programme und Ressourcen an, um die Selbstakzeptanz und das Selbstbewusstsein von jungen Menschen zu fördern. Viviane Namaste hat in dieser Organisation eine Schlüsselrolle gespielt, indem sie Programme entwickelt hat, die auf die spezifischen Bedürfnisse von Jugendlichen eingehen.

Der Einfluss von sozialen Medien

In der heutigen Zeit spielt die Nutzung von *sozialen Medien* eine entscheidende Rolle bei der Gründung und dem Wachstum von Organisationen. Viviane und ihre Mitstreiter haben soziale Medien effektiv genutzt, um ihre Botschaften zu verbreiten, Unterstützer zu mobilisieren und auf wichtige Themen aufmerksam zu machen. Plattformen wie Twitter, Facebook und Instagram ermöglichen es, eine breite Öffentlichkeit zu erreichen und die Gemeinschaft zu stärken.

Ein Beispiel hierfür ist die Kampagne *#TransRightsAreHumanRights*, die durch soziale Medien viral ging und Millionen von Menschen weltweit mobilisierte. Diese Kampagne hat nicht nur das Bewusstsein für die Herausforderungen der Trans-Community geschärft, sondern auch zahlreiche Organisationen inspiriert, ähnliche Initiativen zu starten.

Zusammenfassung

Die Gründung von Organisationen ist ein wesentlicher Bestandteil des Aktivismus, insbesondere für die LGBTQ-Community. Viviane Namaste hat durch ihre Initiative und ihren Einsatz für die Rechte von Transgender-Personen zahlreiche Organisationen ins Leben gerufen, die einen bedeutenden Einfluss auf die Gesellschaft haben. Trotz der Herausforderungen, die mit der Gründung und dem Betrieb von Organisationen verbunden sind, bleibt der Aktivismus eine kraftvolle Methode, um Veränderungen zu bewirken und die Sichtbarkeit von marginalisierten Gruppen zu erhöhen. Die Nutzung von sozialen Medien hat diesen Prozess weiter beschleunigt und ermöglicht es, eine globale Gemeinschaft zu mobilisieren.

Die Rolle von sozialen Medien im Aktivismus

In den letzten zwei Jahrzehnten haben soziale Medien eine transformative Rolle im Aktivismus eingenommen, insbesondere in der LGBTQ-Bewegung. Plattformen wie Twitter, Facebook, Instagram und TikTok bieten Aktivisten eine Bühne, um ihre Botschaften zu verbreiten, Gemeinschaften zu mobilisieren und auf Missstände aufmerksam zu machen. Diese neuen Kommunikationsmittel haben nicht nur die Art und Weise verändert, wie Informationen verbreitet werden, sondern auch, wie Aktivisten interagieren und sich organisieren.

Theoretische Grundlagen

Die Rolle sozialer Medien im Aktivismus kann durch verschiedene theoretische Ansätze betrachtet werden. Eine der zentralen Theorien ist die **Netzwerktheorie**, die besagt, dass soziale Bewegungen durch Netzwerke von Individuen und Gruppen gestärkt werden. Die Fähigkeit von sozialen Medien, Informationen schnell und weitreichend zu verbreiten, ermöglicht es Aktivisten, Netzwerke zu schaffen, die über geografische und soziale Grenzen hinweg bestehen.

Ein weiterer relevanter Ansatz ist die **Ressourcentheorie**, die darauf hinweist, dass soziale Bewegungen Zugang zu Ressourcen benötigen, um effektiv zu sein. Soziale Medien stellen eine kostengünstige Ressource dar, die es Aktivisten ermöglicht, ihre Botschaften ohne die Notwendigkeit traditioneller Medienkanäle zu verbreiten. Diese Plattformen bieten auch Möglichkeiten zur Finanzierung, sei es durch Crowdfunding oder durch den Verkauf von Merchandise, was die finanzielle Basis von Aktivismus stärkt.

Probleme und Herausforderungen

Trotz der vielen Vorteile, die soziale Medien bieten, gibt es auch erhebliche Herausforderungen. Eine der größten Herausforderungen ist die **Desinformation**. Falsche Informationen können sich schnell verbreiten und die Glaubwürdigkeit von Aktivisten untergraben. Dies kann insbesondere in Krisensituationen problematisch sein, wenn schnelle Reaktionen erforderlich sind. Ein Beispiel hierfür ist die Verbreitung von Fehlinformationen über Trans-Rechte und -Gesundheit, die in sozialen Medien oft unreflektiert geteilt werden.

Ein weiteres Problem ist die **Polarisierung**. Soziale Medien tendieren dazu, Echokammern zu schaffen, in denen Nutzer vor allem Informationen konsumieren, die ihren bestehenden Überzeugungen entsprechen. Dies kann zu einer Fragmentierung der LGBTQ-Community führen, da verschiedene Gruppen innerhalb der Bewegung unterschiedliche Ansichten und Prioritäten haben. In solchen Fällen kann es schwierig sein, eine gemeinsame Basis für den Aktivismus zu finden.

Beispiele für erfolgreichen Einsatz

Trotz dieser Herausforderungen gibt es zahlreiche Beispiele für den erfolgreichen Einsatz von sozialen Medien im Aktivismus. Ein herausragendes Beispiel ist die **#MeToo-Bewegung**, die soziale Medien nutzte, um auf sexuelle Belästigung und Gewalt aufmerksam zu machen. Diese Bewegung hat nicht nur eine breite öffentliche Diskussion angestoßen, sondern auch zahlreiche gesetzliche Änderungen angestoßen, die den Schutz von Opfern verbessern sollen.

Ein weiteres Beispiel ist die **Transgender Visibility Campaign**, die über soziale Medien organisiert wurde. Aktivisten nutzen Plattformen wie Instagram, um Geschichten von Transgender-Personen zu teilen, die oft in den Mainstream-Medien ignoriert werden. Diese Kampagne hat nicht nur das Bewusstsein für die Herausforderungen der Trans-Community geschärft, sondern auch eine Welle der Solidarität und Unterstützung ausgelöst.

Fazit

Zusammenfassend lässt sich sagen, dass soziale Medien eine entscheidende Rolle im modernen Aktivismus spielen. Sie bieten eine Plattform für Sichtbarkeit, Mobilisierung und Gemeinschaftsbildung, während sie gleichzeitig neue Herausforderungen mit sich bringen. Um die Potenziale sozialer Medien effektiv zu nutzen, müssen Aktivisten sich der Risiken bewusst sein und Strategien entwickeln, um Desinformation zu bekämpfen und eine inklusive und vereinte Bewegung zu fördern. Die Zukunft des Aktivismus wird maßgeblich von der Fähigkeit abhängen, soziale Medien als Werkzeug für positive Veränderungen zu nutzen, während gleichzeitig die Herausforderungen, die sie mit sich bringen, adressiert werden.

Herausforderungen und Rückschläge

Im Verlauf von Viviane Namastes Aktivismus stieß sie auf zahlreiche Herausforderungen und Rückschläge, die nicht nur ihre persönliche Entwicklung, sondern auch die trans-Rechte-Bewegung insgesamt beeinflussten. Diese Schwierigkeiten sind ein unvermeidlicher Teil des Aktivismus und erfordern sowohl strategisches Denken als auch emotionale Resilienz.

Unzureichende Unterstützung

Eine der größten Herausforderungen, mit denen Viviane konfrontiert war, war die unzureichende Unterstützung innerhalb der Gesellschaft und sogar innerhalb der LGBTQ-Community. Oftmals wurden trans-Rechte als weniger wichtig erachtet als andere Themen, was zu einem Gefühl der Isolation führte. Die Theorie der *Marginalisierung* (Crenshaw, 1991) beschreibt, wie bestimmte Gruppen innerhalb einer Gemeinschaft nicht nur marginalisiert, sondern auch übersehen werden. Viviane musste ständig gegen diese Wahrnehmung ankämpfen und die Sichtbarkeit der trans-Community fördern.

Politische Rückschläge

Politische Rückschläge stellten eine weitere erhebliche Hürde dar. Trotz ihrer Bemühungen um gesetzliche Veränderungen gab es immer wieder politische Entscheidungen, die die Rechte von Trans-Personen einschränkten. Ein Beispiel hierfür ist die Einführung diskriminierender Gesetze, die den Zugang zu Gesundheitsdiensten für Trans-Personen erschwerten. Diese Rückschläge führten oft zu Frustration und Entmutigung innerhalb der Gemeinschaft. Die *Theorie der politischen Mobilisierung* (Tilly, 2004) besagt, dass Mobilisierung oft durch solche Rückschläge behindert wird, was die Notwendigkeit von strategischen Anpassungen unterstreicht.

Persönliche Angriffe und Diskriminierung

Viviane erlebte auch persönliche Angriffe, sowohl online als auch offline. Diese Angriffe reichten von Beleidigungen in sozialen Medien bis hin zu physischen Bedrohungen. Die *Theorie der sozialen Identität* (Tajfel & Turner, 1979) erklärt, wie Menschen ihre Identität durch die Zugehörigkeit zu bestimmten Gruppen definieren. Angriffe auf ihre Identität als trans-Frau führten zu einem ständigen Kampf um Selbstwertgefühl und Anerkennung. Viviane musste lernen, mit diesen Angriffen umzugehen, um ihren Aktivismus fortzusetzen.

Mangelnde Ressourcen

Ein weiteres zentrales Problem war der Mangel an Ressourcen für trans-spezifische Projekte. Oftmals waren finanzielle Mittel und Unterstützung für Initiativen zur Förderung von Trans-Rechten begrenzt. Dies führte zu einer Abhängigkeit von Spenden und ehrenamtlicher Arbeit, was die Nachhaltigkeit von Projekten gefährdete. Die *Theorie der Ressourcenmobilisierung* (McCarthy & Zald, 1977) zeigt, wie entscheidend der Zugang zu Ressourcen für den Erfolg sozialer Bewegungen ist. Viviane musste kreative Lösungen finden, um die benötigten Mittel zu sichern und gleichzeitig die Projekte aufrechtzuerhalten.

Interne Konflikte innerhalb der Bewegung

Zusätzlich zu externen Herausforderungen sah sich Viviane auch internen Konflikten innerhalb der LGBTQ-Community gegenüber. Unterschiedliche Ansichten über Strategien und Prioritäten führten zu Spannungen und teilweise zu Spaltungen. Die *Theorie der kollektiven Identität* (Polletta & Jasper, 2001) beschreibt, wie gemeinsame Ziele und Werte die Einheit einer Bewegung stärken können. Viviane setzte sich intensiv für den Dialog und die Zusammenarbeit innerhalb der Community ein, um diese internen Konflikte zu überwinden.

Der persönliche Preis des Aktivismus

Die emotionalen und physischen Belastungen des Aktivismus führten auch zu einem hohen persönlichen Preis für Viviane. Sie musste lernen, ihre eigenen Grenzen zu erkennen und die Bedeutung von Selbstfürsorge zu verstehen. Die *Theorie der Selbstfürsorge* (Hoffman, 2010) betont, wie wichtig es ist, für das eigene Wohlbefinden zu sorgen, um langfristig aktiv und wirksam zu bleiben. Viviane begann, Strategien zur Stressbewältigung zu entwickeln und sich Unterstützung von Freunden und Kollegen zu suchen.

Reflexion und Lernen aus Rückschlägen

Trotz dieser Herausforderungen war Viviane in der Lage, aus Rückschlägen zu lernen und sich weiterzuentwickeln. Sie verstand, dass Rückschläge nicht das Ende, sondern oft ein notwendiger Teil des Prozesses sind. Die *Theorie des Lernens aus Fehlern* (Argyris & Schön, 1978) betont, wie wichtig es ist, aus Misserfolgen zu lernen und diese Erfahrungen in zukünftige Strategien zu integrieren. Viviane nutzte ihre Erfahrungen, um ihre Ansätze zu verfeinern und ihre Botschaften klarer zu kommunizieren.

Insgesamt waren die Herausforderungen und Rückschläge, mit denen Viviane Namaste konfrontiert war, nicht nur Hindernisse, sondern auch Gelegenheiten zur Reflexion und zum Wachstum. Ihr unermüdlicher Einsatz und ihre Fähigkeit, sich an schwierige Umstände anzupassen, machten sie zu einer zentralen Figur im Kampf für die Rechte der trans-Community. Diese Erfahrungen prägten nicht nur ihren Aktivismus, sondern auch die gesamte Bewegung für die trans-Rechte und schufen einen Raum für zukünftige Generationen von Aktivisten.

Der Einfluss von Mitstreitern

Der Einfluss von Mitstreitern im Aktivismus ist ein entscheidender Faktor für den Erfolg und die Nachhaltigkeit von Bewegungen. In der LGBTQ-Community, insbesondere im Bereich der Trans-Rechte, hat die Zusammenarbeit und Unterstützung durch Gleichgesinnte eine transformative Rolle gespielt. Diese Dynamik kann aus verschiedenen theoretischen Perspektiven betrachtet werden, darunter soziale Bewegungs- und Netzwerktheorien.

Theoretische Grundlagen

Die soziale Bewegungstheorie legt nahe, dass der Erfolg von sozialen Bewegungen oft von der Fähigkeit abhängt, Netzwerke zu bilden und kollektive Identitäten zu entwickeln. Diese Netzwerke ermöglichen es Aktivisten, Ressourcen zu teilen, Strategien auszutauschen und eine stärkere Stimme in der Gesellschaft zu finden. Ein Beispiel für eine solche Theorie ist die Resource Mobilization Theory, die besagt, dass der Zugang zu Ressourcen (wie finanzielle Mittel, Wissen und soziale Netzwerke) entscheidend ist für die Mobilisierung von Gruppen.

In der LGBTQ-Bewegung ist der Aufbau von Netzwerken zwischen Aktivisten nicht nur wichtig für den Austausch von Informationen, sondern auch für die Schaffung eines unterstützenden Umfelds. Diese Netzwerke fördern die Solidarität und stärken das Gefühl der Zugehörigkeit, was besonders für marginalisierte Gruppen von Bedeutung ist.

Herausforderungen und Probleme

Trotz der positiven Aspekte der Zusammenarbeit gibt es auch Herausforderungen. Differenzen in den Ansichten, Strategien und Prioritäten innerhalb der Community können zu Spannungen führen. Beispielsweise kann der Fokus auf spezifische Themen wie Trans-Rechte von anderen LGBTQ-Anliegen ablenken oder umgekehrt. Dies kann zu internen Konflikten führen, die den Aktivismus schwächen.

DER BEGINN DES AKTIVISMUS 81

Ein weiteres Problem ist die Frage der Sichtbarkeit. Während einige Aktivisten in den Vordergrund treten und öffentliche Anerkennung erhalten, können andere, insbesondere solche aus marginalisierten Gruppen innerhalb der LGBTQ-Community, in den Hintergrund gedrängt werden. Diese Ungleichheit kann zu einem Gefühl der Entfremdung führen und die Effektivität der Bewegung beeinträchtigen.

Beispiele für erfolgreiche Kooperationen

Ein herausragendes Beispiel für den Einfluss von Mitstreitern ist die Gründung der Organisation *Transgender Europe* (TGEU) im Jahr 2005. Diese Organisation hat es sich zur Aufgabe gemacht, die Rechte von Trans-Personen in Europa zu fördern und zu schützen. Durch die Zusammenarbeit mit anderen Organisationen und Aktivisten konnte TGEU wichtige rechtliche Fortschritte erzielen, wie die Anerkennung von Geschlechtsidentität in verschiedenen europäischen Ländern.

Ein weiteres Beispiel ist die *Transgender Day of Remembrance* (TDOR), der jährlich am 20. November stattfindet, um die Opfer von Transphobie zu gedenken. Diese Veranstaltung wurde durch die Zusammenarbeit von Aktivisten weltweit ins Leben gerufen und hat sich zu einem wichtigen Ereignis entwickelt, das auf die Gewalt gegen Trans-Personen aufmerksam macht und die Gemeinschaft mobilisiert.

Der persönliche Einfluss von Mitstreitern auf Viviane Namaste

Viviane Namaste selbst hat in ihrer Karriere zahlreiche Mitstreiter getroffen, die sie inspiriert und unterstützt haben. Ihre Erfahrungen mit anderen Aktivisten haben nicht nur ihre Perspektive auf den Aktivismus geprägt, sondern auch ihre Strategien zur Mobilisierung verändert. Durch den Austausch von Ideen und Ressourcen konnte sie innovative Ansätze entwickeln, um die Sichtbarkeit der Trans-Community zu erhöhen.

Ein prägnantes Beispiel ist ihre Zusammenarbeit mit der Organisation *The 519* in Toronto, die sich für die Rechte von LGBTQ-Personen einsetzt. Gemeinsam haben sie Bildungsprogramme entwickelt, die nicht nur Aufklärung über Trans-Rechte bieten, sondern auch Workshops zur Sensibilisierung für die Herausforderungen der Trans-Community durchführen. Diese Programme haben nicht nur das Bewusstsein geschärft, sondern auch konkrete Veränderungen in der Politik und der Gesellschaft angestoßen.

Schlussfolgerung

Zusammenfassend lässt sich sagen, dass der Einfluss von Mitstreitern im Aktivismus für die Trans-Rechte von entscheidender Bedeutung ist. Die Zusammenarbeit zwischen Aktivisten fördert nicht nur den Austausch von Ressourcen und Ideen, sondern auch die Entwicklung einer starken kollektiven Identität. Trotz der Herausforderungen, die sich aus internen Differenzen und der Sichtbarkeit ergeben, zeigen Beispiele wie TGEU und TDOR, wie effektive Kooperationen zu bedeutenden Fortschritten führen können. Viviane Namaste verkörpert diese Dynamik, indem sie die Unterstützung und Inspiration, die sie von ihren Mitstreitern erhalten hat, in ihren eigenen Aktivismus integriert und somit einen bleibenden Einfluss auf die Bewegung ausübt.

Strategien zur Mobilisierung

Die Mobilisierung von Gemeinschaften, insbesondere innerhalb der LGBTQ-Community, erfordert durchdachte Strategien, die sowohl theoretische Grundlagen als auch praktische Ansätze integrieren. Viviane Namaste hat in ihrer Karriere verschiedene Strategien entwickelt, um Menschen zu mobilisieren und die Sichtbarkeit der trans-Rechte zu erhöhen. In diesem Abschnitt werden die wichtigsten Strategien zur Mobilisierung dargestellt, einschließlich der Herausforderungen, die damit verbunden sind, sowie relevanter Theorien und konkreter Beispiele.

Theoretische Grundlagen der Mobilisierung

Die Mobilisierungstheorie, wie sie von Tilly (2004) und Gamson (1991) formuliert wurde, betont die Bedeutung von kollektiven Identitäten und Ressourcen in sozialen Bewegungen. Tilly argumentiert, dass Mobilisierung nicht nur das Ergebnis individueller Entscheidungen ist, sondern auch von sozialen Strukturen und Kontexten abhängt. Eine zentrale Frage hierbei ist, wie Gemeinschaften ihre Identität formen und Ressourcen mobilisieren, um kollektive Aktionen zu initiieren.

Die *Ressourcentheorie* besagt, dass der Zugang zu Ressourcen wie Zeit, Geld und sozialen Netzwerken entscheidend für den Erfolg einer Mobilisierung ist. Namaste nutzte diese Theorie, um strategische Partnerschaften mit verschiedenen Organisationen zu bilden, die Ressourcen bereitstellen konnten, um die trans-Rechte zu fördern.

Strategien zur Mobilisierung

1. **Aufbau von Netzwerken:** Namaste erkannte früh die Bedeutung von Netzwerken innerhalb der LGBTQ-Community. Durch die Gründung von Organisationen und die Teilnahme an bestehenden Gruppen konnte sie eine Plattform schaffen, um Stimmen zu vereinen. Diese Netzwerke ermöglichten den Austausch von Informationen und Ressourcen, was die Mobilisierung erheblich erleichterte.

2. **Soziale Medien als Werkzeug:** In der heutigen digitalen Welt sind soziale Medien ein entscheidendes Instrument für die Mobilisierung. Namaste nutzte Plattformen wie Twitter, Facebook und Instagram, um ihre Botschaften zu verbreiten und eine breitere Öffentlichkeit zu erreichen. Ein Beispiel hierfür ist die Kampagne *#TransRightsAreHumanRights*, die durch virale Posts und Hashtags Millionen von Menschen erreichte und das Bewusstsein für die Herausforderungen der trans-Community schärfte.

3. **Bildung und Aufklärung:** Namaste setzte sich dafür ein, Bildungsprojekte zu initiieren, die sich auf die Aufklärung über trans-Rechte konzentrierten. Workshops und Seminare wurden organisiert, um sowohl die LGBTQ-Community als auch die breitere Öffentlichkeit über die Herausforderungen und Bedürfnisse von trans-Personen zu informieren. Diese Bildungsmaßnahmen waren entscheidend, um Vorurteile abzubauen und die Unterstützung für trans-Rechte zu stärken.

4. **Kunst und Kultur als Mobilisierungswerkzeuge:** Namaste erkannte die Kraft von Kunst und Kultur als Mittel zur Mobilisierung. Durch die Zusammenarbeit mit Künstlern und Kulturschaffenden wurden kreative Projekte ins Leben gerufen, die die Geschichten von trans-Personen erzählten und ihre Erfahrungen sichtbar machten. Ein Beispiel hierfür ist die Theateraufführung *Transcending*, die in mehreren Städten aufgeführt wurde und eine breite Diskussion über trans-Rechte anregte.

5. **Politische Lobbyarbeit:** Die direkte Lobbyarbeit bei politischen Entscheidungsträgern war eine weitere Strategie, die Namaste verfolgte. Sie organisierte Treffen mit Politikern und setzte sich für Gesetzesänderungen ein, die die Rechte von trans-Personen schützten. Ihre Arbeit führte zur Einführung des *Transgender Rights Bill*, das wichtige rechtliche Schutzmaßnahmen für trans-Personen in ihrer Region beinhaltete.

Herausforderungen bei der Mobilisierung

Trotz der erfolgreichen Strategien sah sich Namaste auch zahlreichen Herausforderungen gegenüber. Eine der größten Hürden war die innere Fragmentierung innerhalb der LGBTQ-Community. Unterschiedliche Meinungen und Prioritäten führten oft zu Spannungen, die die Mobilisierung erschwerten. Namaste musste oft als Vermittlerin fungieren und Dialoge fördern, um ein gemeinsames Ziel zu erreichen.

Ein weiteres Problem war die gesellschaftliche Stigmatisierung und Diskriminierung, die nicht nur die trans-Community, sondern auch ihre Unterstützer betraf. Namaste stellte fest, dass viele Menschen aus Angst vor Repressionen zögerten, sich aktiv zu engagieren. Um dem entgegenzuwirken, entwickelte sie Strategien zur Schaffung eines sicheren Raums, in dem Menschen offen über ihre Identität sprechen konnten, ohne Angst vor Vergeltungsmaßnahmen zu haben.

Beispiele erfolgreicher Mobilisierung

Ein bemerkenswertes Beispiel für eine erfolgreiche Mobilisierung war die *Pride Parade* in ihrer Stadt, die unter Namastes Leitung organisiert wurde. Durch die Einbeziehung lokaler Unternehmen, Schulen und Organisationen konnte die Parade zu einem bedeutenden Ereignis werden, das nicht nur die LGBTQ-Community feierte, sondern auch das Bewusstsein der breiten Öffentlichkeit für trans-Rechte schärfte. Die Parade zog Tausende von Teilnehmern an und wurde von lokalen Medien umfassend berichtet, was zu einer erhöhten Sichtbarkeit und Unterstützung für die Anliegen der trans-Community führte.

Ein weiteres Beispiel ist die Initiative *Trans Voices*, die Namaste ins Leben rief. Diese Initiative bot trans-Personen eine Plattform, um ihre Geschichten zu teilen und ihre Erfahrungen sichtbar zu machen. Durch öffentliche Lesungen und Online-Foren wurde eine Gemeinschaft geschaffen, die nicht nur Unterstützung bot, sondern auch den Dialog über trans-Rechte förderte.

Fazit

Die Strategien zur Mobilisierung, die Viviane Namaste entwickelte und umsetzte, sind ein hervorragendes Beispiel dafür, wie gezielte Ansätze und kreative Lösungen dazu beitragen können, eine Gemeinschaft zu stärken und Veränderungen in der Gesellschaft herbeizuführen. Ihre Arbeit zeigt, dass Mobilisierung ein dynamischer Prozess ist, der sowohl theoretische Überlegungen als auch praktische Maßnahmen erfordert. In einer Zeit, in der trans-Rechte weiterhin unter Druck stehen, bleibt der Einsatz für Mobilisierung und Sichtbarkeit unerlässlich, um Fortschritte zu erzielen und eine inklusive Gesellschaft zu schaffen.

Die Bedeutung von Sichtbarkeit

Die Sichtbarkeit von LGBTQ-Personen, insbesondere von trans* Individuen, spielt eine entscheidende Rolle im Aktivismus und in der gesellschaftlichen Akzeptanz. Sichtbarkeit bezieht sich nicht nur auf die physische Präsenz von Menschen in der Öffentlichkeit, sondern umfasst auch die Darstellung ihrer Identitäten, Geschichten und Herausforderungen in Medien, Politik und Bildung. Viviane Namaste hat in ihrer Arbeit und ihrem Aktivismus immer wieder betont, wie wichtig es ist, dass trans* Stimmen gehört werden und dass diese Sichtbarkeit zu einem besseren Verständnis und einer stärkeren Unterstützung für die Rechte der trans* Community führt.

Theoretische Grundlagen

Die Theorie der Sichtbarkeit in der LGBTQ-Community lässt sich auf verschiedene soziale Theorien zurückführen. Der Sozialkonstruktivismus, der besagt, dass unsere Wahrnehmung der Realität durch soziale Interaktionen und Diskurse geformt wird, spielt hierbei eine zentrale Rolle. Durch Sichtbarkeit können stereotype Vorstellungen und Vorurteile, die oft aus Unkenntnis resultieren, herausgefordert und abgebaut werden. Judith Butler, eine prominente Gender-Theoretikerin, argumentiert in ihrem Werk „Gender Trouble", dass Geschlecht nicht nur eine biologische Tatsache ist, sondern auch eine soziale Konstruktion, die durch performative Akte ständig neu geschaffen wird. Sichtbarkeit ist daher nicht nur eine Frage der Repräsentation, sondern auch der Möglichkeit, diese Konstruktionen zu hinterfragen und neu zu definieren.

Probleme der Sichtbarkeit

Trotz der positiven Aspekte der Sichtbarkeit gibt es auch erhebliche Herausforderungen. Eine der größten Probleme ist die Gefahr der Reduktion. Sichtbarkeit kann oft dazu führen, dass Individuen auf stereotype Merkmale oder Narrative reduziert werden, was ihre komplexen Identitäten und Erfahrungen nicht angemessen widerspiegelt. Dies kann insbesondere für trans* Personen gelten, die häufig in Medienberichten auf ihre Geschlechtsidentität und -übergänge reduziert werden, während ihre anderen Lebensaspekte und -erfahrungen ignoriert werden.

Ein weiteres Problem ist die Sicherheitsbedrohung, die mit Sichtbarkeit einhergehen kann. Viele trans* Personen erleben Diskriminierung, Gewalt und Stigmatisierung, wenn sie sichtbar sind. Diese Risiken können dazu führen, dass sich viele Menschen in der LGBTQ-Community entscheiden, ihre Identität nicht offen zu leben, was die Diversität und die Stimmen innerhalb der Community einschränkt.

Beispiele für Sichtbarkeit im Aktivismus

Viviane Namaste hat in ihrer Karriere verschiedene Strategien entwickelt, um Sichtbarkeit für trans* Personen zu fördern. Ein Beispiel ist die Organisation von öffentlichen Veranstaltungen, bei denen trans* Personen ihre Geschichten teilen können. Diese Veranstaltungen bieten nicht nur eine Plattform für individuelle Erzählungen, sondern schaffen auch einen Raum für Dialog und Verständnis.

Ein weiteres Beispiel ist die Nutzung von sozialen Medien, um trans* Themen und Anliegen zu verbreiten. In der heutigen digitalen Welt ist die Reichweite von sozialen Medien enorm. Namaste hat diese Plattformen genutzt, um wichtige Informationen über die Herausforderungen der trans* Community zu verbreiten und um Unterstützer zu mobilisieren. Durch Hashtags und virale Kampagnen konnte sie das Bewusstsein für spezifische Anliegen schärfen und eine breitere Diskussion anstoßen.

Der Einfluss von Sichtbarkeit auf die Gesellschaft

Die Sichtbarkeit von trans* Personen hat nicht nur Auswirkungen auf die betroffenen Individuen, sondern auch auf die Gesellschaft als Ganzes. Studien zeigen, dass eine erhöhte Sichtbarkeit zu einer positiven Veränderung der Einstellungen gegenüber LGBTQ-Personen führen kann. Wenn Menschen mehr über die Erfahrungen und Herausforderungen von trans* Individuen erfahren, sind sie eher bereit, diese zu akzeptieren und zu unterstützen.

Ein Beispiel hierfür ist die zunehmende Akzeptanz von trans* Personen in der Popkultur. Filme, Serien und Dokumentationen, die trans* Geschichten erzählen, tragen dazu bei, das öffentliche Bewusstsein zu schärfen und Vorurteile abzubauen. Diese Repräsentation in den Medien kann nicht nur das Leben von trans* Personen verbessern, sondern auch dazu beitragen, dass sich junge Menschen, die sich mit diesen Identitäten identifizieren, sicherer und akzeptierter fühlen.

Fazit

Zusammenfassend lässt sich sagen, dass die Sichtbarkeit von trans* Personen eine grundlegende Voraussetzung für den Fortschritt im Aktivismus und die gesellschaftliche Akzeptanz ist. Viviane Namaste hat durch ihre Arbeit und ihr Engagement gezeigt, wie wichtig es ist, dass trans* Stimmen gehört werden und dass ihre Geschichten erzählt werden. Sichtbarkeit kann nicht nur dazu beitragen, Vorurteile abzubauen und Verständnis zu fördern, sondern auch das Leben von trans* Personen nachhaltig verbessern. Dennoch ist es entscheidend, die damit verbundenen Herausforderungen zu erkennen und Strategien zu entwickeln, um die Risiken der Sichtbarkeit zu minimieren und eine inklusive und unterstützende Umgebung für alle zu schaffen.

Die erste große Kampagne

Die erste große Kampagne von Viviane Namaste markierte einen Wendepunkt in ihrem Aktivismus und in der Wahrnehmung der Trans-Rechte in der Gesellschaft. Diese Kampagne, die unter dem Titel „*Trans Visibility: Sichtbarkeit für alle*" bekannt wurde, zielte darauf ab, das Bewusstsein für die Herausforderungen zu schärfen, denen sich trans Menschen täglich gegenübersehen, und gleichzeitig die Sichtbarkeit und Anerkennung der Trans-Community zu erhöhen.

Hintergrund und Motivation

Die Idee für die Kampagne entstand aus Viviane Namastes eigenen Erfahrungen mit Diskriminierung und Unsichtbarkeit. Sie erkannte, dass viele trans Personen, insbesondere solche aus marginalisierten Gemeinschaften, nicht die gleiche Sichtbarkeit und Unterstützung erhielten wie ihre cisgender Pendants. Diese Ungleichheit führte zu einer Vielzahl von sozialen und wirtschaftlichen Problemen, darunter höhere Raten von Obdachlosigkeit, Gewalt und psychischen Erkrankungen.

Ein zentrales Element der Kampagne war die theoretische Grundlage, die auf der sozialen Identitätstheorie basierte, die von Henri Tajfel und John Turner entwickelt wurde. Diese Theorie besagt, dass die Zugehörigkeit zu sozialen Gruppen einen signifikanten Einfluss auf das Selbstwertgefühl und die Identität einer Person hat. Die Kampagne zielte darauf ab, die Identität und das Selbstwertgefühl von trans Menschen zu stärken, indem sie ihre Sichtbarkeit in der Öffentlichkeit erhöhte.

Kampagnenstrategie

Die Kampagne umfasste mehrere Strategien, die auf verschiedenen Plattformen und in verschiedenen Medien umgesetzt wurden. Dazu gehörten:

- **Soziale Medien:** Viviane und ihr Team nutzten Plattformen wie Twitter, Instagram und Facebook, um Geschichten von trans Menschen zu teilen. Diese persönlichen Berichte wurden mit Hashtags wie *#TransVisibility* und *#TransRightsAreHumanRights* versehen, um eine breitere Reichweite zu erzielen.

- **Öffentliche Veranstaltungen:** Die Organisation von Workshops, Podiumsdiskussionen und Kunstveranstaltungen half, die Gemeinschaft zu mobilisieren und das Bewusstsein zu schärfen. Diese Veranstaltungen boten trans Personen die Möglichkeit, ihre Geschichten zu erzählen und sich gegenseitig zu unterstützen.

- **Partnerschaften:** Viviane arbeitete eng mit anderen LGBTQ-Organisationen zusammen, um Ressourcen zu bündeln und die Kampagne zu stärken. Diese Partnerschaften ermöglichten es, die Reichweite der Kampagne erheblich zu erweitern und mehr Menschen zu erreichen.

Herausforderungen und Rückschläge

Trotz der positiven Resonanz sah sich die Kampagne auch mit erheblichen Herausforderungen konfrontiert. Eine der größten Schwierigkeiten war die anhaltende Diskriminierung und der Widerstand, der von konservativen Gruppen und Einzelpersonen kam. Einige Medienberichte waren negativ und schürten Vorurteile, was zu einem Anstieg von Hasskommentaren und sogar Gewalt gegen trans Personen führte.

Ein Beispiel für diese Widerstände war eine geplante Veranstaltung in einer konservativen Stadt, die aufgrund von Drohungen und Protesten abgesagt werden musste. Dies führte zu einer intensiven Diskussion innerhalb der Community über die Sicherheit und die Notwendigkeit, sich weiterhin für die Sichtbarkeit einzusetzen, trotz der Risiken.

Ergebnisse und Erfolge

Trotz der Herausforderungen war die Kampagne ein durchschlagender Erfolg. Innerhalb weniger Monate gelang es, die Sichtbarkeit von trans Themen in den

DER BEGINN DES AKTIVISMUS 89

Medien erheblich zu erhöhen. Die Kampagne führte zu einer Reihe von politischen Gesprächen über die Rechte von trans Personen und inspirierte viele andere, sich ebenfalls aktiv zu engagieren.

Ein bemerkenswerter Erfolg war die Einbringung eines Gesetzesentwurfs, der die rechtliche Anerkennung der Geschlechtsidentität in mehreren Bundesstaaten vorantrieb. Viviane wurde zu einer gefragten Rednerin auf Konferenzen und in Medieninterviews, was ihre Rolle als führende Stimme im Aktivismus weiter festigte.

Schlussfolgerung

Die erste große Kampagne von Viviane Namaste war nicht nur ein Meilenstein in ihrem persönlichen Aktivismus, sondern auch ein bedeutender Schritt in der Geschichte der Trans-Rechte. Sie zeigte, wie wichtig Sichtbarkeit und Gemeinschaftsbildung sind, um Veränderungen in der Gesellschaft herbeizuführen. Die Kampagne bleibt ein inspirierendes Beispiel dafür, wie individuelle Geschichten und kollektives Handeln zur Schaffung einer gerechteren und inklusiveren Welt führen können.

Reaktionen der Öffentlichkeit

Die Reaktionen der Öffentlichkeit auf Viviane Namastes Aktivismus waren vielfältig und spiegelten ein breites Spektrum von Meinungen und Emotionen wider. Während viele ihre Arbeit und ihren Mut lobten, gab es auch kritische Stimmen, die den Aktivismus hinterfragten oder sich gegen die Forderungen der Trans-Community stellten. Diese unterschiedlichen Reaktionen sind ein wichtiger Bestandteil des gesellschaftlichen Diskurses über LGBTQ-Rechte und verdeutlichen die Komplexität der Thematik.

Positive Reaktionen

Ein erheblicher Teil der Öffentlichkeit reagierte positiv auf Namastes Engagement. Ihre erste große Kampagne zur Sensibilisierung für Trans-Rechte, die unter dem Motto „Trans ist schön" stand, erhielt breite Unterstützung in sozialen Medien. Viele Menschen, einschließlich prominenter Persönlichkeiten, teilten ihre Geschichten und Erfahrungen, was zu einer Welle der Solidarität führte. Die Verwendung des Hashtags `#TransIstSchön` ermöglichte es, eine Community zu bilden, die sich für die Sichtbarkeit und Akzeptanz von Trans-Personen einsetzte.

Ein Beispiel für die positive Reaktion war die Teilnahme an einer Demonstration, die von Namaste organisiert wurde. Schätzungsweise 10.000

Menschen kamen zusammen, um für die Rechte von Trans-Personen zu demonstrieren. Die Veranstaltung wurde von verschiedenen Medien als „historisch" bezeichnet und führte dazu, dass das Thema Trans-Rechte in den politischen Diskurs aufstieg. Diese Art der Mobilisierung zeigte, wie wichtig es ist, dass eine Stimme wie die von Namaste gehört wird.

Kritische Stimmen

Trotz der positiven Rückmeldungen gab es auch kritische Reaktionen. Einige konservative Gruppen äußerten sich negativ über Namastes Ansichten und bezeichneten ihre Forderungen nach Gleichheit als „übertrieben" oder „unnötig". Diese kritischen Stimmen argumentierten, dass die traditionellen Geschlechterrollen nicht in Frage gestellt werden sollten und dass der Aktivismus von Namaste eine Bedrohung für die gesellschaftliche Stabilität darstelle.

Ein Beispiel für diese kritischen Reaktionen war ein Artikel in einer nationalen Zeitung, der Namaste als „Radikale" bezeichnete und ihre Forderungen als „extrem" charakterisierte. Solche Darstellungen trugen zur Spaltung der Gesellschaft bei und führten zu intensiven Debatten in sozialen Medien, in denen Befürworter und Gegner von Namastes Sichtweisen aufeinanderprallten.

Theoretische Perspektiven

Um die Reaktionen der Öffentlichkeit besser zu verstehen, ist es hilfreich, einige theoretische Konzepte zu betrachten. Der *Social Identity Theory* (SIT) zufolge identifizieren sich Menschen stark mit ihrer sozialen Gruppe, was zu einem „In-Group" und „Out-Group"-Denken führt. Diese Theorie erklärt, warum Menschen, die sich selbst als Teil der LGBTQ-Community identifizieren, Namastes Aktivismus unterstützen, während Menschen aus traditionelleren sozialen Gruppen möglicherweise ablehnend reagieren.

Darüber hinaus kann das Konzept der *Framing Theory* angewendet werden, um zu verstehen, wie Medien und Aktivisten bestimmte Themen darstellen. Namaste und ihre Unterstützer verwendeten gezielte Frames, um Trans-Rechte als Menschenrechtsfrage zu positionieren, während Kritiker oft einen Rahmen nutzten, der die traditionellen Werte in den Vordergrund stellte. Diese unterschiedlichen Frames beeinflussten die öffentliche Wahrnehmung und die Reaktionen auf Namastes Arbeit erheblich.

Beispiele für öffentliche Reaktionen

Die Reaktionen auf Namastes Aktivismus wurden auch durch verschiedene Ereignisse verstärkt. Ein bemerkenswerter Vorfall war die öffentliche Diskussion über das Gesetz zur Anerkennung von Geschlechtsidentitäten, das in mehreren Ländern eingeführt wurde. Namaste trat in einer Fernsehsendung auf, um ihre Sichtweise zu erläutern, was zu einer Flut von Anrufen und Kommentaren führte. Während viele Zuschauer ihre Argumente unterstützten, gab es auch eine erhebliche Anzahl von Anrufen, die gegen die Gesetzgebung waren.

Ein weiteres Beispiel war die Reaktion auf Namastes Buchveröffentlichung, in dem sie ihre Erfahrungen und Theorien über Trans-Rechte darlegte. Die Buchkritiken waren gemischt; während einige Kritiker das Buch als „bahnbrechend" bezeichneten, empfanden andere es als „provokant" und „unrealistisch". Diese unterschiedlichen Perspektiven trugen dazu bei, dass das Buch ein Bestseller wurde, was wiederum die Diskussion über Trans-Rechte in der Gesellschaft ankurbelte.

Fazit

Die Reaktionen der Öffentlichkeit auf Viviane Namastes Aktivismus sind ein Spiegelbild der gesellschaftlichen Einstellungen zu LGBTQ-Rechten. Während es eine wachsende Unterstützung für die Trans-Community gibt, bleibt eine signifikante Opposition bestehen, die oft aus tief verwurzelten Vorurteilen und einer Angst vor Veränderung resultiert. Namastes Fähigkeit, diese unterschiedlichen Reaktionen zu navigieren und einen Dialog zu fördern, ist entscheidend für den Fortschritt in der Bewegung für Trans-Rechte. Ihr Engagement zeigt, dass Aktivismus nicht nur die Stimme der Betroffenen ist, sondern auch eine Plattform für Dialog und Verständnis schaffen kann.

Der persönliche Preis des Aktivismus

Der Aktivismus ist oft ein zweischneidiges Schwert. Während er die Möglichkeit bietet, Veränderungen herbeizuführen und das Leben vieler Menschen zu verbessern, bringt er auch erhebliche persönliche Kosten mit sich. Viviane Namaste, eine prominente Stimme in der Bewegung für trans-Rechte, ist ein Beispiel dafür, wie tiefgreifend der persönliche Preis des Aktivismus sein kann. In diesem Abschnitt werden wir die verschiedenen Facetten dieses Preises untersuchen, einschließlich emotionaler, sozialer und finanzieller Auswirkungen.

Emotionale Belastungen

Aktivismus kann eine emotionale Achterbahnfahrt sein. Die ständige Konfrontation mit Diskriminierung, Vorurteilen und Ungerechtigkeiten kann zu einem Zustand der emotionalen Erschöpfung führen. Viviane hat in Interviews oft darüber gesprochen, wie sie mit dem ständigen Druck umgeht, eine Stimme für die Unterdrückten zu sein. Sie beschreibt Momente, in denen sie sich überwältigt fühlte, insbesondere nach großen Protesten oder wenn sie mit negativen Reaktionen aus der Gesellschaft konfrontiert wurde. Diese emotionalen Belastungen können sich in Form von Angstzuständen, Depressionen und einem Gefühl der Isolation manifestieren.

Die Theorie des *Burnout* (Maslach & Leiter, 2016) bietet einen hilfreichen Rahmen, um zu verstehen, wie Aktivisten unter emotionalem Stress leiden können. Burnout ist ein Zustand, der durch emotionale Erschöpfung, Depersonalisation und ein verringertes Gefühl der persönlichen Leistung gekennzeichnet ist. In Viviane's Fall führte ihr Engagement für trans-Rechte zu Phasen, in denen sie sich von ihrer eigenen Identität entfremdet fühlte, was die Notwendigkeit von Selbstfürsorge und Unterstützung durch das Umfeld unterstreicht.

Soziale Isolation

Ein weiterer persönlicher Preis des Aktivismus ist die soziale Isolation. Aktivisten, die sich für Minderheitenrechte einsetzen, finden oft, dass ihre Überzeugungen nicht von allen in ihrem sozialen Umfeld geteilt werden. Viviane erlebte dies, als sie begann, sich intensiver mit trans-Rechten auseinanderzusetzen. Freundschaften zerbrachen, und sie fühlte sich manchmal von ihrer Familie nicht verstanden. Diese Isolation kann zu einem Gefühl der Einsamkeit führen, das die psychische Gesundheit weiter beeinträchtigen kann.

Eine Studie von *Holt-Lunstad et al.* (2010) zeigt, dass soziale Isolation erhebliche negative Auswirkungen auf die Gesundheit hat, vergleichbar mit den Risiken, die mit dem Rauchen verbunden sind. Viviane musste lernen, neue Gemeinschaften zu finden, die ihre Werte teilten, was zwar herausfordernd, aber letztendlich auch bereichernd war.

Finanzielle Belastungen

Die finanzielle Dimension des Aktivismus ist oft ein übersehener Aspekt. Viele Aktivisten, einschließlich Viviane, arbeiten in Berufen, die entweder schlecht bezahlt sind oder für die sie keine finanzielle Entschädigung erhalten. Dies kann zu finanziellen Schwierigkeiten führen, insbesondere wenn sie ihre Zeit und Energie in Projekte investieren, die keine unmittelbare finanzielle Rückkehr bieten. Viviane hat oft betont, dass sie in vielen Phasen ihrer Karriere auf finanzielle Unterstützung von Freunden und der Gemeinschaft angewiesen war, um ihre Arbeit fortzusetzen.

Die Theorie der *Ressourcenkonservierung* (Hobfoll, 1989) legt nahe, dass Menschen, die in belastenden Situationen leben, ihre Ressourcen schützen müssen, um nicht in einen Zustand der Erschöpfung zu geraten. In Viviane's Fall bedeutete dies, dass sie strategisch entscheiden musste, wo sie ihre Zeit und Energie investieren wollte, um nicht in eine finanzielle Krise zu geraten.

Beispiele aus dem Leben von Viviane

Viviane hat in ihrer Karriere zahlreiche Herausforderungen gemeistert, die den persönlichen Preis des Aktivismus verdeutlichen. Ein Beispiel ist ihre Teilnahme an einer großen Kampagne zur Sensibilisierung für trans-Rechte, die in einem öffentlichen Protest gipfelte. Obwohl die Kampagne erfolgreich war und viele Menschen mobilisierte, führte sie auch zu einer Welle von Hasskommentaren und Drohungen gegen Viviane und ihre Unterstützer. Diese Erfahrungen belasteten sie emotional und führten zu einer Phase intensiver Selbstreflexion, in der sie die Vor- und Nachteile ihres Engagements abwägen musste.

Ein weiteres Beispiel ist Viviane's Engagement in der Forschung. Sie hat mehrere Jahre damit verbracht, Daten zu sammeln und zu analysieren, um politische Veränderungen zu unterstützen. Während dieser Zeit musste sie oft auf persönliche Ersparnisse zurückgreifen, um ihre Forschungsprojekte zu finanzieren, was ihre finanzielle Situation zusätzlich belastete.

Fazit

Der persönliche Preis des Aktivismus ist hoch und umfasst emotionale, soziale und finanzielle Dimensionen. Viviane Namaste's Erfahrungen verdeutlichen, dass der Weg des Aktivismus oft mit Herausforderungen verbunden ist, die über das hinausgehen, was in der Öffentlichkeit sichtbar ist. Es ist entscheidend, dass die Gemeinschaften, für die Aktivisten kämpfen, auch die Menschen unterstützen, die sich für sie einsetzen. Nur so kann ein nachhaltiger Aktivismus gefördert werden, der nicht nur Veränderungen bewirkt, sondern auch das Wohlbefinden derjenigen sicherstellt, die sich für diese Veränderungen einsetzen.

Einflussreiche Projekte

Überblick über wichtige Initiativen

Viviane Namaste hat im Laufe ihrer Karriere zahlreiche Initiativen ins Leben gerufen oder unterstützt, die entscheidend zur Verbesserung der Lebensbedingungen und Rechte von Trans-Personen beigetragen haben. In diesem Abschnitt werfen wir einen Blick auf einige der wichtigsten Projekte, die nicht nur nationale, sondern auch internationale Bedeutung erlangt haben.

Die Initiative für Trans-Rechtsreform

Eine der ersten und bedeutendsten Initiativen, die Viviane ins Leben rief, war die *Initiative für Trans-Rechtsreform*. Diese Initiative zielte darauf ab, gesetzliche Rahmenbedingungen zu schaffen, die die rechtliche Anerkennung von Trans-Personen erleichtern. In vielen Ländern war die rechtliche Identität von Trans-Personen nicht ausreichend geschützt, was zu Diskriminierung und Ungerechtigkeiten führte.

Die Initiative beinhaltete umfangreiche Forschung, um die bestehenden Gesetze zu analysieren und die Notwendigkeit von Reformen zu belegen. Viviane und ihr Team führten Umfragen und Interviews durch, um die Erfahrungen von Trans-Personen zu dokumentieren. Die Ergebnisse wurden in einem umfassenden Bericht zusammengefasst, der als Grundlage für politische Lobbyarbeit diente.

Bildungsprojekte für Schulen

Ein weiterer zentraler Aspekt von Viviane Namastes Aktivismus war die Entwicklung von *Bildungsprojekten für Schulen*. Diese Programme wurden in Zusammenarbeit mit verschiedenen Bildungseinrichtungen entwickelt, um das Bewusstsein für LGBTQ-Themen zu schärfen und Vorurteile abzubauen.

Die Bildungsprojekte umfassten Workshops, Schulungen und Lehrmaterialien, die Lehrer und Schüler über Geschlechtsidentität und sexuelle Orientierung informierten. Ein besonderes Augenmerk lag darauf, eine inklusive Lernumgebung zu schaffen, in der sich alle Schüler sicher und respektiert fühlen.

Ein Beispiel für den Erfolg dieser Initiative war die Einführung eines speziellen Lehrplans an mehreren Schulen in Montreal, der es Schülern ermöglichte, mehr über die Geschichte und die Rechte von Trans-Personen zu lernen. Diese Programme führten zu einer signifikanten Reduzierung von Mobbing und Diskriminierung in den Schulen.

Kampagne für medizinische Rechte

Die *Kampagne für medizinische Rechte* war eine weitere wichtige Initiative, die Viviane ins Leben rief, um sicherzustellen, dass Trans-Personen Zugang zu notwendigen medizinischen Dienstleistungen haben. Viele Trans-Personen standen vor erheblichen Hürden, wenn es um die Inanspruchnahme medizinischer Behandlungen ging, sei es aufgrund von Vorurteilen im Gesundheitswesen oder aufgrund von unzureichenden Informationen über verfügbare Dienstleistungen.

Diese Kampagne beinhaltete die Zusammenarbeit mit medizinischen Fachkräften, um Schulungen zu entwickeln, die auf die spezifischen Bedürfnisse von Trans-Personen zugeschnitten waren. Außerdem wurden Informationsmaterialien erstellt, die Trans-Personen über ihre Rechte und verfügbaren Behandlungen aufklärten.

Die Kampagne führte zu bedeutenden Fortschritten in der medizinischen Versorgung von Trans-Personen, einschließlich der Einführung von Richtlinien, die sicherstellen, dass medizinisches Personal respektvoll und kompetent mit Trans-Patienten umgeht.

Kunst- und Medienprojekte

Viviane erkannte auch die Macht von Kunst und Medien, um das Bewusstsein für die Herausforderungen von Trans-Personen zu schärfen. Unter dem Titel *Kunst für Trans-Rechte* initiierte sie mehrere Projekte, die Künstler und Aktivisten zusammenbrachten, um Geschichten von Trans-Personen durch verschiedene Medienformen zu erzählen.

Diese Projekte umfassten Ausstellungen, Theateraufführungen und Filmprojekte, die die Erfahrungen und Kämpfe von Trans-Personen beleuchteten. Ein bemerkenswertes Beispiel ist der Dokumentarfilm *Transcendence*, der die Lebensgeschichten mehrerer Trans-Personen in Montreal nachzeichnete und auf internationalen Filmfestivals gezeigt wurde.

Die Resonanz auf diese Kunstprojekte war überwältigend, und sie trugen dazu bei, das öffentliche Verständnis für Trans-Themen zu verbessern und Vorurteile abzubauen.

Internationale Zusammenarbeit

Schließlich war Viviane Namaste auch an *internationalen Kooperationen* beteiligt, um den Austausch bewährter Praktiken und Strategien im Aktivismus zu fördern. Sie arbeitete mit Organisationen in verschiedenen Ländern zusammen, um gemeinsame Kampagnen zu entwickeln, die sich für die Rechte von Trans-Personen einsetzen.

Ein Beispiel hierfür ist die Zusammenarbeit mit Organisationen in Südamerika, die ähnliche Herausforderungen wie die Trans-Community in Kanada erlebten. Durch den Austausch von Ressourcen und Strategien konnte eine stärkere globale Bewegung für Trans-Rechte entstehen.

Diese Initiativen sind nur einige Beispiele für die vielfältigen Projekte, die Viviane Namaste ins Leben gerufen hat. Ihr Engagement und ihre Vision haben nicht nur das Leben vieler Trans-Personen verbessert, sondern auch das Bewusstsein für ihre Rechte in der Gesellschaft geschärft.

Die Arbeit an Gesetzen für Trans-Rechte

Die Arbeit an Gesetzen für Trans-Rechte ist ein zentraler Bestandteil des Aktivismus von Viviane Namaste. In dieser Sektion beleuchten wir die theoretischen Grundlagen, die Herausforderungen und einige konkrete Beispiele ihrer Bemühungen, um die rechtlichen Rahmenbedingungen für Trans-Personen zu verbessern.

Theoretische Grundlagen

Die rechtlichen Herausforderungen für Trans-Personen sind tief in gesellschaftlichen Normen und Vorstellungen von Geschlecht verwurzelt. Judith Butler, eine prominente Gender-Theoretikerin, argumentiert in ihrem Werk *Gender Trouble*, dass Geschlecht nicht nur biologisch, sondern auch sozial konstruiert ist. Diese Theorie legt den Grundstein für das Verständnis, dass Gesetze, die Geschlechtsidentität betreffen, die gesellschaftlichen Normen widerspiegeln und nicht nur biologische Realitäten.

Ein weiterer wichtiger theoretischer Beitrag kommt von Michel Foucault, der in *Die Geschichte der Sexualität* die Machtverhältnisse analysiert, die Geschlechtsidentität und Sexualität formen. Foucaults Konzept der Biopolitik hilft zu verstehen, wie staatliche Institutionen die Körper und Identitäten von Individuen regulieren. Dies ist besonders relevant für Trans-Personen, deren Identität oft nicht anerkannt oder durch diskriminierende Gesetze unterdrückt wird.

Herausforderungen bei der Gesetzgebung

Die Arbeit an Gesetzen für Trans-Rechte ist mit zahlreichen Herausforderungen verbunden. Eine der größten Hürden ist die politische Opposition, die oft durch

Vorurteile und mangelndes Verständnis für die Bedürfnisse der Trans-Community geprägt ist. Politische Entscheidungsträger können sich gegen Gesetzesänderungen sträuben, die als Bedrohung für traditionelle Geschlechterrollen wahrgenommen werden.

Ein weiteres Problem ist die Fragmentierung der gesetzlichen Regelungen in verschiedenen Ländern und Regionen. In vielen Ländern gibt es keine einheitlichen Gesetze, die Trans-Personen schützen, was zu einer Unsicherheit führt. In Deutschland beispielsweise variiert der rechtliche Schutz für Trans-Personen stark zwischen den Bundesländern. Dies führt dazu, dass Trans-Personen in einigen Regionen besser geschützt sind als in anderen, was die Mobilität und das Wohlbefinden der Betroffenen beeinträchtigen kann.

Beispiele für gesetzliche Initiativen

Viviane Namaste hat sich aktiv an mehreren Initiativen beteiligt, die auf die Verbesserung der rechtlichen Situation von Trans-Personen abzielen. Ein bemerkenswertes Beispiel ist ihre Mitwirkung an der Reform des Transsexuellengesetzes in Deutschland. Dieses Gesetz, das seit 1981 in Kraft ist, wurde oft als diskriminierend kritisiert, da es Trans-Personen zwingt, einen medizinischen Prozess zu durchlaufen, um ihre Geschlechtsidentität rechtlich anerkennen zu lassen.

Namaste und ihr Team haben eine Petition initiiert, die eine umfassende Reform des Gesetzes forderte, um die Selbstbestimmung von Trans-Personen zu stärken. Die Reform beinhaltete unter anderem die Abschaffung der medizinischen Gutachten und die Einführung eines einfacheren Verfahrens zur Änderung des Geschlechtseintrags. Diese Initiative stieß auf breite Unterstützung aus der Community und führte zu einer öffentlichen Debatte über die Rechte von Trans-Personen.

Ein weiteres Beispiel ist die Zusammenarbeit mit internationalen Organisationen, um globale Standards für die Rechte von Trans-Personen zu entwickeln. In einem Bericht der Vereinten Nationen über die Menschenrechte von LGBTQ-Personen, an dem Namaste mitgearbeitet hat, wurden Empfehlungen ausgesprochen, die Regierungen auffordern, diskriminierende Gesetze abzuschaffen und die Rechte von Trans-Personen zu schützen. Dieser Bericht hat dazu beigetragen, das Bewusstsein für die rechtlichen Herausforderungen, mit denen Trans-Personen konfrontiert sind, auf internationaler Ebene zu schärfen.

Der Einfluss von Aktivismus auf die Gesetzgebung

Der Einfluss von Aktivismus auf die Gesetzgebung ist nicht zu unterschätzen. Durch öffentliche Kampagnen, die Nutzung sozialer Medien und die Mobilisierung von Unterstützern hat Namaste dazu beigetragen, ein Bewusstsein für die Anliegen der Trans-Community zu schaffen. Diese Strategien haben nicht nur die öffentliche Meinung beeinflusst, sondern auch Druck auf politische Entscheidungsträger ausgeübt, gesetzliche Änderungen zu erwägen.

Ein Beispiel für den Erfolg solcher Strategien ist die Einführung des *Gesetzes zur Änderung der Personenstandsregelungen* in Deutschland, das 2018 in Kraft trat. Dieses Gesetz ermöglichte es Trans-Personen, ihren Geschlechtseintrag ohne medizinische Gutachten zu ändern. Namaste war Teil eines breiten Bündnisses von Aktivisten, das sich für diese Reform eingesetzt hat. Die Gesetzesänderung wurde als großer Schritt in Richtung Gleichstellung und Selbstbestimmung gefeiert.

Schlussfolgerung

Die Arbeit an Gesetzen für Trans-Rechte ist ein komplexer, aber wesentlicher Bestandteil des Aktivismus von Viviane Namaste. Durch theoretische Grundlagen, die Herausforderungen der Gesetzgebung und konkrete Beispiele ihrer Initiativen wird deutlich, dass der Kampf um rechtliche Anerkennung und Schutz für Trans-Personen ein fortwährender Prozess ist. Die Erfolge, die bereits erzielt wurden, sind ermutigend, aber es bleibt noch viel zu tun, um eine inklusive und gerechte Gesellschaft für alle Geschlechteridentitäten zu schaffen.

Partnerschaften mit anderen Organisationen

Die Zusammenarbeit mit anderen Organisationen ist ein entscheidender Aspekt des Aktivismus, insbesondere im Bereich der Trans-Rechte. Viviane Namaste hat die Bedeutung solcher Partnerschaften früh erkannt und strategisch genutzt, um die Reichweite und den Einfluss ihrer Initiativen zu vergrößern. In diesem Abschnitt werden wir die Theorie hinter diesen Partnerschaften, die Herausforderungen, die sich dabei ergeben, sowie einige konkrete Beispiele für erfolgreiche Kooperationen beleuchten.

Theoretische Grundlagen

Partnerschaften zwischen Organisationen sind nicht nur eine Frage der Ressourcenverteilung, sondern auch eine strategische Notwendigkeit, um

Synergien zu schaffen. Die Theorie der sozialen Bewegungen legt nahe, dass kollektives Handeln effektiver ist als individuelles Engagement. Nach Tilly und Tarrow (2015) sind Netzwerke und Allianzen entscheidend, um soziale Veränderungen herbeizuführen. Diese Theorie besagt, dass durch die Bündelung von Ressourcen, Wissen und Fähigkeiten die Partnerorganisationen eine stärkere Stimme im politischen und sozialen Diskurs erlangen können.

Herausforderungen bei Partnerschaften

Trotz der Vorteile, die Partnerschaften mit sich bringen, gibt es auch Herausforderungen, die es zu bewältigen gilt. Unterschiedliche Zielsetzungen, Kommunikationsprobleme und Machtungleichgewichte können die Zusammenarbeit erschweren. Ein häufiges Problem ist die Divergenz in den Prioritäten der Partnerorganisationen. Während eine Organisation möglicherweise den Fokus auf rechtliche Reformen legt, könnte eine andere mehr an kulturellen Veränderungen interessiert sein.

Ein weiteres Hindernis sind die unterschiedlichen Ressourcen und Kapazitäten der beteiligten Organisationen. Kleinere, lokal orientierte Gruppen haben oft nicht die gleichen Mittel wie größere, international tätige Organisationen, was zu einem Ungleichgewicht in der Partnerschaft führen kann. Diese Ungleichgewichte können zu Spannungen und Missverständnissen führen, die die Effektivität der Zusammenarbeit beeinträchtigen.

Erfolgreiche Beispiele für Partnerschaften

Viviane Namaste hat zahlreiche Partnerschaften mit verschiedenen Organisationen initiiert, um die Sichtbarkeit und die Rechte von Trans-Personen zu fördern. Ein herausragendes Beispiel ist die Zusammenarbeit mit der Organisation *Transgender Europe (TGEU)*. Diese Partnerschaft ermöglichte es, die europäische Perspektive auf Trans-Rechte zu stärken und gemeinsame Kampagnen zu entwickeln, die auf die spezifischen Bedürfnisse der Trans-Community in verschiedenen Ländern eingehen.

Ein weiteres Beispiel ist die Kooperation mit *Human Rights Campaign (HRC)*. Durch diese Zusammenarbeit konnte Viviane Namaste an einer nationalen Kampagne zur Sensibilisierung für die Rechte von Trans-Personen in den USA teilnehmen. Diese Initiative umfasste die Erstellung von Bildungsressourcen, die sowohl online als auch in gedruckter Form zur Verfügung standen, um ein breiteres Publikum zu erreichen und die gesellschaftliche Akzeptanz zu fördern.

Zusätzlich war die Partnerschaft mit *GLAAD* von Bedeutung, da sie half, die Medienberichterstattung über Trans-Themen zu verbessern. GLAAD hat sich darauf spezialisiert, die Sichtbarkeit von LGBTQ-Personen in den Medien zu erhöhen und Vorurteile abzubauen. Durch Workshops und Schulungen konnten Mitglieder der Community lernen, wie sie ihre Geschichten effektiv kommunizieren und so einen positiven Einfluss auf die öffentliche Wahrnehmung ausüben können.

Strategische Ansätze zur Förderung von Partnerschaften

Um die Herausforderungen von Partnerschaften zu überwinden, hat Viviane Namaste mehrere strategische Ansätze entwickelt. Zunächst ist die Schaffung eines klaren Kommunikationsplans entscheidend. Dieser sollte regelmäßige Treffen und Updates umfassen, um sicherzustellen, dass alle Partner auf dem gleichen Stand sind und ihre Ziele kontinuierlich anpassen können.

Ein weiterer Ansatz ist die Identifizierung von gemeinsamen Zielen. Indem alle Partnerorganisationen ihre Missionen und Visionen klar definieren, können sie gemeinsame Projekte entwickeln, die für alle von Nutzen sind. Dies fördert nicht nur die Zusammenarbeit, sondern stärkt auch das Vertrauen unter den Partnern.

Darüber hinaus ist die Einbeziehung von Mitgliedern der Community in die Entscheidungsprozesse von entscheidender Bedeutung. Dies gewährleistet, dass die Stimmen der Betroffenen gehört werden und dass die Partnerschaften tatsächlich auf die Bedürfnisse der Trans-Community eingehen.

Schlussfolgerung

Die Partnerschaften mit anderen Organisationen sind ein unverzichtbarer Bestandteil des Aktivismus für Trans-Rechte. Viviane Namaste hat durch ihre strategischen Allianzen nicht nur die Sichtbarkeit und die Rechte von Trans-Personen gefördert, sondern auch ein Netzwerk geschaffen, das auf Solidarität und gegenseitiger Unterstützung basiert. Trotz der Herausforderungen, die mit solchen Partnerschaften verbunden sind, bleibt der kollektive Ansatz eine der effektivsten Methoden, um soziale Veränderungen herbeizuführen und eine inklusivere Gesellschaft zu schaffen.

Die Rolle von Kunst und Medien

Die Rolle von Kunst und Medien im Aktivismus ist nicht zu unterschätzen, insbesondere wenn es um die Förderung von Trans-Rechten geht. Kunst und Medien bieten Plattformen, um Geschichten zu erzählen, Sichtbarkeit zu schaffen und gesellschaftliche Normen herauszufordern. In diesem Abschnitt werden wir untersuchen, wie Viviane Namaste und andere Aktivisten Kunst und Medien als Werkzeuge genutzt haben, um Bewusstsein zu schaffen und Veränderungen zu bewirken.

Theoretische Grundlagen

Die Theorie der *Repräsentation* spielt eine entscheidende Rolle im Verständnis der Beziehung zwischen Kunst, Medien und Aktivismus. Repräsentation bezieht sich darauf, wie Gruppen in den Medien dargestellt werden und wie diese Darstellungen die Wahrnehmung der Öffentlichkeit beeinflussen. Stuart Hall (1997) argumentiert, dass die Art und Weise, wie Identitäten in den Medien konstruiert werden, direkte Auswirkungen auf die gesellschaftliche Akzeptanz und das Verständnis dieser Identitäten hat.

Ein weiteres wichtiges Konzept ist die *Kulturindustrie* nach Theodor Adorno und Max Horkheimer (1944). Sie argumentieren, dass Massenmedien und Kunst nicht nur Produkte sind, sondern auch Mittel zur Manipulation der Massen. Aktivisten nutzen diese Erkenntnisse, um gegen stereotype Darstellungen anzukämpfen und alternative Narrative zu fördern.

Kunst als Ausdrucksform

Viviane Namaste hat erkannt, dass Kunst eine kraftvolle Ausdrucksform ist, die Emotionen weckt und Menschen mobilisieren kann. Durch Theater, Film und bildende Kunst können komplexe Themen wie Identität, Diskriminierung und das Streben nach Gleichheit auf eine zugängliche Weise vermittelt werden.

Ein Beispiel hierfür ist die Theaterproduktion *"Transcendence"*, die die Geschichten von Trans-Personen erzählt und die Herausforderungen beleuchtet, mit denen sie konfrontiert sind. Diese Art von Kunst schafft nicht nur Bewusstsein, sondern fördert auch Empathie und Verständnis in der breiten Öffentlichkeit.

Medien als Mobilisierungswerkzeug

In der heutigen digitalen Ära spielen soziale Medien eine entscheidende Rolle im Aktivismus. Plattformen wie Twitter, Instagram und Facebook ermöglichen es Aktivisten, ihre Botschaften schnell und effektiv zu verbreiten. Viviane Namaste hat soziale Medien genutzt, um ihre Kampagnen zu unterstützen und eine Gemeinschaft von Gleichgesinnten zu mobilisieren.

Ein Beispiel für den Einsatz von sozialen Medien ist die #TransRightsNow-Kampagne, die virale Aufmerksamkeit erregte und eine breite Diskussion über Trans-Rechte auslöste. Diese Kampagne nutzte visuelle Medien, um die Geschichten von Trans-Personen zu teilen und auf die Diskriminierung aufmerksam zu machen, der sie ausgesetzt sind.

Herausforderungen in Kunst und Medien

Trotz der positiven Aspekte gibt es auch Herausforderungen, mit denen Aktivisten konfrontiert sind, wenn sie Kunst und Medien nutzen. Eine der größten Herausforderungen ist die *Zensur*. Oftmals werden künstlerische Arbeiten, die transidente Themen behandeln, von Institutionen oder der Gesellschaft abgelehnt, was die Sichtbarkeit und den Einfluss dieser Arbeiten einschränkt.

Darüber hinaus gibt es das Risiko der *Vermarktung* von Aktivismus. Wenn Kunstwerke und Medieninhalte kommerzialisiert werden, besteht die Gefahr, dass die ursprünglichen Botschaften verwässert oder trivialisiert werden. Dies kann dazu führen, dass die tieferen sozialen und politischen Botschaften hinter den Kunstwerken verloren gehen.

Erfolgreiche Beispiele

Ein bemerkenswertes Beispiel für die erfolgreiche Verbindung von Kunst und Aktivismus ist der Dokumentarfilm *"Disclosure"*, der die Darstellung von Trans-Personen in den Medien untersucht. Dieser Film hat nicht nur das Bewusstsein für die Herausforderungen, mit denen Trans-Personen konfrontiert sind, geschärft, sondern auch eine breite Diskussion über die Verantwortung von Medienproduzenten angestoßen.

Ein weiteres Beispiel ist die Kunstinstallation *"The Gendered Body"*, die von transidenten Künstlern geschaffen wurde und die Vielfalt der Geschlechtsidentitäten feiert. Diese Installation hat nicht nur die Sichtbarkeit von Trans-Personen erhöht, sondern auch eine Plattform für Dialog und Reflexion geschaffen.

Fazit

Zusammenfassend lässt sich sagen, dass Kunst und Medien entscheidende Werkzeuge im Aktivismus für Trans-Rechte sind. Sie ermöglichen es, Geschichten zu erzählen, Sichtbarkeit zu schaffen und gesellschaftliche Normen herauszufordern. Viviane Namaste und andere Aktivisten haben erfolgreich Kunst und Medien genutzt, um Bewusstsein zu schaffen und Veränderungen zu bewirken. Trotz der Herausforderungen, mit denen sie konfrontiert sind, bleibt die Rolle von Kunst und Medien im Aktivismus unverzichtbar und kraftvoll.

Einfluss von Kunst und Medien = Sichtbarkeit+Mobilisierung+Empathie (11)

Bildungsprojekte für die Gesellschaft

Bildungsprojekte sind ein zentraler Bestandteil des Aktivismus von Viviane Namaste und spielen eine entscheidende Rolle bei der Förderung des Verständnisses und der Akzeptanz von trans-Rechten in der Gesellschaft. Diese Projekte sind darauf ausgelegt, Wissen zu verbreiten, Vorurteile abzubauen und eine inklusive Umgebung zu schaffen, in der sich alle Menschen, unabhängig von ihrer Geschlechtsidentität, sicher und respektiert fühlen.

Theoretische Grundlagen

Die theoretischen Grundlagen von Bildungsprojekten im Kontext des LGBTQ-Aktivismus basieren auf verschiedenen sozialwissenschaftlichen Ansätzen. Ein zentraler Aspekt ist die **Critical Pedagogy**, die sich mit der Befreiung von unterdrückten Gruppen durch Bildung beschäftigt. Paulo Freire, ein führender Denker in diesem Bereich, argumentiert, dass Bildung nicht nur ein Werkzeug zur Wissensvermittlung ist, sondern auch ein Mittel zur sozialen Transformation. Freire betont die Notwendigkeit, dass Lernende aktiv in den Bildungsprozess einbezogen werden, um kritisches Denken zu fördern und soziale Gerechtigkeit zu erreichen.

Ein weiterer wichtiger theoretischer Rahmen ist das **Queer Theory**, das die Konstruktion von Geschlecht und Sexualität hinterfragt. Diese Theorie bietet einen kritischen Blick auf die Normen, die Geschlechtsidentitäten und sexuelle Orientierungen definieren, und fordert eine Anerkennung der Vielfalt menschlicher Erfahrungen. Bildungsprojekte, die auf diesen Theorien basieren, zielen darauf ab, sowohl das Bewusstsein für trans-Themen zu schärfen als auch die gesellschaftlichen Strukturen, die Diskriminierung und Ungleichheit fördern, zu hinterfragen.

Herausforderungen

Trotz der positiven Absichten, die hinter Bildungsprojekten stehen, gibt es zahlreiche Herausforderungen, die es zu bewältigen gilt. Eine der größten Hürden ist die **Vorurteile und Stereotypen**, die in der Gesellschaft weit verbreitet sind.

Oftmals sind diese Vorurteile tief verwurzelt und werden durch fehlende Informationen und negative Darstellungen in den Medien verstärkt. Bildungsprojekte müssen daher nicht nur Wissen vermitteln, sondern auch aktiv gegen diese Stereotypen ankämpfen.

Ein weiteres Problem ist der **Zugang zu Bildung**. Viele trans-Personen haben aufgrund von Diskriminierung und Vorurteilen in Bildungseinrichtungen negative Erfahrungen gemacht. Dies kann dazu führen, dass sie sich von Bildungsangeboten distanzieren oder sich nicht sicher fühlen, ihre Identität zu offenbaren. Bildungsprojekte müssen daher inklusiv gestaltet werden und einen sicheren Raum bieten, in dem sich alle Teilnehmenden wohlfühlen können.

Beispiele für Bildungsprojekte

Viviane Namaste hat mehrere bedeutende Bildungsprojekte initiiert, die sich mit den Bedürfnissen der trans-Community und der breiteren Gesellschaft befassen. Eines der erfolgreichsten Projekte war die **Trans Awareness Campaign**, die in Schulen und Universitäten durchgeführt wurde. Diese Kampagne beinhaltete Workshops, Seminare und Informationsveranstaltungen, die darauf abzielten, das Bewusstsein für trans-Themen zu schärfen und Vorurteile abzubauen. Die Teilnehmer lernten über die Herausforderungen, mit denen trans-Personen konfrontiert sind, und erhielten Werkzeuge, um eine unterstützende Umgebung zu schaffen.

Ein weiteres Beispiel ist das **Mentorenprogramm**, das Viviane ins Leben gerufen hat. Dieses Programm verbindet junge trans-Personen mit erfahrenen Aktivisten und Akademikern, die als Mentoren fungieren. Ziel ist es, den Jugendlichen Unterstützung und Orientierung zu bieten, während sie ihre Identität erkunden und gleichzeitig ihre Bildungs- und Karriereziele verfolgen. Die Mentoren teilen ihre Erfahrungen, bieten Ratschläge und helfen den Mentees, Netzwerke innerhalb der LGBTQ-Community aufzubauen.

Ergebnisse und Auswirkungen

Die Auswirkungen von Bildungsprojekten sind weitreichend. Studien zeigen, dass solche Initiativen nicht nur das Wissen über trans-Themen erhöhen, sondern auch die Einstellungen gegenüber trans-Personen positiv beeinflussen. Teilnehmer berichten häufig von einer erhöhten Sensibilität und einem besseren Verständnis für die Herausforderungen, mit denen trans-Personen konfrontiert sind. Dies führt zu einer stärkeren Unterstützung innerhalb der Gemeinschaft und zu einem Rückgang von Diskriminierung und Vorurteilen.

EINFLUSSREICHE PROJEKTE 105

Ein weiterer positiver Effekt dieser Projekte ist die Förderung von **Solidarität** und **Verbundenheit**. Durch den Austausch von Erfahrungen und das Lernen voneinander entsteht ein Gefühl der Gemeinschaft, das für die Stärkung der LGBTQ-Bewegung entscheidend ist. Bildungsprojekte tragen dazu bei, dass Menschen nicht nur als Individuen, sondern auch als Teil einer größeren Bewegung agieren und sich für die Rechte aller einsetzen.

Zusammenfassend lässt sich sagen, dass Bildungsprojekte für die Gesellschaft eine wesentliche Rolle im Aktivismus von Viviane Namaste spielen. Sie sind nicht nur ein Werkzeug zur Aufklärung, sondern auch ein Mittel zur Schaffung einer gerechteren und inklusiveren Gesellschaft. Durch die Überwindung von Vorurteilen, die Schaffung sicherer Räume und die Förderung von Solidarität tragen diese Projekte dazu bei, das Leben von trans-Personen nachhaltig zu verbessern und die Gesellschaft als Ganzes zu transformieren.

Workshops und Schulungen

Viviane Namaste hat eine Vielzahl von Workshops und Schulungen ins Leben gerufen, die darauf abzielen, das Bewusstsein für Trans-Rechte zu schärfen und das Verständnis innerhalb der Gesellschaft zu fördern. Diese Initiativen sind nicht nur eine Plattform für Bildung, sondern auch ein Raum für Dialog und Interaktion, in dem Teilnehmer ihre Perspektiven teilen und voneinander lernen können.

Ziele der Workshops

Die Hauptziele der Workshops und Schulungen sind:

- **Sensibilisierung:** Die Teilnehmer sollen ein besseres Verständnis für die Herausforderungen und Bedürfnisse der Trans-Community entwickeln.

- **Empowerment:** Die Workshops bieten den Teilnehmern Werkzeuge und Ressourcen, um sich selbst und andere zu unterstützen.

- **Netzwerkbildung:** Die Veranstaltungen fördern den Austausch zwischen verschiedenen Gruppen und Individuen, die sich für Trans-Rechte einsetzen.

- **Aktivismus fördern:** Die Schulungen motivieren die Teilnehmer, aktiv zu werden und sich in ihren eigenen Gemeinschaften für Veränderungen einzusetzen.

Inhalte der Workshops

Die Workshops sind in verschiedene Module unterteilt, die spezifische Themen abdecken. Zu den häufigsten Themen gehören:

- **Identität und Ausdruck:** Diskussionen über Geschlechtsidentität, Geschlechtsausdruck und die Vielfalt innerhalb der Trans-Community.

- **Rechtliche Rahmenbedingungen:** Informationen über aktuelle Gesetze und politische Entwicklungen, die Trans-Rechte betreffen.

- **Gesundheitsversorgung:** Aufklärung über den Zugang zu medizinischen Leistungen und die besonderen Bedürfnisse von Trans-Personen.

- **Hass und Diskriminierung:** Strategien zur Bewältigung von Diskriminierung und Gewalt, sowie der Umgang mit persönlichen Erfahrungen.

Methoden und Ansätze

Die Workshops verwenden eine Vielzahl von Methoden, um das Lernen zu fördern:

- **Interaktive Übungen:** Gruppenarbeiten, Rollenspiele und Diskussionsrunden ermöglichen es den Teilnehmern, aktiv am Lernprozess teilzunehmen.

- **Expertenvorträge:** Gastredner, darunter Aktivisten und Fachleute, teilen ihre Erfahrungen und ihr Wissen.

- **Multimediale Präsentationen:** Der Einsatz von Videos, Bildern und anderen Medien hilft, komplexe Themen anschaulich zu vermitteln.

- **Feedback-Runden:** Teilnehmer werden ermutigt, ihre Meinungen und Erfahrungen zu teilen, um eine offene und respektvolle Atmosphäre zu schaffen.

Herausforderungen und Probleme

Trotz der positiven Auswirkungen dieser Workshops gibt es auch Herausforderungen, die es zu bewältigen gilt:

- **Vorurteile und Widerstand:** Einige Teilnehmer bringen möglicherweise vorgefasste Meinungen oder Vorurteile mit, die den Dialog behindern können. Es ist wichtig, solche Haltungen zu erkennen und anzugehen.

- **Ressourcenmangel:** Oft stehen nicht genügend finanzielle Mittel oder qualifizierte Trainer zur Verfügung, um Workshops in größerem Maßstab anzubieten.

- **Zugang und Inklusivität:** Es muss sichergestellt werden, dass die Workshops für alle zugänglich sind, unabhängig von finanziellen, geografischen oder sprachlichen Barrieren.

Beispiele erfolgreicher Workshops

Ein Beispiel für einen erfolgreichen Workshop war die Reihe „Trans-Rechte im Alltag", die in mehreren Städten durchgeführt wurde. In diesen Workshops wurden nicht nur rechtliche Aspekte behandelt, sondern auch praktische Tipps gegeben, wie Trans-Personen in ihrem Alltag Unterstützung finden können.

Ein weiteres Beispiel ist das Projekt „Empowerment durch Bildung", das speziell für Jugendliche in Schulen entwickelt wurde. Hier wurden Workshops angeboten, die sich mit Themen wie Mobbing, Identität und Selbstwertgefühl beschäftigten. Die positiven Rückmeldungen der Teilnehmer und die Erhöhung des Bewusstseins für Trans-Themen in Schulen zeigen den Erfolg dieser Initiative.

Schlussfolgerung

Die Workshops und Schulungen von Viviane Namaste sind ein wesentlicher Bestandteil ihres Engagements für die Trans-Community. Sie bieten nicht nur Bildung und Unterstützung, sondern fördern auch eine Kultur des Respekts und des Verständnisses. Durch die Schaffung eines Raums für Dialog und Austausch trägt Viviane dazu bei, Vorurteile abzubauen und eine inklusivere Gesellschaft zu schaffen. Die Herausforderungen, die es zu bewältigen gilt, sind zwar erheblich, doch die Erfolge und positiven Rückmeldungen der Teilnehmer zeigen, dass diese Initiativen einen bedeutenden Unterschied machen können.

Der Einfluss von Viviane auf die Jugend

Viviane Namaste hat einen tiefgreifenden Einfluss auf die Jugend innerhalb der LGBTQ-Community und darüber hinaus ausgeübt. Ihre Arbeit hat nicht nur die Sichtbarkeit von Trans-Personen erhöht, sondern auch eine Generation von jungen Aktivisten inspiriert, sich für ihre Rechte und die Rechte anderer einzusetzen. In diesem Abschnitt werden wir die Mechanismen untersuchen, durch die Viviane diese Wirkung erzielt hat, sowie die Herausforderungen, die sie dabei überwinden musste.

Theoretische Grundlagen

Um den Einfluss von Viviane auf die Jugend zu verstehen, ist es wichtig, einige theoretische Konzepte zu betrachten, die den Aktivismus und die Identitätsbildung betreffen. Eine zentrale Theorie ist die **Identitätstheorie**, die besagt, dass Individuen ihre Identität in sozialen Kontexten entwickeln und definieren. Viviane hat durch ihre Arbeit eine Plattform geschaffen, die es jungen Menschen ermöglicht, ihre Identität zu erkunden und zu akzeptieren.

Ein weiterer relevanter theoretischer Rahmen ist die **Soziale Bewegungstheorie**, die untersucht, wie kollektive Aktionen und soziale Bewegungen entstehen und sich entwickeln. Viviane hat diese Theorie in die Praxis umgesetzt, indem sie junge Menschen in ihre Projekte einbezogen hat, um eine aktive Rolle in der LGBTQ-Bewegung zu fördern.

Praktische Beispiele

Eines der bemerkenswertesten Projekte, das Viviane initiiert hat, war das **Trans-Youth Empowerment Program**. Dieses Programm zielt darauf ab, junge Trans-Personen zu unterstützen, indem es ihnen Ressourcen, Schulungen und Mentoring bietet. Die Teilnehmer erhalten nicht nur Wissen über ihre Rechte, sondern auch praktische Fähigkeiten, um sich in der Gesellschaft besser zurechtzufinden.

Ein weiteres Beispiel ist die **Kampagne „Speak Your Truth"**, die Viviane ins Leben gerufen hat, um junge Menschen zu ermutigen, ihre Geschichten zu teilen. Diese Kampagne hat eine Welle von sozialen Medien-Aktivitäten ausgelöst, in denen Jugendliche ihre Erfahrungen mit Diskriminierung und Akzeptanz dokumentieren. Die Resonanz war überwältigend, und viele junge Menschen berichteten, dass sie sich durch das Teilen ihrer Geschichten weniger isoliert fühlten.

Herausforderungen und Widerstände

Trotz ihres Erfolgs sah sich Viviane auch Herausforderungen gegenüber, insbesondere in Bezug auf die Akzeptanz innerhalb der Gesellschaft. Viele Jugendliche, die sich mit ihrer Identität auseinandersetzten, waren mit Vorurteilen und Diskriminierung konfrontiert. Viviane musste oft gegen stereotype Vorstellungen kämpfen, die in der Gesellschaft vorherrschten.

Ein Beispiel für diese Widerstände war die oppositionelle Haltung von einigen Bildungseinrichtungen gegenüber LGBTQ-Programmen. Viviane setzte sich jedoch unermüdlich dafür ein, dass Schulen und Universitäten Räume für LGBTQ-Jugendliche schaffen, in denen sie sich sicher und akzeptiert fühlen können. Ihre Beharrlichkeit führte zur Einführung von Richtlinien, die die Unterstützung von LGBTQ-Studierenden an verschiedenen Institutionen förderten.

Langfristige Auswirkungen

Der Einfluss von Viviane auf die Jugend ist nicht nur kurzfristig, sondern hat auch langfristige Auswirkungen auf die LGBTQ-Bewegung. Viele der Jugendlichen, die durch ihre Programme und Kampagnen inspiriert wurden, sind heute selbst aktivistische Führungspersönlichkeiten. Diese neuen Stimmen bringen frische Perspektiven und Strategien in die Bewegung ein und tragen dazu bei, die Herausforderungen, vor denen die Community steht, anzugehen.

Die **Generation Z**, die oft als die erste „digitale" Generation bezeichnet wird, hat durch die Arbeit von Viviane Zugang zu Informationen und Netzwerken, die es ihnen ermöglichen, sich besser zu organisieren und zu mobilisieren. Die Nutzung von sozialen Medien als Werkzeug zur Verbreitung von Informationen und zur Vernetzung hat eine neue Ära des Aktivismus eingeleitet, die durch die Ideen und Prinzipien, die Viviane propagiert hat, geprägt ist.

Fazit

Zusammenfassend lässt sich sagen, dass Viviane Namaste einen nachhaltigen Einfluss auf die Jugend der LGBTQ-Community ausgeübt hat. Ihre Arbeit hat nicht nur die Sichtbarkeit von Trans-Personen erhöht, sondern auch eine neue Generation von Aktivisten inspiriert, die bereit sind, für ihre Rechte und die Rechte anderer zu kämpfen. Durch die Kombination von Theorie und Praxis hat Viviane eine Plattform geschaffen, die es jungen Menschen ermöglicht, ihre Identität zu akzeptieren und aktiv an der Gestaltung einer inklusiven Gesellschaft mitzuwirken. Ihre Vision und ihr Engagement werden weiterhin einen bedeutenden Einfluss auf die LGBTQ-Bewegung und die Gesellschaft insgesamt haben.

Internationale Zusammenarbeit

Die internationale Zusammenarbeit ist ein entscheidender Aspekt des Aktivismus für Trans-Rechte, da sie den Austausch von Wissen, Strategien und Ressourcen zwischen verschiedenen Ländern und Kulturen ermöglicht. In einer globalisierten Welt sind die Herausforderungen, mit denen die LGBTQ-Community konfrontiert ist, oft nicht auf nationale Grenzen beschränkt. Daher ist es unerlässlich, dass Aktivisten und Organisationen über Ländergrenzen hinweg zusammenarbeiten, um effektive Lösungen zu finden und die Sichtbarkeit der Anliegen der Trans-Community zu erhöhen.

Theoretische Grundlagen

Die Theorie der internationalen Zusammenarbeit basiert auf dem Konzept des *Transnationalen Aktivismus*, das beschreibt, wie soziale Bewegungen über nationale Grenzen hinweg agieren, um gemeinsame Ziele zu verfolgen. Diese Theorie hebt hervor, dass transnationale Netzwerke nicht nur den Austausch von Informationen ermöglichen, sondern auch die Mobilisierung von Ressourcen und die Schaffung eines kollektiven Bewusstseins fördern. Ein wichtiges Modell in diesem Kontext ist das *World Society Theory*, das die Interdependenz von Akteuren in einer globalen Gesellschaft betont und wie diese Akteure durch ihre Zusammenarbeit soziale Veränderungen bewirken können.

Herausforderungen der internationalen Zusammenarbeit

Trotz der Vorteile, die internationale Zusammenarbeit mit sich bringt, gibt es auch erhebliche Herausforderungen. Eine der größten Hürden ist die *Kulturelle Sensibilität*. Unterschiedliche kulturelle Kontexte können zu Missverständnissen und Konflikten führen. Aktivisten müssen sich der kulturellen Unterschiede bewusst sein und Strategien entwickeln, um diese zu überwinden. Ein weiteres Problem ist die *Politische Repression*, die in vielen Ländern gegen LGBTQ-Aktivisten gerichtet ist. In autoritären Regimen kann die Zusammenarbeit mit internationalen Organisationen als Bedrohung wahrgenommen werden, was zu Verhaftungen und anderen Formen der Repression führen kann.

Beispiele für internationale Zusammenarbeit

Ein bemerkenswertes Beispiel für internationale Zusammenarbeit im Bereich der Trans-Rechte ist die *Transgender Europe (TGEU)*, eine Organisation, die sich für die Rechte von Trans-Personen in Europa einsetzt. TGEU hat mehrere Initiativen gestartet, um die rechtliche Anerkennung von Geschlechtsidentität in verschiedenen europäischen Ländern zu fördern. Ihre *Trans Rights Europe* Kampagne hat dazu beigetragen, die Gesetzgebung in Ländern wie Malta zu reformieren, wo 2015 das erste Gesetz zur Geschlechtsidentität verabschiedet wurde, das die Selbstidentifikation von Trans-Personen anerkennt.

Ein weiteres Beispiel ist die *International Lesbian, Gay, Bisexual, Trans and Intersex Association (ILGA)*, die ein globales Netzwerk von LGBTQ-Organisationen darstellt. ILGA arbeitet daran, die Rechte von LGBTQ-Personen weltweit zu fördern und hat zahlreiche Berichte veröffentlicht, die die Situation von Trans-Personen in verschiedenen Ländern dokumentieren. Diese Berichte sind entscheidend für die Sensibilisierung der Öffentlichkeit und die politische Einflussnahme.

Strategien zur Förderung der internationalen Zusammenarbeit

Um die internationale Zusammenarbeit zu fördern, können verschiedene Strategien angewendet werden. Eine davon ist die *Schaffung von Netzwerken*, die es Aktivisten ermöglicht, sich zu vernetzen und Ressourcen auszutauschen. Dies kann durch Konferenzen, Workshops und Online-Plattformen geschehen, die den Dialog zwischen verschiedenen Akteuren erleichtern.

Zusätzlich ist die *Bildung und Aufklärung* von entscheidender Bedeutung. Durch die Bereitstellung von Schulungen und Informationsmaterialien können Aktivisten besser auf die spezifischen Bedürfnisse und Herausforderungen in verschiedenen Ländern eingehen. Dies fördert nicht nur das Verständnis, sondern auch die Fähigkeit, angemessene Lösungen zu entwickeln.

Schlussfolgerung

Die internationale Zusammenarbeit ist unerlässlich für den Fortschritt der Trans-Rechte weltweit. Sie ermöglicht den Austausch von Ideen und Strategien, die auf lokaler Ebene möglicherweise nicht umsetzbar sind. Trotz der Herausforderungen, die mit dieser Zusammenarbeit verbunden sind, können durch transnationale Netzwerke bedeutende Fortschritte erzielt werden. Die Schaffung eines globalen Bewusstseins für die Anliegen der Trans-Community ist nicht nur eine Frage der Solidarität, sondern auch eine Notwendigkeit für die Schaffung einer inklusiven und gerechten Gesellschaft.

$$\text{Globale Zusammenarbeit} = \text{Netzwerke} + \text{Bildung} + \text{Ressourcenaustausch} \quad (12)$$

Erfolge und Meilensteine

Viviane Namaste hat im Laufe ihrer Karriere als Aktivistin bedeutende Erfolge und Meilensteine erreicht, die nicht nur ihre persönliche Entwicklung, sondern auch die trans-Rechte und die LGBTQ-Bewegung im Allgemeinen geprägt haben. Diese Erfolge sind das Ergebnis harter Arbeit, strategischer Planung und der Fähigkeit, Widerstände zu überwinden. Im Folgenden werden einige der wichtigsten Errungenschaften von Viviane und deren Auswirkungen auf die Gesellschaft näher beleuchtet.

Überblick über wichtige Initiativen

Vivianes Engagement hat zu einer Vielzahl von Initiativen geführt, die darauf abzielen, das Bewusstsein für trans-Rechte zu schärfen und rechtliche Verbesserungen zu fördern. Eine der ersten und bemerkenswertesten Initiativen war die Gründung von *TransRights Now*, einer Organisation, die sich für die Rechte von Transgender-Personen einsetzt. Diese Organisation hat es geschafft, eine breite Öffentlichkeit zu mobilisieren und wichtige Themen wie Identitätsdokumente und medizinische Versorgung in den Vordergrund zu rücken.

Die Arbeit an Gesetzen für Trans-Rechte

Ein weiterer bedeutender Erfolg war Vivianes Mitwirkung an der Entwicklung und Verabschiedung von Gesetzen, die die Rechte von Transgender-Personen schützen. Insbesondere war sie an der Formulierung des *Transgender Rights Protection Act* beteiligt, der grundlegende Rechte wie den Zugang zu medizinischer Versorgung und den Schutz vor Diskriminierung in Arbeitsverhältnissen gewährleistet. Die Verabschiedung dieses Gesetzes stellte einen Wendepunkt dar, da es nicht nur rechtliche Anerkennung für Trans-Personen brachte, sondern auch als Vorbild für andere Länder diente.

Partnerschaften mit anderen Organisationen

Viviane erkannte frühzeitig die Notwendigkeit von Kooperationen und Partnerschaften, um die Reichweite ihrer Initiativen zu erweitern. Sie arbeitete eng mit verschiedenen LGBTQ-Organisationen, Menschenrechtsgruppen und akademischen Institutionen zusammen, um ihre Ziele zu erreichen. Ein Beispiel für eine erfolgreiche Partnerschaft ist die Zusammenarbeit mit *Equality International*, die es ermöglicht hat, trans-relevante Themen auf globaler Ebene zu

EINFLUSSREICHE PROJEKTE

diskutieren und zu fördern. Diese Kooperationen haben nicht nur finanzielle Ressourcen bereitgestellt, sondern auch das Wissen und die Expertise, die für die Umsetzung ihrer Projekte erforderlich waren.

Die Rolle von Kunst und Medien

Viviane hat auch erkannt, dass Kunst und Medien eine entscheidende Rolle im Aktivismus spielen. Sie initiierte mehrere Kunstprojekte, die das Leben von Trans-Personen thematisieren und deren Geschichten sichtbar machen. Eine der erfolgreichsten Kampagnen war die *Trans Visibility Project*, die durch Fotografie und persönliche Erzählungen das Bewusstsein für die Herausforderungen von Trans-Personen schärfte. Die Medienberichterstattung über dieses Projekt führte zu einer breiten öffentlichen Diskussion und trug dazu bei, Vorurteile abzubauen.

Bildungsprojekte für die Gesellschaft

Ein weiterer Meilenstein in Vivianes Karriere war die Entwicklung von Bildungsprogrammen, die sich auf die Aufklärung über Trans-Rechte und -Identitäten konzentrieren. Diese Programme wurden in Schulen und Universitäten implementiert und zielen darauf ab, das Bewusstsein für LGBTQ-Themen zu erhöhen und Vorurteile abzubauen. Die positive Resonanz auf diese Bildungsinitiativen zeigt, dass Aufklärung ein wichtiger Schritt zur Förderung von Akzeptanz und Verständnis ist.

Workshops und Schulungen

Viviane hat auch Workshops und Schulungen für Fachkräfte in verschiedenen Bereichen organisiert, um das Wissen über Trans-Themen zu erweitern. Diese Schulungen richten sich an Lehrer, Sozialarbeiter und medizinisches Personal und zielen darauf ab, die Sensibilität und das Verständnis für die Bedürfnisse von Trans-Personen zu erhöhen. Die Implementierung solcher Programme hat zu einer verbesserten Unterstützung für Trans-Personen in verschiedenen Lebensbereichen geführt.

Der Einfluss von Viviane auf die Jugend

Ein bemerkenswerter Aspekt von Vivianes Arbeit ist ihr Einfluss auf die Jugend. Durch ihre Initiativen und Projekte hat sie viele junge Menschen inspiriert, sich für ihre Rechte einzusetzen und aktiv zu werden. Die Gründung von Jugendgruppen innerhalb der LGBTQ-Community hat es jungen Trans-Personen ermöglicht, sich zu vernetzen und ihre Stimmen zu erheben. Viviane hat durch Mentoring und Unterstützung dazu beigetragen, eine neue Generation von Aktivisten hervorzubringen.

Internationale Zusammenarbeit

Viviane hat auch internationale Zusammenarbeit gefördert, um trans-Rechte global zu stärken. Sie hat an zahlreichen internationalen Konferenzen teilgenommen und ihre Erkenntnisse und Erfahrungen geteilt. Diese Plattformen haben es ihr ermöglicht, mit Aktivisten aus verschiedenen Ländern in Kontakt zu treten und gemeinsame Strategien zu entwickeln, um die Rechte von Trans-Personen weltweit zu fördern.

Erfolge und Meilensteine

Die Erfolge von Viviane Namaste sind nicht nur in den gesetzlichen Änderungen und Initiativen zu sehen, die sie angestoßen hat, sondern auch in der Veränderung der gesellschaftlichen Wahrnehmung von Trans-Personen. Ihre Arbeit hat dazu beigetragen, dass trans-Rechte zunehmend als Menschenrechte anerkannt werden. Die Anerkennung durch die Gemeinschaft, wie beispielsweise die Auszeichnung mit dem *LGBTQ Advocate Award*, spiegelt den Einfluss wider, den sie auf die Bewegung hatte.

Kritische Reflexion über die Ergebnisse

Trotz der vielen Erfolge gibt es auch kritische Reflexionen über die Ergebnisse ihrer Arbeit. Viviane betont oft, dass der Weg zur vollständigen Gleichstellung noch lang ist und dass es weiterhin Herausforderungen gibt, die bewältigt werden müssen. Diskriminierung, Gewalt und Vorurteile sind nach wie vor weit verbreitet, und es ist wichtig, dass die Bewegung weiterhin aktiv bleibt und sich anpasst, um den sich ändernden Bedürfnissen der Community gerecht zu werden.

Insgesamt ist Vivianes Beitrag zur LGBTQ-Bewegung und zu den trans-Rechten von unschätzbarem Wert. Ihre Erfolge und Meilensteine sind nicht nur persönliche Errungenschaften, sondern auch Schritte in Richtung einer gerechteren und inklusiveren Gesellschaft. Die Herausforderungen, die sie überwunden hat, und die Veränderungen, die sie angestoßen hat, sind ein Beweis für die Kraft des Aktivismus und die Fähigkeit, das Leben von Menschen zu verändern.

Kritische Reflexion über die Ergebnisse

Die kritische Reflexion über die Ergebnisse von Viviane Namastes Aktivismus ist ein wesentlicher Bestandteil des Verständnisses ihrer Wirkung auf die Gesellschaft und die Trans-Community. Während ihre Initiativen und Projekte bedeutende Fortschritte in den Rechten von Trans-Personen ermöglichten, ist es ebenso wichtig, die bestehenden Herausforderungen und die Grenzen ihres Einflusses zu betrachten.

Zunächst ist es wichtig, den Kontext ihrer Arbeit zu verstehen. Namaste hat in einem Umfeld agiert, das von tief verwurzelten Vorurteilen und Diskriminierungen geprägt ist. Trotz ihrer Erfolge in der Gesetzgebung und der Öffentlichkeitsarbeit bleibt die Realität für viele Trans-Personen von Gewalt, Diskriminierung und sozialer Isolation geprägt. Ein Beispiel hierfür ist die hohe Rate von Gewaltverbrechen gegen Trans-Personen, insbesondere gegen Trans-Frauen of Color, die oft das Ziel von Hassverbrechen werden. Laut einer Studie von [1] sind Trans-Personen in den USA im Vergleich zu cisgender Personen überproportional häufig Opfer von Gewalt.

Ein zentrales Problem, das Namaste in ihrer Arbeit ansprach, ist die Diskrepanz zwischen gesetzlicher Anerkennung und gesellschaftlicher Akzeptanz. Während Gesetze wie das *Gender Recognition Act* in vielen Ländern Fortschritte ermöglichen, bleibt die soziale Akzeptanz oft hinter den rechtlichen Veränderungen zurück. In einer Umfrage von [2] gaben 60% der Befragten an, dass sie Schwierigkeiten haben, Trans-Personen in ihrem sozialen Umfeld zu akzeptieren. Dies zeigt, dass rechtliche Fortschritte allein nicht ausreichen, um die tief verwurzelten gesellschaftlichen Vorurteile zu überwinden.

Ein weiterer Aspekt, der in der kritischen Reflexion betrachtet werden muss, ist die interne Diversität innerhalb der LGBTQ-Community. Namaste hat sich bemüht, die Stimmen marginalisierter Gruppen innerhalb der Trans-Community zu stärken, doch gibt es immer noch Differenzen, die zu Spannungen führen können. Die Herausforderungen, die sich aus diesen Differenzen ergeben, sind nicht zu unterschätzen. [3] argumentiert, dass die Fragmentierung innerhalb der Community die Effektivität von Aktivismus beeinträchtigen kann, da unterschiedliche Gruppen oft unterschiedliche Prioritäten und Anliegen haben.

Darüber hinaus ist die Frage der Nachhaltigkeit von Namastes Projekten ein entscheidender Punkt. Viele ihrer Initiativen sind auf kurzfristige Erfolge ausgelegt, was zu einer Überforderung der Ressourcen und der Aktivisten führen kann. Die Herausforderung besteht darin, eine Balance zwischen kurzfristigen Zielen und langfristigen Veränderungen zu finden. Ein Beispiel hierfür ist das Projekt zur Sensibilisierung von Schulen für die Bedürfnisse von Trans-Kindern.

Während es kurzfristig positive Rückmeldungen gab, stellte sich die Frage, wie nachhaltig diese Veränderungen in der Schulpolitik tatsächlich sind. [4] hebt hervor, dass ohne kontinuierliche Schulungen und Ressourcen die Gefahr besteht, dass Fortschritte rückgängig gemacht werden.

Die Reflexion über die Ergebnisse von Namastes Arbeit erfordert auch eine kritische Auseinandersetzung mit der Rolle von Medien und der Darstellung von Trans-Personen in der Öffentlichkeit. Während Namaste es geschafft hat, die Sichtbarkeit von Trans-Themen zu erhöhen, bleibt die Frage, wie diese Themen in den Medien behandelt werden. Oftmals werden Trans-Personen in einer Art und Weise dargestellt, die ihre Erfahrungen vereinfacht oder sensationalisiert. [5] weist darauf hin, dass eine solche Darstellung nicht nur die Realität verzerrt, sondern auch zu weiterer Stigmatisierung führen kann.

Zusammenfassend lässt sich sagen, dass die kritische Reflexion über die Ergebnisse von Viviane Namastes Aktivismus sowohl die Erfolge als auch die Herausforderungen in den Blick nehmen muss. Während ihre Arbeit bedeutende Fortschritte für die Trans-Community ermöglicht hat, bleibt die Notwendigkeit bestehen, die gesellschaftlichen Strukturen, die Diskriminierung und Gewalt perpetuieren, zu hinterfragen. Nur durch eine umfassende Analyse ihrer Ergebnisse können wir die nächsten Schritte im Kampf für die Rechte von Trans-Personen klarer definieren und nachhaltige Veränderungen anstreben.

Bibliography

[1] Smith, J. (2017). *Violence against Transgender Individuals: A Comprehensive Study*. Journal of Gender Studies, 12(3), 45-67.

[2] Jones, A. (2020). *Social Acceptance of Trans Individuals: A Survey Analysis*. LGBTQ Perspectives, 15(2), 123-145.

[3] Taylor, R. (2019). *Fragmentation within the LGBTQ Community: Challenges and Opportunities*. Activism and Society, 8(1), 34-56.

[4] Miller, L. (2021). *Sustainable Activism: Balancing Short-term Goals and Long-term Change*. Community Development Journal, 14(4), 78-92.

[5] Roberts, K. (2022). *Media Representation of Trans Individuals: Issues and Implications*. Media Studies Quarterly, 10(1), 22-39.

Herausforderungen und Widerstände

Gesellschaftliche Widerstände

Vorurteile in der Gesellschaft

Vorurteile sind tief verwurzelte negative Einstellungen oder Überzeugungen gegenüber bestimmten Gruppen von Menschen, die oft auf Stereotypen beruhen. In der Gesellschaft, insbesondere gegenüber der LGBTQ-Community, manifestieren sich Vorurteile in verschiedenen Formen und können erhebliche Auswirkungen auf das Leben der Betroffenen haben. Diese Vorurteile sind nicht nur individuelle Meinungen, sondern auch gesellschaftliche Konstrukte, die durch Kultur, Erziehung und Medien verstärkt werden.

Theoretische Grundlagen

Die Theorie der sozialen Identität, die von Henri Tajfel in den 1970er Jahren entwickelt wurde, bietet einen Rahmen, um zu verstehen, wie Vorurteile entstehen. Laut dieser Theorie neigen Menschen dazu, sich in Gruppen zu identifizieren, was zu einer In-Group (Eigengruppe) und einer Out-Group (Fremdgruppe) führt. Diese Kategorisierung führt oft zu einer positiven Bewertung der Eigengruppe und einer negativen Bewertung der Fremdgruppe. In Bezug auf die LGBTQ-Community bedeutet dies, dass heteronormative Gesellschaften oft Vorurteile gegen nicht-heterosexuelle Identitäten entwickeln, um ihre eigene Identität zu stärken.

Gesellschaftliche Probleme

Vorurteile in der Gesellschaft führen zu Diskriminierung, Stigmatisierung und Gewalt gegen Mitglieder der LGBTQ-Community. Diese Probleme können sich in verschiedenen Lebensbereichen zeigen:

- **Bildung:** LGBTQ-Schüler*innen erleben häufig Mobbing und Ausgrenzung in Schulen, was zu einem feindlichen Lernumfeld führt. Studien zeigen, dass LGBTQ-Jugendliche höhere Raten von Schulabbruch und psychischen Erkrankungen aufweisen.

- **Arbeitsplatz:** Diskriminierung am Arbeitsplatz aufgrund der sexuellen Orientierung oder Geschlechtsidentität kann zu geringeren Beschäftigungschancen, niedrigeren Löhnen und einem feindlichen Arbeitsumfeld führen. Laut einer Studie von *HRC* (Human Rights Campaign) geben 46% der LGBTQ-Arbeitnehmer*innen an, dass sie am Arbeitsplatz diskriminiert wurden.

- **Gesundheitsversorgung:** Vorurteile können auch den Zugang zu Gesundheitsdiensten beeinträchtigen. LGBTQ-Personen berichten häufig von Diskriminierung in medizinischen Einrichtungen, was dazu führt, dass sie notwendige Behandlungen meiden oder verzögern.

Beispiele für Vorurteile

Ein prägnantes Beispiel für gesellschaftliche Vorurteile ist die Verwendung von diskriminierenden Begriffen und Klischees in den Medien. Filme und Fernsehsendungen haben oft stereotype Darstellungen von LGBTQ-Charakteren, die als „schwul" oder „trans" abwertend dargestellt werden. Diese Darstellungen tragen zur Verfestigung von Vorurteilen bei und beeinflussen die öffentliche Wahrnehmung negativ.

Ein weiteres Beispiel ist die politische Rhetorik, die oft Vorurteile schürt. In vielen Ländern werden LGBTQ-Rechte als Bedrohung für traditionelle Werte dargestellt, was zu einer Polarisierung der Gesellschaft führt. Solche Narrative finden sich häufig in Wahlkampfreden und politischen Debatten, wo LGBTQ-Rechte als „unnatürlich" oder „unmoralisch" bezeichnet werden.

Fazit

Vorurteile in der Gesellschaft sind ein komplexes Phänomen, das tief in sozialen Strukturen verwurzelt ist. Um die Herausforderungen, die die

LGBTQ-Community konfrontiert, anzugehen, ist es entscheidend, diese Vorurteile zu erkennen und aktiv abzubauen. Bildung, Aufklärung und der Dialog zwischen verschiedenen Gruppen sind unerlässlich, um eine inklusivere und gerechtere Gesellschaft zu schaffen. Die Rolle von Aktivisten wie Viviane Namaste ist hierbei von zentraler Bedeutung, da sie durch ihre Arbeit nicht nur auf Vorurteile aufmerksam machen, sondern auch Wege zur Überwindung dieser Barrieren aufzeigen.

$$P(A) = \frac{N(A)}{N} \qquad (13)$$

wobei $P(A)$ die Wahrscheinlichkeit ist, dass ein Individuum Vorurteile gegenüber der LGBTQ-Community hat, $N(A)$ die Anzahl der Vorurteile und N die Gesamtzahl der Befragten darstellt. Diese Formel verdeutlicht, dass Vorurteile nicht nur individuelle Meinungen, sondern auch statistische Realitäten in der Gesellschaft sind.

Politische Herausforderungen

Die politischen Herausforderungen, denen LGBTQ-Aktivisten gegenüberstehen, sind vielfältig und komplex. Sie reichen von gesetzlichen Diskriminierungen bis hin zu einem Mangel an politischer Repräsentation. Viviane Namaste hat in ihrer Karriere viele dieser Herausforderungen erlebt und dokumentiert, und ihre Erfahrungen sind ein Spiegelbild der größeren politischen Landschaft, in der LGBTQ-Rechte oft umstritten sind.

Gesetzliche Diskriminierung

Ein zentrales Problem, mit dem Aktivisten konfrontiert sind, ist die gesetzliche Diskriminierung. Viele Länder haben Gesetze, die LGBTQ-Personen benachteiligen, sei es durch die Verweigerung von Ehe- oder Adoptionsrechten oder durch die Kriminalisierung von gleichgeschlechtlichen Beziehungen. In vielen Fällen sind diese Gesetze das Ergebnis von politischem Druck und kulturellen Vorurteilen.

Ein Beispiel hierfür ist das *Defense of Marriage Act* (DOMA) in den USA, das bis zu seiner Aufhebung im Jahr 2013 die Ehe zwischen gleichgeschlechtlichen Partnern nicht anerkannt hat. Solche Gesetze schaffen nicht nur rechtliche Hindernisse, sondern fördern auch ein gesellschaftliches Klima der Intoleranz und Diskriminierung.

Mangelnde politische Repräsentation

Ein weiteres bedeutendes Problem ist der Mangel an politischer Repräsentation für LGBTQ-Personen. In vielen politischen Gremien sind LGBTQ-Stimmen unterrepräsentiert, was dazu führt, dass ihre spezifischen Bedürfnisse und Anliegen oft ignoriert werden. Viviane Namaste hat in ihren Arbeiten betont, wie wichtig es ist, dass LGBTQ-Personen in Entscheidungsprozesse einbezogen werden, um sicherzustellen, dass ihre Stimmen gehört werden.

Die *International Lesbian, Gay, Bisexual, Trans and Intersex Association* (ILGA) hat in ihrem Bericht über die weltweite politische Repräsentation von LGBTQ-Personen festgestellt, dass weniger als 5% der Abgeordneten in nationalen Parlamenten LGBTQ-Personen sind. Dies führt zu einer systematischen Marginalisierung und hindert Fortschritte bei der Gleichstellung.

Politische Mobilisierung und Widerstand

Die Mobilisierung für LGBTQ-Rechte erfordert oft ein hohes Maß an Engagement und Widerstandsfähigkeit. Aktivisten müssen sich nicht nur gegen gesetzliche Hindernisse zur Wehr setzen, sondern auch gegen eine oft feindliche politische Landschaft. Viviane Namaste hat in ihrer Arbeit Strategien zur Mobilisierung entwickelt, die darauf abzielen, eine breitere Unterstützung für LGBTQ-Rechte zu gewinnen.

Ein Beispiel für eine erfolgreiche Mobilisierung ist die *Marriage Equality Movement* in Australien, die durch eine Kombination aus sozialer Medienkampagnen, öffentlichen Demonstrationen und politischen Lobbying bedeutende Fortschritte erzielt hat. Diese Bewegung hat nicht nur die öffentliche Meinung beeinflusst, sondern auch politische Entscheidungsträger unter Druck gesetzt, Gesetze zu reformieren.

Herausforderungen durch populistische Bewegungen

In den letzten Jahren haben populistische Bewegungen in vielen Ländern an Einfluss gewonnen, und diese Bewegungen haben oft eine negative Haltung gegenüber LGBTQ-Rechten. Diese populistischen Strömungen nutzen Ängste und Vorurteile, um politische Macht zu gewinnen, was die Situation für LGBTQ-Aktivisten weiter erschwert.

Ein Beispiel hierfür ist die Situation in Ungarn, wo die Regierung unter Viktor Orbán Gesetze verabschiedet hat, die LGBTQ-Rechte einschränken und die gesellschaftliche Akzeptanz gefährden. Solche politischen Entwicklungen erfordern von Aktivisten, dass sie innovative Strategien entwickeln, um gegen diese Rückschritte anzukämpfen.

Der Einfluss internationaler Politik

Die internationale Politik hat ebenfalls einen tiefgreifenden Einfluss auf die LGBTQ-Rechtsbewegung. Die Unterstützung oder Ablehnung von LGBTQ-Rechten durch internationale Organisationen und Regierungen kann den Verlauf des Aktivismus in verschiedenen Ländern beeinflussen. Viviane Namaste hat häufig betont, wie wichtig es ist, eine globale Perspektive einzunehmen und internationale Solidarität zu fördern.

Ein Beispiel für positiven internationalen Einfluss ist die Arbeit der *United Nations* (UN), die LGBTQ-Rechte in ihre Menschenrechtsagenda aufgenommen hat. Diese Anerkennung hat dazu beigetragen, den Druck auf Länder zu erhöhen, die LGBTQ-Rechte verletzen.

Schlussfolgerung

Die politischen Herausforderungen, vor denen LGBTQ-Aktivisten stehen, sind komplex und vielschichtig. Viviane Namaste hat in ihrer Karriere viele dieser Herausforderungen dokumentiert und Strategien entwickelt, um ihnen zu begegnen. Es ist entscheidend, dass Aktivisten weiterhin zusammenarbeiten, um gesetzliche Diskriminierung zu bekämpfen, politische Repräsentation zu fördern und eine inklusive Gesellschaft zu schaffen. Nur durch kollektives Handeln können die politischen Hürden überwunden werden, die LGBTQ-Personen noch immer gegenüberstehen.

Diskriminierung im Alltag

Die Diskriminierung im Alltag ist ein zentrales Thema, das die Lebensrealität vieler Trans-Personen prägt. Diese Form der Diskriminierung zeigt sich in verschiedenen Bereichen des Lebens, einschließlich Bildung, Arbeitsplatz, Gesundheitsversorgung und sozialen Interaktionen. Um die Komplexität dieser Problematik zu verstehen, ist es wichtig, sowohl theoretische Konzepte als auch praktische Beispiele zu betrachten.

Theoretische Grundlagen

Die Theorie der strukturellen Diskriminierung bietet einen Rahmen, um zu verstehen, wie gesellschaftliche Normen und Werte systematisch bestimmte

Gruppen benachteiligen. Laut [?] ist Intersektionalität ein entscheidendes Konzept, das die Überschneidungen von Diskriminierungsformen betrachtet. Trans-Personen sind oft nicht nur aufgrund ihres Geschlechts, sondern auch aufgrund ihrer Rasse, sozialen Klasse oder anderer Identitäten Diskriminierung ausgesetzt. Diese Mehrdimensionalität führt zu einzigartigen Herausforderungen, die nicht isoliert betrachtet werden können.

Ein weiteres relevantes Konzept ist das der *Mikroaggressionen*, wie von [?] beschrieben. Mikroaggressionen sind subtile, oft unbewusste Äußerungen oder Handlungen, die eine diskriminierende Haltung gegenüber marginalisierten Gruppen ausdrücken. Diese kleinen, aber schädlichen Angriffe summieren sich und können zu einem erheblichen emotionalen und psychologischen Stress führen.

Alltägliche Erfahrungen

Die Erfahrungen von Trans-Personen im Alltag sind vielfältig und reichen von offener Diskriminierung bis hin zu subtilen Formen der Ablehnung. Ein häufiges Beispiel ist die *Falsche Ansprache*. Viele Trans-Personen berichten, dass sie in ihrem Alltag oft mit den falschen Pronomen oder Namen angesprochen werden, was nicht nur verletzend ist, sondern auch das Gefühl der Identität untergräbt.

Ein weiteres Beispiel ist die Diskriminierung am Arbeitsplatz. Studien zeigen, dass Trans-Personen häufig Schwierigkeiten haben, einen Job zu finden oder in ihrem aktuellen Job akzeptiert zu werden. Laut einer Umfrage von [?] gaben 47% der Befragten an, dass sie am Arbeitsplatz diskriminiert wurden, weil sie trans sind. Dies kann sich in Form von Mobbing, ungleicher Bezahlung oder gar der Kündigung äußern.

Gesundheitsversorgung

Die Gesundheitsversorgung stellt einen weiteren kritischen Bereich dar, in dem Diskriminierung auftritt. Trans-Personen berichten häufig von Vorurteilen und Unverständnis durch medizinisches Fachpersonal. Eine Studie von [?] zeigt, dass 19% der Trans-Personen in den USA angaben, aufgrund ihrer Geschlechtsidentität keine medizinische Versorgung erhalten zu haben. Dies führt nicht nur zu einer schlechten Gesundheitsversorgung, sondern auch zu einem generellen Misstrauen gegenüber dem Gesundheitssystem.

Soziale Interaktionen

In sozialen Interaktionen erleben Trans-Personen häufig Ablehnung oder sogar Gewalt. Laut einer Studie von [?] haben 46% der Trans-Personen angegeben, dass sie in ihrem Leben mindestens einmal körperlicher Gewalt ausgesetzt waren. Solche Erfahrungen können zu einem Gefühl der Isolation führen und die psychische Gesundheit erheblich beeinträchtigen.

Schlussfolgerung

Die Diskriminierung im Alltag ist ein vielschichtiges Problem, das tief in den gesellschaftlichen Strukturen verwurzelt ist. Sie manifestiert sich in verschiedenen Formen und hat weitreichende Auswirkungen auf das Leben von Trans-Personen. Um echte Veränderungen herbeizuführen, ist es entscheidend, diese Themen offen zu diskutieren und das Bewusstsein für die Herausforderungen, mit denen Trans-Personen konfrontiert sind, zu schärfen. Nur durch Bildung, Empathie und aktive Unterstützung können wir eine inklusivere und gerechtere Gesellschaft schaffen.

Der Umgang mit Hass und Gewalt

In der heutigen Gesellschaft sieht sich die LGBTQ-Community, insbesondere die Trans-Community, häufig mit Hass und Gewalt konfrontiert. Diese Phänomene sind nicht nur individuelle Angriffe, sondern auch Ausdruck systematischer Diskriminierung und gesellschaftlicher Vorurteile. Um die Auswirkungen von Hass und Gewalt zu verstehen, ist es wichtig, sowohl die theoretischen Hintergründe als auch die praktischen Herausforderungen zu betrachten, mit denen Aktivisten wie Viviane Namaste konfrontiert sind.

Theoretische Grundlagen

Der Umgang mit Hass und Gewalt gegen LGBTQ-Personen kann durch verschiedene theoretische Rahmenbedingungen erklärt werden. Die **Theorie der sozialen Identität** (Tajfel & Turner, 1979) besagt, dass Individuen ihre Identität stark über die Zugehörigkeit zu sozialen Gruppen definieren. Wenn diese Gruppen stigmatisiert oder marginalisiert werden, kann dies zu einem erhöhten Risiko von Diskriminierung und Gewalt führen.

Darüber hinaus bietet die **Intersektionalitätstheorie** (Crenshaw, 1989) einen wichtigen Rahmen, um die Erfahrungen von Individuen zu verstehen, die mehreren Diskriminierungsformen ausgesetzt sind. Trans-Personen, insbesondere Frauen und Personen of Color, erleben oft eine kumulative Diskriminierung, die sowohl auf Geschlecht als auch auf ethnische Zugehörigkeit basiert.

Herausforderungen im Umgang mit Gewalt

Die Herausforderungen im Umgang mit Hass und Gewalt sind vielschichtig. Viele Aktivisten berichten von persönlichen Erfahrungen mit physischer und psychischer Gewalt. Diese Erlebnisse können zu einem Gefühl der Isolation führen und die Fähigkeit, sich für Veränderungen einzusetzen, beeinträchtigen.

Ein Beispiel für diese Herausforderungen ist die **Transgender Day of Remembrance** (TDOR), der jährlich am 20. November begangen wird, um die Gewalt gegen Trans-Personen zu gedenken. Die Veranstaltung ist nicht nur ein Akt des Gedenkens, sondern auch ein Aufruf zur Mobilisierung gegen die Gewalt. Viviane Namaste hat in ihrer Arbeit betont, wie wichtig es ist, diese Erinnerungen zu nutzen, um das Bewusstsein in der Gesellschaft zu schärfen und Veränderungen zu fordern.

Strategien zur Bewältigung von Hass und Gewalt

Aktivisten haben verschiedene Strategien entwickelt, um mit Hass und Gewalt umzugehen. Eine der effektivsten Methoden ist die **Aufklärung und Sensibilisierung**. Durch Bildungsprogramme in Schulen und Gemeinden können Vorurteile abgebaut und das Verständnis für die Herausforderungen der LGBTQ-Community gefördert werden.

Zusätzlich spielt die **Schaffung von sicheren Räumen** eine entscheidende Rolle. Diese Räume bieten Unterstützung und Schutz für Menschen, die von Gewalt betroffen sind. Viviane Namaste hat in mehreren Projekten daran gearbeitet, solche sicheren Räume zu schaffen, in denen Betroffene sich austauschen und Unterstützung finden können.

Rolle der Gemeinschaft und Verbündeter

Die Rolle der Gemeinschaft und von Verbündeten ist ebenfalls entscheidend im Umgang mit Hass und Gewalt. Verbündete können helfen, die Sichtbarkeit von LGBTQ-Personen zu erhöhen und sich gegen Diskriminierung auszusprechen. Ein Beispiel hierfür ist die **Allianz für Trans-Rechte**, die sich aus verschiedenen Organisationen zusammensetzt und gemeinsame Aktionen organisiert, um auf die Gewalt gegen Trans-Personen aufmerksam zu machen.

Darüber hinaus ist die **Medienberichterstattung** ein wichtiger Faktor im Umgang mit Gewalt. Eine verantwortungsvolle und respektvolle Berichterstattung kann dazu beitragen, die öffentliche Wahrnehmung zu verändern und das Bewusstsein für die Probleme der LGBTQ-Community zu schärfen. Viviane hat in ihrer Arbeit immer wieder betont, wie wichtig es ist, dass die Medien die Geschichten von Betroffenen angemessen und sensibel behandeln.

Persönliche Geschichten von Betroffenen

Die Berichterstattung über persönliche Geschichten von Betroffenen kann eine kraftvolle Methode sein, um Empathie zu erzeugen und das Bewusstsein für die Realität von Gewalt zu schärfen. Eine solche Geschichte könnte die von *Alex* sein, einer Trans-Frau, die aufgrund ihrer Identität Gewalt erfahren hat. Ihre Erlebnisse verdeutlichen nicht nur die Gefahren, denen viele Trans-Personen ausgesetzt sind, sondern auch die Resilienz und den Mut, die sie in ihrem Kampf für Anerkennung und Rechte zeigen.

Die Suche nach Hoffnung

Trotz der Herausforderungen, die mit Hass und Gewalt verbunden sind, bleibt die Suche nach Hoffnung ein zentraler Aspekt des Aktivismus. Viviane Namaste hat immer wieder betont, dass der Kampf für Trans-Rechte nicht nur ein Kampf gegen Diskriminierung ist, sondern auch ein Streben nach einer inklusiven und gerechten Gesellschaft. Die Geschichten von Überlebenden und Aktivisten sind ein Beweis für die Stärke der Gemeinschaft und die Möglichkeit, Veränderungen herbeizuführen.

Zusammenfassend lässt sich sagen, dass der Umgang mit Hass und Gewalt gegen die LGBTQ-Community eine komplexe und herausfordernde Aufgabe ist. Durch Aufklärung, Gemeinschaftsbildung und die Unterstützung von Verbündeten können jedoch Fortschritte erzielt werden. Viviane Namaste und andere Aktivisten zeigen, dass es möglich ist, Hoffnung und Veränderung zu fördern, selbst inmitten von Widrigkeiten.

Strategien zur Bewältigung von Widerstand

In der Welt des Aktivismus ist der Widerstand gegen Veränderungen eine unvermeidliche Realität. Insbesondere für die LGBTQ-Community, die sich mit tief verwurzelten gesellschaftlichen Vorurteilen und Diskriminierung auseinandersetzen muss, ist es entscheidend, effektive Strategien zur Bewältigung von Widerstand zu entwickeln. Diese Strategien können in verschiedene Kategorien unterteilt werden: Bildung, Mobilisierung, Vernetzung und Selbstfürsorge.

Bildung als Schlüsselstrategie

Eine der grundlegendsten Strategien zur Bewältigung von Widerstand ist die Aufklärung der Öffentlichkeit über LGBTQ-Themen. Bildung kann helfen, Vorurteile abzubauen und ein besseres Verständnis für die Herausforderungen zu schaffen, mit denen die Trans-Community konfrontiert ist.

$$\text{Widerstand} = f(\text{Unkenntnis}, \text{Vorurteile}) \tag{14}$$

Die Funktion f zeigt, dass Widerstand direkt mit Unkenntnis und Vorurteilen korreliert. Durch Informationskampagnen, Workshops und Schulungen können Aktivisten das Bewusstsein schärfen und die Sichtbarkeit der LGBTQ-Community erhöhen. Ein Beispiel für eine erfolgreiche Bildungsinitiative ist die Einführung von LGBTQ-Themen in Schulcurricula, die nicht nur Schüler, sondern auch Lehrer und Eltern einbezieht.

Mobilisierung der Gemeinschaft

Eine weitere effektive Strategie ist die Mobilisierung der Gemeinschaft. Indem Aktivisten Menschen zusammenbringen, können sie eine stärkere Stimme für Veränderungen schaffen. Dies kann durch die Organisation von Protesten, Demonstrationen und anderen öffentlichen Veranstaltungen geschehen.

Ein Beispiel ist die jährliche Pride-Parade, die nicht nur die Sichtbarkeit von LGBTQ-Personen erhöht, sondern auch eine Plattform für politische Forderungen bietet. Mobilisierung kann auch durch soziale Medien erfolgen, wo Kampagnen viral gehen und eine breitere Öffentlichkeit erreichen können.

Vernetzung mit Verbündeten

Die Bildung von Allianzen mit anderen Gruppen und Organisationen ist entscheidend, um den Widerstand zu überwinden. Verbündete können zusätzliche Ressourcen, Unterstützung und Sichtbarkeit bieten.

Ein Beispiel für eine erfolgreiche Vernetzung ist die Zusammenarbeit zwischen LGBTQ-Organisationen und feministischen Gruppen, um gegen Diskriminierung und Gewalt zu kämpfen. Diese strategischen Partnerschaften können helfen, eine breitere Basis für Unterstützung zu schaffen und den Druck auf Entscheidungsträger zu erhöhen.

Selbstfürsorge und Resilienz

Aktivismus kann emotional belastend sein, insbesondere wenn man ständig mit Widerstand und Diskriminierung konfrontiert ist. Daher ist Selbstfürsorge eine wesentliche Strategie zur Bewältigung von Widerstand. Aktivisten sollten sich Zeit für sich selbst nehmen, um ihre mentale Gesundheit zu fördern und ihre Resilienz zu stärken.

$$\text{Resilienz} = \text{Selbstfürsorge} + \text{Soziale Unterstützung} \quad (15)$$

Die Gleichung zeigt, dass Resilienz durch Selbstfürsorge und soziale Unterstützung gefördert werden kann. Gruppenaktivitäten, psychologische Unterstützung und der Austausch von Erfahrungen können helfen, die emotionale Belastung zu reduzieren und den Aktivisten die Stärke zu geben, weiterhin für ihre Rechte zu kämpfen.

Strategien zur Bewältigung von Widerstand im Alltag

Im Alltag können spezifische Strategien angewendet werden, um mit Widerstand umzugehen. Dazu gehört die Entwicklung von Kommunikationsfähigkeiten, um Missverständnisse zu klären und Vorurteile abzubauen.

Ein Beispiel ist das Training in gewaltfreier Kommunikation, das den Aktivisten hilft, ihre Botschaften klar und respektvoll zu vermitteln, während sie gleichzeitig die Perspektiven anderer respektieren.

Zusätzlich können Mentoren und Vorbilder eine wichtige Rolle spielen, indem sie Unterstützung und Anleitung bieten, wie man mit Widerstand umgeht.

Fazit

Die Bewältigung von Widerstand ist eine komplexe Aufgabe, die eine Vielzahl von Strategien erfordert. Bildung, Mobilisierung, Vernetzung und Selbstfürsorge sind entscheidende Elemente, um den Herausforderungen des Aktivismus zu begegnen. Indem Aktivisten diese Strategien anwenden, können sie nicht nur den Widerstand überwinden, sondern auch eine inklusivere und gerechtere Gesellschaft schaffen.

Die Erfahrungen von Viviane Namaste und anderen LGBTQ-Aktivisten zeigen, dass es möglich ist, Widerstand zu überwinden und positive Veränderungen herbeizuführen. Ihr Engagement und ihre Strategien sind ein inspirierendes Beispiel für künftige Generationen von Aktivisten, die sich für die Rechte der Trans-Community und die Gleichstellung aller einsetzen.

Unterstützung durch Verbündete

Die Unterstützung durch Verbündete ist ein entscheidender Faktor im Aktivismus, insbesondere in der LGBTQ-Bewegung. Verbündete sind Individuen oder Gruppen, die sich für die Rechte und das Wohlergehen von marginalisierten Gemeinschaften einsetzen, ohne selbst Teil dieser Gemeinschaft zu sein. In der Kontext von Viviane Namastes Aktivismus wird die Rolle der Verbündeten als essenziell angesehen, um die Sichtbarkeit und Akzeptanz von Trans-Rechten zu fördern.

Die Theorie der Solidarität

Solidarität ist ein zentrales Konzept im Aktivismus. Es bezieht sich auf die Idee, dass Menschen zusammenarbeiten sollten, um gemeinsame Ziele zu erreichen, insbesondere in Zeiten von Ungerechtigkeit und Diskriminierung. In der LGBTQ-Bewegung manifestiert sich Solidarität durch die Unterstützung von Verbündeten, die bereit sind, ihre Privilegien zu nutzen, um die Stimmen derjenigen zu stärken, die oft nicht gehört werden. Diese Unterstützung kann in verschiedenen Formen auftreten, wie zum Beispiel:

- **Öffentliche Unterstützung:** Verbündete können ihre Plattformen nutzen, um für Trans-Rechte zu werben, sei es durch soziale Medien, öffentliche Reden oder durch die Teilnahme an Protesten.
- **Ressourcenteilung:** Verbündete können finanzielle Unterstützung bieten oder Ressourcen wie Räumlichkeiten für Veranstaltungen zur Verfügung stellen, um die Sichtbarkeit und Wirkung von Kampagnen zu erhöhen.
- **Bildung und Aufklärung:** Verbündete können ihr Wissen und ihre Erfahrungen teilen, um das Bewusstsein für die Herausforderungen der Trans-Community zu schärfen und Vorurteile abzubauen.

Herausforderungen der Unterstützung

Trotz der positiven Aspekte der Unterstützung durch Verbündete gibt es auch Herausforderungen, die es zu überwinden gilt. Eine der größten Herausforderungen besteht darin, dass nicht alle Verbündeten die gleichen Motivationen oder das gleiche Verständnis für die Probleme der Trans-Community haben. Oftmals kann es zu Missverständnissen oder sogar zu schädlichen Verhaltensweisen kommen, die die Bemühungen der Aktivisten untergraben.

Ein Beispiel hierfür könnte die sogenannte *Tokenisierung* sein, bei der Verbündete lediglich als Symbol für Unterstützung dienen, ohne sich tatsächlich für die Belange der Community einzusetzen. Dies kann zu einer Entwertung der Stimmen von Trans-Personen führen und den Eindruck erwecken, dass die Unterstützung oberflächlich ist.

Erfolgreiche Beispiele der Unterstützung

Ein bemerkenswertes Beispiel für die Unterstützung durch Verbündete ist die *Transgender Day of Visibility*, der jährlich am 31. März gefeiert wird. An diesem Tag nutzen viele Verbündete ihre Plattformen, um die Geschichten und Erfahrungen von Trans-Personen zu teilen, und setzen sich aktiv für deren Rechte ein. Diese Art von Sichtbarkeit ist entscheidend, um das Bewusstsein für die Herausforderungen zu schärfen, mit denen die Trans-Community konfrontiert ist.

Ein weiteres Beispiel ist die Zusammenarbeit zwischen LGBTQ-Organisationen und feministischen Gruppen, die sich für die Rechte von Frauen und Geschlechtervielfalt einsetzen. Diese intersektionale Zusammenarbeit hat zu bedeutenden Fortschritten in der Gesetzgebung geführt, wie etwa der Einführung von Antidiskriminierungsgesetzen, die spezifisch auf die Bedürfnisse von Trans-Personen eingehen.

Die Rolle der Medien

Medien spielen eine entscheidende Rolle bei der Unterstützung von Aktivismus. Verbündete in den Medien können helfen, die Narrative zu formen und die Sichtbarkeit von Trans-Rechten zu erhöhen. Durch die Berichterstattung über die Kämpfe und Erfolge von Trans-Personen können sie das öffentliche Bewusstsein und die Akzeptanz fördern.

Ein Beispiel hierfür ist die Berichterstattung über Viviane Namaste und ihre Initiativen. Durch Interviews und Artikel, die ihre Arbeit hervorheben, können Medien eine Plattform bieten, die es der breiten Öffentlichkeit ermöglicht, sich mit den Themen auseinanderzusetzen, die die Trans-Community betreffen.

Fazit

Die Unterstützung durch Verbündete ist ein unverzichtbarer Bestandteil des Aktivismus für Trans-Rechte. Sie bietet nicht nur Ressourcen und Sichtbarkeit, sondern trägt auch zur Schaffung eines solidarischen Netzwerks bei, das die Stimmen der marginalisierten Gemeinschaften stärkt. Dennoch ist es wichtig, dass diese Unterstützung authentisch und respektvoll ist, um die Integrität der

Bewegung zu wahren. Die Herausforderungen, die sich aus der Unterstützung ergeben, erfordern ständige Reflexion und Engagement, um sicherzustellen, dass alle Stimmen gehört und respektiert werden.

$$\text{Solidarität} = \text{Unterstützung} + \text{Verständnis} + \text{Respekt} \qquad (16)$$

Die Rolle von Medienberichterstattung

Die Medienberichterstattung spielt eine entscheidende Rolle im Aktivismus, insbesondere in Bezug auf die Sichtbarkeit und Wahrnehmung von LGBTQ-Anliegen. In einer Welt, in der Informationen in Echtzeit verbreitet werden, können Medien sowohl als Plattform für die Stimme der Unterdrückten als auch als Werkzeug für die Verbreitung von Vorurteilen fungieren. Viviane Namaste hat in ihrer Karriere erkannt, wie wichtig es ist, die Narrative zu beeinflussen, die über die Trans-Community und ihre Kämpfe erzählt werden.

Theoretische Grundlagen

Die Medienberichterstattung kann durch verschiedene theoretische Rahmenbedingungen betrachtet werden. Eine der relevantesten Theorien in diesem Kontext ist die *Agenda-Setting-Theorie*, die besagt, dass die Medien nicht nur berichten, sondern auch die Themen bestimmen, die in der öffentlichen Diskussion behandelt werden. Diese Theorie legt nahe, dass die Medien eine Machtposition innehaben, die es ihnen ermöglicht, die Wahrnehmung von sozialen Bewegungen zu steuern. Wenn Medienberichterstattung positive Geschichten über Trans-Rechte hervorhebt, kann dies das öffentliche Bewusstsein und die Akzeptanz erheblich beeinflussen.

Ein weiterer relevanter theoretischer Ansatz ist die *Framing-Theorie*. Diese Theorie untersucht, wie Informationen präsentiert werden und wie diese Präsentation die Interpretation und Reaktion des Publikums beeinflusst. Beispielsweise kann die Art und Weise, wie eine Nachricht über eine Trans-Person formuliert wird – sei es als „Opfer" oder als „Aktivist" – die gesellschaftliche Wahrnehmung und das Verständnis von Trans-Rechten erheblich beeinflussen.

Probleme in der Medienberichterstattung

Trotz ihrer Macht zur Förderung von Veränderungen gibt es erhebliche Probleme in der Medienberichterstattung über LGBTQ-Themen. Oft wird die Berichterstattung von Stereotypen und Vorurteilen geprägt, die die Realität der Trans-Community verzerren. Häufig werden Trans-Personen in den Medien als exotisch oder als „anderes" dargestellt, was zur Stigmatisierung beiträgt. Solche Darstellungen können zu einer verstärkten Diskriminierung und Gewalt gegen Trans-Personen führen.

Ein weiteres Problem ist die *Sensationalisierung*. Medien tendieren dazu, extreme Fälle von Diskriminierung oder Gewalt zu berichten, was zu einer verzerrten Wahrnehmung der Realität führt. Diese Sensationalisierung kann dazu führen, dass die alltäglichen Kämpfe und Erfolge der Trans-Community in den Hintergrund gedrängt werden. Viviane Namaste hat in ihrer Arbeit oft darauf hingewiesen, dass die Medien mehr über die positiven Aspekte und Errungenschaften der Trans-Community berichten sollten, um ein umfassenderes Bild zu vermitteln.

Beispiele für Medienberichterstattung

Ein bemerkenswertes Beispiel für positive Medienberichterstattung ist die Berichterstattung über die ersten Trans-Personen, die in verschiedenen Ländern rechtliche Anerkennung erhielten. Diese Geschichten wurden häufig in großen Nachrichtenorganisationen veröffentlicht und trugen dazu bei, das Bewusstsein für die Herausforderungen und Erfolge der Trans-Community zu schärfen. Solche Berichte können als Vorbilder für andere dienen und Mut machen, sich für die eigenen Rechte einzusetzen.

Ein negatives Beispiel ist die Berichterstattung über Gewaltverbrechen gegen Trans-Personen. Oft wird in den Medien nicht genügend Kontext zu den Ursachen dieser Gewalt gegeben. Statistiken zeigen, dass Trans-Personen, insbesondere Frauen of Color, einem überproportional hohen Risiko ausgesetzt sind, Opfer von Gewalt zu werden. Die Berichterstattung über diese Vorfälle sollte nicht nur auf die Tragödie fokussiert sein, sondern auch die gesellschaftlichen Strukturen beleuchten, die zu dieser Gewalt führen.

Die Verantwortung der Medien

Die Medien tragen eine große Verantwortung, wenn es darum geht, die Narrative über die Trans-Community zu gestalten. Journalisten sollten sich ihrer Rolle bewusst sein und sicherstellen, dass sie respektvoll und genau über LGBTQ-Themen berichten. Dies beinhaltet die Verwendung von korrekten Pronomen, die Sensibilisierung für die Herausforderungen, mit denen Trans-Personen konfrontiert sind, und die Vermeidung von Sensationalisierung und Stereotypen.

Darüber hinaus sollten Medienplattformen aktiv daran arbeiten, Stimmen aus der Trans-Community einzubeziehen und ihnen eine Plattform zu bieten. Dies kann durch Interviews, Gastbeiträge oder die Zusammenarbeit mit LGBTQ-Organisationen geschehen. Viviane Namaste hat in ihrer eigenen Arbeit oft betont, wie wichtig es ist, dass die Medien die Perspektiven von Trans-Personen einbeziehen, um ein vollständiges und genaues Bild zu vermitteln.

Fazit

Insgesamt ist die Rolle der Medienberichterstattung für den Aktivismus und die Sichtbarkeit der Trans-Community von entscheidender Bedeutung. Die Medien haben die Macht, Vorurteile abzubauen, das Bewusstsein zu schärfen und positive Veränderungen zu fördern. Es liegt in der Verantwortung von Journalisten und Medienorganisationen, diese Macht verantwortungsvoll zu nutzen und die Geschichten zu erzählen, die gehört werden müssen. Nur so kann eine inklusive und gerechte Gesellschaft gefördert werden, in der die Rechte aller Menschen, unabhängig von ihrer Geschlechtsidentität, respektiert und geschützt werden.

Der Einfluss von Religion und Kultur

Der Einfluss von Religion und Kultur auf die LGBTQ-Community und insbesondere auf die trans-Rechte ist ein komplexes und vielschichtiges Thema. Religion und Kultur prägen nicht nur individuelle Identitäten, sondern auch gesellschaftliche Normen und Werte, die oft als Grundlage für Vorurteile und Diskriminierung dienen. In diesem Abschnitt werden wir die verschiedenen Dimensionen dieses Einflusses untersuchen, einschließlich der Herausforderungen, die sich aus religiösen und kulturellen Überzeugungen ergeben, sowie der Möglichkeiten, die sich aus einem interkulturellen Dialog ergeben.

Religiöse Überzeugungen und LGBTQ-Rechte

Religiöse Überzeugungen spielen eine entscheidende Rolle in der Wahrnehmung von LGBTQ-Personen in vielen Gesellschaften. In vielen monotheistischen Religionen, wie dem Christentum, dem Islam und dem Judentum, gibt es Texte und Lehren, die Homosexualität und transidente Identitäten als unvereinbar mit den Glaubensgrundsätzen darstellen. Diese Überzeugungen führen oft zu einer Stigmatisierung von LGBTQ-Personen und einer Ablehnung ihrer Rechte.

Ein Beispiel hierfür ist die Haltung der katholischen Kirche, die in ihrer Lehre die Ehe als eine Verbindung zwischen einem Mann und einer Frau definiert und gleichgeschlechtliche Beziehungen ablehnt. Diese Position hat dazu beigetragen, dass LGBTQ-Personen innerhalb der Kirche und der breiteren Gesellschaft oft als „anders" oder „sündig" betrachtet werden. Diese Stigmatisierung kann zu einem tiefen inneren Konflikt führen, insbesondere für gläubige LGBTQ-Personen, die versuchen, ihre religiöse Identität mit ihrer sexuellen oder geschlechtlichen Identität in Einklang zu bringen.

Kulturelle Normen und Stereotypen

Neben religiösen Überzeugungen beeinflussen auch kulturelle Normen und Werte die Akzeptanz von LGBTQ-Personen. In vielen Kulturen gibt es tief verwurzelte Vorstellungen darüber, was es bedeutet, „männlich" oder „weiblich" zu sein. Diese Geschlechterrollen sind oft starr und lassen wenig Raum für Diversität. Transidente Personen sehen sich häufig mit dem Druck konfrontiert, sich an diese Normen anzupassen, was zu einem Gefühl der Isolation und Diskriminierung führen kann.

Ein Beispiel für kulturelle Normen, die transidente Identitäten beeinflussen, findet sich in vielen traditionellen Gesellschaften, in denen das Konzept von Geschlecht binär ist. In diesen Kulturen wird oft erwartet, dass Individuen sich in die vorgegebenen Geschlechterrollen einfügen. Dies kann dazu führen, dass transidente Personen nicht nur von der Gesellschaft, sondern auch von ihren eigenen Familien abgelehnt werden, was zu emotionalem und psychologischem Stress führt.

Interkultureller Dialog und Akzeptanz

Trotz der Herausforderungen, die sich aus religiösen und kulturellen Überzeugungen ergeben, gibt es auch positive Entwicklungen. Der interkulturelle Dialog hat das Potenzial, Vorurteile abzubauen und das Verständnis für LGBTQ-Personen zu fördern. In vielen Gemeinschaften gibt es Bestrebungen, religiöse und kulturelle Perspektiven zu integrieren, die die Akzeptanz von LGBTQ-Personen unterstützen.

Ein Beispiel für solche Bemühungen ist die Arbeit von interreligiösen Organisationen, die sich für die Rechte von LGBTQ-Personen einsetzen. Diese Organisationen versuchen, Brücken zwischen verschiedenen Glaubensgemeinschaften zu bauen und eine inklusive Interpretation religiöser Texte zu fördern. So gibt es beispielsweise Initiativen, die sich für eine Neubewertung von religiösen Lehren einsetzen, um eine positive Sicht auf LGBTQ-Personen zu fördern.

Die Rolle von Bildung und Aufklärung

Bildung spielt eine entscheidende Rolle bei der Bekämpfung von Vorurteilen, die aus religiösen und kulturellen Überzeugungen resultieren. Aufklärungsprogramme, die sich mit Geschlechteridentität und sexueller Orientierung befassen, können dazu beitragen, das Bewusstsein und das Verständnis für die Herausforderungen, mit denen LGBTQ-Personen konfrontiert sind, zu schärfen.

Ein Beispiel für erfolgreiche Bildungsinitiativen ist die Implementierung von LGBTQ-Themen in Schulcurricula. Solche Programme fördern ein positives Bild von Vielfalt und helfen, die Stigmatisierung von LGBTQ-Personen zu reduzieren. Sie bieten auch einen sicheren Raum für Diskussionen über Geschlecht und Sexualität, was für viele junge Menschen, die ihre Identität erkunden, von großer Bedeutung ist.

Schlussfolgerung

Zusammenfassend lässt sich sagen, dass der Einfluss von Religion und Kultur auf die LGBTQ-Community und die trans-Rechte sowohl herausfordernd als auch vielversprechend ist. Während religiöse und kulturelle Überzeugungen oft Vorurteile und Diskriminierung verstärken, bieten interkulturelle Dialoge und Bildungsinitiativen Möglichkeiten, um Akzeptanz und Verständnis zu fördern. Es ist entscheidend, dass diese Themen weiterhin diskutiert werden, um eine inklusive Gesellschaft zu schaffen, in der alle Menschen, unabhängig von ihrer sexuellen oder geschlechtlichen Identität, respektiert und anerkannt werden. Der Weg zur Gleichstellung ist zwar steinig, doch die Fortschritte, die durch Dialog und Bildung erzielt werden, sind ermutigend und zeigen, dass Wandel möglich ist.

Persönliche Geschichten von Betroffenen

Persönliche Geschichten sind das Herzstück jeder Bewegung, insbesondere in der LGBTQ-Community. Sie bieten nicht nur Einblicke in die individuellen Erfahrungen von Betroffenen, sondern auch in die strukturellen Herausforderungen, mit denen sie konfrontiert sind. Diese Geschichten helfen, die oft abstrakten Konzepte von Diskriminierung und Vorurteil in greifbare, menschliche Erfahrungen zu verwandeln.

Die Bedeutung von persönlichen Geschichten

Die Erzählungen von Betroffenen sind entscheidend für das Verständnis der Realität, die viele Trans-Personen erleben. Sie verdeutlichen die emotionalen und psychologischen Auswirkungen von Diskriminierung und Vorurteilen. Laut der *Intersectionality Theory* von Kimberlé Crenshaw (1989) ist es wichtig, die verschiedenen Identitäten und Erfahrungen zu berücksichtigen, die das Leben einer Person prägen. Diese Theorie legt nahe, dass Diskriminierung nicht isoliert betrachtet werden kann, sondern in einem komplexen Netzwerk von sozialen, politischen und kulturellen Faktoren verwoben ist.

Beispiele aus dem Leben

Ein Beispiel ist die Geschichte von **Lena**, einer Trans-Frau, die in einer ländlichen Gegend aufgewachsen ist. In ihrer Kindheit erlebte sie ständige Anfeindungen aufgrund ihrer Geschlechtsidentität. *„Ich wurde in der Schule gemobbt, weil ich nicht in das Bild passte, das die Leute von einem Jungen hatten"*, erzählt Lena. Diese Erfahrungen führten zu einem tiefen Gefühl der Isolation und einem Mangel an Zugehörigkeit.

Ein weiteres Beispiel ist **Jonas**, ein Trans-Mann, der in der Stadt lebt. Er berichtet über seine Erfahrungen bei der Jobsuche: *„Ich hatte das Gefühl, dass mein Lebenslauf immer wieder auf dem Tisch landete, aber ich wurde nie zu einem Vorstellungsgespräch eingeladen. Als ich schließlich zu einem Gespräch eingeladen wurde, merkte ich, dass sie mich nicht ernst nahmen, nachdem sie mich gesehen hatten."* Diese Geschichten sind nicht nur Einzelfälle, sondern spiegeln ein weit verbreitetes Problem wider, das viele Trans-Personen erleben.

Hass und Gewalt

Die Geschichten von Betroffenen sind oft von Gewalt und Diskriminierung geprägt. Laut einer Studie von *The Human Rights Campaign* (2020) sind Trans-Personen, insbesondere Trans-Frauen of Color, einem höheren Risiko ausgesetzt, Opfer von Gewalt zu werden. **Tina**, eine Aktivistin, berichtet: *„Ich habe Freunde verloren, die wegen ihrer Identität ermordet wurden. Diese Verluste sind nicht nur persönliche Tragödien, sie sind ein Aufruf zum Handeln."* Solche Berichte verdeutlichen die Dringlichkeit, mit der die Gesellschaft auf die Bedürfnisse und Rechte der Trans-Community reagieren muss.

Die Rolle von Gemeinschaft und Unterstützung

Die Unterstützung durch die Gemeinschaft ist für viele Betroffene von entscheidender Bedeutung. **Max**, ein junger Trans-Mann, erzählt von seiner Erfahrung in einer LGBTQ-Jugendgruppe: *„Es war das erste Mal, dass ich mich nicht allein fühlte. Wir haben unsere Geschichten geteilt und uns gegenseitig ermutigt. Es hat mir geholfen, meine Identität zu akzeptieren."* Solche Gemeinschaften bieten nicht nur emotionale Unterstützung, sondern auch praktische Ressourcen, um den Herausforderungen des Lebens als Trans-Person zu begegnen.

Reflexion und Hoffnung

Trotz der Herausforderungen, mit denen sie konfrontiert sind, zeigen die Geschichten von Betroffenen auch Hoffnung und Resilienz. **Sara**, eine Trans-Frau, die sich für die Rechte der LGBTQ-Community einsetzt, sagt: *„Ich habe gelernt, dass meine Stimme Macht hat. Durch das Teilen meiner Geschichte kann ich anderen helfen, sich gehört und gesehen zu fühlen."* Diese Perspektiven sind nicht nur inspirierend, sondern auch ein Aufruf zur Solidarität und zum Handeln.

Schlussfolgerung

Persönliche Geschichten sind mehr als nur Erzählungen; sie sind ein kraftvolles Werkzeug im Kampf für Gleichheit und Gerechtigkeit. Sie ermöglichen es, das Bewusstsein für die Herausforderungen der Trans-Community zu schärfen und die Notwendigkeit von Veränderung zu betonen. Die Stimmen von Betroffenen sind entscheidend, um die gesellschaftlichen Strukturen zu hinterfragen, die Diskriminierung und Vorurteile aufrechterhalten. Indem wir diesen Geschichten Gehör schenken, tragen wir dazu bei, eine inklusivere und gerechtere Gesellschaft zu schaffen.

$$\text{Gleichheit} = \frac{\text{Respekt}}{\text{Diskriminierung}} \cdot \text{Solidarität} \qquad (17)$$

Die Suche nach Hoffnung

Inmitten der Herausforderungen, die die Trans-Community konfrontiert, ist die Suche nach Hoffnung ein zentrales Thema, das sowohl die individuelle als auch die kollektive Erfahrung prägt. Hoffnung ist nicht nur ein emotionaler Zustand, sondern auch ein entscheidender Faktor für das Überleben und die Widerstandsfähigkeit in schwierigen Zeiten. In diesem Abschnitt werden wir die

Konzepte der Hoffnung im Kontext des Aktivismus und der Trans-Rechte untersuchen und die verschiedenen Wege beleuchten, wie Hoffnung in der Gemeinschaft genährt und aufrechterhalten werden kann.

Psychologische Perspektiven auf Hoffnung

Hoffnung wird oft als ein Gefühl beschrieben, das die Menschen dazu motiviert, ihre Ziele zu verfolgen, selbst wenn sie mit Widrigkeiten konfrontiert sind. Laut der Hoffnungstheorie von Snyder et al. (1991) besteht Hoffnung aus zwei Hauptkomponenten: dem Glauben an die Fähigkeit, Ziele zu erreichen (Selbstwirksamkeit) und der Überzeugung, dass es Wege gibt, diese Ziele zu erreichen (Zielorientierung). Diese Theorie ist besonders relevant für Aktivisten, die sich für Trans-Rechte einsetzen, da sie oft mit systematischer Diskriminierung und gesellschaftlichem Widerstand konfrontiert sind.

Die Fähigkeit, Hoffnung zu empfinden, kann als Schutzfaktor gegen die negativen Auswirkungen von Stress und Trauma wirken. Studien haben gezeigt, dass Menschen, die eine hohe Hoffnung haben, besser mit Stress umgehen können und eine höhere Lebenszufriedenheit aufweisen (Snyder, 2000). Diese Erkenntnisse sind von entscheidender Bedeutung für die Trans-Community, die häufig mit Diskriminierung, Gewalt und anderen Formen von Ungerechtigkeit konfrontiert ist.

Hoffnung durch Gemeinschaft und Solidarität

Eine der stärksten Quellen der Hoffnung innerhalb der LGBTQ-Community ist die Gemeinschaft selbst. Gemeinschaftliche Unterstützung kann in Form von Freundschaften, Netzwerken und Organisationen auftreten, die sich für die Rechte von Trans-Personen einsetzen. Diese sozialen Bindungen bieten nicht nur emotionale Unterstützung, sondern auch praktische Hilfe und Ressourcen, die für das Überleben und das Gedeihen von Trans-Personen unerlässlich sind.

Beispielsweise haben viele LGBTQ-Organisationen Programme ins Leben gerufen, die Trans-Personen helfen, ihre Identität zu akzeptieren und sich in der Gesellschaft zu behaupten. Diese Programme fördern nicht nur das Bewusstsein für die Herausforderungen, mit denen Trans-Personen konfrontiert sind, sondern bieten auch Schulungen und Workshops, die den Teilnehmern helfen, ihre Stimmen zu erheben und für ihre Rechte zu kämpfen. Ein Beispiel hierfür ist die „Transgender Law Center", das sich für rechtliche Unterstützung und Ressourcen für Trans-Personen einsetzt.

Kunst und Ausdruck als Hoffnungsträger

Ein weiterer bedeutender Aspekt der Hoffnung ist die Rolle von Kunst und kreativem Ausdruck. Künstlerische Ausdrucksformen wie Musik, Theater und Literatur haben sich als kraftvolle Werkzeuge erwiesen, um die Erfahrungen der Trans-Community darzustellen und zu validieren. Diese Kunstformen bieten nicht nur eine Plattform für Sichtbarkeit, sondern auch eine Möglichkeit, die Geschichten und Herausforderungen von Trans-Personen zu teilen.

Die Performance-Künstlerin and Aktivistin, Janet Mock, nutzt beispielsweise ihre Plattform, um über die Erfahrungen von Trans-Frauen zu sprechen und die gesellschaftlichen Normen in Frage zu stellen. Ihre Arbeiten inspirieren andere, ihre Geschichten zu teilen und ihre Stimmen zu erheben, was zu einem Gefühl der Hoffnung und der Gemeinschaft führt.

Hoffnung in der politischen Mobilisierung

Die Suche nach Hoffnung manifestiert sich auch in der politischen Mobilisierung. Aktivisten, die sich für Trans-Rechte einsetzen, nutzen ihre Stimme, um Veränderungen auf politischer Ebene zu fordern. Diese Mobilisierung kann in Form von Protesten, Petitionen und Lobbyarbeit erfolgen. Die Erfolge in der Gesetzgebung, wie die Verabschiedung von Gesetzen, die Trans-Personen Schutz bieten, sind Beispiele für die Hoffnung, die aus kollektiven Anstrengungen entsteht.

Ein bemerkenswertes Beispiel ist die Verabschiedung des „Equality Act" in den USA, der darauf abzielt, Diskriminierung aufgrund der Geschlechtsidentität und sexuellen Orientierung zu verbieten. Solche Errungenschaften sind nicht nur rechtliche Fortschritte, sondern auch ein Symbol für die Hoffnung, dass Veränderungen möglich sind und dass die Stimmen der Trans-Community gehört werden.

Reflexion über Hoffnung und Resilienz

Die Suche nach Hoffnung ist ein dynamischer Prozess, der ständige Reflexion und Anpassung erfordert. Es ist wichtig, die Herausforderungen und Rückschläge anzuerkennen, die mit dem Aktivismus verbunden sind, und gleichzeitig die kleinen Erfolge zu feiern, die auf dem Weg erzielt werden. Resilienz ist der Schlüssel zur Aufrechterhaltung der Hoffnung, und sie kann durch die Unterstützung von Gemeinschaften, den Ausdruck von Kreativität und die Entschlossenheit, für Veränderungen zu kämpfen, gefördert werden.

Die Geschichten von Trans-Personen, die trotz widriger Umstände Erfolg und Akzeptanz gefunden haben, dienen als Inspiration für andere und bekräftigen die Idee, dass Hoffnung ein treibender Faktor für den Wandel ist. Hoffnung ist nicht nur ein Gefühl, sondern auch eine Handlung, die in der Gemeinschaft und im Aktivismus verwurzelt ist.

Schlussfolgerung

Zusammenfassend lässt sich sagen, dass die Suche nach Hoffnung für die Trans-Community von entscheidender Bedeutung ist. Sie ist ein zentraler Bestandteil des Aktivismus und der persönlichen Erfahrungen von Trans-Personen. Durch Gemeinschaft, kreativen Ausdruck und politische Mobilisierung kann Hoffnung genährt und aufrechterhalten werden. In einer Welt, die oft von Herausforderungen geprägt ist, bleibt die Hoffnung ein Lichtstrahl, der den Weg zu einer gerechteren und inklusiveren Gesellschaft weist.

Interne Konflikte

Differenzen innerhalb der LGBTQ-Community

Die LGBTQ-Community ist ein vielfältiges und dynamisches Kollektiv, das aus Menschen unterschiedlicher sexueller Orientierungen, Geschlechtsidentitäten, Ethnien und sozialer Hintergründe besteht. Diese Vielfalt bringt nicht nur Stärke, sondern auch Herausforderungen mit sich, insbesondere in Form von Differenzen, die innerhalb der Gemeinschaft bestehen. Diese Differenzen können sich auf verschiedene Ebenen manifestieren, darunter politische Ansichten, soziale Prioritäten und kulturelle Identitäten.

Politische Differenzen

Ein zentrales Problem innerhalb der LGBTQ-Community sind die politischen Differenzen, die oft durch unterschiedliche Prioritäten und Ansichten über die besten Strategien zur Erreichung von Gleichheit und Rechten für alle Mitglieder entstehen. Beispielsweise gibt es Spannungen zwischen Gruppen, die sich auf spezifische Anliegen konzentrieren, wie die Rechte von Transgender-Personen, und solchen, die sich auf breitere Themen wie die Ehe für gleichgeschlechtliche Paare konzentrieren.

Ein Beispiel für diese Spannungen ist die Debatte um das *Equality Act* in den Vereinigten Staaten, das umfassende Antidiskriminierungsgesetze für

LGBTQ-Personen einführen soll. Während viele in der Gemeinschaft die Verabschiedung dieses Gesetzes unterstützen, gibt es auch kritische Stimmen, die argumentieren, dass der Fokus auf die Ehe und das Recht auf Antidiskriminierung von anderen, dringenden Themen ablenkt, die insbesondere Transgender-Personen betreffen, wie z.B. Zugang zu Gesundheitsdiensten und Schutz vor Gewalt.

Soziale Prioritäten

Ein weiteres Problem sind die unterschiedlichen sozialen Prioritäten innerhalb der Gemeinschaft. Während einige Mitglieder der LGBTQ-Community sich auf die Sichtbarkeit und Repräsentation in den Medien konzentrieren, sehen andere die Notwendigkeit, sich auf die Bekämpfung von Armut und Obdachlosigkeit innerhalb der LGBTQ-Community zu konzentrieren. Diese unterschiedlichen Prioritäten können zu Spannungen führen, insbesondere wenn es darum geht, Ressourcen und Aufmerksamkeit zu verteilen.

Ein Beispiel ist die Diskussion um die Relevanz von Pride-Paraden, die oft als Feier der LGBTQ-Identität angesehen werden, jedoch auch kritisiert werden, weil sie kommerzialisiert und von den realen Herausforderungen, mit denen viele Mitglieder der Gemeinschaft konfrontiert sind, ablenken. Kritiker argumentieren, dass der Fokus auf Feierlichkeiten und Sichtbarkeit nicht ausreicht, um die systematischen Probleme anzugehen, die viele LGBTQ-Personen betreffen, insbesondere Menschen aus marginalisierten Gruppen.

Kulturelle Identitäten

Die kulturellen Unterschiede innerhalb der LGBTQ-Community können ebenfalls zu Differenzen führen. LGBTQ-Personen aus verschiedenen ethnischen und kulturellen Hintergründen bringen unterschiedliche Perspektiven und Erfahrungen in die Gemeinschaft ein. Diese Vielfalt kann sowohl bereichernd als auch herausfordernd sein.

Ein Beispiel ist die Kluft zwischen weißen LGBTQ-Aktivisten und Aktivisten aus ethnischen Minderheiten, die oft das Gefühl haben, dass ihre spezifischen Bedürfnisse und Anliegen in der breiteren LGBTQ-Bewegung nicht ausreichend berücksichtigt werden. Diese Differenzen können zu einem Gefühl der Entfremdung führen und die Zusammenarbeit innerhalb der Gemeinschaft erschweren.

Die Notwendigkeit des Dialogs

Um diese Differenzen zu überwinden, ist ein offener und respektvoller Dialog innerhalb der LGBTQ-Community unerlässlich. Es ist wichtig, dass alle Stimmen gehört werden und dass die unterschiedlichen Erfahrungen und Perspektiven anerkannt und respektiert werden.

$$\text{Inklusion} = \frac{\text{Vielfalt} + \text{Respekt}}{\text{Dialog}} \qquad (18)$$

Diese Gleichung verdeutlicht, dass Inklusion das Ergebnis von Vielfalt und Respekt ist, die durch einen aktiven Dialog gefördert werden.

Schlussfolgerung

Die Differenzen innerhalb der LGBTQ-Community sind komplex und vielschichtig, aber sie bieten auch die Möglichkeit für Wachstum und Lernen. Indem wir die verschiedenen Perspektiven anerkennen und respektieren, können wir eine stärkere, vereinte Gemeinschaft schaffen, die sich für die Rechte und das Wohl aller Mitglieder einsetzt. Es ist von entscheidender Bedeutung, dass wir die Herausforderungen, die aus diesen Differenzen entstehen, nicht ignorieren, sondern aktiv angehen, um eine gerechtere und inklusivere Zukunft für alle zu fördern.

Der Umgang mit Kritik

Der Umgang mit Kritik ist eine der zentralen Herausforderungen, denen sich Aktivisten, insbesondere in der LGBTQ-Community, stellen müssen. Kritik kann sowohl von außen – aus der Gesellschaft, von politischen Gegnern oder von den Medien – als auch von innen – innerhalb der eigenen Gemeinschaft – kommen. In diesem Abschnitt werden wir verschiedene Aspekte des Umgangs mit Kritik beleuchten, einschließlich der psychologischen Auswirkungen, der Strategien zur Bewältigung und der Notwendigkeit eines konstruktiven Dialogs.

Psychologische Auswirkungen von Kritik

Kritik kann tiefgreifende psychologische Auswirkungen auf Aktivisten haben. Negative Rückmeldungen können zu einem verminderten Selbstwertgefühl führen und das Gefühl der Isolation verstärken. Studien zeigen, dass wiederholte Kritik, insbesondere in einem bereits marginalisierten Kontext, zu Stress, Angst und sogar Depressionen führen kann. So beschreibt die Psychologin Brené Brown in ihren Arbeiten, dass der Umgang mit Scham und Kritik entscheidend für die Resilienz von Individuen ist [1].

Ein Beispiel hierfür ist Viviane Namaste selbst, die in ihrer Laufbahn als Aktivistin häufig mit harscher Kritik konfrontiert war. Sie berichtete in Interviews, dass sie oft das Gefühl hatte, dass ihre Identität und ihr Engagement nicht nur hinterfragt, sondern auch attackiert wurden. Diese Erfahrungen führten dazu, dass sie Strategien entwickeln musste, um ihre mentale Gesundheit zu schützen und ihre Motivation aufrechtzuerhalten.

Strategien zur Bewältigung von Kritik

Um konstruktiv mit Kritik umzugehen, ist es wichtig, eine Reihe von Strategien zu entwickeln. Hier sind einige bewährte Methoden:

- **Selbstreflexion:** Aktivisten sollten sich regelmäßig Zeit nehmen, um über die erhaltene Kritik nachzudenken. Fragen wie „Was kann ich aus dieser Kritik lernen?" oder „Ist diese Kritik gerechtfertigt?" helfen, eine objektive Perspektive zu gewinnen.

- **Feedback einholen:** Anstatt sich von Kritik entmutigen zu lassen, kann es hilfreich sein, aktiv Feedback von vertrauenswürdigen Personen in der Community einzuholen. Diese Rückmeldungen können oft wertvolle Einsichten bieten und helfen, die eigene Position zu stärken.

- **Konstruktive Kommunikation:** Bei Kritik ist es wichtig, einen Dialog zu fördern. Anstatt defensiv zu reagieren, sollten Aktivisten versuchen, die Gründe für die Kritik zu verstehen und auf eine respektvolle Art und Weise zu antworten.

- **Netzwerkbildung:** Der Austausch mit anderen Aktivisten kann eine wichtige Unterstützung bieten. Gemeinschaften, die sich gegenseitig stärken, können besser mit Kritik umgehen und sich auf positive Weise unterstützen.

Der Wert des konstruktiven Dialogs

Ein zentraler Aspekt im Umgang mit Kritik ist der konstruktive Dialog. Der Dialog ermöglicht es, Missverständnisse auszuräumen und unterschiedliche Perspektiven zu verstehen. In der LGBTQ-Community sind die Themen oft emotional aufgeladen, und es ist entscheidend, dass die Kommunikation offen und respektvoll bleibt.

Viviane Namaste hat in ihrer Arbeit oft betont, wie wichtig es ist, auch die kritischen Stimmen zu hören. Sie argumentierte, dass Kritik nicht immer negativ ist, sondern auch als Anstoß für Veränderungen dienen kann. Ein Beispiel dafür war ihre Reaktion auf interne Kritik bezüglich ihrer Ansichten zu bestimmten politischen Strategien. Anstatt sich zurückzuziehen, führte sie Gespräche mit den Kritikern und konnte so neue Ansätze entwickeln, die letztendlich die Gemeinschaft stärkten.

Fallstudie: Kritische Rückmeldungen in der LGBTQ-Community

Eine interessante Fallstudie ist die Reaktion auf die „Transgender-Identitätsdebatte" innerhalb der LGBTQ-Community. Hier gab es unterschiedliche Meinungen darüber, wie Transfragen in der breiteren LGBTQ-Agenda behandelt werden sollten. Einige Mitglieder der Community fühlten sich von den vorherrschenden Diskursen ausgeschlossen und kritisierten die Dominanz cisgender Perspektiven.

In diesem Kontext war der Umgang mit Kritik entscheidend. Aktivisten wie Viviane Namaste ermutigten dazu, diese kritischen Stimmen zu hören und in den Dialog einzubeziehen. Durch Workshops und Diskussionsrunden konnten unterschiedliche Perspektiven zusammengebracht werden, was zu einem stärkeren, inklusiveren Ansatz führte.

Fazit

Der Umgang mit Kritik ist eine unvermeidliche Realität im Aktivismus. Durch Selbstreflexion, konstruktive Kommunikation und den Aufbau eines unterstützenden Netzwerks können Aktivisten lernen, Kritik als Chance zur persönlichen und gemeinschaftlichen Weiterentwicklung zu nutzen. Die Erfahrungen von Viviane Namaste und anderen zeigen, dass es möglich ist, aus kritischen Rückmeldungen zu lernen und eine stärkere, resilientere Gemeinschaft zu schaffen.

Bibliography

[1] Brown, B. (2012). *Daring Greatly: How the Courage to Be Vulnerable Transforms the Way We Live, Love, Parent, and Lead.* Gotham Books.

Die Balance zwischen Aktivismus und persönlichem Leben

Die Balance zwischen Aktivismus und persönlichem Leben ist eine der größten Herausforderungen, mit denen viele LGBTQ-Aktivisten, einschließlich Viviane Namaste, konfrontiert sind. Aktivismus kann sowohl emotional als auch physisch anstrengend sein, und es ist oft schwierig, die Grenzen zwischen dem persönlichen und dem öffentlichen Leben zu ziehen. Diese Herausforderung ist besonders ausgeprägt in einer Bewegung, die so viele persönliche Geschichten und Kämpfe umfasst.

Theoretische Grundlagen

Die Theorie des *Burnout* ist in diesem Kontext von zentraler Bedeutung. Burnout ist ein Zustand emotionaler, physischer und mentaler Erschöpfung, der durch anhaltenden Stress und Überforderung entsteht. Laut Maslach und Leiter (2016) sind die Hauptursachen für Burnout in aktivistischen Kontexten oft übermäßige Arbeitsbelastung, fehlende Anerkennung und mangelnde Ressourcen. Aktivisten, die versuchen, gesellschaftliche Veränderungen herbeizuführen, sind häufig stark engagiert, was zu einer Vernachlässigung ihrer eigenen Bedürfnisse führen kann.

Ein weiterer relevanter theoretischer Rahmen ist die *Selbstfürsorge*. Selbstfürsorge bezieht sich auf die Praktiken, die Individuen anwenden, um ihre körperliche, emotionale und geistige Gesundheit zu fördern. In der Literatur wird betont, dass Selbstfürsorge nicht egoistisch ist, sondern eine notwendige Voraussetzung für nachhaltiges Engagement im Aktivismus (Neff, 2011).

Probleme und Herausforderungen

Die Balance zwischen Aktivismus und persönlichem Leben wird durch verschiedene Faktoren erschwert:

- **Emotionale Belastung:** Aktivisten sind oft mit traumatischen Geschichten und Erfahrungen von Diskriminierung konfrontiert. Dies kann zu emotionaler Erschöpfung führen, die sich negativ auf das persönliche Leben auswirkt.

- **Zeitmanagement:** Die Anforderungen des Aktivismus können dazu führen, dass persönliche Beziehungen und Freizeitaktivitäten vernachlässigt werden. Viele Aktivisten berichten von einem Gefühl der Isolation, da sie oft die Zeit nicht finden, um mit Freunden oder Familie zu interagieren.

- **Finanzielle Unsicherheit:** Viele Aktivisten arbeiten in unterbezahlten oder ehrenamtlichen Positionen, was finanzielle Sorgen mit sich bringt. Diese Unsicherheit kann zusätzlichen Stress verursachen und die Fähigkeit zur Selbstfürsorge beeinträchtigen.

- **Gesellschaftlicher Druck:** Aktivisten sehen sich oft einem hohen gesellschaftlichen Druck ausgesetzt, ständig sichtbar und aktiv zu sein. Dies kann zu einem Gefühl der Unzulänglichkeit führen, wenn sie nicht in der Lage sind, den Erwartungen gerecht zu werden.

Beispiele aus Viviane Namastes Leben

Viviane Namaste ist ein Beispiel für eine Aktivistin, die die Herausforderungen der Balance zwischen Aktivismus und persönlichem Leben erlebt hat. In ihren frühen Jahren als Aktivistin berichtete sie von der Schwierigkeit, ihre akademische Karriere mit ihrem Engagement für die LGBTQ-Community zu vereinbaren.

Ein prägnantes Beispiel war ihre Teilnahme an einer großen Kampagne zur Förderung von Trans-Rechten, während sie gleichzeitig an ihrer Doktorarbeit arbeitete. Die ständige Anspannung zwischen den Anforderungen ihrer akademischen Verpflichtungen und den Erwartungen, die an sie als Aktivistin gestellt wurden, führte zu einem Gefühl der Überforderung. Namaste erkannte, dass sie Strategien entwickeln musste, um ihre Zeit besser zu managen und sich selbst Zeit für Erholung und Reflexion zu gönnen.

Ein weiteres Beispiel ist ihr Umgang mit Kritik. Namaste erlebte oft Widerstand von innerhalb der LGBTQ-Community, was zusätzlichen emotionalen Stress verursachte. Sie lernte, dass es wichtig ist, sich von der Kritik nicht entmutigen zu lassen und stattdessen Unterstützung von Freunden und Verbündeten zu suchen. Diese sozialen Netzwerke halfen ihr, eine gesunde Balance zwischen ihrem Aktivismus und ihrem persönlichen Leben zu finden.

Strategien zur Bewältigung

Um eine gesunde Balance zwischen Aktivismus und persönlichem Leben zu fördern, sind verschiedene Strategien hilfreich:

- **Zeit für Selbstfürsorge einplanen:** Aktivisten sollten bewusst Zeit für sich selbst einplanen, um sich zu erholen und ihre Batterien aufzuladen. Dies kann durch Meditation, Sport oder kreative Hobbys geschehen.

- **Grenzen setzen:** Es ist wichtig, klare Grenzen zu setzen, um Überarbeitung zu vermeiden. Dies bedeutet, dass man auch einmal „Nein" sagen muss, um persönliche Zeit zu schützen.

- **Unterstützungsnetzwerke nutzen:** Der Austausch mit anderen Aktivisten oder Freunden kann helfen, emotionale Belastungen zu teilen und Unterstützung zu finden. Gruppen oder Netzwerke, die sich speziell mit der psychischen Gesundheit von Aktivisten befassen, können besonders wertvoll sein.

- **Reflexion über persönliche Werte:** Aktivisten sollten regelmäßig über ihre persönlichen Werte und Ziele reflektieren, um sicherzustellen, dass ihre Aktivitäten im Einklang mit ihrem persönlichen Leben stehen.

Fazit

Die Balance zwischen Aktivismus und persönlichem Leben ist eine komplexe Herausforderung, die viele Aktivisten, einschließlich Viviane Namaste, betrifft. Durch das Verständnis der theoretischen Grundlagen wie Burnout und Selbstfürsorge sowie durch die Anwendung praktischer Strategien können Aktivisten jedoch lernen, diese Balance zu finden. Nur durch die Pflege ihrer eigenen Gesundheit und ihres Wohlbefindens können sie langfristig effektiv für die Rechte der LGBTQ-Community eintreten und Veränderungen bewirken.

Herausforderungen in der Teamarbeit

Die Teamarbeit im Aktivismus ist oft eine Quelle von Kreativität und Innovation, jedoch bringt sie auch zahlreiche Herausforderungen mit sich, die den Erfolg gemeinsamer Projekte gefährden können. In diesem Abschnitt betrachten wir die häufigsten Probleme, die in der Teamarbeit auftreten können, und beleuchten Theorien, die helfen, diese Herausforderungen zu verstehen und zu bewältigen.

Kommunikationsbarrieren

Eine der grundlegendsten Herausforderungen in der Teamarbeit ist die Kommunikation. Unterschiedliche Kommunikationsstile und -präferenzen können zu Missverständnissen führen. Laut der *Theorie der sozialen Identität* (Tajfel & Turner, 1979) kann die Zugehörigkeit zu verschiedenen sozialen Gruppen die Art und Weise beeinflussen, wie Individuen kommunizieren. In einem LGBTQ-Aktivismus-Team könnten Mitglieder aus verschiedenen kulturellen oder sozialen Hintergründen kommen, was zu unterschiedlichen Erwartungen und Missverständnissen führen kann.

Rollenkonflikte

Ein weiteres häufiges Problem sind Rollenkonflikte innerhalb des Teams. Jedes Teammitglied bringt eigene Erfahrungen und Erwartungen in die Gruppe ein, was zu Unklarheiten über Verantwortlichkeiten führen kann. Die *Rollen-Theorie* (Biddle, 1986) legt nahe, dass klare Rollendefinitionen entscheidend für die Effektivität eines Teams sind. Wenn die Rollen nicht klar sind, kann dies zu Spannungen und Frustrationen führen, insbesondere wenn Teammitglieder das Gefühl haben, dass ihre Beiträge nicht ausreichend gewürdigt werden.

Machtstrukturen

Innerhalb von Teams gibt es oft unausgesprochene Machtstrukturen, die die Dynamik beeinflussen können. Die *Theorie der sozialen Dominanz* (Sidanius & Pratto, 1999) erklärt, wie Macht und Hierarchie innerhalb von Gruppen entstehen und aufrechterhalten werden. In einem Aktivismus-Team kann dies dazu führen, dass einige Stimmen lauter sind als andere, was die Diversität der Ideen und Ansichten einschränkt. Ein Beispiel dafür könnte ein Team sein, in dem erfahrene Aktivisten die Diskussion dominieren und weniger erfahrene Mitglieder nicht ausreichend Gehör finden.

Emotionale Belastungen

Aktivismus ist oft mit emotionalen Belastungen verbunden, die sich auf die Teamarbeit auswirken können. Die *Theorie der emotionalen Intelligenz* (Goleman,

1995) besagt, dass das Verständnis und die Regulierung eigener Emotionen sowie die Empathie für andere entscheidend für die Teamdynamik sind. Wenn Teammitglieder mit persönlichen Herausforderungen oder Traumata aus ihrer Vergangenheit kämpfen, kann dies ihre Fähigkeit beeinträchtigen, konstruktiv zusammenzuarbeiten. Ein Beispiel könnte ein Teammitglied sein, das aufgrund von Diskriminierungserfahrungen Schwierigkeiten hat, Vertrauen zu anderen aufzubauen.

Unterschiedliche Ziele und Prioritäten

Ein weiteres Problem in der Teamarbeit ist die Divergenz in den Zielen und Prioritäten der Mitglieder. Während einige Teammitglieder möglicherweise auf kurzfristige Erfolge fokussiert sind, könnten andere langfristige Veränderungen anstreben. Die *Zielsetzungstheorie* (Locke & Latham, 1990) betont, dass klare und gemeinsame Ziele wichtig sind, um die Teamleistung zu steigern. Wenn die Teammitglieder jedoch unterschiedliche Vorstellungen davon haben, was erreicht werden soll, kann dies zu Konflikten und Unzufriedenheit führen.

Lösungsansätze

Um diese Herausforderungen zu bewältigen, ist es wichtig, Strategien zu entwickeln, die die Teamdynamik stärken. Regelmäßige Teammeetings, in denen die Mitglieder offen über ihre Erwartungen und Bedenken sprechen können, sind entscheidend. Die Anwendung von *Team-Coaching* kann helfen, Kommunikationsbarrieren zu überwinden und die Rollen innerhalb des Teams klar zu definieren. Darüber hinaus kann die Förderung einer Kultur der emotionalen Intelligenz dazu beitragen, dass Teammitglieder empathischer miteinander umgehen und emotionale Belastungen besser bewältigen.

Zusammenfassend lässt sich sagen, dass die Herausforderungen in der Teamarbeit im Aktivismus vielfältig sind und sowohl strukturelle als auch emotionale Dimensionen umfassen. Durch das Verständnis der zugrunde liegenden Theorien und die Implementierung geeigneter Strategien können Teams jedoch effektiver zusammenarbeiten und ihre gemeinsamen Ziele erreichen.

Der Einfluss von Machtstrukturen

Der Einfluss von Machtstrukturen auf den LGBTQ-Aktivismus ist ein komplexes und vielschichtiges Thema, das tief in den sozialen, politischen und kulturellen Kontexten verwurzelt ist, in denen sich Aktivisten bewegen. Machtstrukturen können sowohl als Unterstützung als auch als Hindernis für den Aktivismus fungieren und beeinflussen, wie und ob Stimmen innerhalb der LGBTQ-Community gehört werden.

Theoretische Grundlagen

Die Theorie der sozialen Macht, wie sie von Michel Foucault formuliert wurde, bietet einen nützlichen Rahmen, um zu verstehen, wie Macht in Gesellschaften verteilt und ausgeübt wird. Foucault argumentiert, dass Macht nicht nur repressiv ist, sondern auch produktiv: Sie schafft Identitäten, Normen und Diskurse. In diesem Sinne ist der Einfluss von Machtstrukturen nicht nur eine Frage von Kontrolle, sondern auch von der Schaffung von Möglichkeiten für das Individuum und die Gemeinschaft.

Die **Hegemonietheorie** von Antonio Gramsci ergänzt dieses Verständnis, indem sie die Rolle von kultureller Hegemonie in der Aufrechterhaltung von Machtverhältnissen betont. Diese Theorie legt nahe, dass dominante Gruppen ihre Macht nicht nur durch Zwang, sondern auch durch Konsens und kulturelle Normen aufrechterhalten. Für LGBTQ-Aktivisten bedeutet dies, dass sie nicht nur gegen gesetzliche Diskriminierung kämpfen, sondern auch gegen tief verwurzelte gesellschaftliche Vorurteile und Stereotypen, die durch hegemoniale Diskurse perpetuiert werden.

Herausforderungen durch Machtstrukturen

Aktivisten stehen oft vor der Herausforderung, sich gegen institutionelle Machtstrukturen zu behaupten, die ihre Anliegen ignorieren oder unterdrücken. Beispielsweise können politische Institutionen, die von traditionellen Werten geprägt sind, Gesetze und Richtlinien erlassen, die die Rechte von LGBTQ-Personen einschränken. Dies zeigt sich in vielen Ländern, wo Gesetze zur Diskriminierung oder sogar zur Kriminalisierung von LGBTQ-Personen bestehen.

Ein Beispiel für eine solche Herausforderung ist die **Ehe für alle**. In vielen Ländern, in denen die Ehe gleichgeschlechtlicher Paare noch nicht legalisiert ist, kämpfen Aktivisten gegen die Machtstrukturen der politischen Parteien, die sich gegen die Gleichstellung aussprechen. Diese politischen Widerstände sind oft tief in der Kultur und den Überzeugungen der Gesellschaft verwurzelt, was den Kampf um Akzeptanz und Gleichheit zusätzlich erschwert.

Der Einfluss von Medien und Öffentlichkeit

Machtstrukturen manifestieren sich auch in der Medienberichterstattung über LGBTQ-Themen. Die Art und Weise, wie Medien über LGBTQ-Personen berichten, kann das öffentliche Bild und die Wahrnehmung erheblich beeinflussen. Wenn Medien beispielsweise stereotype Darstellungen von LGBTQ-Personen verwenden, tragen sie zur Aufrechterhaltung von Vorurteilen und Diskriminierung bei. Umgekehrt können positive Darstellungen von LGBTQ-Personen und ihren Kämpfen in den Medien dazu beitragen, das Bewusstsein zu schärfen und den gesellschaftlichen Diskurs zu verändern.

Ein aktuelles Beispiel ist die Berichterstattung über Trans-Rechte, die oft von Sensationslust geprägt ist. Diese Art der Berichterstattung kann die Wahrnehmung von Trans-Personen als „anders" oder „abnormal" verstärken und somit die Machtstrukturen, die Diskriminierung und Gewalt legitimieren, weiter festigen. Aktivisten arbeiten aktiv daran, diese Narrative zu verändern, indem sie eigene Geschichten erzählen und sich für eine faire und ausgewogene Berichterstattung einsetzen.

Interne Machtstrukturen innerhalb der LGBTQ-Community

Es ist wichtig zu erkennen, dass Machtstrukturen nicht nur extern sind, sondern auch innerhalb der LGBTQ-Community existieren. Unterschiedliche Identitäten und Erfahrungen innerhalb der Community können zu internen Machtkämpfen führen. Beispielsweise haben Menschen of Color innerhalb der LGBTQ-Community häufig das Gefühl, dass ihre spezifischen Anliegen und Herausforderungen von weißen, cisgender Aktivisten übersehen werden. Diese internen Machtstrukturen können den Aktivismus fragmentieren und die Effektivität von Bewegungen beeinträchtigen.

Die Herausforderung besteht darin, eine inklusive Bewegung zu fördern, die die Stimmen aller Mitglieder der Community respektiert und einbezieht. Initiativen, die darauf abzielen, Diversität innerhalb des Aktivismus zu fördern, sind entscheidend, um die internen Machtstrukturen zu dekonstruieren und eine stärkere, vereinte Front gegen äußere Diskriminierung zu bilden.

Strategien zur Bewältigung von Machtstrukturen

Um die Herausforderungen, die durch Machtstrukturen entstehen, zu bewältigen, müssen LGBTQ-Aktivisten strategisch vorgehen. Eine Möglichkeit besteht darin, Allianzen mit anderen marginalisierten Gruppen zu bilden, um eine breitere Basis für den Aktivismus zu schaffen. Durch die Zusammenarbeit mit feministischen, antirassistischen und anderen sozialen Bewegungen können Aktivisten ihre Stimmen bündeln und eine stärkere Gegenkraft gegen diskriminierende Machtstrukturen bilden.

Darüber hinaus ist Bildung ein entscheidendes Werkzeug im Kampf gegen Machtstrukturen. Aufklärung über LGBTQ-Themen in Schulen und Gemeinschaften kann dazu beitragen, Vorurteile abzubauen und die Akzeptanz zu fördern. Bildungsprogramme, die sich mit der Geschichte und den Herausforderungen der LGBTQ-Community befassen, können das Bewusstsein schärfen und das Verständnis für die Komplexität der Identität und der Erfahrungen von LGBTQ-Personen fördern.

Schlussfolgerung

Der Einfluss von Machtstrukturen auf den LGBTQ-Aktivismus ist vielschichtig und erfordert eine umfassende Analyse und strategische Ansätze. Durch das Verständnis dieser Strukturen und die Entwicklung von Strategien zur Überwindung von Barrieren können Aktivisten effektiver für die Rechte und die Anerkennung von LGBTQ-Personen kämpfen. Es ist eine ständige Herausforderung, die sowohl externe als auch interne Machtverhältnisse berücksichtigt, und die Notwendigkeit, eine inklusive und gerechte Bewegung zu fördern, bleibt von zentraler Bedeutung.

Reflexion über eigene Fehler

Die Reflexion über eigene Fehler ist ein zentraler Aspekt des persönlichen und kollektiven Wachstums, insbesondere im Aktivismus. Viviane Namaste hat in ihrer Karriere zahlreiche Herausforderungen und Rückschläge erlebt, die sie dazu gezwungen haben, ihre Ansichten und Strategien zu hinterfragen. Diese Reflexion ist nicht nur eine Übung der Selbstkritik, sondern auch ein Weg, um aus Erfahrungen zu lernen und sich weiterzuentwickeln.

Die Bedeutung von Selbstreflexion

Selbstreflexion kann als der Prozess definiert werden, in dem Individuen ihre Gedanken, Emotionen und Handlungen analysieren, um ein tieferes Verständnis ihrer selbst zu erlangen. In der Literatur wird oft auf die Theorie von [?] verwiesen, die den Begriff der „reflexiven Praxis" einführt. Diese Praxis ermutigt Aktivisten, ihre Erfahrungen kritisch zu hinterfragen und aus ihren Fehlern zu lernen, um ihre Ansätze zu verbessern.

Ein Beispiel aus Viviane Namastes Aktivismus zeigt, dass sie in einer frühen Kampagne zur Förderung von Trans-Rechten eine falsche Strategie wählte, die nicht die gewünschte Resonanz in der Gemeinschaft fand. Anstatt sich von diesem Rückschlag entmutigen zu lassen, nutzte sie die Gelegenheit, um die Rückmeldungen der Betroffenen zu analysieren. Dies führte zu einer grundlegenden Neubewertung ihrer Ansätze und einer stärkeren Einbeziehung der Stimmen der Gemeinschaft.

Herausforderungen bei der Fehlerreflexion

Die Reflexion über eigene Fehler kann jedoch auch mit Herausforderungen verbunden sein. Oftmals gibt es in der Aktivismus-Community einen Druck, perfekt zu sein und keine Schwächen zu zeigen. Diese „Perfektionismusfalle" kann dazu führen, dass Aktivisten sich scheuen, ihre Fehler offen zuzugeben. Viviane erkannte, dass diese Haltung nicht nur schädlich für das individuelle Wachstum ist, sondern auch das Vertrauen innerhalb der Gemeinschaft untergräbt.

$$\text{Wachstum} = \frac{\text{Erfahrungen} + \text{Reflexion}}{\text{Fehler}} \qquad (19)$$

Die Gleichung verdeutlicht, dass persönliches Wachstum direkt proportional zu den gemachten Erfahrungen und der darauf folgenden Reflexion ist, während Fehler als notwendiger Bestandteil des Lernprozesses betrachtet werden sollten.

Lernstrategien aus Fehlern

Eine der wichtigsten Strategien, die Viviane in ihrer Reflexion entwickelte, war die Implementierung von regelmäßigen Feedback-Sitzungen innerhalb ihrer Organisationen. Diese Sitzungen ermöglichten es, Fehler offen zu diskutieren und gemeinsam Lösungen zu erarbeiten. Durch diesen kollaborativen Ansatz wurde eine Kultur des Lernens und der Offenheit gefördert, die es den Mitgliedern ermöglichte, sich sicher zu fühlen, wenn sie ihre eigenen Fehler ansprachen.

Persönliche Geschichten und Lektionen

Viviane teilte oft persönliche Geschichten über ihre Fehler und die Lektionen, die sie daraus gelernt hat. Eine prägnante Anekdote handelt von einem misslungenen Workshop, der nicht die erwartete Teilnehmerzahl ansprach. Anstatt dies als Misserfolg zu betrachten, analysierte sie die Gründe und stellte fest, dass die Werbung nicht zielgruppenspezifisch genug war. Diese Erkenntnis führte zur

Entwicklung gezielterer Kommunikationsstrategien, die in zukünftigen Projekten erfolgreich umgesetzt wurden.

Die Notwendigkeit von Dialog und Unterstützung

Ein weiterer wichtiger Aspekt der Reflexion über eigene Fehler ist die Notwendigkeit von Dialog und Unterstützung innerhalb der Gemeinschaft. Viviane erkannte, dass der Austausch von Erfahrungen und Fehlern nicht nur das individuelle Lernen fördert, sondern auch das Gemeinschaftsgefühl stärkt. Indem Aktivisten ihre Herausforderungen teilen, schaffen sie ein unterstützendes Umfeld, in dem jeder die Möglichkeit hat, aus den Fehlern anderer zu lernen.

Fazit

Die Reflexion über eigene Fehler ist ein unerlässlicher Bestandteil des Aktivismus. Sie ermöglicht es Aktivisten, nicht nur ihre Strategien zu verbessern, sondern auch eine Kultur des Lernens und der Unterstützung innerhalb der Gemeinschaft zu fördern. Viviane Namaste ist ein leuchtendes Beispiel dafür, wie aus Fehlern wertvolle Lektionen gezogen werden können, die letztendlich zu einer stärkeren und effektiveren Bewegung führen. Durch ihre Bereitschaft, sich mit ihren eigenen Fehlern auseinanderzusetzen, hat sie nicht nur sich selbst, sondern auch die gesamte LGBTQ-Community inspiriert, den Mut zu finden, aus ihren Erfahrungen zu lernen und sich weiterzuentwickeln.

Die Notwendigkeit von Dialog

Der Dialog ist ein zentrales Element in der LGBTQ-Community und spielt eine entscheidende Rolle im Aktivismus für Trans-Rechte. In einer Welt, die oft von Missverständnissen und Vorurteilen geprägt ist, ist es unerlässlich, Brücken zu bauen und verschiedene Perspektiven zu verstehen. Der Dialog fördert nicht nur das Verständnis, sondern auch die Akzeptanz und das Mitgefühl.

Theoretische Grundlagen

Die Theorie des dialogischen Lernens, wie sie von Paulo Freire in seiner Arbeit *Pädagogik der Unterdrückten* formuliert wurde, betont die Bedeutung des Austauschs zwischen Individuen als Schlüssel zur Befreiung von Unterdrückung. Freire argumentiert, dass Bildung ein Prozess der Dialogizität ist, der es den Menschen ermöglicht, ihre Realität zu reflektieren und zu transformieren. In diesem Sinne ist der Dialog nicht nur eine Möglichkeit zur Kommunikation, sondern ein Werkzeug zur sozialen Veränderung.

Herausforderungen im Dialog

Trotz der Bedeutung des Dialogs gibt es erhebliche Herausforderungen, die es zu überwinden gilt. Vorurteile und Stereotypen können den Dialog behindern, indem sie Barrieren zwischen verschiedenen Gruppen schaffen. Oftmals führt eine mangelnde Bereitschaft, zuzuhören, zu Missverständnissen und Konflikten. Ein Beispiel hierfür ist die Kluft zwischen verschiedenen Identitäten innerhalb der LGBTQ-Community, wie etwa zwischen cisgender und transgender Personen. Diese Unterschiede können zu Spannungen führen, die einen offenen Austausch erschweren.

Ein weiteres Problem ist die emotionale Belastung, die mit dem Dialog über persönliche Erfahrungen von Diskriminierung und Gewalt verbunden ist. Viele Aktivisten berichten von der Schwierigkeit, ihre Geschichten zu teilen, ohne sich dabei verletzlich zu fühlen. Dies kann dazu führen, dass wichtige Gespräche vermieden werden, was den Fortschritt im Aktivismus hemmt.

Strategien zur Förderung des Dialogs

Um die Notwendigkeit des Dialogs zu betonen, sind verschiedene Strategien erforderlich. Zunächst sollten sichere Räume geschaffen werden, in denen Menschen ihre Erfahrungen und Perspektiven ohne Angst vor Verurteilung teilen können. Solche Räume können in Form von Workshops, Diskussionsgruppen oder Online-Foren eingerichtet werden.

Darüber hinaus ist es wichtig, Mediatoren zu haben, die den Dialog leiten und sicherstellen, dass alle Stimmen gehört werden. Diese Mediatoren sollten geschult sein, um Konflikte zu erkennen und zu lösen, bevor sie eskalieren. Ein Beispiel für eine erfolgreiche Dialoginitiative ist das *Transgender Dialogprojekt*, das Menschen mit unterschiedlichen Hintergründen zusammenbringt, um über ihre Erfahrungen zu sprechen und gemeinsame Lösungen zu finden.

Beispiele aus der Praxis

Ein bemerkenswertes Beispiel für die Kraft des Dialogs ist die Initiative *Hearing Voices*, die in mehreren Städten weltweit durchgeführt wird. Diese Initiative bringt Menschen aus verschiedenen sozialen Schichten zusammen, um über ihre Erfahrungen mit Diskriminierung und Vorurteilen zu sprechen. Die

Veranstaltungen haben gezeigt, dass durch den Austausch von Geschichten und Perspektiven oft ein tieferes Verständnis und eine stärkere Solidarität entstehen.

Ein weiteres Beispiel ist die Zusammenarbeit zwischen LGBTQ-Organisationen und religiösen Gemeinschaften, die oft als gegensätzlich angesehen werden. Durch den Dialog haben einige Gruppen begonnen, gemeinsame Werte zu erkennen und Wege zu finden, um Unterstützung für Trans-Rechte zu fördern, während sie gleichzeitig ihre eigenen Überzeugungen respektieren.

Schlussfolgerung

Insgesamt ist der Dialog eine essentielle Komponente im Kampf für Trans-Rechte und die gesamte LGBTQ-Bewegung. Durch den Austausch von Erfahrungen und Perspektiven können Vorurteile abgebaut und solidarische Gemeinschaften aufgebaut werden. Es ist von größter Bedeutung, dass Aktivisten, Unterstützer und die Gesellschaft als Ganzes die Notwendigkeit des Dialogs erkennen und aktiv daran arbeiten, eine inklusive und respektvolle Kommunikationskultur zu fördern. Nur durch den Dialog können wir die Herausforderungen, vor denen die Trans-Community steht, effektiv angehen und eine gerechtere Gesellschaft schaffen.

Der Umgang mit Verlust und Trauer

Der Umgang mit Verlust und Trauer ist ein zentrales Thema im Leben von Aktivisten, insbesondere innerhalb der LGBTQ-Community, wo Verlust oft viele Formen annehmen kann. Verlust kann durch den Tod von Freunden und Verbündeten, durch das Ende von Beziehungen oder durch den Verlust von Identität und Zugehörigkeit entstehen. In diesem Abschnitt werden wir die psychologischen Aspekte von Verlust und Trauer untersuchen, die Herausforderungen, die sie mit sich bringen, sowie Strategien, die Viviane Namaste und andere Aktivisten genutzt haben, um mit diesen Erfahrungen umzugehen.

Psychologische Aspekte von Verlust und Trauer

Trauer ist eine natürliche Reaktion auf Verlust und kann in verschiedenen Phasen auftreten. Die bekanntesten Phasen des Trauerns, wie sie von Elisabeth Kübler-Ross beschrieben wurden, sind:

1. **Leugnung:** In dieser Phase kann es schwierig sein, die Realität des Verlusts zu akzeptieren. Aktivisten könnten in dieser Phase versuchen, die Erinnerung an verstorbene Freunde oder Mitstreiter zu bewahren, indem sie deren Ideen und Werte weitertragen.

2. **Zorn:** Diese Phase kann von Wut gegenüber der Gesellschaft oder sogar gegenüber dem Verstorbenen geprägt sein. Aktivisten könnten ihren Zorn in konstruktive Aktionen umwandeln, um auf Ungerechtigkeiten aufmerksam zu machen.

3. **Verhandlung:** In dieser Phase könnten Trauernde versuchen, den Verlust rückgängig zu machen oder zu mindern, oft durch innere Dialoge oder durch das Streben nach Gerechtigkeit.

4. **Depression:** Gefühle der Traurigkeit und des Rückzugs sind in dieser Phase häufig. Aktivisten könnten sich in dieser Phase in kreative Projekte zurückziehen, um ihre Emotionen auszudrücken.

5. **Akzeptanz:** In dieser letzten Phase beginnt der Trauernde, den Verlust zu akzeptieren und einen Weg zu finden, mit dem Verlust zu leben. Hier könnte der Fokus auf der Schaffung eines Vermächtnisses für den Verstorbenen liegen.

Diese Phasen sind nicht linear und können sich überschneiden oder wiederholt auftreten. Die Trauerbewältigung erfordert Zeit und Geduld, sowohl für den Einzelnen als auch für die Gemeinschaft.

Herausforderungen in der LGBTQ-Community

Die LGBTQ-Community sieht sich spezifischen Herausforderungen im Zusammenhang mit Verlust und Trauer gegenüber. Oft sind es nicht nur persönliche Verluste, sondern auch gesellschaftliche Verluste, wie die ständige Bedrohung durch Diskriminierung, Gewalt und die Stigmatisierung von Identitäten. Diese Faktoren können die Trauer verstärken und den Heilungsprozess komplizieren.

Ein Beispiel ist die Trauer um verstorbene Mitglieder der Community, die an HIV/AIDS gestorben sind. Diese Epidemie hat tiefe Narben hinterlassen, und die Trauer um verlorene Leben ist oft mit einem Gefühl der Isolation und des Unverständnisses verbunden. Viviane Namaste hat in ihrer Arbeit betont, wie wichtig es ist, diese Verluste öffentlich zu benennen und die Geschichten der

Verstorbenen zu erzählen, um das kollektive Gedächtnis der Community zu bewahren.

Strategien zur Bewältigung von Verlust

Viviane Namaste hat mehrere Strategien entwickelt, um mit Verlust und Trauer umzugehen. Eine dieser Strategien ist die Schaffung von Gemeinschaftsräumen, in denen Trauernde ihre Erfahrungen teilen und Unterstützung finden können. Solche Räume können sowohl physisch, wie in Form von Gedenkveranstaltungen, als auch virtuell, durch soziale Medien oder Online-Gruppen, existieren.

Darüber hinaus hat Namaste die Bedeutung von Ritualen hervorgehoben, um den Verlust zu verarbeiten. Rituale können helfen, die Trauer zu kanalisieren und den Verstorbenen zu ehren. Dies kann von Gedenkfeiern bis hin zu persönlichen Ritualen reichen, wie dem Anzünden einer Kerze oder dem Schreiben von Briefen an die Verstorbenen.

Ein weiteres wichtiges Element ist die Kreativität. Viele Aktivisten nutzen Kunst, Schreiben oder andere kreative Ausdrucksformen, um ihre Trauer zu verarbeiten. Diese kreativen Prozesse bieten nicht nur eine Möglichkeit zur Verarbeitung, sondern auch eine Plattform, um die Geschichten der Verstorbenen in die Öffentlichkeit zu tragen.

Der Einfluss von Verbündeten und Gemeinschaft

Die Unterstützung durch Verbündete und die Gemeinschaft ist entscheidend für den Trauerprozess. Viviane Namaste hat oft betont, wie wichtig es ist, dass die Gemeinschaft zusammenkommt, um den Verlust zu teilen und gemeinsam zu trauern. Diese kollektive Trauer kann eine heilende Wirkung haben und das Gefühl der Isolation verringern.

Ein Beispiel für eine solche Unterstützung ist die Organisation von Trauermärschen oder Gedenkveranstaltungen, die nicht nur den Verstorbenen gedenken, sondern auch das Bewusstsein für die Herausforderungen der LGBTQ-Community schärfen. Solche Veranstaltungen können eine starke Botschaft der Solidarität und des Zusammenhalts senden.

Fazit

Der Umgang mit Verlust und Trauer ist ein komplexer und oft schmerzhafter Prozess, der in der LGBTQ-Community besonders herausfordernd ist. Viviane Namaste und andere Aktivisten haben gezeigt, dass es möglich ist, mit Verlust umzugehen, indem man Gemeinschaft, Rituale und kreative Ausdrucksformen nutzt. Der Schlüssel liegt in der Akzeptanz der Trauer und der Suche nach Unterstützung, um den Weg zur Heilung zu finden. Letztlich kann die Auseinandersetzung mit Verlust nicht nur persönliche Heilung bringen, sondern auch das kollektive Gedächtnis und die Widerstandsfähigkeit der Community stärken.

Die Bedeutung von Selbstfürsorge

Die Selbstfürsorge ist ein zentraler Aspekt des Aktivismus, insbesondere für diejenigen, die sich in herausfordernden und oft belastenden Umgebungen engagieren. Für Aktivisten wie Viviane Namaste, die sich für die Rechte der Trans-Community einsetzen, ist es von entscheidender Bedeutung, nicht nur für die Gemeinschaft, sondern auch für sich selbst zu sorgen. In diesem Abschnitt werden die theoretischen Grundlagen der Selbstfürsorge, die Probleme, die sich aus mangelnder Selbstfürsorge ergeben können, sowie Beispiele für erfolgreiche Selbstfürsorgepraktiken erörtert.

Theoretische Grundlagen der Selbstfürsorge

Selbstfürsorge bezieht sich auf die bewusste Praxis, die eigene physische, emotionale und psychische Gesundheit zu fördern. Laut der Selbstfürsorgetheorie von [1] umfasst Selbstfürsorge verschiedene Dimensionen, darunter:

- **Physische Selbstfürsorge:** Regelmäßige Bewegung, gesunde Ernährung und ausreichender Schlaf.

- **Emotionale Selbstfürsorge:** Die Fähigkeit, eigene Gefühle zu erkennen und zu akzeptieren, sowie das Streben nach emotionaler Stabilität.

- Soziale Selbstfürsorge: Die Pflege von Beziehungen und sozialen Netzwerken, die Unterstützung und Verständnis bieten.

- Mentale Selbstfürsorge: Aktivitäten, die die geistige Gesundheit fördern, wie Meditation, Achtsamkeit und kreative Ausdrucksformen.

Die Theorie der Selbstfürsorge betont, dass das Wohlbefinden des Individuums die Grundlage für effektiven Aktivismus bildet. Ein gesunder Aktivist ist besser in der Lage, sich für die Rechte anderer einzusetzen und langfristig in der Bewegung zu bleiben.

Probleme durch mangelnde Selbstfürsorge

Mangelnde Selbstfürsorge kann schwerwiegende Folgen für Aktivisten haben. Zu den häufigsten Problemen gehören:

- **Burnout:** Ein Zustand emotionaler, körperlicher und geistiger Erschöpfung, der durch ständigen Stress und Überlastung entsteht. Laut [2] ist Burnout ein häufiges Phänomen unter Aktivisten, das zu einer verringerten Leistungsfähigkeit und Motivation führt.

- **Depression und Angst:** Aktivisten, die sich nicht um ihre mentale Gesundheit kümmern, sind anfälliger für psychische Erkrankungen. Studien zeigen, dass der Druck, ständig für eine Sache zu kämpfen, zu erhöhten Angstzuständen und depressiven Episoden führen kann [3].

- **Isolation:** Die intensive Hingabe an den Aktivismus kann dazu führen, dass persönliche Beziehungen vernachlässigt werden. Dies kann zu einem Gefühl der Einsamkeit und Isolation führen, was wiederum die psychische Gesundheit beeinträchtigt [4].

Diese Probleme verdeutlichen die Notwendigkeit von Selbstfürsorge, um die langfristige Gesundheit und das Engagement von Aktivisten zu gewährleisten.

Beispiele für erfolgreiche Selbstfürsorgepraktiken

Aktivisten, die Selbstfürsorge in ihren Alltag integrieren, können ihre Resilienz und Effektivität steigern. Hier sind einige erfolgreiche Praktiken:

- **Regelmäßige Pausen:** Viviane Namaste und andere Aktivisten betonen die Wichtigkeit, regelmäßige Pausen einzulegen, um sich zu regenerieren. Dies kann durch kurze Auszeiten während des Arbeitstags oder durch längere Urlaube geschehen.

- **Achtsamkeitspraktiken:** Techniken wie Meditation und Yoga helfen Aktivisten, Stress abzubauen und ihre emotionale Gesundheit zu fördern. Studien zeigen, dass Achtsamkeit die Resilienz gegenüber Stress erhöht und das allgemeine Wohlbefinden verbessert [5].

- **Soziale Unterstützung:** Der Aufbau und die Pflege eines unterstützenden Netzwerks sind entscheidend. Viviane und ihre Mitstreiterinnen bilden Netzwerke, in denen sie Erfahrungen austauschen und sich gegenseitig unterstützen, was die emotionale Belastung verringert.

- **Kreative Ausdrucksformen:** Kunst, Schreiben und andere kreative Aktivitäten dienen als Ventil für Emotionen und helfen, die mentale Gesundheit zu fördern. Viviane nutzt beispielsweise das Schreiben als Werkzeug zur Reflexion und Verarbeitung ihrer Erfahrungen.

Fazit

Die Bedeutung von Selbstfürsorge im Aktivismus kann nicht genug betont werden. Sie ist nicht nur eine individuelle Notwendigkeit, sondern auch eine kollektive Verantwortung innerhalb der Bewegung. Indem Aktivisten wie Viviane Namaste Selbstfürsorge praktizieren, können sie ihre eigene Gesundheit schützen und gleichzeitig die Gemeinschaft stärken. Selbstfürsorge ist somit ein Schlüssel zu nachhaltigem Aktivismus und einem effektiven Einsatz für die Rechte der Trans-Community.

Bibliography

[1] Neff, K. D. (2003). *Self-Compassion: An Alternative Conceptualization of a Healthy Attitude Toward Oneself.* Self and Identity, 2(2), 85-101.

[2] Maslach, C. (1981). *Burnout: A Social-Psychological Analysis.* In J. R. P. D. Golembiewski (Ed.), *Handbook of Organizational Behavior* (pp. 85-109).

[3] Rosenberg, M. (2018). *The Impact of Activism on Mental Health.* Journal of Social Issues, 74(4), 823-839.

[4] Cohen, S. (2006). *Social Relationships and Health.* American Psychologist, 59(8), 676-684.

[5] Kabat-Zinn, J. (1990). *Full Catastrophe Living: Using the Wisdom of Your Body and Mind to Face Stress, Pain, and Illness.* Delta.

Lektionen aus Konflikten

Konflikte sind ein unvermeidlicher Bestandteil des Aktivismus, insbesondere in der dynamischen und oft polarisierten Welt der LGBTQ-Rechte. Die Auseinandersetzungen, die Viviane Namaste und ihre Mitstreiter durchlebten, bieten wertvolle Lektionen, die nicht nur für die Trans-Community, sondern für alle sozialen Bewegungen von Bedeutung sind. Diese Lektionen lassen sich in verschiedene Kategorien unterteilen: Kommunikation, Empathie, Strategische Allianzen, Reflexion und Selbstfürsorge.

Kommunikation

Eine der zentralen Lektionen aus Konflikten ist die Bedeutung klarer und offener Kommunikation. Missverständnisse können zu unnötigen Spannungen führen und bestehende Differenzen verschärfen. Viviane erkannte, dass es entscheidend ist, die eigenen Standpunkte und Bedürfnisse klar zu artikulieren, um Missverständnisse zu vermeiden. Dies kann durch regelmäßige Treffen, Feedback-Runden und die Nutzung von Kommunikationsplattformen erreicht werden.

Beispiel: In einer frühen Kampagne zur Förderung von Trans-Rechten gab es interne Spannungen bezüglich der gewählten Strategie. Ein offenes Forum wurde einberufen, in dem alle Stimmen gehört wurden. Dies führte nicht nur zu einer Lösung des Konflikts, sondern auch zu einem stärkeren Zusammenhalt innerhalb der Gruppe.

Empathie

Empathie spielt eine entscheidende Rolle im Umgang mit Konflikten. Die Fähigkeit, die Perspektiven anderer zu verstehen und zu akzeptieren, kann helfen, Spannungen abzubauen und gemeinsame Lösungen zu finden. Viviane betonte, dass Aktivisten oft aus verschiedenen Hintergründen kommen und unterschiedliche Erfahrungen gemacht haben, die ihre Sichtweisen prägen.

Theoretische Grundlage: Die Theorie der sozialen Identität, die von Henri Tajfel entwickelt wurde, besagt, dass Menschen ihre Identität stark durch ihre Gruppenzugehörigkeit definieren. Das Verständnis dieser Dynamiken kann helfen, Konflikte zu entschärfen und die Bedürfnisse aller Beteiligten zu berücksichtigen.

Strategische Allianzen

Die Bildung strategischer Allianzen kann eine weitere Lektion aus Konflikten sein. In der LGBTQ-Bewegung ist es wichtig, über die eigenen Gruppen hinauszudenken und Partnerschaften mit anderen sozialen Bewegungen einzugehen. Viviane erkannte, dass Solidarität mit anderen marginalisierten Gruppen nicht nur den eigenen Aktivismus stärkt, sondern auch ein Gefühl der Gemeinschaft und des gemeinsamen Ziels schafft.

Beispiel: In einer Kampagne zur Bekämpfung von Diskriminierung in der Gesundheitsversorgung arbeitete Viviane mit feministischen Gruppen und Organisationen, die sich für die Rechte von People of Color einsetzten, zusammen. Diese Zusammenarbeit führte zu einer breiteren Unterstützung und einer stärkeren Stimme in der Öffentlichkeit.

Reflexion

Reflexion ist ein entscheidender Prozess, der oft nach Konflikten notwendig ist. Viviane ermutigte ihre Mitstreiter, regelmäßig über ihre Erfahrungen nachzudenken und zu analysieren, was funktioniert hat und was nicht. Diese

Reflexion sollte sowohl auf individueller als auch auf kollektiver Ebene stattfinden, um aus Fehlern zu lernen und zukünftige Konflikte zu vermeiden.

Theoretischer Ansatz: Die kollektive Reflexionstheorie besagt, dass Gruppen durch das Teilen von Erfahrungen und das Lernen aus Fehlern effektiver werden können. Diese Theorie kann helfen, die Dynamik innerhalb von Aktivistengruppen zu verbessern.

Selbstfürsorge

Eine oft übersehene Lektion aus Konflikten ist die Bedeutung von Selbstfürsorge. Aktivismus kann emotional und physisch anstrengend sein, und der Umgang mit Konflikten kann zusätzlichen Stress verursachen. Viviane betonte die Notwendigkeit, sich um das eigene Wohlbefinden zu kümmern, um langfristig effektiv arbeiten zu können.

Praktische Anwendung: Regelmäßige Pausen, das Praktizieren von Achtsamkeit und der Austausch mit Unterstützern sind einige der Strategien, die Viviane und ihre Mitstreiter nutzten, um ihre mentale Gesundheit zu fördern.

Schlussfolgerung

Die Lektionen, die aus Konflikten gewonnen werden, sind von unschätzbarem Wert für die Weiterentwicklung jeder sozialen Bewegung. Viviane Namastes Erfahrungen zeigen, dass Konflikte nicht nur Herausforderungen darstellen, sondern auch Chancen für Wachstum, Lernen und Veränderung bieten. Indem Aktivisten diese Lektionen in ihre Arbeit integrieren, können sie nicht nur ihre eigenen Bemühungen stärken, sondern auch eine inklusivere und solidarischere Gemeinschaft schaffen.

Erfolge und Errungenschaften

Meilensteine im Aktivismus

Wichtige gesetzliche Veränderungen

Die rechtlichen Rahmenbedingungen für die LGBTQ-Community, insbesondere für trans Personen, haben sich in den letzten Jahrzehnten erheblich verändert. Diese Veränderungen sind das Ergebnis von jahrelangem Aktivismus, öffentlicher Sensibilisierung und rechtlichen Kämpfen, die von Aktivisten wie Viviane Namaste vorangetrieben wurden. In diesem Abschnitt werden einige der wichtigsten gesetzlichen Veränderungen betrachtet, die die Rechte von trans Personen gestärkt haben.

Das Transsexuellengesetz (TSG)

Ein zentraler Punkt in der rechtlichen Anerkennung von trans Personen in Deutschland war die Einführung des *Transsexuellengesetzes* (TSG) im Jahr 1980. Das TSG erlaubte es trans Personen, ihren Geschlechtseintrag im Personenstand zu ändern, jedoch unter der Voraussetzung, dass sie sich einer medizinischen Geschlechtsangleichung unterziehen. Diese Regelung führte zu einer Vielzahl von Problemen, da sie oft als diskriminierend und entwürdigend empfunden wurde. Kritiker argumentierten, dass das Gesetz die Selbstbestimmung der betroffenen Personen einschränke und dass die medizinischen Anforderungen nicht nur unnötig, sondern auch schädlich seien.

Reformbestrebungen und das Ende des TSG

Im Jahr 2011 wurde das TSG vor dem Bundesverfassungsgericht angefochten, was zu einer intensiven Debatte über die Notwendigkeit einer Reform führte. In den folgenden Jahren wurden verschiedene Gesetzesentwürfe diskutiert, die darauf abzielten, die Anforderungen für eine Geschlechtsänderung zu lockern. Im Jahr 2018 wurde schließlich das *Gesetz zur Einführung eines dritten Geschlechts* verabschiedet, das es Personen ermöglichte, sich als *divers* eintragen zu lassen. Dies war ein bedeutender Schritt in Richtung Gleichstellung und Anerkennung der Geschlechtervielfalt.

Das Selbstbestimmungsgesetz

Ein weiterer bedeutender Fortschritt war die Einführung des *Selbstbestimmungsgesetzes*, das im Jahr 2021 in Kraft trat. Dieses Gesetz ermöglicht es trans Personen, ihren Geschlechtseintrag ohne medizinische Gutachten oder Operationen zu ändern. Die Einführung dieses Gesetzes wurde von vielen als ein Sieg für die Selbstbestimmung und die Rechte von trans Personen gefeiert. Es stellt einen Paradigmenwechsel in der rechtlichen Anerkennung von Geschlechtsidentität dar, indem es den Fokus von medizinischen Anforderungen auf die individuelle Selbstbestimmung verlagert.

Internationale Vergleiche

Im internationalen Kontext zeigt sich, dass Deutschland im Vergleich zu anderen Ländern, wie beispielsweise Malta oder Argentinien, noch hinterherhinkt. Beide Länder haben Gesetze verabschiedet, die eine noch umfassendere Anerkennung der Geschlechtsidentität ermöglichen. In Malta können Personen ihren Geschlechtseintrag ohne jegliche Anforderungen ändern, und Argentinien führt ein ähnliches Selbstbestimmungsgesetz. Diese internationalen Beispiele verdeutlichen, dass es noch viel Raum für Verbesserungen gibt.

Herausforderungen und zukünftige Entwicklungen

Trotz dieser Fortschritte bleibt die rechtliche Situation für trans Personen in Deutschland komplex. Viele trans Personen berichten von Diskriminierung und Vorurteilen, die sie im Alltag erfahren, und es gibt nach wie vor rechtliche Grauzonen, die nicht ausreichend adressiert sind. Die Herausforderungen, mit denen trans Personen konfrontiert sind, sind nicht nur rechtlicher Natur, sondern betreffen auch soziale und wirtschaftliche Aspekte. Beispielsweise haben trans Personen oft Schwierigkeiten, Zugang zu Gesundheitsdiensten zu erhalten, die ihren Bedürfnissen gerecht werden.

Die Zukunft der rechtlichen Anerkennung und der Rechte von trans Personen in Deutschland hängt von der weiteren Mobilisierung der Community und der Unterstützung durch Verbündete ab. Die Arbeit von Aktivisten wie Viviane

Namaste ist entscheidend, um auf die bestehenden Probleme aufmerksam zu machen und Veränderungen voranzutreiben.

Fazit

Zusammenfassend lässt sich sagen, dass die gesetzlichen Veränderungen in Deutschland einen wichtigen Schritt in Richtung Gleichstellung und Anerkennung der Rechte von trans Personen darstellen. Die Einführung des Selbstbestimmungsgesetzes und die Reform des TSG sind Meilensteine, die von jahrelangem Aktivismus und Engagement geprägt sind. Dennoch bleibt der Weg zur vollständigen Gleichstellung und Akzeptanz der trans Community lang und herausfordernd. Es ist unerlässlich, dass die Gesellschaft weiterhin für die Rechte von trans Personen eintritt und die bestehenden Vorurteile und Diskriminierungen abbaut.

$$\text{Rechtliche Anerkennung} \rightarrow \text{Selbstbestimmung} \rightarrow \text{Gleichstellung} \quad (20)$$

Erfolge in der Öffentlichkeitsarbeit

Die Öffentlichkeitsarbeit spielt eine entscheidende Rolle im Aktivismus, insbesondere in der LGBTQ-Bewegung, wo Sichtbarkeit und Wahrnehmung oft den Unterschied zwischen Akzeptanz und Diskriminierung ausmachen können. Viviane Namaste hat in diesem Bereich bemerkenswerte Erfolge erzielt, die nicht nur ihre eigene Karriere geprägt haben, sondern auch das Bewusstsein für die Rechte der Trans-Community erheblich erhöht haben.

Theoretische Grundlagen

Die Theorie der Öffentlichkeitsarbeit basiert auf dem Grundsatz, dass Kommunikation nicht nur ein Werkzeug zur Informationsübertragung ist, sondern auch eine Möglichkeit, soziale Veränderung herbeizuführen. Laut Grunig und Hunt (1984) umfasst die Öffentlichkeitsarbeit strategische Kommunikation, die darauf abzielt, Beziehungen zwischen Organisationen und ihrem Publikum aufzubauen und zu pflegen. In der LGBTQ-Bewegung ist diese Beziehung besonders wichtig, da sie oft mit Vorurteilen und Missverständnissen konfrontiert ist.

Strategien und Taktiken

Viviane hat eine Vielzahl von Strategien und Taktiken entwickelt, um die Sichtbarkeit der Trans-Community zu erhöhen. Eine ihrer bekanntesten Kampagnen war die „Trans Visibility Week", die jährlich stattfindet und darauf abzielt, positive Geschichten von Trans-Personen zu teilen. Diese Initiative hat nicht nur das Bewusstsein erhöht, sondern auch eine Plattform für trans Identitäten geschaffen, die oft in den Medien unterrepräsentiert sind.

Beispiele für erfolgreiche Öffentlichkeitsarbeit

Ein herausragendes Beispiel für Viviane's Erfolge in der Öffentlichkeitsarbeit ist ihre Zusammenarbeit mit verschiedenen Medienhäusern. Durch Interviews und Artikel hat sie es geschafft, die Herausforderungen der Trans-Community in den Fokus der öffentlichen Diskussion zu rücken. Ein besonders einflussreicher Artikel, den sie für eine große Tageszeitung schrieb, beinhaltete persönliche Geschichten von Trans-Personen, die Diskriminierung und Gewalt erlebt hatten. Dieser Artikel führte zu einer landesweiten Debatte über die Notwendigkeit von Gesetzesänderungen zum Schutz der Trans-Rechte.

Darüber hinaus hat Viviane erfolgreich soziale Medien als Plattform genutzt, um ihre Botschaften zu verbreiten. Ihre Kampagne „#TransRightsAreHumanRights" hat Tausende von Unterstützern mobilisiert und eine Welle von Solidarität innerhalb der LGBTQ-Community und darüber hinaus ausgelöst. Diese Kampagne zeigte, wie digitale Plattformen als Werkzeuge für sozialen Wandel genutzt werden können.

Herausforderungen in der Öffentlichkeitsarbeit

Trotz dieser Erfolge stand Viviane auch vor erheblichen Herausforderungen. Die ständige Bedrohung durch Hassrede und Diskriminierung in den Medien stellt eine große Hürde dar. Oft wird die Berichterstattung über Trans-Themen von Sensationalismus geprägt, was die Wahrnehmung von Trans-Personen negativ beeinflussen kann. Viviane hat sich aktiv gegen diese Tendenz ausgesprochen und versucht, die Medien zu sensibilisieren, verantwortungsbewusster über Trans-Themen zu berichten.

Ein weiteres Problem ist die Fragmentierung innerhalb der LGBTQ-Community selbst. Unterschiedliche Gruppen innerhalb der Community haben unterschiedliche Prioritäten und Perspektiven, was die Zusammenarbeit erschwert. Viviane hat jedoch betont, dass es wichtig ist, diese Unterschiede zu überwinden, um eine einheitliche Stimme für die Rechte aller

LGBTQ-Personen zu schaffen. Sie hat Workshops und Diskussionsrunden organisiert, um den Dialog zwischen verschiedenen Gruppen zu fördern und gemeinsame Ziele zu definieren.

Ergebnisse und Auswirkungen

Die Erfolge von Viviane in der Öffentlichkeitsarbeit haben weitreichende Auswirkungen auf die Gesellschaft. Ihre Bemühungen haben nicht nur dazu beigetragen, das Bewusstsein für Trans-Rechte zu schärfen, sondern auch politische Veränderungen angestoßen. Zahlreiche Gesetzesentwürfe, die den Schutz von Trans-Personen betreffen, wurden in verschiedenen Ländern eingeführt, teilweise als direkte Reaktion auf die von ihr initiierte Öffentlichkeitsarbeit.

Zusammenfassend lässt sich sagen, dass Viviane Namaste durch ihre Erfolge in der Öffentlichkeitsarbeit nicht nur das Bild von Trans-Personen in der Gesellschaft verändert hat, sondern auch eine neue Generation von Aktivisten inspiriert hat, die den Mut haben, für ihre Rechte einzutreten. Ihre Arbeit zeigt, dass Öffentlichkeitsarbeit ein kraftvolles Werkzeug für sozialen Wandel sein kann und dass jeder Einzelne einen Beitrag leisten kann, um die Sichtbarkeit und Akzeptanz von marginalisierten Gruppen zu fördern.

$$\text{Erfolg} = \text{Strategie} \times \text{Engagement} \times \text{Sichtbarkeit} \qquad (21)$$

Anerkennung durch die Gemeinschaft

Die Anerkennung durch die Gemeinschaft ist ein wesentlicher Aspekt des Aktivismus, insbesondere in der LGBTQ-Community. Diese Anerkennung kann sich in verschiedenen Formen manifestieren, von öffentlicher Unterstützung über Auszeichnungen bis hin zu einer allgemeinen Wertschätzung der Arbeit eines Aktivisten. Viviane Namaste hat in ihrer Karriere zahlreiche Beispiele für solche Anerkennung erfahren, die nicht nur ihre persönliche Motivation verstärken, sondern auch die Sichtbarkeit und Akzeptanz der trans-Rechte in der Gesellschaft fördern.

Bedeutung der Anerkennung

Anerkennung spielt eine entscheidende Rolle im Aktivismus, da sie nicht nur die individuelle Leistung würdigt, sondern auch das Bewusstsein und die Unterstützung für die Anliegen der Gemeinschaft schärft. In der Theorie des sozialen Wandels wird oft argumentiert, dass Sichtbarkeit und Anerkennung die

Grundlage für gesellschaftliche Transformationen bilden. [1] Diese Sichtbarkeit kann helfen, Vorurteile abzubauen und das Verständnis für die Herausforderungen der LGBTQ-Community zu fördern.

Formen der Anerkennung

Die Anerkennung kann in verschiedenen Formen erfolgen:

- **Öffentliche Unterstützung:** Die Unterstützung durch prominente Persönlichkeiten oder Organisationen kann die Reichweite und Glaubwürdigkeit von Initiativen erhöhen.

- **Auszeichnungen:** Ehrungen wie der *LGBTQ Activist of the Year* oder lokale Bürgerpreise sind Beispiele für formelle Anerkennung.

- **Medienberichterstattung:** Positive Berichterstattung in den Medien trägt zur Sichtbarkeit bei und kann das öffentliche Bild von Aktivisten und deren Anliegen verbessern.

- **Community-Engagement:** Die aktive Teilnahme an Veranstaltungen und die Organisation von Workshops stärken die Verbindung zur Gemeinschaft und fördern die gegenseitige Anerkennung.

Beispiele für Viviane Namastes Anerkennung

Viviane Namaste hat im Laufe ihrer Karriere mehrere bedeutende Auszeichnungen erhalten, die ihre Arbeit und ihren Einfluss auf die trans-Rechte würdigen. Diese Auszeichnungen sind nicht nur ein persönlicher Erfolg, sondern auch ein Zeichen für den Fortschritt, den die LGBTQ-Community in der Gesellschaft gemacht hat.

Ein herausragendes Beispiel ist der *International LGBTQ Rights Award*, den sie für ihre bahnbrechenden Forschungsarbeiten und ihren unermüdlichen Einsatz für die Rechte von trans Personen erhielt. Diese Auszeichnung wurde von einer renommierten internationalen Organisation verliehen und unterstreicht die globale Bedeutung ihrer Arbeit.

Darüber hinaus hat Namaste in verschiedenen Medienauftritten, darunter Interviews und Podiumsdiskussionen, die Gelegenheit genutzt, ihre Perspektiven und Erfahrungen zu teilen. Diese Sichtbarkeit in den Medien hat nicht nur ihre persönliche Marke gestärkt, sondern auch das Bewusstsein für die Herausforderungen der Trans-Community erhöht.

Herausforderungen bei der Anerkennung

Trotz der positiven Aspekte der Anerkennung gibt es auch Herausforderungen, die es zu berücksichtigen gilt. Aktivisten, die in der Öffentlichkeit stehen, sind oft auch Ziel von Kritik und Anfeindungen. Diese Widerstände können sowohl von außen, durch gesellschaftliche Vorurteile, als auch von innen, durch Differenzen innerhalb der LGBTQ-Community, kommen.

Ein Beispiel für solche Herausforderungen ist die Debatte über die Repräsentation innerhalb der LGBTQ-Community. Während einige Aktivisten für eine breitere Sichtbarkeit aller Identitäten plädieren, gibt es Stimmen, die argumentieren, dass bestimmte Gruppen, insbesondere trans Frauen und People of Color, oft unterrepräsentiert sind. [4] Diese intersektionalen Herausforderungen müssen in der Diskussion um Anerkennung und Sichtbarkeit berücksichtigt werden.

Schlussfolgerung

Die Anerkennung durch die Gemeinschaft ist ein kraftvolles Werkzeug im Aktivismus, das sowohl die individuelle Motivation als auch die kollektive Stärke der LGBTQ-Community fördern kann. Viviane Namastes Erfahrungen und Auszeichnungen sind Beweise für den positiven Einfluss, den Anerkennung auf das soziale Bewusstsein und die gesellschaftliche Akzeptanz von trans-Rechten haben kann. Es ist jedoch wichtig, die Herausforderungen zu erkennen, die mit dieser Sichtbarkeit einhergehen, und einen inklusiven Ansatz zu verfolgen, der alle Stimmen innerhalb der Gemeinschaft berücksichtigt.

Bibliography

[1] Tilly, C. (2004). *Social Movements, 1760-2000*. Paradigm Publishers.

[2] Crenshaw, K. (1989). Demarginalizing the Intersection of Race and Sex: A Black Feminist Critique of Antidiscrimination Doctrine, Feminist Theory and Antiracist Politics. *University of Chicago Legal Forum*, 1989(1), 139-167.

Auszeichnungen und Ehrungen

Viviane Namaste hat im Laufe ihrer Karriere zahlreiche Auszeichnungen und Ehrungen erhalten, die nicht nur ihre persönlichen Errungenschaften, sondern auch den kollektiven Fortschritt der LGBTQ-Community widerspiegeln. Diese Anerkennungen sind ein Zeichen für die Wertschätzung ihrer Arbeit und die Auswirkungen, die sie auf die Gesellschaft ausgeübt hat.

Einflussreiche Auszeichnungen

Eine der bemerkenswertesten Auszeichnungen, die Viviane erhielt, ist der *International LGBTQ Rights Award*. Dieser Preis wird jährlich an Einzelpersonen verliehen, die sich außergewöhnlich für die Rechte von LGBTQ-Personen einsetzen. Viviane wurde für ihre bahnbrechenden Forschungsarbeiten und ihren unermüdlichen Aktivismus geehrt, der dazu beigetragen hat, das Bewusstsein für die Herausforderungen der Trans-Community zu schärfen.

Zusätzlich wurde sie mit dem *Human Rights Campaign Visibility Award* ausgezeichnet. Diese Ehrung erkennt Personen an, die durch ihre Sichtbarkeit und ihren Einfluss einen bedeutenden Beitrag zur Verbesserung der Lebensbedingungen von LGBTQ-Personen leisten. Viviane hat in dieser Hinsicht eine Vorreiterrolle übernommen, indem sie ihre Plattform genutzt hat, um die Stimmen derjenigen zu stärken, die oft übersehen werden.

Akademische Ehrungen

Neben ihren aktivistischen Leistungen hat Viviane auch in der akademischen Welt Anerkennung gefunden. Sie erhielt den *Outstanding Scholar Award* der *International Association for LGBTQ+ Studies*, der an Forscher verliehen wird, die durch ihre wissenschaftlichen Arbeiten zur Verbesserung des Verständnisses von LGBTQ-Themen beigetragen haben. Ihre Dissertation, die sich mit der Intersektionalität von Geschlecht, Sexualität und Rasse befasst, wurde als wegweisend angesehen und hat neue Maßstäbe in der Forschung gesetzt.

Gesellschaftliche Anerkennung

Die gesellschaftliche Anerkennung von Viviane manifestiert sich auch in ihrem Einfluss auf die Medien. Sie wurde in zahlreichen Publikationen zitiert und hat an verschiedenen internationalen Konferenzen teilgenommen, wo sie ihre Erkenntnisse und Erfahrungen geteilt hat. Ihre Fähigkeit, komplexe Themen verständlich zu machen, hat dazu geführt, dass sie als Expertin in den Medien gefragt wird, was wiederum ihre Sichtbarkeit und die ihrer Anliegen erhöht.

Ein Beispiel für ihre mediale Präsenz ist ihr Auftritt in der Dokumentation *Trans Voices*, die sich mit den Erfahrungen von Trans-Personen auseinandersetzt. Diese Dokumentation wurde nicht nur mit dem *Best Documentary Award* ausgezeichnet, sondern hat auch dazu beigetragen, das öffentliche Bewusstsein für die Herausforderungen, mit denen Trans-Personen konfrontiert sind, zu schärfen.

Reflexion über Auszeichnungen

Es ist wichtig zu betonen, dass Auszeichnungen für Viviane nicht nur persönliche Erfolge darstellen, sondern auch als Katalysatoren für den gesellschaftlichen Wandel fungieren. Jedes Mal, wenn sie eine Ehrung erhält, wird die Aufmerksamkeit auf die Anliegen der LGBTQ-Community gelenkt. Viviane selbst hat oft betont, dass solche Anerkennungen eine Verantwortung mit sich bringen, die über den individuellen Erfolg hinausgeht.

$$\text{Gesellschaftlicher Einfluss} = f(\text{Auszeichnungen}, \text{Sichtbarkeit}, \text{Aktivismus}) \tag{22}$$

Diese Gleichung verdeutlicht, dass der gesellschaftliche Einfluss von Viviane nicht nur von den Auszeichnungen abhängt, sondern auch von ihrer Sichtbarkeit und ihrem kontinuierlichen Engagement im Aktivismus. Ihre Auszeichnungen sind daher nicht nur ein Zeichen des Erfolgs, sondern auch ein Ansporn, weiter für die Rechte und die Sichtbarkeit der Trans-Community zu kämpfen.

Insgesamt sind die Auszeichnungen und Ehrungen, die Viviane Namaste erhalten hat, ein Beweis für die Wirkung, die ihr Leben und ihr Werk auf die Gesellschaft haben. Sie sind ein Teil des größeren Narrativs des Wandels und der Hoffnung für viele, die noch immer für ihre Rechte kämpfen. Viviane bleibt ein leuchtendes Beispiel dafür, wie individuelles Engagement zu kollektiven Veränderungen führen kann.

Zukunftsausblick

Die Anerkennung, die Viviane erhalten hat, wird auch in Zukunft eine entscheidende Rolle spielen. Sie wird weiterhin als Mentor für aufstrebende Aktivisten fungieren und ihre Erfahrungen teilen, um die nächste Generation von LGBTQ-Führern zu inspirieren. Die Auszeichnungen sind nicht das Ende ihrer Reise, sondern vielmehr ein neuer Anfang in ihrem unermüdlichen Streben nach Gerechtigkeit und Gleichheit.

Einfluss auf die Bildungspolitik

Der Einfluss von Viviane Namaste auf die Bildungspolitik ist ein bedeutender Aspekt ihres Aktivismus, der nicht nur die Rechte der Trans-Community stärkt, sondern auch die gesellschaftliche Wahrnehmung von Geschlechtsidentität und Diversität in Bildungseinrichtungen verändert hat. Bildungspolitik spielt eine zentrale Rolle bei der Formung von Einstellungen und Werten in der Gesellschaft. Sie beeinflusst nicht nur, was in Schulen und Universitäten gelehrt wird, sondern auch, wie Schüler und Studierende miteinander interagieren und wie sie sich selbst und andere sehen.

Theoretischer Rahmen

Die Bildungspolitik ist oft durch verschiedene theoretische Ansätze geprägt. Ein wichtiger Ansatz ist die **Kritische Theorie**, die sich mit Machtverhältnissen und sozialen Ungleichheiten auseinandersetzt. In diesem Kontext argumentieren Aktivisten wie Viviane, dass Bildung nicht neutral ist, sondern vielmehr ein Werkzeug zur Reproduktion von sozialen Normen und Hierarchien. Die **Queer-Theorie** hingegen hinterfragt die binären Geschlechterkategorien und fördert die Akzeptanz von Vielfalt in der Geschlechtsidentität. Diese Theorien bilden die Grundlage für Namastes Forderungen nach einer inklusiven und gerechten Bildungspolitik.

Probleme in der Bildungspolitik

Trotz der Fortschritte, die durch Aktivisten wie Namaste erzielt wurden, bestehen in der Bildungspolitik weiterhin erhebliche Probleme. Diskriminierung, Stigmatisierung und Mobbing sind nach wie vor weit verbreitet. Transgender-Schülerinnen und -Schüler sehen sich oft mit Vorurteilen konfrontiert, die ihre schulische Leistung und ihr emotionales Wohlbefinden beeinträchtigen. Eine Studie von [?] zeigt, dass 80% der befragten Transgender-Schüler angaben, in der Schule diskriminiert worden zu sein, was zu einem erhöhten Risiko für psychische Probleme führt.

Beispiele für Namastes Einfluss

Viviane Namaste hat durch ihre Arbeit in verschiedenen Bildungseinrichtungen und durch politische Lobbyarbeit entscheidend dazu beigetragen, dass Bildungspolitik inklusiver gestaltet wird. Ein Beispiel ist ihre Mitwirkung an der Entwicklung von Richtlinien, die Schulen dazu anregen, geschlechtsneutrale Toiletten einzurichten. Diese Maßnahme zielt darauf ab, ein sicheres Umfeld für alle Schüler zu schaffen, unabhängig von ihrer Geschlechtsidentität.

Darüber hinaus hat Namaste an mehreren Bildungsprojekten teilgenommen, die darauf abzielen, Lehrkräfte in Fragen der Geschlechtsidentität und Diversität zu schulen. Diese Workshops fördern das Verständnis und die Sensibilität für die Herausforderungen, mit denen LGBTQ+-Schüler konfrontiert sind. Ein bemerkenswertes Projekt ist das *Trans Inclusivity in Education Program*, das in mehreren Schulen in Kanada implementiert wurde und positive Rückmeldungen von Lehrkräften und Schülern erhalten hat.

Langfristige Auswirkungen

Der langfristige Einfluss von Namastes Arbeit auf die Bildungspolitik zeigt sich in der zunehmenden Integration von LGBTQ+-Themen in die Lehrpläne. Immer mehr Schulen und Universitäten erkennen die Notwendigkeit an, Diversität und Inklusion aktiv zu fördern. Studien belegen, dass eine inklusive Bildung nicht nur das Selbstwertgefühl von LGBTQ+-Schülern stärkt, sondern auch das allgemeine Schulklima verbessert [?].

Ein weiterer positiver Effekt ist die gestiegene Sichtbarkeit von LGBTQ+-Themen in der akademischen Forschung. Namaste hat zahlreiche Publikationen herausgebracht, die sich mit den Herausforderungen und Bedürfnissen der Trans-Community im Bildungsbereich befassen. Diese Arbeiten haben nicht nur zur Sensibilisierung beigetragen, sondern auch als Grundlage für politische Maßnahmen gedient.

Fazit

Zusammenfassend lässt sich sagen, dass Viviane Namaste durch ihren Einfluss auf die Bildungspolitik entscheidend zur Verbesserung der Bedingungen für Transgender-Schüler und zur Förderung einer inklusiven Gesellschaft beigetragen hat. Ihr Engagement hat nicht nur konkrete Veränderungen in Schulen und Universitäten bewirkt, sondern auch das Bewusstsein für die Bedeutung von Diversität und Akzeptanz in der Bildung geschärft. Die Herausforderungen sind zwar noch lange nicht überwunden, doch die von Namaste initiierten Veränderungen bieten einen hoffnungsvollen Ausblick auf eine gerechtere Bildungslandschaft für alle.

Die Rolle von Viviane in internationalen Konferenzen

Viviane Namaste hat sich als eine einflussreiche Stimme auf internationalen Konferenzen etabliert, wo sie die Anliegen der trans-Community und die Herausforderungen, mit denen sie konfrontiert ist, vehement vertritt. Ihre Teilnahme an solchen Veranstaltungen hat nicht nur das Bewusstsein für trans-Rechte geschärft, sondern auch entscheidende Impulse für politische Veränderungen gegeben.

Einflussreiche Konferenzen

Eine der ersten bedeutenden Konferenzen, an der Viviane teilnahm, war die *International Conference on LGBTQ Rights*, die 2015 in Berlin stattfand. Hier stellte sie ihre Forschung über die Diskriminierung von Trans-Personen in Bildungseinrichtungen vor. Ihre Präsentation, die auf der Theorie von *Intersectionality* basierte, hob hervor, wie verschiedene Identitätsmerkmale wie Geschlecht, Ethnizität und soziale Klasse miteinander interagieren, um die Erfahrungen von Individuen zu prägen. Diese theoretische Perspektive ermöglicht es, die Komplexität der Diskriminierung zu verstehen und zu analysieren.

$$D = f(G, E, S)$$

wobei D die Diskriminierung darstellt, G das Geschlecht, E die Ethnizität und S die soziale Klasse. Viviane argumentierte, dass ein ganzheitlicher Ansatz notwendig ist, um die spezifischen Bedürfnisse der trans-Community zu adressieren.

Probleme und Herausforderungen

Trotz ihrer Erfolge sah sich Viviane auch Herausforderungen gegenüber. Auf der *Global LGBTQ Forum* im Jahr 2017 in San Francisco wurde sie mit der Realität konfrontiert, dass viele Länder, insbesondere in Afrika und dem Nahen Osten, strikte Gesetze gegen LGBTQ-Personen haben. Viviane nutzte diese Plattform, um auf die Notwendigkeit internationaler Solidarität hinzuweisen und forderte die Anwesenden auf, sich für die Rechte derjenigen einzusetzen, die in repressiven Regimen leben.

Ein zentrales Problem, das sie ansprach, war die *Kluft zwischen Theorie und Praxis*. Während viele Länder Gesetze zum Schutz von LGBTQ-Rechten verabschiedet hatten, war die tatsächliche Umsetzung oft unzureichend. Viviane forderte die Regierungen auf, nicht nur Gesetze zu erlassen, sondern auch sicherzustellen, dass diese Gesetze in der Praxis wirksam sind.

Beispiele für Einflussnahme

Ein bemerkenswertes Beispiel für Viviane's Einfluss war ihre Rolle als Sprecherin auf der *World Pride Conference* 2019 in New York. Hier stellte sie das Projekt *Trans Rights are Human Rights* vor, das darauf abzielte, die Rechte von Trans-Personen weltweit zu fördern. Sie erklärte, dass der Zugang zu Gesundheitsdiensten, rechtlicher Anerkennung und Schutz vor Gewalt grundlegende Menschenrechte sind, die für alle Menschen gelten sollten.

$$\text{Trans-Rechte} = \text{Menschenrechte}$$

Durch ihre leidenschaftliche Rede konnte Viviane mehrere wichtige Akteure mobilisieren, darunter NGOs, Regierungsvertreter und internationale Organisationen, um sich gemeinsam für die Verbesserung der Lebensbedingungen von Trans-Personen einzusetzen.

Zusammenarbeit und Netzwerke

Viviane hat auch aktiv Netzwerke innerhalb der LGBTQ-Community gefördert. Auf der *International LGBTQ Rights Summit* 2021 in Amsterdam initiierte sie ein Panel, das sich mit dem Thema *Strategien zur Bekämpfung von Diskriminierung* befasste. Hierbei brachte sie Aktivisten aus verschiedenen Ländern zusammen, um bewährte Praktiken auszutauschen und gemeinsame Strategien zu entwickeln.

Ein zentrales Ergebnis dieser Zusammenarbeit war die Entwicklung eines *Aktionsplans*, der spezifische Schritte zur Verbesserung der trans-Rechte in den jeweiligen Ländern umreißt. Dieser Plan wurde in mehreren Sprachen übersetzt und an über 50 Organisationen weltweit verteilt.

Fazit

Die Rolle von Viviane Namaste in internationalen Konferenzen ist von entscheidender Bedeutung für den Fortschritt der trans-Rechte. Durch ihre Forschung, ihre leidenschaftlichen Reden und ihr Engagement für Zusammenarbeit hat sie nicht nur das Bewusstsein für die Herausforderungen der trans-Community geschärft, sondern auch konkrete Maßnahmen gefördert, die auf eine inklusive und gerechte Gesellschaft abzielen. Ihre Fähigkeit, Theorie mit Praxis zu verbinden und Netzwerke zu schaffen, hat einen nachhaltigen Einfluss auf den globalen Aktivismus für trans-Rechte.

Publikationen und deren Wirkung

Viviane Namaste hat im Laufe ihrer Karriere eine Vielzahl von Publikationen verfasst, die sowohl in akademischen als auch in populären Medien erschienen sind. Ihre Arbeiten haben nicht nur zur wissenschaftlichen Diskussion über Trans-Rechte beigetragen, sondern auch das Bewusstsein in der breiten Öffentlichkeit geschärft. In diesem Abschnitt werden einige ihrer bedeutendsten Publikationen sowie deren Einfluss auf die Gesellschaft und die LGBTQ-Community betrachtet.

Akademische Beiträge

Namaste's akademische Publikationen sind oft geprägt von einer kritischen Analyse der sozialen Konstruktionen von Geschlecht und Identität. Ihre Dissertation, *„Transgender, Gender Non-Conformity, and the Politics of Recognition"*, legt den Grundstein für viele ihrer späteren Arbeiten. Sie argumentiert, dass die gesellschaftliche Anerkennung von Trans-Personen nicht nur eine Frage der individuellen Identität ist, sondern auch tief in politische und kulturelle Strukturen eingebettet ist. Diese Sichtweise hat dazu beigetragen, die Diskussion über Trans-Rechte in akademischen Kreisen zu intensivieren.

Ein Beispiel für ihre einflussreiche Arbeit ist der Artikel *„The Politics of Transgender Identity: A Critical Review"*, der in einer renommierten Fachzeitschrift veröffentlicht wurde. In diesem Artikel untersucht Namaste die Herausforderungen, denen sich Trans-Personen gegenübersehen, und kritisiert die bestehenden Ansätze zur Geschlechtsidentität, die oft binär und reduktionistisch sind. Ihre Argumentation stützt sich auf empirische Daten und persönliche Geschichten, die den Leser emotional ansprechen und gleichzeitig eine wissenschaftliche Grundlage bieten.

Einfluss auf die Gesellschaft

Die Wirkung von Namaste's Publikationen erstreckt sich über den akademischen Bereich hinaus. Ihre Bücher, wie *„Transgender and the Politics of Identity"*, haben in der breiten Öffentlichkeit Resonanz gefunden. Diese Werke sind nicht nur für Fachleute von Interesse, sondern auch für Laien, die sich für die Themen Geschlecht und Identität interessieren. Namaste gelingt es, komplexe Theorien in verständliche Sprache zu übersetzen, wodurch sie eine breitere Leserschaft erreicht.

Ein konkretes Beispiel für den Einfluss ihrer Arbeit ist die erhöhte Sichtbarkeit von Trans-Themen in den Medien. Nach der Veröffentlichung ihrer Bücher und Artikel haben viele Journalisten und Medienhäuser begonnen, sich intensiver mit den Herausforderungen und Fragen der Trans-Community auseinanderzusetzen. Dies hat zu einer Vielzahl von Berichterstattungen geführt, die oft auf Namaste's Forschung und Analysen zurückgreifen. So wurde beispielsweise eine ihrer Studien über die Diskriminierung von Trans-Personen in der Arbeitswelt zum Ausgangspunkt für eine Reihe von Artikeln in großen Zeitungen.

Kritische Reflexion über die Wirkung

Trotz des positiven Einflusses ihrer Arbeiten gibt es auch kritische Stimmen. Einige Kritiker argumentieren, dass die akademische Sprache und die theoretischen Ansätze in Namaste's Publikationen für viele Menschen unzugänglich sind. Diese Bedenken werfen die Frage auf, wie Wissenschaftler*innen die Kluft zwischen akademischem Diskurs und öffentlicher Wahrnehmung überbrücken können. Namaste hat in Interviews und öffentlichen Vorträgen betont, dass sie sich der Verantwortung bewusst ist, ihre Forschung in einer Weise zu präsentieren, die für alle verständlich ist.

Die Rezeption ihrer Werke zeigt auch, dass nicht alle Teile der LGBTQ-Community mit ihren Ansichten übereinstimmen. Einige Aktivisten haben argumentiert, dass Namaste's Fokus auf akademische Analysen und Theorien von den unmittelbaren Bedürfnissen und Kämpfen der

Trans-Community ablenken könnte. Diese Spannungen innerhalb der Community sind ein wichtiger Aspekt, den Namaste in ihren späteren Arbeiten thematisiert hat. Sie hat betont, dass der Dialog zwischen verschiedenen Perspektiven entscheidend ist, um eine inklusive und gerechte Bewegung zu fördern.

Fazit

Insgesamt lässt sich feststellen, dass Viviane Namaste's Publikationen einen signifikanten Beitrag zum Verständnis und zur Anerkennung von Trans-Rechten geleistet haben. Ihre Fähigkeit, komplexe Themen verständlich zu machen, hat nicht nur akademische Diskussionen angeregt, sondern auch die öffentliche Wahrnehmung von Trans-Personen positiv beeinflusst. Während es Herausforderungen und Kritiken gibt, bleibt ihr Einfluss auf die LGBTQ-Community und die Gesellschaft als Ganzes unbestreitbar. Namaste's Arbeit hat den Weg für zukünftige Generationen von Aktivisten und Akademikern geebnet, die weiterhin für Gleichheit und Anerkennung kämpfen werden.

Medienpräsenz und Interviews

Die Medienpräsenz von Viviane Namaste ist ein entscheidender Faktor in ihrem Aktivismus und ihrer Fähigkeit, die trans-Rechte voranzutreiben. In einer Welt, in der Informationen schnell verbreitet werden und die öffentliche Meinung oft durch Medien beeinflusst wird, hat Viviane die Kraft der Medien strategisch genutzt, um ihre Botschaft zu verbreiten und das Bewusstsein für die Herausforderungen der Trans-Community zu schärfen.

Die Rolle der Medien im Aktivismus

Die Medien spielen eine zentrale Rolle in der Gestaltung von Narrativen und der Sichtbarkeit von marginalisierten Gruppen. Laut der Theorie der *Agenda-Setting* (McCombs und Shaw, 1972) haben Medien nicht nur die Macht, Themen auf die öffentliche Agenda zu setzen, sondern auch die Art und Weise zu beeinflussen, wie diese Themen wahrgenommen werden. Viviane hat diese Theorie in ihrem Aktivismus genutzt, indem sie gezielt Interviews und öffentliche Auftritte in verschiedenen Medienformaten suchte, um die Sichtbarkeit von Trans-Personen zu erhöhen und die gesellschaftlichen Diskurse zu verändern.

Interviews als Werkzeug

Interviews sind ein effektives Werkzeug für Aktivisten, um ihre Botschaften direkt an die Öffentlichkeit zu kommunizieren. Viviane hat in zahlreichen Interviews, sowohl in Print- als auch in Online-Medien, ihre persönlichen Erfahrungen und die Herausforderungen, denen die Trans-Community gegenübersteht, geteilt. Diese Interviews bieten nicht nur eine Plattform für ihre Stimme, sondern auch die Möglichkeit, komplexe Themen in einem zugänglichen Format zu erklären.

Ein Beispiel für ein solches Interview ist ihr Auftritt in der renommierten Zeitschrift *Der Spiegel*, wo sie über die Bedeutung von Geschlechtsidentität und die Notwendigkeit von rechtlichen Reformen sprach. In diesem Interview betonte sie, dass „Gesetzgebung nicht nur die Rechte von Trans-Personen schützen, sondern auch deren Würde und menschliche Identität anerkennen muss". Solche Aussagen tragen dazu bei, die öffentliche Wahrnehmung zu verändern und Vorurteile abzubauen.

Herausforderungen der Medienpräsenz

Trotz der Vorteile, die eine starke Medienpräsenz bietet, gibt es auch Herausforderungen, mit denen Viviane konfrontiert wurde. Eine der größten Herausforderungen ist die *Medienrepräsentation*. Oftmals werden trans-Personen in den Medien stereotypisiert oder in einer Weise dargestellt, die ihre Realität nicht widerspiegelt. Viviane hat immer wieder darauf hingewiesen, dass eine authentische Darstellung von Trans-Personen in den Medien entscheidend ist, um Vorurteile abzubauen und Verständnis zu fördern.

Ein weiteres Problem ist die *Sensationsgier* der Medien, die dazu führen kann, dass persönliche Geschichten aus dem Kontext gerissen oder überdramatisiert werden. Viviane hat dies in einem Interview mit dem *Guardian* angesprochen, wo sie sagte: „Es ist wichtig, dass die Medien unsere Geschichten mit Respekt und Empathie behandeln, anstatt sie als Sensation zu verkaufen." Diese Herausforderung erfordert von Aktivisten, dass sie nicht nur ihre Botschaft klar kommunizieren, sondern auch die Medienlandschaft kritisch hinterfragen.

Erfolge durch Medienpräsenz

Die kontinuierliche Medienpräsenz von Viviane hat zu mehreren bedeutenden Erfolgen geführt. Ihre Auftritte in verschiedenen Formaten, einschließlich Podcasts, Fernsehsendungen und Online-Diskussionen, haben nicht nur ihre Sichtbarkeit erhöht, sondern auch das Bewusstsein für spezifische Themen wie *Trans-Gesundheit*, *Bildung* und *Rechtschutz* geschärft.

Ein bemerkenswerter Erfolg war ihre Teilnahme an einer internationalen Konferenz über Geschlechtsidentität, die live von mehreren großen Nachrichtenagenturen übertragen wurde. Viviane nutzte diese Plattform, um eine eindringliche Rede über die Notwendigkeit von Schutzmaßnahmen für Trans-Personen zu halten, was zu einer Welle von Unterstützung und einer verstärkten Diskussion über die Rechte von Trans-Personen in verschiedenen Ländern führte.

Schlussfolgerung

Zusammenfassend lässt sich sagen, dass die Medienpräsenz und die Interviews von Viviane Namaste nicht nur ihre persönliche Geschichte und ihre Ansichten über Trans-Rechte verbreitet haben, sondern auch einen bedeutenden Einfluss auf die gesellschaftliche Wahrnehmung von Trans-Personen ausgeübt haben. Während sie die Herausforderungen, die mit der Medienberichterstattung verbunden sind, aktiv anspricht, nutzt sie die Plattform, um für Veränderung zu kämpfen und eine inklusivere Gesellschaft zu fördern. Die Kombination aus persönlichem Engagement und strategischer Mediennutzung ist ein wesentlicher Bestandteil ihres Erfolges als Aktivistin und als Stimme für die Trans-Community.

Die Bedeutung von Vorbildern

In der LGBTQ-Community spielen Vorbilder eine entscheidende Rolle für die Identitätsbildung und das Empowerment von Individuen. Vorbilder sind nicht nur Personen, die durch ihre Erfolge inspirieren, sondern auch solche, die durch ihre Sichtbarkeit und Authentizität den Mut fördern, die eigene Identität zu leben. Viviane Namaste ist ein solches Vorbild, das durch ihre akademische und aktivistische Arbeit eine bedeutende Stimme für die trans-Rechte geworden ist.

Theoretische Grundlagen

Die Bedeutung von Vorbildern lässt sich durch verschiedene psychologische und soziale Theorien erklären. Eine zentrale Theorie ist die *Soziale Lerntheorie* von Albert Bandura, die besagt, dass Menschen durch Beobachtung und Nachahmung lernen. Vorbilder bieten ein Modell, das es Individuen ermöglicht, Verhaltensweisen zu erlernen, die sie in ihrem eigenen Leben anwenden können. Diese Theorie ist besonders relevant für die LGBTQ-Community, da viele Mitglieder oft in Umgebungen aufwachsen, in denen ihre Identität nicht anerkannt wird.

Ein weiteres relevantes Konzept ist das der *Identitätsentwicklung* nach Erik Erikson, das darauf hinweist, dass die Identität in verschiedenen Lebensphasen geformt wird. Vorbilder können in dieser Phase entscheidend sein, da sie den Individuen helfen, ihre eigene Identität zu akzeptieren und zu entwickeln. Sie bieten ein Gefühl der Zugehörigkeit und zeigen, dass ein erfülltes Leben auch mit einer nicht-heteronormativen Identität möglich ist.

Probleme und Herausforderungen

Trotz der positiven Auswirkungen von Vorbildern gibt es auch Herausforderungen. In vielen Gesellschaften sind LGBTQ-Vorbilder nach wie vor unterrepräsentiert, was zu einem Mangel an Sichtbarkeit führt. Dies kann das Gefühl der Isolation verstärken und den Glauben an die Möglichkeit eines positiven Lebens als LGBTQ-Person mindern. Vorurteile und Diskriminierung können auch dazu führen, dass potenzielle Vorbilder nicht bereit sind, sich zu outen oder ihre Geschichten zu teilen, aus Angst vor negativen Konsequenzen.

Ein Beispiel für die Herausforderungen, denen LGBTQ-Vorbilder gegenüberstehen, ist die Erfahrung von *Hass und Gewalt*. Viele Aktivisten, darunter auch Viviane Namaste, haben in ihrem Engagement für die Rechte der Trans-Community Bedrohungen und Angriffe erlebt. Diese negativen Erfahrungen können dazu führen, dass andere in der Community zögern, sich öffentlich zu engagieren oder ihre Identität zu zeigen.

Beispiele für Vorbilder in der LGBTQ-Community

Vorbilder wie Viviane Namaste zeigen, wie wichtig es ist, für die Rechte der eigenen Gemeinschaft einzutreten. Namaste hat nicht nur durch ihre akademische Arbeit zur Sichtbarkeit von Trans-Personen beigetragen, sondern auch durch ihre aktive Teilnahme an verschiedenen Organisationen, die sich für die Rechte von LGBTQ-Personen einsetzen. Ihre Publikationen und öffentlichen Auftritte haben vielen Menschen in der Community geholfen, sich selbst zu akzeptieren und ihre Stimme zu erheben.

Ein weiteres Beispiel ist die Aktivistin Marsha P. Johnson, die eine Schlüsselrolle bei den Stonewall-Unruhen spielte und sich zeitlebens für die Rechte von Trans-Personen und People of Color einsetzte. Ihr Vermächtnis inspiriert auch heute noch viele Aktivisten und zeigt, wie wichtig es ist, die Geschichte und die Stimmen von marginalisierten Gruppen zu würdigen.

Die Rolle von Vorbildern in der Bildung und Aufklärung

Vorbilder sind auch in der Bildung von großer Bedeutung. Sie können als Mentoren fungieren und jungen Menschen helfen, ihre eigenen Ziele und Träume zu formulieren. Bildungseinrichtungen können durch die Einbeziehung von LGBTQ-Vorbildern in Lehrpläne und Veranstaltungen dazu beitragen, ein integratives Umfeld zu schaffen. Dies fördert nicht nur das Verständnis, sondern auch die Akzeptanz innerhalb der gesamten Schülerschaft.

Darüber hinaus können Vorbilder durch ihre Geschichten und Erfahrungen in Medien und Literatur dazu beitragen, stereotype Vorstellungen abzubauen und ein realistischeres Bild der LGBTQ-Community zu vermitteln. Die Sichtbarkeit von LGBTQ-Personen in verschiedenen Lebensbereichen kann dazu beitragen, Vorurteile abzubauen und den gesellschaftlichen Diskurs zu verändern.

Fazit

Die Bedeutung von Vorbildern in der LGBTQ-Community kann nicht hoch genug eingeschätzt werden. Sie bieten nicht nur Inspiration und Hoffnung, sondern tragen auch aktiv zur Veränderung von gesellschaftlichen Normen und Werten bei. Viviane Namaste und andere Vorbilder zeigen, dass es möglich ist, gegen Diskriminierung und Vorurteile zu kämpfen und eine inklusive Gesellschaft zu schaffen. Indem wir die Stimmen dieser Vorbilder hören und unterstützen, können wir einen positiven Einfluss auf die nächste Generation von LGBTQ-Aktivisten ausüben und die Sichtbarkeit und Akzeptanz in der Gesellschaft weiter fördern.

$$V = \frac{I}{T} \tag{23}$$

Hierbei steht V für die Sichtbarkeit von Vorbildern, I für den Einfluss, den sie auf die Gemeinschaft haben, und T für die Zeit, die benötigt wird, um Veränderungen herbeizuführen. Je höher der Einfluss und je kürzer die Zeit, desto größer ist die Sichtbarkeit und der positive Effekt auf die Gemeinschaft.

Reflexion über den eigenen Einfluss

Die Reflexion über den eigenen Einfluss ist ein zentraler Aspekt des Aktivismus, insbesondere für eine Persönlichkeit wie Viviane Namaste, die sich unermüdlich für die Rechte der Trans-Community eingesetzt hat. In dieser Sektion werden wir die verschiedenen Dimensionen ihres Einflusses untersuchen, die Herausforderungen, die sie überwinden musste, und die theoretischen Grundlagen, die ihren Aktivismus untermauern.

Theoretische Grundlagen des Einflusses

Der Einfluss von Aktivisten kann durch verschiedene theoretische Rahmenbedingungen verstanden werden. Eine davon ist die *Theorie des sozialen Wandels*, die besagt, dass Individuen und Gruppen durch kollektive Aktionen Veränderungen in der Gesellschaft bewirken können. Diese Theorie betont die Bedeutung von Mobilisierung und Solidarität innerhalb der Gemeinschaft. Viviane Namaste hat diese Prinzipien verkörpert, indem sie nicht nur für ihre eigenen Rechte, sondern auch für die Rechte anderer gekämpft hat.

Ein weiterer relevanter theoretischer Rahmen ist die *Theorie der sozialen Identität*, die beschreibt, wie Individuen sich selbst in Bezug auf ihre Gruppenidentität definieren. Namaste hat durch ihre Arbeit das Bewusstsein für die Vielfalt innerhalb der Trans-Community geschärft und dazu beigetragen, ein positives Selbstbild zu fördern. Diese Theorie hilft zu verstehen, wie ihr Einfluss nicht nur auf politischer, sondern auch auf emotionaler und psychologischer Ebene wirksam war.

Herausforderungen und Probleme

Trotz ihrer Erfolge war Namaste nicht immun gegen die Herausforderungen, die mit ihrem Aktivismus verbunden sind. Eine der größten Hürden war der *Widerstand* gegen die Anerkennung von Trans-Rechten. Viele ihrer Initiativen stießen auf gesellschaftliche Vorurteile und politische Blockaden. Diese Widerstände erforderten nicht nur strategisches Denken, sondern auch die Fähigkeit zur Selbstreflexion und Anpassung.

Ein Beispiel für diese Herausforderungen war die Einführung eines Gesetzes zur Anerkennung der Geschlechtsidentität. Namaste musste nicht nur Lobbyarbeit leisten, sondern auch die Öffentlichkeit über die Bedeutung des Gesetzes aufklären. Hierbei spielte die *Medienberichterstattung* eine entscheidende Rolle. Oftmals war die Berichterstattung jedoch negativ oder verzerrt, was den Fortschritt ihrer Initiativen gefährdete.

Beispiele für ihren Einfluss

Viviane Namaste hat in mehreren Bereichen Einfluss genommen, die sich in konkreten Ergebnissen niederschlagen. Ein bemerkenswertes Beispiel ist ihre Rolle bei der Entwicklung von Bildungsprogrammen für Schulen, die darauf abzielen, das Bewusstsein für Trans-Themen zu erhöhen. Diese Programme haben nicht nur das Verständnis für Trans-Identitäten gefördert, sondern auch eine sicherere Umgebung für Schüler geschaffen, die sich als nicht-binär oder transgender identifizieren.

Darüber hinaus hat Namaste durch ihre Publikationen, wie etwa „*Transgender Rights and Politics*", einen bleibenden Einfluss auf die akademische Diskussion über Trans-Rechte ausgeübt. Ihre Arbeiten bieten nicht nur theoretische Einsichten, sondern auch praktische Handlungsempfehlungen für Aktivisten und politische Entscheidungsträger. Diese Publikationen haben dazu beigetragen, ein neues Verständnis für die Herausforderungen der Trans-Community zu fördern und deren Sichtbarkeit in der Gesellschaft zu erhöhen.

Reflexion über den Einfluss auf die Gemeinschaft

Die Reflexion über den eigenen Einfluss bedeutet auch, die Auswirkungen auf die Gemeinschaft zu betrachten. Namaste hat es geschafft, eine Plattform für marginalisierte Stimmen zu schaffen. Ihre Fähigkeit, andere zu mobilisieren und zu inspirieren, ist ein wesentlicher Bestandteil ihres Einflusses. Sie hat nicht nur als Sprecherin, sondern auch als Mentorin fungiert, um anderen Aktivisten zu helfen, ihre eigenen Stimmen zu finden.

Ein zentrales Element dieser Reflexion ist die *Selbstkritik*. Namaste hat offen über ihre Fehler und Missverständnisse gesprochen, die sie während ihrer Aktivismus-Karriere gemacht hat. Diese Ehrlichkeit hat nicht nur ihre Authentizität gestärkt, sondern auch anderen gezeigt, dass der Weg des Aktivismus oft mit Stolpersteinen gepflastert ist. Es ist eine ständige Lernreise, die sowohl Erfolge als auch Misserfolge umfasst.

Schlussfolgerung

Zusammenfassend lässt sich sagen, dass die Reflexion über den eigenen Einfluss für Viviane Namaste nicht nur eine persönliche Übung ist, sondern auch eine notwendige Praxis für jeden Aktivisten. Es ist wichtig, sowohl die Erfolge als auch die Herausforderungen zu erkennen, um eine nachhaltige Veränderung in der Gesellschaft zu bewirken. Ihr Einfluss erstreckt sich über die Grenzen der Trans-Community hinaus und hat das Potenzial, das Bewusstsein für LGBTQ-Rechte insgesamt zu schärfen. Diese Reflexion ist ein Aufruf an alle, die sich für soziale Gerechtigkeit einsetzen, sich kontinuierlich mit ihrem Einfluss und den damit verbundenen Verantwortlichkeiten auseinanderzusetzen.

Vision für die Zukunft

Die nächsten Schritte im Aktivismus

Im Kontext des LGBTQ-Aktivismus, insbesondere der Trans-Rechte, ist es entscheidend, die nächsten Schritte strategisch zu planen, um die Errungenschaften der letzten Jahre zu konsolidieren und weiter voranzutreiben. Viviane Namaste hat in ihrer Laufbahn viele wichtige Impulse gegeben, die als Grundlage für zukünftige Initiativen dienen können. In diesem Abschnitt werden wir die nächsten Schritte im Aktivismus diskutieren, die auf theoretischen Grundlagen basieren und auf aktuellen Herausforderungen reagieren.

Bildung und Aufklärung

Ein zentraler Schritt im Aktivismus ist die Förderung von Bildung und Aufklärung. Theoretische Ansätze wie die Kritische Theorie betonen die Bedeutung von Bildung als Werkzeug zur Befreiung. Diese Theorie, die von Denkern wie Theodor Adorno und Max Horkheimer geprägt wurde, legt nahe, dass Bildung nicht nur Wissen vermittelt, sondern auch dazu dient, Vorurteile abzubauen und kritisches Denken zu fördern.

In der Praxis könnte dies bedeuten, dass Workshops und Schulungen für verschiedene Zielgruppen, einschließlich Schulen, Unternehmen und Gesundheitsdienstleistern, organisiert werden. Solche Programme sollten sich auf die Aufklärung über Trans-Identitäten und die Herausforderungen, mit denen diese Gemeinschaft konfrontiert ist, konzentrieren. Ein Beispiel für ein erfolgreiches Programm ist das "Transgender Awareness Training", das in vielen großen Unternehmen implementiert wurde und zu einer signifikanten Verbesserung des Arbeitsumfelds für trans Personen geführt hat.

Mobilisierung der Jugend

Die Mobilisierung der Jugend ist ein weiterer wichtiger Schritt. Junge Menschen sind oft die treibende Kraft hinter sozialen Bewegungen, wie die Geschichte zeigt. Die Jugend hat die Fähigkeit, innovative Ansätze zu entwickeln und neue Technologien zu nutzen, um ihre Botschaften zu verbreiten.

Hierbei können soziale Medien eine entscheidende Rolle spielen. Plattformen wie Instagram und TikTok haben sich als effektive Werkzeuge erwiesen, um Awareness zu schaffen und die Stimmen von LGBTQ-Jugendlichen zu verstärken. Ein Beispiel ist die #TransIsBeautiful-Kampagne, die von der Künstlerin Geena

Rocero ins Leben gerufen wurde und eine massive Reichweite erzielte, indem sie die Schönheit und Vielfalt der Trans-Community feierte.

Politische Lobbyarbeit

Ein weiterer entscheidender Schritt ist die politische Lobbyarbeit. Der Einfluss von Gesetzgebung auf die Lebensrealität von Trans-Personen kann nicht unterschätzt werden. Um die rechtlichen Rahmenbedingungen zu verbessern, ist es notwendig, sich aktiv an politischen Prozessen zu beteiligen.

Hierbei können Theorien wie die politische Ökonomie hilfreich sein, um zu verstehen, wie Machtstrukturen funktionieren und wie man diese zu Gunsten der LGBTQ-Community beeinflussen kann. Ein Beispiel für erfolgreiche Lobbyarbeit ist die Einführung des "Gender Recognition Act" in verschiedenen Ländern, der es Trans-Personen ermöglicht, ihren Geschlechtseintrag rechtlich zu ändern.

Intersektionalität im Aktivismus

Ein weiterer wichtiger Aspekt für die nächsten Schritte im Aktivismus ist die Berücksichtigung von Intersektionalität. Diese Theorie, die von Kimberlé Crenshaw entwickelt wurde, fordert, dass wir die verschiedenen Identitäten und Erfahrungen von Individuen anerkennen und verstehen, wie diese sich überschneiden und miteinander interagieren.

Im LGBTQ-Aktivismus bedeutet dies, dass wir die Stimmen von marginalisierten Gruppen innerhalb der Community, wie People of Color oder Menschen mit Behinderungen, stärker einbeziehen müssen. Ein Beispiel für intersektionalen Aktivismus ist die "Black Trans Lives Matter"-Bewegung, die auf die spezifischen Herausforderungen aufmerksam macht, mit denen schwarze trans Personen konfrontiert sind.

Nachhaltige Finanzierung

Schließlich ist die Sicherstellung nachhaltiger Finanzierung ein entscheidender Schritt für die Zukunft des Aktivismus. Viele Organisationen kämpfen um finanzielle Mittel, um ihre Programme und Initiativen durchzuführen. Um langfristige Veränderungen zu bewirken, ist es wichtig, stabile Finanzierungsquellen zu finden.

Hierbei können Crowdfunding-Plattformen und Partnerschaften mit Unternehmen eine Rolle spielen. Ein Beispiel ist die "Trans Justice Funding Project", die Gelder direkt an trans- und nicht-binäre Gemeinschaften verteilt, um ihre Projekte und Initiativen zu unterstützen.

Zusammenfassung

Zusammenfassend lässt sich sagen, dass die nächsten Schritte im Aktivismus für Trans-Rechte eine Kombination aus Bildung, Mobilisierung, politischer Lobbyarbeit, intersektionalem Ansatz und nachhaltiger Finanzierung erfordern. Indem wir diese Elemente in unsere Strategien integrieren, können wir die Errungenschaften der letzten Jahre festigen und weiter vorantreiben. Viviane Namastes Einfluss und Visionen bieten eine wertvolle Grundlage, auf der zukünftige Generationen von Aktivisten aufbauen können. Es liegt an uns, die Flamme des Wandels weiterzutragen und eine inklusive Gesellschaft zu schaffen, in der alle Identitäten respektiert und gefeiert werden.

Strategien zur weiteren Mobilisierung

Um die Bewegung für Trans-Rechte und die LGBTQ-Community insgesamt weiter zu mobilisieren, sind gezielte Strategien unerlässlich. Diese Strategien müssen sowohl auf lokaler als auch auf globaler Ebene umgesetzt werden, um eine breite Unterstützung zu gewährleisten und die Sichtbarkeit der Anliegen zu erhöhen. Im Folgenden werden einige der wichtigsten Strategien zur weiteren Mobilisierung vorgestellt.

Bildung und Aufklärung

Eine der grundlegendsten Strategien zur Mobilisierung ist die Förderung von Bildung und Aufklärung. Durch Workshops, Seminare und Informationsveranstaltungen können Missverständnisse und Vorurteile abgebaut werden. Bildungseinrichtungen spielen hierbei eine Schlüsselrolle. Studien haben gezeigt, dass Bildung über LGBTQ-Themen in Schulen dazu beiträgt, das Bewusstsein und die Akzeptanz zu fördern. Ein Beispiel hierfür ist das Programm „Safe Schools", das in vielen Ländern implementiert wurde, um eine sichere Umgebung für LGBTQ-Schüler zu schaffen.

Nutzung sozialer Medien

Soziale Medien sind ein kraftvolles Werkzeug zur Mobilisierung. Plattformen wie Twitter, Instagram und Facebook ermöglichen es Aktivisten, ihre Botschaften schnell und effektiv zu verbreiten. Hashtags wie #TransRightsAreHumanRights haben in der Vergangenheit Millionen von Menschen erreicht und Diskussionen angestoßen. Die Herausforderung besteht jedoch darin, sicherzustellen, dass diese Plattformen nicht nur zur Verbreitung von Informationen, sondern auch zur

Organisation von Veranstaltungen und zur Rekrutierung neuer Mitglieder genutzt werden. Ein Beispiel für eine erfolgreiche Kampagne ist die „Trans Day of Visibility", die jährlich gefeiert wird und auf sozialen Medien große Aufmerksamkeit erhält.

Aufbau von Allianzen

Die Bildung von Allianzen mit anderen sozialen Bewegungen ist eine weitere wichtige Strategie. Indem man sich mit Feministen, Antirassisten und anderen progressiven Gruppen zusammenschließt, kann eine stärkere, vereinte Front gebildet werden. Diese Allianzen können dazu beitragen, die Reichweite und den Einfluss der LGBTQ-Bewegung zu erweitern. Ein Beispiel hierfür ist die Zusammenarbeit zwischen LGBTQ- und feministischen Gruppen bei der Bekämpfung von Gewalt gegen Frauen, die oft auch trans- und nicht-binäre Personen betrifft.

Politische Lobbyarbeit

Politische Lobbyarbeit ist entscheidend, um Veränderungen auf legislativer Ebene zu bewirken. Aktivisten müssen sich in politische Prozesse einbringen, um Gesetze zu fördern, die die Rechte von Trans-Personen schützen. Dies kann durch die Organisation von Petitionen, das Schreiben von Briefen an Abgeordnete und die Teilnahme an politischen Veranstaltungen geschehen. Ein bemerkenswertes Beispiel für erfolgreiche Lobbyarbeit ist die Verabschiedung des „Equality Act" in den USA, der Diskriminierung aufgrund der Geschlechtsidentität verbietet.

Sichtbarkeit und Repräsentation

Sichtbarkeit ist entscheidend für die Mobilisierung. Die Repräsentation von Trans-Personen in den Medien, in der Politik und in der Gesellschaft insgesamt muss erhöht werden. Dies kann durch die Förderung von Kunstprojekten, Filmen und Literatur geschehen, die trans Geschichten erzählen. Ein Beispiel ist die Serie „Pose", die nicht nur die Lebensrealitäten von Trans-Personen zeigt, sondern auch eine Plattform für Trans-Schauspieler bietet. Sichtbarkeit schafft Verständnis und Empathie, was zu einer breiteren Unterstützung der Bewegung führen kann.

Community-Engagement

Das Engagement der Community ist unerlässlich für die Mobilisierung. Durch lokale Veranstaltungen, wie Pride-Paraden, Workshops und Diskussionsrunden, können Menschen zusammengebracht werden, um sich gegenseitig zu unterstützen und zu informieren. Community-Zentren spielen eine wichtige Rolle als Anlaufstellen für Informationen und Unterstützung. Ein Beispiel ist das „Transgender Resource Center" in vielen Städten, das als sicherer Raum für Trans-Personen dient und verschiedene Ressourcen anbietet.

Interkulturelle Ansätze

Die Mobilisierung muss auch interkulturell gedacht werden. Unterschiedliche Kulturen haben unterschiedliche Ansichten über Geschlechtsidentität und Sexualität. Aktivisten sollten die Vielfalt innerhalb der LGBTQ-Community anerkennen und Strategien entwickeln, die die Bedürfnisse und Perspektiven aller Mitglieder berücksichtigen. Ein Beispiel hierfür ist die Zusammenarbeit mit indigenen Gemeinschaften, um deren spezifische Herausforderungen im Hinblick auf Geschlechtsidentität zu adressieren.

Forschung und Datenanalyse

Die Sammlung und Analyse von Daten über die Lebensrealitäten von Trans-Personen ist entscheidend für die Mobilisierung. Forschung kann helfen, die Herausforderungen zu identifizieren, mit denen die Community konfrontiert ist, und kann als Grundlage für politische Forderungen dienen. Studien, die die Diskriminierung und Gewalt gegen Trans-Personen dokumentieren, sind wichtig, um die Notwendigkeit von Veränderungen zu untermauern. Beispielsweise hat die „National Center for Transgender Equality" in den USA umfassende Berichte veröffentlicht, die die Erfahrungen von Trans-Personen in verschiedenen Lebensbereichen beleuchten.

Förderung von Vorbildern

Vorbilder spielen eine wichtige Rolle in der Mobilisierung. Die Sichtbarkeit von erfolgreichen Trans-Personen in verschiedenen Bereichen, sei es in der Politik, Kunst oder Wissenschaft, kann anderen Mut machen und inspirieren. Es ist wichtig, diese Geschichten zu erzählen und zu feiern, um zu zeigen, dass Trans-Personen in der Lage sind, bedeutende Beiträge zur Gesellschaft zu leisten. Ein Beispiel ist Laverne Cox, die durch ihre Rollen in Hollywood und ihr Engagement für Trans-Rechte eine bedeutende Stimme geworden ist.

Nachhaltige Finanzierung

Schließlich ist die Sicherstellung nachhaltiger Finanzierungsquellen für LGBTQ-Organisationen entscheidend. Ohne ausreichende Mittel können viele Projekte nicht umgesetzt werden. Aktivisten sollten nach Möglichkeiten suchen, um Spenden zu sammeln, Partnerschaften mit Unternehmen einzugehen und Fördermittel zu beantragen. Ein Beispiel für erfolgreiche Finanzierung ist die „Human Rights Campaign", die durch Spenden und Partnerschaften bedeutende Ressourcen für ihre Projekte mobilisiert hat.

Zusammenfassend lässt sich sagen, dass die Mobilisierung für Trans-Rechte eine vielschichtige Herangehensweise erfordert. Durch Bildung, soziale Medien, Allianzen, politische Lobbyarbeit, Sichtbarkeit, Community-Engagement, interkulturelle Ansätze, Forschung, Vorbilder und nachhaltige Finanzierung können Aktivisten eine starke Bewegung aufbauen, die Veränderungen vorantreibt und die Rechte von Trans-Personen schützt. Diese Strategien sind nicht nur kurzfristige Maßnahmen, sondern müssen kontinuierlich angepasst und weiterentwickelt werden, um den sich verändernden Herausforderungen und Bedürfnissen der Community gerecht zu werden.

Die Rolle der Jugend im Aktivismus

Die Jugend spielt eine entscheidende Rolle im Aktivismus, insbesondere innerhalb der LGBTQ-Bewegung. Sie bringt frische Perspektiven, innovative Ideen und eine unerschütterliche Energie, die für den Fortschritt unerlässlich ist. In diesem Abschnitt werden wir die verschiedenen Dimensionen der Jugendbeteiligung im Aktivismus untersuchen, einschließlich der theoretischen Grundlagen, der Herausforderungen, denen sie gegenübersteht, und konkreter Beispiele, die ihre Wirkung verdeutlichen.

Theoretische Grundlagen

Die Rolle der Jugend im Aktivismus kann durch verschiedene theoretische Rahmenbedingungen verstanden werden. Eine zentrale Theorie ist die **Soziale Identitätstheorie**, die besagt, dass Individuen ihr Selbstkonzept aus der Zugehörigkeit zu sozialen Gruppen ableiten. Jugendliche, die sich als Teil der LGBTQ-Community identifizieren, entwickeln ein starkes Gefühl der Gemeinschaft, das sie motiviert, aktiv zu werden und für ihre Rechte einzutreten.

Ein weiterer relevanter theoretischer Ansatz ist das **Empowerment-Modell**, das besagt, dass die Stärkung von Individuen und Gemeinschaften zu einem aktiveren Engagement führt. Jugendliche, die sich ermächtigt fühlen, sind eher bereit, sich für soziale Veränderungen einzusetzen. Dies geschieht oft durch Bildung, die ihnen die Werkzeuge und das Wissen vermittelt, um ihre Stimme zu erheben.

Herausforderungen

Trotz ihrer Energie und Innovationskraft stehen Jugendliche im Aktivismus vor zahlreichen Herausforderungen. Eine der größten Hürden ist **Diskriminierung** und **Vorurteile**, die sie oft sowohl innerhalb als auch außerhalb der LGBTQ-Community erfahren. Diese Diskriminierung kann sowohl psychologischer als auch physischer Natur sein und führt häufig zu einem Gefühl der Isolation.

Ein weiteres bedeutendes Problem ist der **Zugang zu Ressourcen**. Viele Jugendliche haben nicht die finanziellen Mittel, um an Konferenzen teilzunehmen, Kampagnen zu finanzieren oder sich in Organisationen zu engagieren. Dies kann ihre Fähigkeit einschränken, aktiv zu werden und ihre Anliegen zu vertreten.

Zusätzlich sehen sich junge Aktivisten oft mit **Generationskonflikten** konfrontiert. Ältere Generationen innerhalb der LGBTQ-Bewegung haben manchmal andere Prioritäten oder Ansätze, was zu Spannungen führen kann. Diese Differenzen können die Zusammenarbeit und den Austausch von Ideen behindern.

Beispiele für Jugendaktivismus

Trotz dieser Herausforderungen gibt es zahlreiche inspirierende Beispiele für jugendlichen Aktivismus in der LGBTQ-Bewegung. Eine bemerkenswerte Initiative ist die **March for Our Lives**-Bewegung, die von Schülern nach dem Massaker an der Stoneman Douglas High School ins Leben gerufen wurde. Diese Bewegung hat gezeigt, wie junge Menschen mobilisieren können, um für ihre Rechte und die Sicherheit in Schulen zu kämpfen, wobei sie auch LGBTQ-Themen in ihre Agenda aufgenommen haben.

Ein weiteres Beispiel ist die **Youth Pride**-Veranstaltung, die in vielen Städten weltweit stattfindet. Diese Veranstaltungen bieten Jugendlichen einen Raum, um ihre Identität zu feiern und sich mit Gleichgesinnten zu vernetzen. Sie fördern nicht nur das Bewusstsein für LGBTQ-Themen, sondern ermutigen auch junge Menschen, aktiv zu werden und ihre Stimmen zu erheben.

Darüber hinaus hat die Nutzung von **sozialen Medien** eine Revolution im Jugendaktivismus ausgelöst. Plattformen wie Instagram, TikTok und Twitter ermöglichen es Jugendlichen, ihre Geschichten zu teilen, Mobilisierungen zu organisieren und eine breitere Öffentlichkeit zu erreichen. Ein Beispiel hierfür ist die #TransRightsAreHumanRights-Kampagne, die von jungen Aktivisten ins Leben gerufen wurde und weltweit Aufmerksamkeit auf die Herausforderungen der Trans-Community lenkt.

Die Zukunft des Jugendaktivismus

Die Zukunft des Aktivismus hängt stark von der Jugend ab. Ihre Fähigkeit, sich zu organisieren, innovative Ansätze zu entwickeln und soziale Medien effektiv zu nutzen, wird entscheidend sein, um die LGBTQ-Rechte weiter voranzubringen. Es ist wichtig, dass ältere Generationen den Jugendlichen Raum geben, ihre Stimmen zu erheben und ihre Perspektiven einzubringen.

Zusammenfassend lässt sich sagen, dass die Jugend eine unverzichtbare Kraft im Aktivismus darstellt. Sie bringt nicht nur neue Ideen und Perspektiven ein, sondern ist auch entscheidend für die Mobilisierung und den Fortschritt der LGBTQ-Bewegung. Es ist von größter Bedeutung, dass wir die Herausforderungen anerkennen, mit denen sie konfrontiert sind, und sie unterstützen, um eine inklusivere und gerechtere Gesellschaft zu schaffen.

Die Bedeutung von Bildung und Aufklärung

Bildung und Aufklärung spielen eine entscheidende Rolle im Kampf für die Rechte der LGBTQ-Community, insbesondere für die Trans-Community. In einer Gesellschaft, in der Vorurteile und Stereotypen weit verbreitet sind, ist es unerlässlich, dass Bildung als Werkzeug zur Förderung von Verständnis und Akzeptanz genutzt wird. Viviane Namaste hat in ihrer Arbeit immer wieder betont, wie wichtig es ist, Bildung nicht nur als akademischen Prozess, sondern auch als sozialen und politischen Akt zu betrachten.

Theoretische Grundlagen

Die Theorie der sozialen Gerechtigkeit, wie sie von Philosophen wie John Rawls und Martha Nussbaum formuliert wurde, legt nahe, dass Bildung ein grundlegendes Recht ist, das jedem Individuum zusteht. Rawls' Konzept des „Schleiers der Unwissenheit" fordert, dass Entscheidungen über Gerechtigkeit so getroffen werden, als ob die Entscheidungsträger nicht wüssten, in welcher Position sie sich befinden. Dies fördert eine inklusive Perspektive, die die Bedürfnisse aller, einschließlich der marginalisierten Gruppen, berücksichtigt.

Ein weiterer wichtiger theoretischer Ansatz ist die Kritische Theorie, die von Theoretikern wie Theodor W. Adorno und Max Horkheimer geprägt wurde. Diese Theorie hinterfragt bestehende Machtstrukturen und fordert eine Bildung, die kritisch und reflexiv ist. Diese Art von Bildung ermöglicht es Individuen, die gesellschaftlichen Normen zu hinterfragen und sich aktiv für Veränderungen einzusetzen.

Probleme und Herausforderungen

Trotz der erkannten Bedeutung von Bildung gibt es zahlreiche Herausforderungen, die es zu überwinden gilt. In vielen Ländern ist der Zugang zu Bildung für LGBTQ-Personen, insbesondere für Trans-Personen, eingeschränkt. Diskriminierung in Schulen und Bildungseinrichtungen kann zu einem feindlichen Umfeld führen, in dem sich Betroffene nicht sicher fühlen, ihre Identität auszudrücken.

Ein Beispiel hierfür ist die hohe Rate an Schulabbrüchen unter LGBTQ-Jugendlichen. Studien zeigen, dass Trans-Jugendliche, die in nicht unterstützenden Umgebungen leben, signifikant höhere Abbruchraten aufweisen. Diese Abbrüche sind oft das Ergebnis von Mobbing, Diskriminierung und einem Mangel an Unterstützung durch Lehrkräfte und Mitschüler.

Beispiele für erfolgreiche Bildungsinitiativen

Viviane Namaste hat in ihrer Karriere mehrere Bildungsinitiativen ins Leben gerufen, die darauf abzielen, das Bewusstsein für Trans-Rechte zu schärfen und die Akzeptanz in der Gesellschaft zu fördern. Ein bemerkenswertes Projekt war die Entwicklung von Workshops für Lehrkräfte, die sich mit der Sensibilisierung für LGBTQ-Themen beschäftigten. Diese Workshops beinhalteten Schulungen zur Verwendung von geschlechtsneutraler Sprache und zur Schaffung eines inklusiven Klassenzimmers.

Ein weiteres Beispiel ist die Zusammenarbeit mit Schulen, um Lehrpläne zu entwickeln, die LGBTQ-Geschichte und -Kultur einbeziehen. Diese Bildungsmaßnahmen fördern nicht nur das Verständnis, sondern bieten auch LGBTQ-Jugendlichen die Möglichkeit, sich mit positiven Vorbildern zu identifizieren.

Die Rolle der Aufklärung in der Gesellschaft

Die Aufklärung ist ein weiterer wesentlicher Aspekt, der oft mit Bildung verbunden wird. Aufklärung bedeutet, Informationen und Wissen zu verbreiten, um Vorurteile abzubauen und eine informierte Gesellschaft zu schaffen. Viviane Namaste hat in ihrer Arbeit betont, dass Aufklärung nicht nur auf akademische

Institutionen beschränkt sein sollte, sondern auch in der breiten Öffentlichkeit stattfinden muss.

Initiativen zur Aufklärung können in verschiedenen Formen auftreten, von öffentlichen Vorträgen und Diskussionsrunden bis hin zu sozialen Medienkampagnen, die sich mit Themen wie Geschlechtsidentität und -ausdruck befassen. Diese Maßnahmen tragen dazu bei, das Bewusstsein zu schärfen und eine Kultur der Akzeptanz zu fördern.

Schlussfolgerung

Zusammenfassend lässt sich sagen, dass Bildung und Aufklärung von zentraler Bedeutung sind, um die Rechte der Trans-Community zu fördern und eine inklusive Gesellschaft zu schaffen. Viviane Namastes Engagement in diesen Bereichen zeigt, dass durch gezielte Bildungsmaßnahmen und Aufklärung der Weg für ein besseres Verständnis und eine größere Akzeptanz geebnet werden kann. Die Herausforderungen sind zwar erheblich, doch die Erfolge, die durch Bildung und Aufklärung erzielt werden können, sind von unschätzbarem Wert für die Zukunft der LGBTQ-Community.

Internationale Perspektiven und Kooperationen

In einer zunehmend globalisierten Welt ist es für den Aktivismus für Trans-Rechte unerlässlich, internationale Perspektiven zu berücksichtigen und Kooperationen zu fördern. Die Herausforderungen, mit denen die Trans-Community konfrontiert ist, sind oft nicht auf nationale Grenzen beschränkt. Daher ist es wichtig, die globalen Dynamiken zu verstehen, die den Aktivismus beeinflussen und die Möglichkeiten zur Zusammenarbeit zu erkunden.

Globale Herausforderungen und Chancen

Die internationale Zusammenarbeit im Bereich der Trans-Rechte ist von entscheidender Bedeutung, da viele Länder unterschiedliche rechtliche Rahmenbedingungen und gesellschaftliche Einstellungen gegenüber Trans-Personen haben. In einigen Regionen, wie in Teilen Europas und Nordamerikas, wurden bedeutende Fortschritte in Bezug auf die Anerkennung von Trans-Rechten erzielt. Im Gegensatz dazu sehen sich Trans-Personen in vielen anderen Teilen der Welt, insbesondere in Afrika, dem Nahen Osten und Teilen Asiens, erheblichen Diskriminierungen und rechtlichen Herausforderungen gegenüber.

Ein Beispiel hierfür ist die Situation in Uganda, wo das Anti-Homosexualitätsgesetz von 2014, das auch Trans-Personen betrifft, internationale Aufmerksamkeit auf sich zog. Aktivisten, die gegen diese Gesetze kämpfen, sind oft auf internationale Unterstützung angewiesen, um ihre Stimme zu erheben und Druck auf die Regierung auszuüben. Die Zusammenarbeit mit internationalen Menschenrechtsorganisationen kann dazu beitragen, das Bewusstsein für diese Probleme zu schärfen und Ressourcen bereitzustellen.

Theoretische Grundlagen der internationalen Zusammenarbeit

Die Theorie der transnationalen Aktivismus zeigt, dass lokale Bewegungen durch internationale Netzwerke gestärkt werden können. Diese Netzwerke ermöglichen es Aktivisten, Erfahrungen auszutauschen, Strategien zu entwickeln und Ressourcen zu mobilisieren. Ein Schlüsselkonzept in diesem Zusammenhang ist die *Solidarität*, die es Aktivisten ermöglicht, über kulturelle und geografische Grenzen hinweg zu arbeiten.

Ein Beispiel für transnationalen Aktivismus ist die *International Lesbian, Gay, Bisexual, Trans and Intersex Association* (ILGA), die sich für die Rechte von LGBTQ-Personen weltweit einsetzt. ILGA bietet eine Plattform für den Austausch von Informationen und Strategien, die es lokalen Gruppen ermöglicht, von den Erfolgen und Misserfolgen anderer zu lernen.

Erfolgreiche internationale Kooperationen

Ein herausragendes Beispiel für erfolgreiche internationale Kooperationen im Bereich der Trans-Rechte ist die *Transgender Europe* (TGEU), die sich für die Rechte von Trans-Personen in Europa einsetzt. TGEU hat mehrere Initiativen ins Leben gerufen, um die Sichtbarkeit von Trans-Personen zu erhöhen und politische Veränderungen zu fördern. Ihre Kampagnen haben dazu beigetragen, dass mehrere europäische Länder Gesetze zur Anerkennung der Geschlechtsidentität eingeführt haben.

Ein weiteres Beispiel ist die *Global Action for Trans Equality* (GATE), die sich auf die Bekämpfung von Gewalt und Diskriminierung gegen Trans-Personen konzentriert. GATE arbeitet mit lokalen Organisationen zusammen, um Schulungsprogramme zu entwickeln, die auf die spezifischen Bedürfnisse von Trans-Personen in verschiedenen kulturellen Kontexten eingehen.

Herausforderungen der internationalen Zusammenarbeit

Trotz der vielen Vorteile internationaler Kooperationen gibt es auch Herausforderungen. Eine der größten Hürden ist die *Kulturalisierung* von Menschenrechtsfragen, bei der lokale Traditionen und Werte mit den universellen Menschenrechten in Konflikt geraten können. Dies kann zu Spannungen führen, insbesondere wenn internationale Organisationen als „außenstehend" wahrgenommen werden und ihre Ansichten nicht mit den lokalen Gegebenheiten übereinstimmen.

Ein Beispiel hierfür ist der Widerstand, den LGBTQ-Rechte in einigen afrikanischen Ländern erfahren haben, wo die westlichen Vorstellungen von Geschlecht und Sexualität oft als imperialistisch angesehen werden. In solchen Fällen ist es wichtig, einen Dialog zu fördern, der die lokalen Perspektiven respektiert und gleichzeitig die universellen Menschenrechte unterstützt.

Zukunftsperspektiven

Die Zukunft der internationalen Zusammenarbeit im Bereich der Trans-Rechte hängt von der Fähigkeit ab, Brücken zwischen verschiedenen Kulturen und politischen Systemen zu bauen. Es ist entscheidend, dass Aktivisten und Organisationen weiterhin zusammenarbeiten, um die Sichtbarkeit von Trans-Personen zu erhöhen und ihre Rechte weltweit zu schützen.

Ein vielversprechender Ansatz ist die Förderung von *Peer-to-Peer*-Programmen, bei denen Aktivisten aus verschiedenen Ländern direkt miteinander kommunizieren und voneinander lernen können. Dies kann durch digitale Plattformen unterstützt werden, die den Austausch von Informationen und Erfahrungen erleichtern.

Insgesamt zeigt sich, dass internationale Perspektiven und Kooperationen im Bereich der Trans-Rechte nicht nur notwendig, sondern auch eine Quelle der Stärke und Inspiration für Aktivisten weltweit sind. Durch den Austausch von Ideen, Ressourcen und Strategien können wir eine inklusivere und gerechtere Welt für alle Geschlechteridentitäten schaffen.

Langfristige Ziele für die Trans-Rechte

Die langfristigen Ziele für die Trans-Rechte sind entscheidend, um eine inklusive und gerechte Gesellschaft zu schaffen, in der alle Menschen, unabhängig von ihrer Geschlechtsidentität, die gleichen Rechte und Möglichkeiten genießen. Diese Ziele sind nicht nur für die Trans-Community von Bedeutung, sondern auch für die gesamte Gesellschaft, da sie auf den Prinzipien von Gleichheit, Respekt und Menschenwürde basieren.

Rechtliche Anerkennung und Schutz

Ein zentrales Ziel ist die rechtliche Anerkennung der Geschlechtsidentität von Trans-Personen. In vielen Ländern ist es nach wie vor schwierig, den Geschlechtsstatus in offiziellen Dokumenten zu ändern. Ein Beispiel dafür ist das Fehlen eines klaren und zugänglichen Verfahrens zur Änderung des Geschlechtseintrags im Personenstand. Um dies zu ändern, müssen Gesetze reformiert werden, um:

- Ein einfaches und transparentes Verfahren zur Änderung des Geschlechtseintrags einzuführen.
- Diskriminierung aufgrund der Geschlechtsidentität in Antidiskriminierungsgesetzen zu verankern.
- Die Rechte von Trans-Personen in Bezug auf Gesundheit, Bildung und Beschäftigung zu schützen.

Zugang zu Gesundheitsdiensten

Ein weiteres langfristiges Ziel ist die Verbesserung des Zugangs zu Gesundheitsdiensten für Trans-Personen. Der Zugang zu geschlechtsangleichenden Behandlungen und psychologischer Unterstützung ist oft eingeschränkt. Um dies zu erreichen, sollten folgende Maßnahmen ergriffen werden:

- Sicherstellung, dass Gesundheitsdienstleister in Bezug auf die Bedürfnisse von Trans-Personen geschult sind.
- Abbau von bürokratischen Hürden, die den Zugang zu medizinischer Versorgung behindern.
- Förderung von Initiativen, die die psychische Gesundheit von Trans-Personen unterstützen.

Bildung und Sensibilisierung

Bildung spielt eine entscheidende Rolle bei der Förderung des Verständnisses und der Akzeptanz von Trans-Personen in der Gesellschaft. Langfristige Bildungsziele sollten Folgendes umfassen:

- Integration von LGBTQ+-Themen in Lehrpläne, um Vorurteile abzubauen und das Bewusstsein zu schärfen.

- Schulungen für Lehrer und Bildungspersonal, um eine inklusive Lernumgebung zu schaffen.

- Unterstützung von Aufklärungsprogrammen in Gemeinden, die sich mit den Herausforderungen und Bedürfnissen von Trans-Personen befassen.

Stärkung der Gemeinschaft

Die Stärkung der Trans-Community ist ein weiteres langfristiges Ziel, das durch folgende Maßnahmen erreicht werden kann:

- Förderung von Netzwerken und Unterstützungsgruppen für Trans-Personen, um den Austausch von Erfahrungen und Ressourcen zu ermöglichen.

- Schaffung von Räumen, in denen Trans-Personen sicher und offen über ihre Identität sprechen können.

- Unterstützung von Initiativen, die die Sichtbarkeit von Trans-Personen in der Gesellschaft erhöhen.

Internationale Solidarität

Trans-Rechte sind ein globales Anliegen, und die Förderung internationaler Solidarität ist entscheidend. Langfristige Ziele sollten daher beinhalten:

- Zusammenarbeit mit internationalen Organisationen, um die Rechte von Trans-Personen weltweit zu stärken.

- Unterstützung von transnationalen Kampagnen, die sich für die Rechte von Trans-Personen in Ländern einsetzen, in denen sie besonders gefährdet sind.

- Austausch von Best Practices und Strategien zwischen verschiedenen Ländern und Gemeinschaften.

Forschung und Daten

Um die Situation von Trans-Personen besser zu verstehen und gezielte Maßnahmen zu entwickeln, ist Forschung unerlässlich. Langfristige Ziele sollten Folgendes umfassen:

- Förderung von Forschungsprojekten, die sich mit den Lebensrealitäten von Trans-Personen befassen.

- Erhebung von Daten über Diskriminierung, Gewalt und gesundheitliche Bedürfnisse von Trans-Personen.

- Nutzung dieser Daten, um politische Entscheidungen zu beeinflussen und Ressourcen gezielt einzusetzen.

Schlussfolgerung

Die langfristigen Ziele für die Trans-Rechte sind vielschichtig und erfordern eine umfassende Herangehensweise, die rechtliche, soziale und wirtschaftliche Aspekte berücksichtigt. Durch die Umsetzung dieser Ziele können wir eine inklusive Gesellschaft schaffen, in der Trans-Personen die gleichen Rechte und Möglichkeiten wie alle anderen genießen. Es ist an der Zeit, dass wir als Gesellschaft zusammenarbeiten, um diese Vision zu verwirklichen und für eine gerechtere Zukunft zu kämpfen.

Die Notwendigkeit von Solidarität

In der heutigen Welt, in der die Herausforderungen für die LGBTQ-Community weiterhin bestehen, ist Solidarität nicht nur wünschenswert, sondern eine absolute Notwendigkeit. Solidarität beschreibt die aktive Unterstützung und das Engagement für die Rechte und das Wohlergehen anderer, insbesondere von marginalisierten Gruppen. Für Aktivisten wie Viviane Namaste wird Solidarität zu einem zentralen Element ihrer Arbeit, um die trans-Rechte voranzutreiben und ein inklusives Umfeld zu schaffen.

Theoretische Grundlagen der Solidarität

Die Theorie der Solidarität basiert auf dem Prinzip der sozialen Gerechtigkeit und der Anerkennung gemeinsamer menschlicher Erfahrungen. In der Sozialwissenschaft wird Solidarität oft als ein kollektives Gefühl beschrieben, das die Menschen motiviert, sich für das Wohl anderer einzusetzen. Der

Sozialwissenschaftler Émile Durkheim argumentierte, dass Solidarität eine grundlegende soziale Kraft ist, die Gemeinschaften zusammenhält. Diese Idee wird in der LGBTQ-Bewegung besonders relevant, da die Gemeinschaften oft mit Diskriminierung und Ungerechtigkeit konfrontiert sind.

Solidarität als Antwort auf Diskriminierung

Die Notwendigkeit von Solidarität wird besonders deutlich, wenn wir die verschiedenen Formen der Diskriminierung betrachten, mit denen Mitglieder der LGBTQ-Community konfrontiert sind. Diskriminierung kann in vielen Formen auftreten, sei es in der Gesellschaft, am Arbeitsplatz oder im Gesundheitswesen. Ein Beispiel hierfür ist die ungleiche Behandlung von trans-Personen im Gesundheitswesen, wo sie oft auf Vorurteile und mangelndes Verständnis stoßen.

$$D = \frac{E}{R} \qquad (24)$$

Hierbei steht D für Diskriminierung, E für die Erfahrungen der betroffenen Person und R für die Reaktionen der Gesellschaft. Diese Gleichung verdeutlicht, dass Diskriminierung nicht nur von den individuellen Erfahrungen abhängt, sondern auch von der gesellschaftlichen Reaktion auf diese Erfahrungen.

Beispiele für solidarisches Handeln

Ein herausragendes Beispiel für Solidarität innerhalb der LGBTQ-Community ist die "Transgender Day of Remembrance" (TDOR), ein jährliches Ereignis, das den Opfern von transphober Gewalt gedenkt. Diese Veranstaltung mobilisiert nicht nur die LGBTQ-Community, sondern auch Verbündete aus verschiedenen gesellschaftlichen Schichten. Durch die gemeinsame Teilnahme an solchen Veranstaltungen wird ein starkes Signal der Solidarität gesendet, das die Sichtbarkeit und Anerkennung der Herausforderungen von trans-Personen erhöht.

Ein weiteres Beispiel ist die Unterstützung von LGBTQ-Organisationen durch heteronormative Verbündete. Diese Verbündeten nutzen ihre Privilegien, um die Stimme der LGBTQ-Community zu verstärken und auf Ungerechtigkeiten aufmerksam zu machen. Ein solches Beispiel ist die Unterstützung des "Equality Act" in den USA, der darauf abzielt, Diskriminierung aufgrund der sexuellen Orientierung und Geschlechtsidentität zu verbieten. Die Beteiligung von Menschen aus verschiedenen sozialen Gruppen an solchen Initiativen zeigt, wie Solidarität über individuelle Grenzen hinweg wirken kann.

Solidarität im Aktivismus

Für Viviane Namaste und andere Aktivisten ist Solidarität ein Schlüssel zu erfolgreichem Aktivismus. Sie betont, dass der Kampf für trans-Rechte nicht isoliert betrachtet werden kann, sondern in einem breiteren Kontext von Menschenrechten und sozialer Gerechtigkeit steht. Aktivismus erfordert oft kollektives Handeln, um Veränderungen auf politischer und gesellschaftlicher Ebene zu bewirken.

Ein Beispiel für erfolgreichen solidarischen Aktivismus ist die "March on Washington for Lesbian, Gay and Bi Equal Rights and Liberation", die 1993 stattfand. Diese Veranstaltung vereinte Menschen aus verschiedenen Hintergründen und schuf eine Plattform für die Forderung nach Gleichheit und Gerechtigkeit. Durch die Mobilisierung einer Vielzahl von Stimmen wurde der Druck auf politische Entscheidungsträger erhöht, was letztendlich zu Fortschritten in der Gesetzgebung führte.

Herausforderungen der Solidarität

Trotz der Bedeutung von Solidarität gibt es Herausforderungen, die es zu überwinden gilt. Innerhalb der LGBTQ-Community gibt es unterschiedliche Meinungen über die besten Strategien zur Förderung von Rechten und Sichtbarkeit. Diese Differenzen können zu Spannungen führen, die die Solidarität gefährden. Ein Beispiel hierfür ist die Debatte über die Priorität von Themen, die verschiedene Gruppen innerhalb der Community betreffen, wie zum Beispiel die Rechte von trans-Personen im Vergleich zu denen von schwulen und lesbischen Personen.

$$C = \frac{S}{D} \qquad (25)$$

Hierbei steht C für die Kohäsion innerhalb der Gemeinschaft, S für die Solidarität und D für die Differenzen. Diese Gleichung verdeutlicht, dass eine hohe Solidarität erforderlich ist, um die Kohäsion innerhalb der Gemeinschaft aufrechtzuerhalten, insbesondere in Zeiten von Differenzen.

Der Weg nach vorn

Um die Notwendigkeit von Solidarität zu erfüllen, ist es entscheidend, dass Aktivisten und Unterstützer weiterhin Brücken bauen und Dialoge fördern. Bildung spielt hierbei eine zentrale Rolle. Durch Aufklärung über die Herausforderungen, mit denen die LGBTQ-Community konfrontiert ist, können

Missverständnisse abgebaut und ein stärkeres Gefühl der Solidarität gefördert werden.

In Zukunft sollten Initiativen, die auf Solidarität abzielen, verstärkt gefördert werden, um ein inklusives Umfeld zu schaffen, in dem alle Menschen, unabhängig von ihrer Geschlechtsidentität oder sexuellen Orientierung, respektiert und akzeptiert werden. Die Vision einer solidarischen Gemeinschaft ist nicht nur ein Ziel, sondern eine Notwendigkeit für die Schaffung einer gerechten und gleichberechtigten Gesellschaft.

Fazit

Die Notwendigkeit von Solidarität innerhalb der LGBTQ-Community ist unbestreitbar. Sie ist eine treibende Kraft für Veränderungen und eine Quelle der Hoffnung für viele. Durch gemeinsames Handeln, Verständnis und Unterstützung können wir die Herausforderungen überwinden, die uns trennen, und eine inklusive Zukunft gestalten, in der jeder Mensch in seiner Identität respektiert wird. Solidarität ist nicht nur ein Wort, sondern ein Handeln, das die Kraft hat, das Leben von Millionen zu verändern.

Reflexion über persönliche Träume

In der Reflexion über persönliche Träume ist es wichtig, die Verbindung zwischen individuellen Wünschen und dem kollektiven Aktivismus zu verstehen. Viviane Namaste hat in ihrem Leben oft betont, dass persönliche Träume nicht isoliert existieren, sondern in einem größeren Kontext von sozialem Wandel und Gemeinschaftsengagement stehen. Die Verwirklichung ihrer Träume war eng mit ihrem Engagement für die Trans-Rechte und die LGBTQ-Community verbunden.

Ein zentraler Aspekt ihrer Träume war der Wunsch nach einer inklusiven Gesellschaft, in der jeder Mensch, unabhängig von Geschlecht, Sexualität oder Identität, gleichwertig behandelt wird. Diese Vision ist nicht nur eine persönliche Hoffnung, sondern auch ein Ziel, das durch aktives Handeln und Mobilisierung erreicht werden kann. Namaste formulierte ihre Träume oft in Bezug auf die Veränderungen, die sie in der Gesellschaft sehen wollte. Sie sah ihre persönliche Erfüllung nicht nur in der akademischen Anerkennung, sondern auch in der Fähigkeit, anderen zu helfen, ihre Identität zu leben und ihre Rechte zu verteidigen.

Ein Beispiel für die Verknüpfung von persönlichen Träumen mit aktivistischem Handeln ist Namastes Engagement für Bildungsprojekte. Sie träumte davon, dass junge Menschen, die sich als trans oder nicht-binär identifizieren, Zugang zu Ressourcen und Unterstützung haben, um ihre Identität zu verstehen und zu akzeptieren. Dies führte zur Entwicklung von Workshops und Schulungen, die nicht nur Wissen vermittelten, sondern auch ein Gefühl der Gemeinschaft und Zugehörigkeit schufen. In diesen Räumen konnten die Teilnehmer ihre Träume und Ängste teilen, was zu einem stärkeren Bewusstsein für die Herausforderungen führte, mit denen die Trans-Community konfrontiert ist.

Darüber hinaus reflektierte Namaste über die Herausforderungen, die mit der Verwirklichung ihrer Träume verbunden waren. Sie erkannte, dass es oft Widerstände gab, sowohl von außen als auch innerhalb der LGBTQ-Community. Diese Widerstände konnten in Form von Vorurteilen, Diskriminierung oder internen Konflikten auftreten. Namaste betonte, dass das Überwinden dieser Hindernisse Teil des Prozesses ist, der es Individuen ermöglicht, ihre Träume zu verfolgen. Sie forderte ihre Mitstreiter auf, nicht aufzugeben und die Hoffnung zu bewahren, selbst wenn der Weg steinig war.

In der Theorie des sozialen Wandels wird oft diskutiert, wie individuelle Träume zu kollektiven Bewegungen führen können. Die Sozialpsychologie zeigt, dass die Verwirklichung persönlicher Träume in einer unterstützenden Gemeinschaft gefördert wird. Namaste war ein lebendiges Beispiel dafür, wie persönliche Visionen in kollektive Aktionen umgewandelt werden können. Ihre Träume wurden zur Motivation für andere, sich ebenfalls zu engagieren und Veränderungen zu fordern.

Mathematisch betrachtet kann man die Beziehung zwischen persönlichen Träumen und aktivistischem Engagement als eine Funktion betrachten, die von verschiedenen Variablen abhängt. Sei P die persönliche Vision, C die kollektive Unterstützung und R die Ressourcen, die zur Verfügung stehen. Die Funktion könnte wie folgt formuliert werden:

$$E = f(P, C, R)$$

wobei E das Engagement darstellt. Diese Gleichung verdeutlicht, dass das Engagement E sowohl von der individuellen Vision P als auch von der Unterstützung C und den verfügbaren Ressourcen R abhängt. Ein starkes Netzwerk von Unterstützern und ausreichende Ressourcen können die Verwirklichung persönlicher Träume erheblich erleichtern.

In diesem Zusammenhang ist es wichtig, die Rolle von Vorbildern zu betrachten. Namaste war nicht nur eine Aktivistin, sondern auch ein Vorbild für viele, die ihre Träume verfolgen wollten. Ihre Erfolge und ihre Sichtbarkeit in der

Öffentlichkeit inspirierten andere, sich ebenfalls für ihre Rechte einzusetzen und ihre Träume zu verwirklichen.

Abschließend lässt sich sagen, dass die Reflexion über persönliche Träume in Viviane Namastes Leben eine zentrale Rolle spielte. Ihre Träume waren nicht nur individuelle Wünsche, sondern auch Teil eines größeren Kampfes für Gleichheit und Gerechtigkeit. Sie ermutigte andere, ihre eigenen Träume zu verfolgen und dabei die Kraft der Gemeinschaft zu nutzen, um Veränderungen zu bewirken. Diese Reflexion über persönliche Träume ist ein Aufruf an alle, ihre Visionen zu leben und aktiv an der Schaffung einer inklusiven Gesellschaft mitzuwirken.

Die Vision einer inklusiven Gesellschaft

Die Vision einer inklusiven Gesellschaft ist ein zentrales Ziel für viele Aktivisten, darunter auch Viviane Namaste. Diese Vision zielt darauf ab, eine Gesellschaft zu schaffen, in der alle Menschen, unabhängig von Geschlecht, sexueller Orientierung, ethnischer Zugehörigkeit oder anderen Identitätsmerkmalen, die gleichen Rechte und Chancen haben. Eine inklusive Gesellschaft erkennt die Vielfalt der menschlichen Erfahrungen an und fördert die Gleichheit, Gerechtigkeit und den Respekt für alle.

Theoretische Grundlagen

Die theoretischen Grundlagen für eine inklusive Gesellschaft können auf verschiedenen sozialen und politischen Theorien basieren. Eine der bekanntesten Theorien ist die **Gleichheitstheorie**, die besagt, dass alle Menschen gleichwertig sind und daher die gleichen Rechte und Möglichkeiten haben sollten. Diese Theorie wird von Philosophen wie John Rawls unterstützt, der in seinem Werk *A Theory of Justice* (1971) argumentiert, dass soziale und wirtschaftliche Ungleichheiten nur dann gerechtfertigt sind, wenn sie den am wenigsten Begünstigten zugutekommen.

Ein weiterer wichtiger theoretischer Rahmen ist die **Intersektionalität**, die von Kimberlé Crenshaw geprägt wurde. Diese Theorie untersucht, wie verschiedene soziale Kategorien wie Geschlecht, Rasse, Klasse und sexuelle Orientierung miteinander interagieren und sich gegenseitig beeinflussen. In einer inklusiven Gesellschaft ist es wichtig, diese verschiedenen Dimensionen der Identität zu berücksichtigen, um ein umfassendes Verständnis von Diskriminierung und Ungleichheit zu entwickeln.

Herausforderungen auf dem Weg zur Inklusion

Trotz der Fortschritte in der LGBTQ-Bewegung und der Anerkennung der Rechte von Trans-Personen stehen wir vor mehreren Herausforderungen, die die Schaffung einer inklusiven Gesellschaft behindern. Eine der größten Hürden sind die **strukturellen Diskriminierungen**, die in vielen Institutionen und sozialen Systemen verwurzelt sind. Diese Diskriminierungen manifestieren sich in verschiedenen Formen, einschließlich:

- **Rechtlicher Diskriminierung**: In vielen Ländern gibt es noch immer Gesetze, die LGBTQ-Personen benachteiligen oder deren Rechte einschränken.
- **Soziale Vorurteile**: Vorurteile und Stereotypen sind tief in der Gesellschaft verwurzelt und führen zu Diskriminierung im Alltag, sei es am Arbeitsplatz, in Schulen oder in der Öffentlichkeit.
- **Wirtschaftliche Ungleichheit**: Viele LGBTQ-Personen, insbesondere Trans-Personen, haben aufgrund von Diskriminierung im Arbeitsleben Schwierigkeiten, wirtschaftlich stabil zu sein.

Diese Herausforderungen erfordern gezielte Maßnahmen und Strategien, um eine echte Inklusion zu erreichen.

Beispiele für inklusive Ansätze

Es gibt zahlreiche Beispiele für Initiativen und Programme, die auf die Schaffung einer inklusiven Gesellschaft abzielen. Ein bemerkenswertes Beispiel ist die **Transgender Equality Network Ireland (TENI)**, das sich für die Rechte von Trans-Personen in Irland einsetzt. TENI bietet Unterstützung, Bildung und Advocacy, um Trans-Personen zu helfen, ihre Rechte einzufordern und sich in der Gesellschaft sicher und akzeptiert zu fühlen.

Ein weiteres Beispiel ist die **Inclusive Schools Initiative**, die darauf abzielt, Schulen zu schaffen, die für alle Schüler, unabhängig von ihrer Identität, sicher und unterstützend sind. Diese Initiative fördert Schulungen für Lehrkräfte, um Vorurteile abzubauen und ein respektvolles Umfeld zu schaffen.

Die Rolle der Bildung und Aufklärung

Bildung spielt eine entscheidende Rolle bei der Schaffung einer inklusiven Gesellschaft. Durch Aufklärung über LGBTQ-Themen und die Förderung von

Empathie können wir Vorurteile abbauen und das Verständnis für die Herausforderungen, mit denen LGBTQ-Personen konfrontiert sind, erhöhen. Programme zur Sensibilisierung in Schulen und Gemeinschaften können dazu beitragen, eine Kultur der Akzeptanz und des Respekts zu fördern.

Zukunftsperspektiven und Aufruf zur Aktion

Die Vision einer inklusiven Gesellschaft ist nicht nur ein idealistisches Ziel, sondern eine notwendige Voraussetzung für eine gerechte und harmonische Welt. Um diese Vision zu verwirklichen, ist das Engagement jedes Einzelnen erforderlich. Jeder kann einen Beitrag leisten, sei es durch Bildung, Advocacy oder einfach durch die Unterstützung von LGBTQ-Personen in ihrem Umfeld.

Abschließend ist es wichtig, dass wir uns als Gesellschaft zusammenschließen, um die Herausforderungen anzugehen, die einer inklusiven Gesellschaft im Weg stehen. Nur durch kollektives Handeln und Solidarität können wir eine Zukunft schaffen, in der jeder Mensch, unabhängig von seiner Identität, akzeptiert und respektiert wird. Dies ist nicht nur eine Frage der Gerechtigkeit, sondern auch eine Frage der Menschlichkeit.

Aufruf zur Aktion für die Leser

In einer Welt, die oft von Vorurteilen und Diskriminierung geprägt ist, ist es von entscheidender Bedeutung, dass jeder Einzelne aktiv wird, um die Rechte der LGBTQ-Community zu unterstützen. Viviane Namaste hat uns durch ihr Engagement und ihren unermüdlichen Einsatz gezeigt, dass Veränderung möglich ist, wenn wir uns gemeinsam für Gerechtigkeit einsetzen. Es liegt an uns, diese Bewegung fortzusetzen und die Herausforderungen, mit denen die trans-Rechte konfrontiert sind, anzugehen.

Die Bedeutung der individuellen Verantwortung

Jeder von uns hat die Möglichkeit, einen Unterschied zu machen. Die Philosophie des Aktivismus basiert auf der Überzeugung, dass Veränderungen nicht nur von großen Organisationen oder prominenten Persönlichkeiten ausgehen müssen, sondern dass auch kleine, individuelle Handlungen einen bedeutenden Einfluss haben können. In der Theorie des sozialen Wandels, wie sie von Autoren wie [1] beschrieben wird, ist das individuelle Handeln ein entscheidender Faktor für kollektive Veränderungen. Die Idee ist, dass durch die Summe vieler kleiner Handlungen ein großes Ziel erreicht werden kann.

Praktische Schritte zur Unterstützung der LGBTQ-Community

Um aktiv zu werden, können die Leser folgende Schritte in Betracht ziehen:

- **Bildung:** Informieren Sie sich über die Herausforderungen, mit denen die LGBTQ-Community konfrontiert ist. Lesen Sie Bücher, Artikel und wissenschaftliche Studien, die sich mit den Themen Trans-Rechte und Diskriminierung auseinandersetzen. Ein Beispiel ist die Arbeit von [2], die die rechtlichen und sozialen Herausforderungen von Trans-Personen beleuchtet.

- **Sichtbarkeit:** Unterstützen Sie LGBTQ-Personen in Ihrem Umfeld. Sichtbarkeit ist ein entscheidender Faktor im Aktivismus. Indem Sie sich solidarisch zeigen, können Sie dazu beitragen, Vorurteile abzubauen und ein inklusives Umfeld zu schaffen. Ein Beispiel hierfür sind öffentliche Veranstaltungen wie Pride-Paraden, die nicht nur feiern, sondern auch auf die Herausforderungen aufmerksam machen.

- **Engagement:** Treten Sie Organisationen bei, die sich für die Rechte der LGBTQ-Community einsetzen. Dies kann durch Freiwilligenarbeit, Spenden oder die Teilnahme an Veranstaltungen geschehen. Organisationen wie *Transgender Europe* oder *GLAAD* bieten zahlreiche Möglichkeiten, sich zu engagieren und aktiv zu werden.

- **Politisches Handeln:** Setzen Sie sich für politische Veränderungen ein, die die Rechte der LGBTQ-Community stärken. Schreiben Sie an Ihre politischen Vertreter und fordern Sie sie auf, Gesetze zu unterstützen, die Diskriminierung verhindern und Gleichheit fördern. Die Theorie des politischen Aktivismus, wie sie von [3] beschrieben wird, zeigt, dass politisches Handeln von Bürgern entscheidend ist, um gesellschaftliche Veränderungen herbeizuführen.

- **Selbstreflexion:** Überprüfen Sie Ihre eigenen Vorurteile und Stereotypen. Der Prozess der Selbstreflexion ist entscheidend, um ein besseres Verständnis für die Erfahrungen von LGBTQ-Personen zu entwickeln. Dies kann durch persönliche Gespräche, Workshops oder Seminare geschehen, die sich mit Themen der Identität und Diskriminierung befassen.

Ein Aufruf zur Solidarität

Solidarität ist ein zentraler Wert im Aktivismus. In einer Zeit, in der viele Menschen aufgrund ihrer Identität diskriminiert werden, ist es wichtig, dass wir uns gegenseitig unterstützen. Dies bedeutet, dass wir nicht nur für die Rechte von LGBTQ-Personen eintreten, sondern auch für die Rechte anderer marginalisierter Gruppen. Der intersektionale Ansatz, wie er von [4] formuliert wurde, betont die Notwendigkeit, verschiedene Formen der Diskriminierung zu berücksichtigen und zu bekämpfen.

Schlussfolgerung

Abschließend möchte ich die Leser dazu ermutigen, aktiv zu werden und sich für die Rechte der LGBTQ-Community einzusetzen. Der Weg zur Gleichheit ist lang und herausfordernd, aber er ist nicht unmöglich. Jeder Schritt, den wir unternehmen, jede Stimme, die wir erheben, und jede Handlung, die wir setzen, trägt zu einer gerechteren und inklusiveren Gesellschaft bei. Lassen Sie uns gemeinsam an einer Zukunft arbeiten, in der jeder Mensch, unabhängig von seiner Identität, die gleichen Rechte und Möglichkeiten hat. Ihre Stimme zählt – nutzen Sie sie!

Bibliography

[1] Tilly, C. (2004). *Social Movements, 1760-2000*. Paradigm Publishers.

[2] Spade, D. (2011). *Normal Life: Administrative Violence, Critical Trans Politics, and the Limits of Law*. South End Press.

[3] Della Porta, D. (2015). *Social Movements in Times of Austerity: Bringing Capitalism Back into Protest Analysis*. Polity Press.

[4] Crenshaw, K. (1989). Demarginalizing the Intersection of Race and Sex: A Black Feminist Critique of Antidiscrimination Doctrine, Feminist Theory and Antiracist Politics. *University of Chicago Legal Forum*, 1989(1), 139-167.

Fazit

Rückblick auf Viviane Namastes Leben

Die Bedeutung ihrer Arbeit

Viviane Namaste hat durch ihre Arbeit als Akademikerin und Aktivistin einen bedeutenden Einfluss auf die trans-Rechte und die LGBTQ-Community insgesamt ausgeübt. Ihre Forschung und ihr Engagement haben nicht nur das Bewusstsein für die Herausforderungen, mit denen Trans-Personen konfrontiert sind, geschärft, sondern auch konkrete Veränderungen in der Gesellschaft und der Gesetzgebung angestoßen. In diesem Abschnitt werden wir die verschiedenen Dimensionen ihrer Arbeit beleuchten und die Bedeutung ihrer Beiträge zur Förderung von Gleichheit und Gerechtigkeit für die Trans-Community untersuchen.

Akademische Beiträge

Namastes akademische Arbeiten sind von zentraler Bedeutung für das Verständnis der sozialen, politischen und kulturellen Dynamiken, die das Leben von Trans-Personen prägen. Ihre Dissertation, die sich mit der Konstruktion von Geschlecht und Identität auseinandersetzt, stellt eine kritische Analyse der bestehenden Geschlechternormen dar. Sie argumentiert, dass die gesellschaftlichen Erwartungen an Geschlecht nicht nur individuelle Identitäten formen, sondern auch strukturelle Ungleichheiten reproduzieren. Diese Erkenntnisse sind nicht nur theoretisch relevant, sondern haben auch praktische Implikationen für die Entwicklung von Politiken, die die Rechte von Trans-Personen schützen.

Ein Beispiel für ihre akademischen Beiträge ist ihre Arbeit über die Auswirkungen von Diskriminierung auf die psychische Gesundheit von Trans-Personen. Namaste hat empirische Daten gesammelt, die zeigen, dass

Diskriminierung nicht nur zu unmittelbarem Stress führt, sondern auch langfristige gesundheitliche Folgen hat. Diese Studien haben dazu beigetragen, dass Gesundheitsorganisationen und politische Entscheidungsträger die Bedürfnisse von Trans-Personen besser verstehen und berücksichtigen.

Aktivismus und gesellschaftlicher Einfluss

Neben ihren akademischen Leistungen hat Namaste auch als Aktivistin einen bleibenden Eindruck hinterlassen. Sie war maßgeblich an der Gründung mehrerer Organisationen beteiligt, die sich für die Rechte von Trans-Personen einsetzen. Diese Organisationen bieten nicht nur rechtliche Unterstützung, sondern auch Bildungsressourcen und psychologische Hilfe. Durch ihre Arbeit hat Namaste dazu beigetragen, ein Netzwerk von Unterstützung für Trans-Personen zu schaffen, das auf Solidarität und Empowerment basiert.

Ein bemerkenswertes Beispiel für ihren Einfluss ist die Kampagne zur Reform des Namensänderungsgesetzes in ihrem Heimatland. Namaste hat eng mit Gesetzgebern und anderen Aktivisten zusammengearbeitet, um sicherzustellen, dass das Gesetz die Rechte von Trans-Personen respektiert und ihnen einen einfachen und respektvollen Zugang zu rechtlichen Namensänderungen ermöglicht. Diese Reform hat das Leben vieler Menschen verbessert und ihnen die Möglichkeit gegeben, ihre Identität ohne zusätzliche Hürden auszudrücken.

Bildung und Aufklärung

Namaste hat auch großen Wert auf Bildung gelegt, indem sie Workshops und Schulungen für Fachleute in den Bereichen Gesundheit, Bildung und soziale Dienste angeboten hat. Diese Programme zielen darauf ab, das Bewusstsein für die spezifischen Bedürfnisse von Trans-Personen zu schärfen und Fachkräfte darin zu schulen, wie sie respektvoll und kompetent mit Trans-Klienten umgehen können. Ihre Initiativen haben dazu beigetragen, Vorurteile abzubauen und eine inklusivere Gesellschaft zu fördern.

Ein konkretes Beispiel für ihren Bildungsansatz ist das von ihr entwickelte Curriculum für Schulen, das Themen wie Geschlechtsidentität und sexuelle Orientierung behandelt. Dieses Curriculum fördert ein respektvolles und inklusives Lernumfeld und hilft Schülern, Empathie und Verständnis für ihre Mitschüler zu entwickeln, die möglicherweise anders sind als sie selbst.

Gesellschaftliche Veränderungen und Herausforderungen

Die Arbeit von Viviane Namaste ist jedoch nicht ohne Herausforderungen. Trotz ihrer Erfolge sieht sie sich weiterhin Vorurteilen und Widerständen gegenüber, sowohl innerhalb als auch außerhalb der LGBTQ-Community. Die gesellschaftliche Akzeptanz von Trans-Personen ist nach wie vor unzureichend, und viele Menschen haben Schwierigkeiten, die Vielfalt von Geschlechtsidentitäten zu verstehen. Namaste hat erkannt, dass es notwendig ist, kontinuierlich für Aufklärung und Akzeptanz zu kämpfen, um langfristige Veränderungen zu erreichen.

Ein Beispiel für die Herausforderungen, denen sie gegenübersteht, ist die anhaltende Stigmatisierung von Trans-Personen in den Medien. Oftmals werden Trans-Personen in einer Weise dargestellt, die Stereotypen und Vorurteile verstärkt. Namaste hat sich aktiv dafür eingesetzt, diese Narrative zu ändern, indem sie selbst in den Medien auftritt und ihre Stimme erhebt, um die Realität des Lebens von Trans-Personen authentisch darzustellen.

Zusammenfassung

Zusammenfassend lässt sich sagen, dass die Arbeit von Viviane Namaste eine tiefgreifende Bedeutung für die trans-Rechte und die LGBTQ-Community hat. Ihre akademischen Beiträge, ihr Aktivismus und ihr Engagement für Bildung und Aufklärung sind entscheidend für den Fortschritt in der Anerkennung und dem Schutz der Rechte von Trans-Personen. Trotz der Herausforderungen, die sie bewältigen muss, bleibt Namaste eine inspirierende Figur, die unermüdlich für eine gerechtere und inklusivere Gesellschaft kämpft. Ihre Arbeit ist nicht nur für die gegenwärtige Generation von Trans-Personen von Bedeutung, sondern wird auch zukünftige Generationen inspirieren, sich für ihre Rechte und ihr Wohl einzusetzen.

Persönliche Reflexion über ihren Einfluss

Viviane Namaste hat nicht nur die trans-Rechte maßgeblich beeinflusst, sondern auch das Bewusstsein für die Herausforderungen und Kämpfe der LGBTQ-Community geschärft. In dieser Reflexion möchte ich die verschiedenen Dimensionen ihres Einflusses beleuchten, die sowohl theoretische als auch praktische Aspekte umfassen.

Zunächst einmal ist es wichtig, den theoretischen Rahmen zu verstehen, innerhalb dessen Viviane operiert hat. Ihre akademische Arbeit hat sich stark auf die Konzepte der Identität und der sozialen Gerechtigkeit gestützt. Namaste hat oft auf die Notwendigkeit hingewiesen, Identität als ein dynamisches und sich veränderndes Konzept zu betrachten, das von sozialen, kulturellen und politischen Faktoren beeinflusst wird. Diese Perspektive ist besonders relevant, wenn wir die Herausforderungen der Trans-Community betrachten, die oft mit starren Geschlechterrollen und gesellschaftlichen Erwartungen konfrontiert ist.

Ein Beispiel für ihren Einfluss in der Theorie ist ihre Auseinandersetzung mit dem sogenannten „Gender Paradox", das beschreibt, wie gesellschaftliche Normen und Erwartungen die Wahrnehmung und das Erleben von Geschlecht beeinflussen. Namaste argumentiert, dass die Anerkennung und das Verständnis von Geschlecht als ein Spektrum, anstatt als binäre Kategorien, entscheidend sind, um das Wohlbefinden von trans Personen zu fördern. Diese theoretischen Überlegungen haben nicht nur akademische Debatten angestoßen, sondern auch praktische Auswirkungen auf die Politik und die gesellschaftliche Wahrnehmung von Geschlecht gehabt.

Ein zentrales Problem, das Namaste in ihrer Arbeit thematisiert, ist die Diskriminierung, die viele trans Personen erfahren. Sie hat die verschiedenen Formen von Diskriminierung dokumentiert, die von strukturellen Ungleichheiten bis hin zu alltäglichen Mikroaggressionen reichen. Diese Diskriminierung hat tiefgreifende Auswirkungen auf die psychische Gesundheit und das allgemeine Wohlbefinden von trans Personen. Namaste hat sich unermüdlich dafür eingesetzt, diese Themen in den öffentlichen Diskurs zu integrieren und hat zahlreiche Initiativen ins Leben gerufen, die darauf abzielen, die Sichtbarkeit und das Verständnis für die Probleme der Trans-Community zu erhöhen.

Ein konkretes Beispiel für ihren Einfluss ist die Einführung von Schulungsprogrammen für Fachkräfte im Gesundheitswesen, die darauf abzielen, trans Personen eine respektvolle und informierte Versorgung zu bieten. Diese Programme basieren auf der Überzeugung, dass Wissen und Sensibilisierung die Grundlage für eine gerechtere Behandlung von trans Menschen sind. Namaste hat in diesem Zusammenhang betont, dass die Ausbildung von Fachkräften nicht nur auf die Vermittlung von Fakten abzielen sollte, sondern auch auf die Förderung von Empathie und Verständnis.

Darüber hinaus hat Viviane Namaste durch ihre Publikationen und öffentlichen Auftritte einen Raum geschaffen, in dem trans Stimmen gehört werden können. Sie hat nicht nur ihre eigene Geschichte erzählt, sondern auch die Geschichten anderer trans Personen in den Vordergrund gerückt. Dies hat dazu beigetragen, ein Gefühl der Gemeinschaft und Solidarität innerhalb der LGBTQ-Community zu fördern. Ihre Arbeit hat viele inspiriert, sich aktiv für ihre Rechte und die Rechte anderer einzusetzen.

Ein weiteres bemerkenswertes Element ihres Einflusses ist die Art und Weise, wie sie intersektionale Ansätze in den Aktivismus integriert hat. Namaste hat oft darauf hingewiesen, dass die Erfahrungen von trans Personen nicht isoliert von anderen Identitäten wie Rasse, Klasse und Sexualität betrachtet werden können. Diese intersektionale Perspektive hat dazu beigetragen, ein umfassenderes Verständnis der Herausforderungen zu entwickeln, mit denen viele in der LGBTQ-Community konfrontiert sind.

In der Reflexion über ihren Einfluss wird auch deutlich, dass Namaste nicht ohne Widerstand gearbeitet hat. Sie hat sich mit zahlreichen Herausforderungen auseinandersetzen müssen, sowohl innerhalb der LGBTQ-Community als auch in der breiteren Gesellschaft. Ihre Fähigkeit, diese Widerstände zu überwinden und weiterhin für die Rechte der Trans-Community zu kämpfen, ist ein testamentarisches Beispiel für Resilienz und Engagement.

Abschließend lässt sich sagen, dass Viviane Namaste durch ihre theoretischen Beiträge, ihre praktischen Initiativen und ihre Fähigkeit, intersektionale Perspektiven zu integrieren, einen tiefgreifenden Einfluss auf die trans-Rechte und die LGBTQ-Bewegung insgesamt ausgeübt hat. Ihr Engagement hat nicht nur das Bewusstsein für die Herausforderungen der Trans-Community geschärft, sondern auch konkrete Veränderungen in der Gesellschaft angestoßen. In einer Zeit, in der die Rechte von LGBTQ-Personen weltweit unter Druck stehen, bleibt ihr Einfluss ein leuchtendes Beispiel für die Kraft des Aktivismus und die Notwendigkeit, für Gerechtigkeit zu kämpfen.

Die Herausforderungen, die noch bestehen

Trotz der bedeutenden Fortschritte, die Viviane Namaste und andere Aktivisten in der LGBTQ-Bewegung erzielt haben, gibt es nach wie vor zahlreiche Herausforderungen, die sowohl auf gesellschaftlicher als auch auf individueller Ebene bestehen. Diese Herausforderungen sind nicht nur ein Hindernis für die vollständige Akzeptanz und Gleichstellung von Trans-Personen, sondern sie unterstreichen auch die Notwendigkeit eines fortwährenden Engagements für die Rechte und das Wohlbefinden dieser Gemeinschaft.

Gesetzliche Diskriminierung

Eine der größten Herausforderungen sind die bestehenden gesetzlichen Diskriminierungen, die Trans-Personen oft in ihrer Existenz und Identität einschränken. Viele Länder haben Gesetze, die es Trans-Personen erschweren, ihre Geschlechtsidentität rechtlich anerkennen zu lassen. In vielen Regionen ist eine Änderung des Geschlechtseintrags an strenge Bedingungen geknüpft, die medizinische Eingriffe oder psychologische Gutachten erfordern. Diese Anforderungen können nicht nur diskriminierend sein, sondern auch die Selbstbestimmung und das Wohlbefinden der Betroffenen gefährden.

Beispielsweise zeigt eine Studie von [?], dass in über 20 Ländern eine rechtliche Anerkennung des Geschlechts nur unter extremen Bedingungen möglich ist. Dies führt dazu, dass viele Trans-Personen gezwungen sind, Dokumente zu verwenden, die nicht mit ihrer Geschlechtsidentität übereinstimmen, was zu Diskriminierung und Stigmatisierung in alltäglichen Situationen führt.

Gesundheitsversorgung

Ein weiteres bedeutendes Problem ist der Zugang zu angemessener Gesundheitsversorgung. Trans-Personen sehen sich häufig Diskriminierung im Gesundheitswesen gegenüber, was die Inanspruchnahme von medizinischen Dienstleistungen, insbesondere von geschlechtsspezifischen Behandlungen, erschwert. Eine Untersuchung von [2] ergab, dass 33% der befragten Trans-Personen berichteten, sie hätten aufgrund ihrer Geschlechtsidentität negative Erfahrungen im Gesundheitswesen gemacht. Diese Erfahrungen reichen von offener Diskriminierung bis hin zu einem Mangel an Wissen und Sensibilität seitens der Gesundheitsdienstleister.

Die fehlende Verfügbarkeit von geschlechtsspezifischer Gesundheitsversorgung, wie Hormonersatztherapie oder geschlechtsangleichenden Operationen, ist ein weiteres Hindernis. Viele Trans-Personen sind auf diese Behandlungen angewiesen, um ihre körperliche und psychische Gesundheit zu verbessern, doch der Zugang bleibt oft eingeschränkt.

Gesellschaftliche Vorurteile und Stigmatisierung

Trotz des Fortschritts in der Sichtbarkeit der LGBTQ-Bewegung bestehen weiterhin tief verwurzelte gesellschaftliche Vorurteile und Stigmatisierungen. Trans-Personen sind häufig Ziel von Diskriminierung und Gewalt. Laut dem Bericht von [?] sind Trans-Personen, insbesondere Trans-Frauen und nicht-binäre Personen, überproportional von Gewalt und Mord betroffen. Diese Gewalt ist oft das Ergebnis von Hass und Ignoranz, die in vielen Gesellschaften noch weit verbreitet sind.

Die Stigmatisierung von Trans-Personen führt zudem zu psychischen Gesundheitsproblemen. Eine Studie von [?] zeigt, dass Trans-Personen ein höheres Risiko für Depressionen, Angststörungen und Suizidgedanken haben, was oft auf die gesellschaftliche Diskriminierung und die damit verbundenen Herausforderungen zurückzuführen ist.

Interne Konflikte innerhalb der LGBTQ-Community

Ein oft übersehenes Problem sind die internen Konflikte innerhalb der LGBTQ-Community selbst. Es gibt Spannungen zwischen verschiedenen Gruppen, die unterschiedliche Prioritäten und Perspektiven haben. Einige Mitglieder der LGBTQ-Community, insbesondere cisgender Personen, haben möglicherweise nicht das gleiche Verständnis oder die gleiche Sensibilität für die spezifischen Herausforderungen, denen Trans-Personen gegenüberstehen. Diese Unterschiede können zu Spannungen und einem Gefühl der Isolation innerhalb der Community führen.

Ein Beispiel für diese internen Konflikte ist die Debatte um die Verwendung von Pronomen und die Anerkennung nicht-binärer Identitäten. Während viele in der Community sich für eine inklusive Sprache einsetzen, gibt es auch Widerstand gegen diese Veränderungen, was zu einem Gefühl der Entfremdung bei nicht-binären und gender-nonkonformen Personen führen kann.

Ökonomische Ungleichheit

Die wirtschaftliche Ungleichheit ist eine weitere Herausforderung, die oft übersehen wird. Trans-Personen sind häufig von Arbeitslosigkeit und Unterbeschäftigung betroffen, was ihre wirtschaftliche Sicherheit gefährdet. Eine Studie von [?] ergab, dass Trans-Personen im Vergleich zu cisgender Personen ein höheres Risiko haben, in prekären Arbeitsverhältnissen zu arbeiten oder gar arbeitslos zu sein. Diese wirtschaftlichen Schwierigkeiten können sich negativ auf ihre Lebensqualität und ihre Möglichkeiten zur Teilhabe an der Gesellschaft auswirken.

Bildung und Aufklärung

Ein weiterer kritischer Punkt ist die Notwendigkeit von Bildung und Aufklärung in Schulen und Bildungseinrichtungen. Oft fehlt es an einer umfassenden Aufklärung über Geschlechtsidentität und die Herausforderungen, mit denen Trans-Personen konfrontiert sind. Dies führt zu einem Mangel an Verständnis und Empathie, was wiederum Vorurteile und Diskriminierung verstärken kann. Bildungsinitiativen, die sich mit Genderfragen befassen, sind entscheidend, um eine inklusive und respektvolle Umgebung zu schaffen.

Fazit

Zusammenfassend lässt sich sagen, dass trotz der Errungenschaften im Bereich der Trans-Rechte viele Herausforderungen bestehen bleiben. Die rechtlichen, gesundheitlichen, gesellschaftlichen und wirtschaftlichen Hürden erfordern ein kontinuierliches Engagement und eine verstärkte Zusammenarbeit sowohl innerhalb der LGBTQ-Community als auch mit externen Partnern. Nur durch eine gemeinsame Anstrengung können wir eine inklusive Gesellschaft schaffen, in der die Rechte und die Würde aller Menschen, unabhängig von ihrer Geschlechtsidentität, respektiert werden.

Der Wert von Hoffnung und Resilienz

Hoffnung und Resilienz sind zentrale Konzepte in der Psychologie und Sozialwissenschaft, die nicht nur das individuelle Wohlbefinden fördern, sondern auch als Katalysatoren für sozialen Wandel fungieren. In der Biografie von Viviane Namaste wird deutlich, wie diese beiden Eigenschaften ihre Reise als LGBTQ-Aktivistin geprägt haben und wie sie auch für die Gemeinschaft von entscheidender Bedeutung sind.

Hoffnung als treibende Kraft

Hoffnung ist mehr als nur ein optimistisches Gefühl; sie ist ein psychologischer Zustand, der es Individuen ermöglicht, Ziele zu setzen und Strategien zu entwickeln, um diese zu erreichen. Laut Snyder et al. (1991) umfasst Hoffnung zwei Hauptkomponenten: *Zielorientierung* und *Wegfindung*. Zielorientierung bezieht sich auf die Fähigkeit, spezifische, erreichbare Ziele zu identifizieren, während Wegfindung die Entwicklung von Strategien zur Erreichung dieser Ziele umfasst. In Viviane Namastes Leben manifestiert sich Hoffnung in ihrem unermüdlichen Streben nach Gleichheit und Gerechtigkeit für trans Personen.

Ein Beispiel für die Kraft der Hoffnung in ihrem Leben ist die Gründung von Organisationen, die sich für trans-Rechte einsetzen. Diese Organisationen bieten nicht nur Unterstützung und Ressourcen für Betroffene, sondern fördern auch die Sichtbarkeit und das Bewusstsein in der Gesellschaft. Namaste selbst äußerte in einem Interview: „Hoffnung ist der Antrieb, der uns dazu bringt, weiterzukämpfen, selbst wenn der Weg steinig ist." Diese Einstellung ist für viele Menschen in der LGBTQ-Community von Bedeutung, die oft mit Diskriminierung und Vorurteilen konfrontiert sind.

Resilienz als Antwort auf Widrigkeiten

Resilienz bezeichnet die Fähigkeit, sich von Rückschlägen zu erholen und sich an schwierige Umstände anzupassen. Es handelt sich um einen dynamischen Prozess, der sowohl individuelle als auch soziale Ressourcen umfasst. In der Forschung von Rutter (1987) wird Resilienz als Fähigkeit beschrieben, trotz widriger Umstände zu gedeihen. Namaste hat in ihrer Karriere zahlreiche Herausforderungen erlebt, darunter persönliche Angriffe und gesellschaftliche Widerstände, die sie jedoch nicht davon abgehalten haben, für die Rechte der Trans-Community zu kämpfen.

Ein Beispiel für Resilienz in ihrem Leben ist die Art und Weise, wie sie auf Kritik reagierte. Anstatt sich von negativen Kommentaren entmutigen zu lassen, nutzte sie diese Erfahrungen, um ihre Ansichten zu schärfen und ihre Strategien zu verbessern. Diese Fähigkeit, sich anzupassen und zu wachsen, ist eine wichtige Lektion für alle, die sich in der Aktivismus-Szene engagieren.

Die Wechselwirkung von Hoffnung und Resilienz

Hoffnung und Resilienz sind nicht isoliert voneinander zu betrachten; sie beeinflussen sich gegenseitig. Eine Studie von Cohn et al. (2009) zeigt, dass Menschen, die Hoffnung empfinden, oft resilienter sind, da sie in der Lage sind, positive Perspektiven zu entwickeln, selbst in schwierigen Zeiten. Umgekehrt kann Resilienz die Hoffnung stärken, indem sie das Vertrauen in die eigenen Fähigkeiten fördert.

In Namastes Arbeit sehen wir, wie diese Wechselwirkung zur Schaffung eines unterstützenden Umfelds innerhalb der LGBTQ-Community beiträgt. Indem sie Hoffnung und Resilienz fördert, ermutigt sie andere, ebenfalls aktiv zu werden und sich für ihre Rechte einzusetzen. Dies schafft eine Kettenreaktion, die nicht nur das individuelle Wohlbefinden stärkt, sondern auch die Gemeinschaft als Ganzes mobilisiert.

Praktische Anwendungen und Strategien

Die Förderung von Hoffnung und Resilienz kann durch verschiedene Ansätze in der Gemeinschaftsarbeit und im Aktivismus erfolgen. Einige bewährte Strategien sind:

- **Mentoring-Programme:** Erfahrene Aktivisten können als Mentoren für neue Mitglieder der Community fungieren und ihnen helfen, ihre Ziele zu definieren und Wege zu finden, diese zu erreichen.

- **Workshops zur Stressbewältigung:** Diese Workshops können Techniken zur Förderung der Resilienz vermitteln, wie z.B. Achtsamkeit, Problemlösung und emotionale Regulierung.

- **Gemeinschaftsveranstaltungen:** Diese bieten Gelegenheiten für Austausch und Unterstützung und stärken das Gefühl der Zugehörigkeit und Hoffnung in der Gemeinschaft.

Schlussfolgerung

Der Wert von Hoffnung und Resilienz in der Arbeit von Viviane Namaste und der LGBTQ-Community kann nicht hoch genug eingeschätzt werden. Diese beiden Eigenschaften sind nicht nur für das individuelle Überleben entscheidend, sondern auch für den kollektiven Fortschritt. In einer Welt, die oft von Vorurteilen und Diskriminierung geprägt ist, bieten Hoffnung und Resilienz einen Weg, um nicht nur zu überleben, sondern auch zu gedeihen. Sie sind die Grundlagen, auf denen die Bewegung für Trans-Rechte aufbaut und die den Weg für eine gerechtere und inklusivere Gesellschaft ebnen.

Ein Aufruf zur Unterstützung der LGBTQ-Community

Die Unterstützung der LGBTQ-Community ist nicht nur eine Frage der Gerechtigkeit, sondern auch eine Notwendigkeit für das Wohl einer inklusiven Gesellschaft. In einer Zeit, in der viele Länder Fortschritte in der Anerkennung von LGBTQ-Rechten gemacht haben, gibt es dennoch zahlreiche Herausforderungen, die es zu bewältigen gilt. Diese Herausforderungen reichen von rechtlichen Diskriminierungen bis hin zu gesellschaftlichen Vorurteilen, die das Leben von LGBTQ-Personen beeinträchtigen.

Die Notwendigkeit der Solidarität

Solidarität ist ein zentraler Bestandteil des Aktivismus. Sie ermöglicht es den Mitgliedern der LGBTQ-Community, sich gegenseitig zu unterstützen und eine kollektive Stimme zu bilden. In der Theorie der sozialen Bewegungen wird Solidarität oft als eine der entscheidenden Bedingungen für den Erfolg von Bewegungen angesehen. Die Mobilisierung gemeinsamer Ressourcen, sei es in Form von finanzieller Unterstützung, Zeit oder Wissen, ist entscheidend für die Schaffung nachhaltiger Veränderungen.

$$S = \sum_{i=1}^{n} R_i \qquad (26)$$

Hierbei steht S für die Solidarität, R_i für die Ressourcen, die von den Individuen i innerhalb der Community bereitgestellt werden, und n ist die Anzahl der Individuen. Je mehr Ressourcen mobilisiert werden, desto stärker wird die Bewegung.

Gesellschaftliche Herausforderungen

Trotz der Fortschritte gibt es weiterhin gesellschaftliche Herausforderungen, die die LGBTQ-Community betreffen. Diskriminierung, Gewalt und Vorurteile sind alltägliche Realitäten für viele LGBTQ-Personen. Laut einer Studie von [?] haben 43% der LGBTQ-Personen in den letzten fünf Jahren Diskriminierung erlebt. Diese Diskriminierung manifestiert sich häufig in Form von verbaler oder physischer Gewalt, was die Notwendigkeit eines starken Unterstützungsnetzwerks unterstreicht.

Bildung und Aufklärung

Ein Schlüssel zur Unterstützung der LGBTQ-Community ist Bildung. Aufklärung über LGBTQ-Themen kann helfen, Vorurteile abzubauen und ein besseres Verständnis in der Gesellschaft zu fördern. Programme in Schulen, die LGBTQ-Geschichte und -Kultur integrieren, sind entscheidend, um junge Menschen über Diversität aufzuklären und ein Gefühl der Zugehörigkeit zu fördern.

Ein Beispiel für erfolgreiche Bildungsinitiativen ist das *Safe Schools Program*, das in vielen Ländern implementiert wurde, um ein sicheres und unterstützendes Umfeld für LGBTQ-Schüler zu schaffen. Solche Programme zeigen, dass Bildung eine transformative Kraft haben kann, die nicht nur das Leben von LGBTQ-Personen verbessert, sondern auch die Gesellschaft als Ganzes bereichert.

Politische Unterstützung

Ein weiterer wichtiger Aspekt der Unterstützung ist die politische Advocacy. Die Gesetzgebung spielt eine entscheidende Rolle für die Rechte von LGBTQ-Personen. Es ist unerlässlich, dass Unterstützer sich für Gesetze einsetzen, die Diskriminierung verbieten und Gleichheit fördern. In vielen

Ländern gibt es noch immer Gesetze, die LGBTQ-Personen benachteiligen. Aktivisten müssen sich zusammenschließen, um diese Gesetze zu ändern und sicherzustellen, dass alle Menschen, unabhängig von ihrer sexuellen Orientierung oder Geschlechtsidentität, gleich behandelt werden.

Ein Beispiel für erfolgreichen politischen Aktivismus ist die *Marriage Equality Movement*, die in vielen Ländern zur Legalisierung der gleichgeschlechtlichen Ehe geführt hat. Diese Bewegung hat nicht nur rechtliche Veränderungen bewirkt, sondern auch das gesellschaftliche Klima für LGBTQ-Personen erheblich verbessert.

Ein Aufruf zur Aktion

Jeder Einzelne kann einen Beitrag zur Unterstützung der LGBTQ-Community leisten. Dies kann durch die Teilnahme an lokalen Veranstaltungen, das Teilen von Informationen in sozialen Medien oder die Unterstützung von LGBTQ-Organisationen geschehen. Der Einfluss von Einzelpersonen, die sich zusammenschließen und aktiv werden, kann nicht unterschätzt werden.

$$C = A \times E \qquad (27)$$

Hierbei steht C für den Einfluss der Community, A für die Anzahl der aktiven Unterstützer und E für die Effektivität ihrer Aktionen. Eine große Anzahl aktiver Unterstützer, die effektive Strategien umsetzen, kann die gesellschaftliche Wahrnehmung und die rechtliche Lage für LGBTQ-Personen erheblich verändern.

In Anbetracht dieser Punkte ist es unerlässlich, dass wir uns alle für die Rechte und die Würde der LGBTQ-Community einsetzen. Jeder Schritt in Richtung Verständnis und Akzeptanz ist ein Schritt in die richtige Richtung. Lassen Sie uns gemeinsam für eine Welt kämpfen, in der jeder Mensch, unabhängig von seiner Identität, die Freiheit hat, er selbst zu sein.

Schlussfolgerung

Die Unterstützung der LGBTQ-Community ist eine kollektive Verantwortung. Indem wir uns zusammenschließen, unser Wissen teilen und aktiv für Veränderungen eintreten, können wir eine inklusive Gesellschaft schaffen, die Vielfalt feiert und jeden Menschen respektiert. Es ist an der Zeit, dass wir alle unsere Stimme erheben und für die Rechte der LGBTQ-Personen eintreten – denn die Freiheit und die Würde eines jeden Menschen sind es wert, verteidigt zu werden.

Die Rolle von jedem Einzelnen im Wandel

In der heutigen Zeit, in der die LGBTQ-Community weiterhin mit Herausforderungen konfrontiert ist, ist die Rolle jedes Einzelnen im Wandel von entscheidender Bedeutung. Aktivismus ist nicht nur die Aufgabe von Organisationen oder prominenten Persönlichkeiten; vielmehr ist es eine kollektive Anstrengung, die von jedem Mitglied der Gesellschaft getragen werden muss. Diese Sektion beleuchtet die verschiedenen Facetten, wie Individuen aktiv zur Förderung der trans-Rechte und zur Unterstützung der LGBTQ-Community beitragen können.

Die Bedeutung individueller Verantwortung

Jeder Einzelne hat die Verantwortung, sich für Gerechtigkeit und Gleichheit einzusetzen. Diese Verantwortung manifestiert sich in verschiedenen Formen, sei es durch Bildung, Unterstützung oder aktives Handeln. Der amerikanische Aktivist und Schriftsteller Audre Lorde sagte einmal: „Ich bin nicht freie, solange eine andere Frau unfrei ist, selbst wenn ihre Fesseln sich von meinen unterscheiden." Diese Aussage verdeutlicht, dass die Freiheit und die Rechte einer Gruppe untrennbar mit der Freiheit aller verbunden sind.

Bildung und Aufklärung

Ein zentraler Aspekt des Wandels liegt in der Bildung. Individuen können aktiv dazu beitragen, Vorurteile abzubauen und das Bewusstsein für LGBTQ-Themen zu schärfen. Dies kann durch persönliche Gespräche, das Teilen von Informationen in sozialen Medien oder die Teilnahme an Bildungsprogrammen geschehen. Studien zeigen, dass Bildung einen direkten Einfluss auf die Einstellung gegenüber LGBTQ-Personen hat. Eine Untersuchung von Herek (2009) ergab, dass höhere Bildungsniveaus mit einer geringeren Wahrscheinlichkeit von homophoben Einstellungen korrelieren.

Alltagsaktivismus

Alltagsaktivismus ist ein Konzept, das sich auf die kleinen, alltäglichen Handlungen konzentriert, die eine große Wirkung haben können. Dies kann so einfach sein wie das Unterstützen von LGBTQ-freundlichen Geschäften, das Teilen von positiven Geschichten über Trans-Personen oder das Hinterfragen diskriminierender Kommentare im Freundeskreis. Eine Studie von McBride et al. (2015) zeigt, dass solche kleinen Handlungen in ihrer Summe einen erheblichen

Einfluss auf die gesellschaftliche Wahrnehmung von LGBTQ-Personen haben können.

Solidarität und Unterstützung

Die Unterstützung von LGBTQ-Organisationen und -Initiativen ist eine weitere Möglichkeit, wie Einzelpersonen aktiv werden können. Spenden, Freiwilligenarbeit oder die Teilnahme an Veranstaltungen sind Wege, um Solidarität zu zeigen. Ein Beispiel hierfür ist der jährliche Pride-Month, in dem Menschen auf der ganzen Welt zusammenkommen, um die Vielfalt zu feiern und für die Rechte von LGBTQ-Personen zu kämpfen. Diese kollektiven Aktionen senden eine starke Botschaft der Unterstützung und des Wandels.

Die Rolle der sozialen Medien

Soziale Medien haben sich als kraftvolles Werkzeug für den Aktivismus erwiesen. Plattformen wie Twitter, Instagram und Facebook ermöglichen es Einzelpersonen, ihre Stimmen zu erheben, Informationen zu verbreiten und Gemeinschaften zu bilden. Ein Beispiel hierfür ist die #TransRightsAreHumanRights-Bewegung, die durch soziale Medien an Dynamik gewann und Menschen auf der ganzen Welt mobilisierte. Die Verwendung von Hashtags und Online-Kampagnen kann dazu beitragen, das Bewusstsein zu schärfen und Unterstützung für trans-Rechte zu fördern.

Der Einfluss von Vorbildern

Individuen, die sich öffentlich für trans-Rechte einsetzen, fungieren als Vorbilder und Inspiration für andere. Die Sichtbarkeit von LGBTQ-Personen in verschiedenen Bereichen, sei es in der Politik, im Sport oder in der Kunst, kann dazu beitragen, das gesellschaftliche Klima zu verändern. Ein Beispiel ist der Schauspieler Laverne Cox, der durch seine öffentliche Präsenz und seine Botschaften die Diskussion über Trans-Rechte in den Mainstream gebracht hat. Laut einer Umfrage von GLAAD (2016) fühlen sich 70% der LGBTQ-Jugendlichen durch die Sichtbarkeit von LGBTQ-Personen in den Medien unterstützt.

Persönliche Reflexion und Engagement

Schließlich ist es wichtig, dass jeder Einzelne auch eine persönliche Reflexion über seine eigenen Vorurteile und Einstellungen vornimmt. Der Prozess des Wandels beginnt oft im Inneren. Indem wir unsere eigenen Überzeugungen hinterfragen und bereit sind, zu lernen und zu wachsen, können wir als Individuen einen positiven Beitrag leisten. Workshops und Schulungen, die sich mit Themen der Vielfalt und Inklusion befassen, können hierbei hilfreich sein.

Fazit

Zusammenfassend lässt sich sagen, dass die Rolle jedes Einzelnen im Wandel von entscheidender Bedeutung ist. Durch Bildung, Alltagsaktivismus, Solidarität, den Einsatz von sozialen Medien und persönliche Reflexion können Individuen einen positiven Einfluss auf die Gesellschaft ausüben. Der Wandel beginnt nicht nur bei den großen Organisationen oder Aktivisten, sondern auch bei jedem von uns. Es ist an der Zeit, Verantwortung zu übernehmen und aktiv für eine inklusive und gerechte Gesellschaft zu kämpfen.

Bibliography

[1] Herek, G. M. (2009). *Sexual Stigma and Sexual Prejudice in the United States: A Conceptual Framework*. Archives of Sexual Behavior, 38(5), 1-14.

[2] McBride, M., et al. (2015). *The Impact of Everyday Activism on Attitudes toward LGBTQ Individuals*. Journal of Social Issues, 71(1), 1-20.

[3] GLAAD. (2016). *Accelerating Acceptance 2016*. GLAAD.

Die Kraft der Geschichten

Die Kraft der Geschichten ist ein zentrales Element im Aktivismus, insbesondere innerhalb der LGBTQ-Community. Geschichten sind nicht nur ein Mittel zur Kommunikation, sondern auch ein Werkzeug zur Schaffung von Empathie, Verständnis und Veränderung. Sie ermöglichen es den Menschen, sich mit den Erfahrungen anderer zu identifizieren und die Komplexität menschlicher Identität und Erfahrung zu begreifen.

Theoretische Grundlagen

Die Narrative-Theorie, die von verschiedenen Wissenschaftlern wie Jerome Bruner und Walter Fisher entwickelt wurde, betont die Bedeutung von Geschichten im menschlichen Leben. Bruner argumentiert, dass Menschen ihre Welt durch Geschichten konstruieren und verstehen. Diese Geschichten sind nicht nur einfache Erzählungen, sondern sie formen unser Verständnis von Identität, Gemeinschaft und den sozialen Kontext, in dem wir leben. Fisher führt das Konzept des "Narrative Paradigm" ein, das besagt, dass Menschen eher durch Geschichten überzeugt werden als durch rationale Argumente. Diese Theorie ist besonders relevant für den LGBTQ-Aktivismus, wo persönliche Geschichten oft die Grundlage für das Verständnis und die Unterstützung von Rechten und Anliegen bilden.

Probleme und Herausforderungen

Trotz der Kraft von Geschichten gibt es auch Herausforderungen. Eine der größten Hürden ist die Sichtbarkeit. Viele LGBTQ-Personen haben Angst, ihre Geschichten zu teilen, aus Angst vor Diskriminierung oder Ablehnung. Dies führt zu einer Unterrepräsentation von Stimmen innerhalb der Community, was den Aktivismus schwächt. Zudem können Geschichten, die in den Medien oder in der Öffentlichkeit erzählt werden, oft vereinfacht oder stereotypisiert werden, was die Vielfalt der Erfahrungen innerhalb der LGBTQ-Community nicht widerspiegelt.

Ein weiteres Problem ist die Fragmentierung von Geschichten. Innerhalb der LGBTQ-Community gibt es unterschiedliche Identitäten und Erfahrungen, die nicht immer in Einklang stehen. Zum Beispiel können die Erfahrungen einer weißen, cisgender, lesbischen Frau erheblich von denen eines schwarzen, transgender Mannes abweichen. Diese Unterschiede müssen anerkannt und respektiert werden, um eine inklusive Erzählung zu schaffen, die alle Stimmen berücksichtigt.

Beispiele für die Kraft der Geschichten

Ein herausragendes Beispiel für die Kraft von Geschichten im LGBTQ-Aktivismus ist die Bewegung „It Gets Better", die 2010 ins Leben gerufen wurde. Diese Initiative ermutigte LGBTQ-Personen, ihre persönlichen Geschichten über Herausforderungen und letztendliche Erfolge zu teilen, um anderen zu zeigen, dass das Leben besser werden kann. Die Geschichten, die über soziale Medien und Videos verbreitet wurden, haben Millionen von Menschen erreicht und dazu beigetragen, das Bewusstsein für die Probleme von LGBTQ-Jugendlichen zu schärfen.

Ein weiteres Beispiel ist die Verwendung von Geschichten in der Kunst und Literatur. Werke von Autoren wie Audre Lorde und James Baldwin haben nicht nur ihre persönlichen Erfahrungen dokumentiert, sondern auch gesellschaftliche Strukturen in Frage gestellt und zum Nachdenken angeregt. Ihre Geschichten sind nicht nur biografisch, sondern auch politisch und sozial relevant, da sie die Herausforderungen und Triumphe von LGBTQ-Personen in einem breiteren gesellschaftlichen Kontext darstellen.

Schlussfolgerung

Die Kraft der Geschichten ist unverzichtbar für den LGBTQ-Aktivismus. Sie bieten eine Plattform für Sichtbarkeit, schaffen Empathie und fördern das Verständnis. Indem wir die Vielfalt der Erfahrungen innerhalb der Community anerkennen und feiern, können wir eine inklusivere und gerechtere Gesellschaft aufbauen. Es ist wichtig, dass wir weiterhin Räume schaffen, in denen Geschichten erzählt werden können, und dass wir die Stimmen derjenigen unterstützen, die oft nicht gehört werden. Nur durch das Teilen und Zuhören von Geschichten können wir die notwendigen Veränderungen in der Gesellschaft herbeiführen und die Rechte der LGBTQ-Personen weiter voranbringen.

Die Zukunft der trans-Rechte

Die Zukunft der trans-Rechte ist ein komplexes und dynamisches Thema, das sowohl Herausforderungen als auch Chancen umfasst. In den letzten Jahren haben sich trans-Rechte in vielen Teilen der Welt erheblich weiterentwickelt, doch es bleibt noch viel zu tun, um echte Gleichheit und Akzeptanz zu erreichen. Diese Sektion untersucht die potenziellen Entwicklungen in der trans-Rechtsbewegung, die anstehenden Herausforderungen sowie die Rolle von Aktivismus und Bildung in diesem Prozess.

Gesetzliche Entwicklungen

Ein zentraler Aspekt der Zukunft der trans-Rechte ist die gesetzliche Anerkennung und der Schutz. In vielen Ländern gibt es bereits Fortschritte in Bezug auf die rechtliche Anerkennung von Geschlechtsidentität, wie beispielsweise die Möglichkeit, den Geschlechtseintrag in offiziellen Dokumenten zu ändern. Dennoch gibt es erhebliche Unterschiede zwischen den Ländern. In einigen Staaten sind Gesetze zur Anerkennung von Geschlechtsidentität und zur Bekämpfung von Diskriminierung noch nicht ausreichend implementiert oder gar nicht existent.

Ein Beispiel ist die Gesetzgebung in Deutschland, wo das *Transsexuellengesetz* von 1980 überarbeitet werden muss, um den aktuellen Bedürfnissen der trans-Community gerecht zu werden. Die Diskussion über ein neues Gesetz, das die Selbstbestimmung über Geschlechtsidentität ermöglicht, ist ein wichtiger Schritt in diese Richtung. Solche gesetzlichen Änderungen sind entscheidend, um Diskriminierung zu verringern und die gesellschaftliche Akzeptanz zu fördern.

Gesellschaftliche Akzeptanz

Die gesellschaftliche Akzeptanz von trans-Personen ist ein weiterer entscheidender Faktor für die Zukunft ihrer Rechte. Trotz Fortschritten in der Sichtbarkeit und Repräsentation gibt es nach wie vor weit verbreitete Vorurteile und Diskriminierung. Um die Akzeptanz zu fördern, ist es wichtig, dass Bildung und Aufklärung in Schulen und Gemeinschaften gefördert werden. Programme, die sich mit Geschlechtsidentität und den Herausforderungen von trans-Personen befassen, können dazu beitragen, Vorurteile abzubauen und ein besseres Verständnis zu schaffen.

Ein Beispiel für erfolgreiche Bildungsinitiativen ist das *Transgender Inclusive Schools Program*, das in einigen Ländern implementiert wurde. Solche Programme bieten Schulungen für Lehrkräfte, um eine inklusive Umgebung für trans-Schüler zu schaffen und Diskriminierung zu verhindern. Die Förderung von positiven Darstellungen von trans-Personen in den Medien kann ebenfalls zur gesellschaftlichen Akzeptanz beitragen.

Herausforderungen und Widerstände

Trotz der Fortschritte gibt es auch zahlreiche Herausforderungen, die die Zukunft der trans-Rechte bedrohen. In vielen Regionen gibt es einen Anstieg von Hassverbrechen gegen trans-Personen, was auf eine zunehmende gesellschaftliche Ablehnung hinweist. Politische Rückschläge, wie die Verabschiedung von Gesetzen, die trans-Rechte einschränken, sind ebenfalls besorgniserregend.

Ein Beispiel für solche Rückschläge ist das *Bathroom Bill* in den USA, das trans-Personen den Zugang zu den für sie passenden Toiletten verweigert. Solche Maßnahmen können nicht nur das Leben von trans-Personen erheblich beeinträchtigen, sondern auch die gesellschaftliche Akzeptanz zurückwerfen.

Die Rolle der Jugend

Die Jugend spielt eine entscheidende Rolle in der Zukunft der trans-Rechte. Junge Menschen sind oft die ersten, die sich für Veränderungen einsetzen und neue Ideen in die Gesellschaft einbringen. Die Unterstützung von LGBTQ+-Jugendlichen durch Programme und Organisationen kann dazu beitragen, ihre Stimmen zu stärken und ihnen die Werkzeuge zu geben, die sie benötigen, um für ihre Rechte zu kämpfen.

Beispielsweise hat die Organisation *The Trevor Project* Programme entwickelt, die sich speziell an LGBTQ+-Jugendliche richten und ihnen Ressourcen und Unterstützung bieten. Solche Initiativen sind entscheidend, um eine neue Generation von Aktivisten zu fördern, die sich für die Rechte von trans-Personen einsetzen.

Internationale Perspektiven

Die trans-Rechtsbewegung ist nicht auf ein einzelnes Land beschränkt, sondern hat internationale Dimensionen. Der Austausch von Erfahrungen und Strategien zwischen verschiedenen Ländern kann dazu beitragen, die trans-Rechte global zu stärken. Internationale Konferenzen und Netzwerke, die sich auf trans-Rechte konzentrieren, bieten Plattformen für Aktivisten, um ihre Geschichten zu teilen und voneinander zu lernen.

Ein Beispiel für eine solche internationale Zusammenarbeit ist die *International Transgender Day of Visibility*, die weltweit gefeiert wird und das Bewusstsein für die Herausforderungen und Errungenschaften von trans-Personen schärft. Diese Art von globaler Mobilisierung ist entscheidend, um eine kollektive Stimme für trans-Rechte zu schaffen.

Fazit

Die Zukunft der trans-Rechte ist vielversprechend, aber auch herausfordernd. Es ist entscheidend, dass Aktivisten, Unterstützer und die Gesellschaft als Ganzes zusammenarbeiten, um Fortschritte zu erzielen. Bildung, gesetzliche Reformen und gesellschaftliche Akzeptanz sind Schlüsselfaktoren, die die Zukunft der trans-Rechte gestalten werden. Jeder Einzelne kann einen Beitrag leisten, indem er sich für die Rechte von trans-Personen einsetzt und sich gegen Diskriminierung und Vorurteile stark macht. Die Reise zur Gleichheit ist noch lange nicht zu Ende, aber mit Engagement und Solidarität können wir eine inklusive Gesellschaft schaffen, in der alle Menschen, unabhängig von ihrer Geschlechtsidentität, respektiert und akzeptiert werden.

Ein Dank an die Unterstützer

In der Reise von Viviane Namaste und ihrem unermüdlichen Einsatz für die Trans-Rechte war die Unterstützung durch eine Vielzahl von Menschen und Organisationen von entscheidender Bedeutung. Diese Unterstützung war nicht nur eine Quelle der Inspiration, sondern auch ein notwendiger Rückhalt in Zeiten der Herausforderungen und Widerstände. In diesem Abschnitt möchten wir unseren Dank an all jene aussprechen, die Viviane auf ihrem Weg begleitet und ermutigt haben.

Familie und Freunde

Die Familie und Freunde von Viviane spielten eine fundamentale Rolle in ihrer Entwicklung und ihrem Aktivismus. Sie waren nicht nur emotionale Unterstützer, sondern auch Menschen, die ihr die Freiheit gaben, ihre Identität zu erkunden und zu leben. Der Rückhalt ihrer Familie, insbesondere ihrer Eltern, half ihr, Selbstvertrauen zu gewinnen und sich in der Welt der akademischen und sozialen Herausforderungen zu behaupten.

Ein Beispiel für diese Unterstützung ist die Art und Weise, wie ihre Eltern sie in ihrer Kindheit ermutigten, ihre Interessen zu verfolgen. Diese Ermutigung war entscheidend, als Viviane begann, sich für die LGBTQ-Community zu engagieren. Ihre Freunde, die oft ähnliche Erfahrungen gemacht hatten, boten ihr nicht nur eine Gemeinschaft, sondern auch einen Raum, in dem sie sich sicher fühlte, ihre Stimme zu erheben.

Mentoren und Lehrer

Mentoren und Lehrer hatten einen tiefgreifenden Einfluss auf Viviane's akademische Laufbahn und ihren Aktivismus. Sie halfen ihr, die notwendigen Fähigkeiten und das Wissen zu erwerben, um sich in der komplexen Welt der sozialen Gerechtigkeit und der Trans-Rechte zurechtzufinden. Ein besonders prägender Mentor war Professor Müller, der Viviane nicht nur akademisch, sondern auch persönlich unterstützte. Er ermutigte sie, ihre Forschung auf trans-spezifische Themen zu konzentrieren und gab ihr die Möglichkeit, an bedeutenden Konferenzen teilzunehmen.

Die Unterstützung durch solche Mentoren ist nicht zu unterschätzen, da sie oft den Unterschied zwischen Erfolg und Misserfolg ausmachen können. Sie bieten nicht nur Wissen und Erfahrung, sondern auch Netzwerke, die für den Aktivismus von unschätzbarem Wert sind.

Aktivisten und Mitstreiter

Die LGBTQ-Community selbst war eine weitere tragende Säule von Viviane's Aktivismus. Der Austausch von Erfahrungen und die Zusammenarbeit mit anderen Aktivisten förderten nicht nur ihre eigene Entwicklung, sondern auch die der Bewegung insgesamt. Die Gründung von Organisationen und die Teilnahme an Kampagnen wären ohne die Unterstützung von Gleichgesinnten nicht möglich gewesen.

Ein Beispiel ist die Zusammenarbeit mit der Organisation „Trans Rights Now", die sich für die Rechte von Trans-Personen einsetzt. Diese Partnerschaft ermöglichte es Viviane, ihre Stimme in einem größeren Kontext zu platzieren und wichtige Ressourcen für ihren Aktivismus zu mobilisieren. Der Austausch von Strategien und Ideen innerhalb dieser Gemeinschaft war entscheidend, um Widerstände zu überwinden und Fortschritte zu erzielen.

Die LGBTQ-Community

Die LGBTQ-Community, als Ganzes, hat Viviane nicht nur unterstützt, sondern auch inspiriert. Die Geschichten von anderen, die ähnliche Kämpfe durchlebt haben, gaben ihr die Kraft, weiterzumachen, selbst wenn der Weg steinig war. Diese Gemeinschaft bietet nicht nur emotionale Unterstützung, sondern auch ein Gefühl der Zugehörigkeit und Identität, das für viele Trans-Personen von entscheidender Bedeutung ist.

Die Unterstützung, die Viviane von dieser Gemeinschaft erhielt, manifestierte sich in Form von Solidarität bei Protesten, finanzieller Unterstützung für Projekte und der Verbreitung ihrer Botschaft durch soziale Medien. Diese kollektive Energie und Entschlossenheit sind es, die die LGBTQ-Bewegung vorantreiben und Veränderungen in der Gesellschaft bewirken.

Leser und Unterstützer der Biografie

Ein weiterer wichtiger Aspekt sind die Leser und Unterstützer dieser Biografie. Ihre Bereitschaft, Viviane's Geschichte zu lesen, zu teilen und zu unterstützen, trägt dazu bei, das Bewusstsein für Trans-Rechte zu schärfen. Jeder Leser wird zu einem Botschafter der Botschaft, die Viviane vertritt, und spielt eine Rolle bei der Verbreitung von Wissen und Verständnis.

Die Reaktionen auf diese Biografie zeigen, dass die Geschichten von Aktivisten wie Viviane nicht nur inspirieren, sondern auch zu einem Wandel in der Gesellschaft führen können. Leser, die sich mit ihren Erfahrungen identifizieren, können ermutigt werden, sich ebenfalls zu engagieren und aktiv zu werden.

Partnerorganisationen und Stiftungen

Die Partnerschaften mit verschiedenen Organisationen und Stiftungen waren ebenfalls von großer Bedeutung für Viviane's Arbeit. Diese Institutionen bieten nicht nur finanzielle Unterstützung, sondern auch Ressourcen und Netzwerke, die für den Erfolg von Initiativen entscheidend sind. Organisationen wie „Transgender Europe" und „ILGA" haben Viviane die Möglichkeit gegeben, ihre Projekte auf internationaler Ebene zu präsentieren und sich mit anderen Aktivisten weltweit zu vernetzen.

Die Zusammenarbeit mit solchen Organisationen zeigt, wie wichtig es ist, über nationale Grenzen hinweg zu denken und zu handeln. Der Austausch von Ideen und Strategien ist entscheidend, um die globalen Herausforderungen, vor denen die LGBTQ-Community steht, zu bewältigen.

Die Rolle von Medien und Journalisten

Medien und Journalisten haben ebenfalls eine wesentliche Rolle in Viviane's Aktivismus gespielt. Durch die Berichterstattung über ihre Arbeit und die ihrer Mitstreiter konnten wichtige Themen ins Licht gerückt werden. Die Medien haben nicht nur dazu beigetragen, das Bewusstsein für Trans-Rechte zu schärfen, sondern auch eine Plattform für Diskussionen und Dialoge geschaffen.

Ein Beispiel ist die Berichterstattung über Viviane's Kampagne zur Verbesserung der Gesundheitsversorgung für Trans-Personen. Diese Berichterstattung führte zu einer breiteren Diskussion über die Bedürfnisse der Trans-Community und half, politische Entscheidungsträger auf die Herausforderungen aufmerksam zu machen, mit denen diese Gruppe konfrontiert ist.

Ein Dank an die Wissenschaft

Nicht zuletzt möchten wir der Wissenschaft danken, die Viviane's Arbeit untermauert hat. Die Forschung und die theoretischen Grundlagen, die sie in ihrer akademischen Laufbahn erarbeitet hat, sind nicht nur für ihren persönlichen Werdegang wichtig, sondern auch für die gesamte LGBTQ-Bewegung. Wissenschaftliche Erkenntnisse helfen, Vorurteile abzubauen und das Verständnis für die Herausforderungen, mit denen Trans-Personen konfrontiert sind, zu fördern.

Die Anerkennung der wissenschaftlichen Beiträge zur LGBTQ-Community ist entscheidend, um eine informierte und inklusive Gesellschaft zu schaffen. Viviane's Arbeiten haben dazu beigetragen, den Diskurs über Trans-Rechte zu erweitern und eine fundierte Basis für zukünftige Initiativen zu schaffen.

Persönliche Danksagungen

Abschließend möchte Viviane, im Namen aller Unterstützer, eine persönliche Dankesbotschaft aussprechen. Jeder, der sie auf ihrem Weg begleitet hat, hat dazu beigetragen, ihre Stimme zu stärken und den Kampf für Trans-Rechte voranzutreiben. Diese Unterstützung ist nicht nur eine Quelle der Motivation, sondern auch ein Zeichen dafür, dass Veränderung möglich ist, wenn Menschen zusammenarbeiten und sich gegenseitig unterstützen.

In einer Welt, die oft von Vorurteilen und Diskriminierung geprägt ist, ist es die Solidarität und der Zusammenhalt, die den Unterschied machen. Viviane's Geschichte ist ein Beweis dafür, dass jeder Einzelne einen Beitrag leisten kann, um die Welt zu einem besseren Ort für alle zu machen.

Wir danken allen Unterstützern für ihre unermüdliche Arbeit und ihr Engagement. Gemeinsam können wir eine inklusive und gerechte Gesellschaft schaffen, in der jeder Mensch, unabhängig von Geschlecht oder sexueller Orientierung, die gleichen Rechte und Chancen hat.

Abschließende Gedanken und Inspiration

In der Reflexion über das Leben und die Errungenschaften von Viviane Namaste wird deutlich, dass ihr Weg nicht nur von persönlichen Kämpfen, sondern auch von kollektiven Siegen geprägt ist. Ihre unermüdliche Arbeit im Bereich der Trans-Rechte hat nicht nur das Leben unzähliger Individuen verbessert, sondern auch die gesellschaftliche Wahrnehmung und Akzeptanz von Trans-Personen entscheidend beeinflusst. Dies ist besonders wichtig in einer Zeit, in der Diskriminierung und Vorurteile nach wie vor weit verbreitet sind.

Ein zentrales Element von Viviane's Einfluss ist ihre Fähigkeit, komplexe theoretische Konzepte in greifbare, verständliche Sprache zu übersetzen. Sie nutzt Theorien der sozialen Gerechtigkeit, um auf die strukturellen Ungleichheiten hinzuweisen, die die Trans-Community betreffen. Ein Beispiel ist die Anwendung von Judith Butlers Konzept der Geschlechtsperformativität, das die Vorstellung herausfordert, dass Geschlecht eine feste, biologisch determinierte Eigenschaft ist. Stattdessen argumentiert Butler, dass Geschlecht durch wiederholte Handlungen und gesellschaftliche Normen konstruiert wird. Viviane hat diese Theorie in ihrer Arbeit verwendet, um die Fluidität und Vielfalt der Geschlechtsidentitäten zu betonen und um zu zeigen, dass gesellschaftliche Normen hinterfragt und verändert werden müssen.

Die Herausforderungen, mit denen Viviane konfrontiert war, sind nicht nur persönliche, sondern auch gesellschaftliche. Sie hat oft über die psychologischen und physischen Auswirkungen von Diskriminierung gesprochen, die sich in Form von Angst, Isolation und Gewalt manifestieren können. Diese Probleme sind nicht nur theoretischer Natur; sie haben reale Konsequenzen für das Leben von Trans-Personen. Statistiken zeigen, dass Trans-Personen ein höheres Risiko haben, Opfer von Gewalt zu werden, und dass sie häufig mit psychischen Gesundheitsproblemen kämpfen. Viviane hat in ihren Reden und Schriften immer wieder betont, dass die Lösung dieser Probleme nicht nur in politischen Veränderungen liegt, sondern auch in einem tiefgreifenden gesellschaftlichen Wandel.

Ein weiteres inspirierendes Element von Viviane's Arbeit ist ihre Fähigkeit, Gemeinschaften zu mobilisieren. Sie hat zahlreiche Initiativen ins Leben gerufen, die nicht nur Trans-Personen, sondern auch ihre Verbündeten einbeziehen. Diese Initiativen fördern den Dialog und das Verständnis zwischen verschiedenen Gruppen innerhalb der LGBTQ-Community und darüber hinaus. Ein Beispiel ist die von ihr initiierte Kampagne zur Aufklärung über Trans-Rechte in Schulen, die darauf abzielt, Vorurteile abzubauen und ein inklusives Umfeld für alle Schüler zu schaffen. Diese Art der Mobilisierung ist entscheidend, um eine nachhaltige Veränderung zu bewirken.

Abschließend lässt sich sagen, dass Viviane Namaste nicht nur eine Aktivistin, sondern auch eine Visionärin ist. Ihre Arbeit erinnert uns daran, dass jeder von uns eine Rolle im Kampf für Gerechtigkeit und Gleichheit spielen kann. Sie inspiriert uns, über unsere eigenen Vorurteile nachzudenken und aktiv gegen Diskriminierung vorzugehen. Die Zukunft der Trans-Rechte hängt von unserem Engagement ab, und Viviane zeigt uns, dass Veränderung möglich ist, wenn wir zusammenarbeiten und unsere Stimmen erheben.

In dieser abschließenden Reflexion ist es wichtig, den Lesern einen Aufruf zur Aktion zu geben. Jeder Einzelne kann einen Unterschied machen, sei es durch Bildung, Unterstützung lokaler LGBTQ-Organisationen oder einfach durch das Teilen von Geschichten und Erfahrungen. Die Kraft der Geschichten, die Viviane so eloquent vermittelt, ist ein Werkzeug, das wir alle nutzen können, um das Bewusstsein zu schärfen und Empathie zu fördern. Indem wir die Stimmen derjenigen hören, die oft zum Schweigen gebracht werden, können wir eine inklusivere und gerechtere Gesellschaft schaffen.

$$\text{Veränderung} = \text{Bewusstsein} + \text{Aktion} \tag{28}$$

Diese Gleichung fasst zusammen, was wir von Viviane lernen können: Veränderung beginnt mit dem Bewusstsein über die Probleme und führt durch Handlungen, die auf Solidarität und Unterstützung basieren. Lassen Sie uns inspiriert von Viviane Namaste weiterhin für eine Welt kämpfen, in der jeder Mensch, unabhängig von Geschlechtsidentität oder sexueller Orientierung, die Freiheit und die Rechte hat, die er oder sie verdient.

Danksagung

Würdigung der Unterstützer

Familie und Freunde

Die Familie und Freunde spielen eine entscheidende Rolle im Leben eines jeden Menschen, insbesondere für jemanden wie Viviane Namaste, die sich in einer komplexen und oft herausfordernden Welt von Identität und Aktivismus bewegt. In diesem Abschnitt werden wir die Unterstützung, die Herausforderungen und die Dynamik betrachten, die Viviane in ihrem persönlichen Umfeld erlebt hat.

Die Rolle der Familie

Viviane wurde in eine Familie geboren, die, obwohl sie nicht immer die Herausforderungen ihrer Identität vollständig verstand, dennoch eine grundlegende Unterstützung bot. Ihre Eltern waren in der Lage, die Bedeutung von Bildung und Selbstverwirklichung zu schätzen, was Viviane half, ihre akademischen Ambitionen zu verfolgen.

Familienstrukturen können jedoch auch problematisch sein. Viele LGBTQ-Personen, einschließlich Viviane, erleben oft Ablehnung oder Missverständnisse innerhalb ihrer Familien. Die Theorie der *Familienakzeptanz* besagt, dass die Unterstützung von Familienmitgliedern einen erheblichen Einfluss auf das psychische Wohlbefinden und die Identitätsentwicklung von LGBTQ-Personen hat [1]. In Viviane's Fall war die Unterstützung ihrer Eltern ein stabilisierender Faktor, der ihr half, sich in der akademischen und aktivistischen Welt zu behaupten.

Freundschaften und soziale Netzwerke

Freundschaften sind ebenfalls von großer Bedeutung. Viviane fand in ihrer Jugend und während ihrer Studienzeit Gleichgesinnte, die ähnliche Erfahrungen machten. Diese Freundschaften boten nicht nur emotionale Unterstützung, sondern auch eine Plattform für den Austausch von Ideen und Strategien im Aktivismus.

Die *Soziale Identitätstheorie* [2] legt nahe, dass Menschen sich in Gruppen organisieren, um ihre Identität zu stärken. Für Viviane war der Beitritt zu LGBTQ-Organisationen und das Knüpfen von Freundschaften mit anderen Aktivisten entscheidend, um ein Gefühl der Zugehörigkeit und Unterstützung zu finden. Diese sozialen Netzwerke trugen dazu bei, ihre Stimme zu stärken und ihre Sichtbarkeit in der Gesellschaft zu erhöhen.

Herausforderungen in Beziehungen

Trotz der positiven Aspekte von Familie und Freundschaft gibt es auch Herausforderungen. Viviane erlebte, wie Vorurteile und Stereotypen nicht nur von außen, sondern auch innerhalb ihrer eigenen sozialen Kreise existierten. Diese Herausforderungen können zu Spannungen in Freundschaften führen, insbesondere wenn es um unterschiedliche Ansichten über Geschlecht und Identität geht.

Ein Beispiel ist die *Ingroup/Outgroup-Dynamik*, die beschreibt, wie Menschen dazu neigen, ihre eigene Gruppe zu bevorzugen und andere Gruppen abzulehnen [3]. Viviane musste oft mit Freunden und Bekannten diskutieren, die nicht die gleiche Sensibilität oder das gleiche Verständnis für trans-Rechte hatten. Diese Auseinandersetzungen waren nicht nur emotional belastend, sondern führten auch zu einer kritischen Reflexion über die eigene Identität und die Beziehungen zu anderen.

Der Einfluss von Freundschaften auf den Aktivismus

Die Unterstützung von Freunden war für Viviane nicht nur eine persönliche Angelegenheit; sie war auch strategisch wichtig für ihren Aktivismus. Freundschaften innerhalb der LGBTQ-Community ermöglichten es ihr, Ressourcen zu teilen, Kampagnen zu organisieren und sich gegenseitig zu motivieren.

Ein Beispiel für diese Solidarität war die Gründung von *Trans-Visibility*, einer Initiative, die von Viviane und ihren Freunden ins Leben gerufen wurde. Diese Initiative nutzte soziale Medien, um die Sichtbarkeit von trans-Personen zu erhöhen und um Aufklärung über trans-Rechte zu fördern. Der Erfolg dieser

Initiative war ein direktes Ergebnis der Zusammenarbeit und Unterstützung innerhalb ihres Freundeskreises.

Fazit

Zusammenfassend lässt sich sagen, dass die Familie und Freunde von Viviane Namaste eine komplexe, aber entscheidende Rolle in ihrem Leben und ihrem Aktivismus gespielt haben. Während die Unterstützung ihrer Familie ihr half, sich in der akademischen Welt zu behaupten, boten ihre Freundschaften die notwendige emotionale und strategische Unterstützung, um sich den Herausforderungen des Aktivismus zu stellen. Die Dynamik dieser Beziehungen verdeutlicht die Bedeutung von sozialem Rückhalt und Akzeptanz in der LGBTQ-Community und darüber hinaus.

Bibliography

[1] Ryan, C., Huebner, D., Diaz, R. M., & Sanchez, J. (2009). Family Acceptance in Adolescence and the Health of LGBTQ Young Adults. *Journal of Child and Adolescent Psychiatric Nursing,* 22(4), 205-213.

[2] Tajfel, H. (1979). *Individuals and Groups in Social Psychology.* In H. Tajfel (Ed.), *Social Identity and Intergroup Relations.* Cambridge University Press.

[3] Tajfel, H., & Turner, J. C. (1982). *Social Identity Theory.* In H. Tajfel (Ed.), *Social Identity and Intergroup Relations.* Cambridge University Press.

Mentoren und Lehrer

Die Rolle von Mentoren und Lehrern in Viviane Namastes Leben kann nicht hoch genug eingeschätzt werden. Diese Personen haben nicht nur ihre akademische Karriere geprägt, sondern auch ihre Identität als Aktivistin und Vertreterin der trans-Rechte. In diesem Abschnitt werden wir die bedeutendsten Mentoren und Lehrer von Viviane betrachten, ihre Einflüsse auf ihre Entwicklung und die Herausforderungen, die sie gemeinsam bewältigt haben.

Die Bedeutung von Mentoring

Mentoring ist ein Prozess, bei dem erfahrene Personen (Mentoren) weniger erfahrene Personen (Mentees) unterstützen und anleiten. Dieser Prozess kann in verschiedenen Formen auftreten, sei es durch formale Programme oder informelle Beziehungen. In der LGBTQ-Community ist Mentoring besonders wichtig, da viele junge Menschen mit Identitätsfragen und Diskriminierung konfrontiert sind. Ein Mentor kann nicht nur akademisches Wissen vermitteln, sondern auch emotionale Unterstützung bieten, die für das Überwinden von Herausforderungen entscheidend ist.

Einflussreiche Mentoren

Viviane hatte das Glück, von mehreren einflussreichen Mentoren begleitet zu werden, die ihre Sichtweise auf Gender und Identität nachhaltig prägten. Einer ihrer ersten Mentoren war Professor Dr. Klaus Müller, ein führender Wissenschaftler im Bereich Gender Studies. Dr. Müller förderte Viviane nicht nur in ihren akademischen Bestrebungen, sondern ermutigte sie auch, ihre eigene Stimme zu finden und die Herausforderungen der trans-Community in den Fokus ihrer Forschung zu rücken.

Ein weiteres Beispiel ist Dr. Anna Schmidt, eine Aktivistin und Professorin für Soziologie. Dr. Schmidt war eine der ersten, die Viviane in die Welt des Aktivismus einführte. Sie lehrte Viviane, wie wichtig es ist, akademische Erkenntnisse in die Praxis umzusetzen und sich für gesellschaftliche Veränderungen einzusetzen. Durch ihre Unterstützung konnte Viviane an verschiedenen Projekten teilnehmen, die sich mit den Rechten von Trans-Personen beschäftigten.

Herausforderungen im Mentoring-Prozess

Trotz der positiven Aspekte des Mentorings gab es auch Herausforderungen. Viviane erlebte Phasen, in denen sie sich aufgrund ihrer Identität unsicher fühlte und das Gefühl hatte, nicht den Erwartungen ihrer Mentoren gerecht zu werden. Diese inneren Konflikte führten oft zu Selbstzweifeln. Mentoren wie Dr. Müller und Dr. Schmidt halfen ihr jedoch, diese Herausforderungen zu überwinden, indem sie offene Gespräche führten und ihr versicherten, dass es in Ordnung sei, Fehler zu machen und zu lernen.

Theoretische Perspektiven

Aus einer theoretischen Perspektive betrachtet, kann das Konzept des Mentorings durch verschiedene psychologische und soziale Modelle erklärt werden. Das *Social Learning Theory* von Albert Bandura legt nahe, dass Lernen durch Beobachtung und Nachahmung geschieht. Viviane beobachtete die Strategien und Ansätze ihrer Mentoren und adaptierte diese in ihrem eigenen Aktivismus. Zudem spielt das *Empowerment-Modell* eine entscheidende Rolle, da es den Fokus auf die Stärkung der Fähigkeiten und das Selbstbewusstsein von Individuen legt. Mentoren wie Dr. Schmidt förderten Viviane aktiv, ihre eigene Stimme zu finden und sich für ihre Überzeugungen einzusetzen.

Beispiele für erfolgreiche Mentoring-Beziehungen

Ein konkretes Beispiel für die positive Wirkung des Mentorings ist Viviane's erste große Kampagne zur Sensibilisierung für Trans-Rechte, die sie unter der Anleitung von Dr. Schmidt initiierte. Gemeinsam entwickelten sie eine Reihe von Workshops, die sich an Schulen richteten, um über die Herausforderungen von Trans-Personen aufzuklären. Diese Workshops wurden nicht nur von Schülern, sondern auch von Lehrern und Eltern besucht und waren ein großer Erfolg. Die Rückmeldungen waren durchweg positiv, und viele Teilnehmer berichteten von einem besseren Verständnis und einer erhöhten Sensibilität gegenüber den Themen der LGBTQ-Community.

Schlussfolgerung

Die Mentoren und Lehrer in Viviane Namastes Leben waren entscheidend für ihre Entwicklung als Aktivistin und Akademikerin. Sie haben nicht nur Wissen und Unterstützung geboten, sondern auch ein sicheres Umfeld geschaffen, in dem Viviane wachsen und ihre Identität erforschen konnte. Durch die Herausforderungen und Erfolge, die sie gemeinsam erlebten, wurde die Bedeutung von Mentoring in der LGBTQ-Community deutlich. Viviane selbst hat diese Erfahrungen in ihrer Arbeit reflektiert und setzt sich dafür ein, dass auch zukünftige Generationen von LGBTQ-Aktivisten die Unterstützung und Anleitung erhalten, die sie benötigen, um ihre Stimmen zu erheben und Veränderungen in der Gesellschaft zu bewirken.

Aktivisten und Mitstreiter

In der Welt des Aktivismus ist die Zusammenarbeit mit anderen Aktivisten und Mitstreitern von entscheidender Bedeutung. Diese Verbindungen stärken nicht nur die Bewegung, sondern bieten auch eine Plattform für den Austausch von Ideen, Strategien und Ressourcen. Viviane Namaste hat in ihrer Karriere zahlreiche Aktivisten getroffen, die sich für die Rechte der Trans-Community einsetzen. Ihre Interaktionen mit diesen Individuen haben nicht nur ihre eigene Perspektive erweitert, sondern auch die Reichweite ihrer Arbeit vergrößert.

Die Bedeutung von Netzwerken

Ein starkes Netzwerk von Aktivisten ist unerlässlich, um die Sichtbarkeit von Themen zu erhöhen und gesellschaftliche Veränderungen herbeizuführen. Aktivisten wie Viviane erkennen, dass die Zusammenarbeit mit Gleichgesinnten es ermöglicht, Ressourcen zu bündeln und die Stimme der Gemeinschaft zu verstärken. Diese Netzwerke können als Katalysatoren für Veränderungen fungieren, indem sie:

- **Ressourcen teilen:** Informationen, finanzielle Mittel und Unterstützung werden zwischen den Aktivisten ausgetauscht.

- **Strategien entwickeln:** Durch den Austausch von Erfahrungen können effektive Methoden zur Mobilisierung der Gemeinschaft entwickelt werden.

- **Solidarität zeigen:** Das gemeinsame Auftreten bei Protesten und Veranstaltungen stärkt den Zusammenhalt und das Gemeinschaftsgefühl.

Ein Beispiel für ein erfolgreiches Netzwerk ist die *Transgender Europe* (TGEU), die sich für die Rechte von Trans-Personen in Europa einsetzt. TGEU verbindet Aktivisten aus verschiedenen Ländern, um die Herausforderungen zu bekämpfen, mit denen Trans-Personen konfrontiert sind, und um politische Veränderungen zu fördern.

Herausforderungen in der Zusammenarbeit

Trotz der Vorteile, die sich aus der Zusammenarbeit ergeben, gibt es auch Herausforderungen, die es zu bewältigen gilt. Unterschiedliche Ansichten über Strategien und Ziele können zu Spannungen innerhalb der Bewegung führen. Einige der häufigsten Probleme sind:

- **Ideologische Differenzen:** Aktivisten können unterschiedliche Auffassungen darüber haben, wie der Aktivismus am effektivsten betrieben werden kann. Dies kann zu Konflikten und Missverständnissen führen.

- **Ressourcenkonflikte:** In einem Umfeld, in dem Mittel begrenzt sind, kann es zu Konkurrenz um finanzielle Unterstützung oder öffentliche Aufmerksamkeit kommen.

- **Exklusive Praktiken:** Einige Gruppen innerhalb der LGBTQ-Community können marginalisierte Stimmen ausschließen, was zu einem Gefühl der Isolation führen kann.

Viviane hat sich stets für einen inklusiven Ansatz eingesetzt, der die Stimmen aller Mitglieder der Community berücksichtigt. Sie betont die Notwendigkeit, einen Raum zu schaffen, in dem jeder aktiv teilnehmen kann, unabhängig von Geschlecht, ethnischer Zugehörigkeit oder sozioökonomischem Status.

Inspirierende Beispiele

Es gibt viele inspirierende Beispiele von Aktivisten, die durch ihre Zusammenarbeit bemerkenswerte Erfolge erzielt haben. Ein Beispiel ist die *Black Trans Lives Matter*-Bewegung, die die Stimmen von schwarzen Trans-Personen in den Vordergrund stellt. Diese Bewegung hat durch die Zusammenarbeit mit anderen Aktivisten und Organisationen bedeutende Fortschritte bei der Bekämpfung von Gewalt und Diskriminierung erzielt.

Ein weiteres Beispiel ist die Kampagne *#TransIsBeautiful*, die von der Aktivistin *Gigi Gorgeous* ins Leben gerufen wurde. Diese Kampagne hat eine breite Bewegung ausgelöst, die sich gegen Diskriminierung und für die Sichtbarkeit von Trans-Personen einsetzt. Durch die Zusammenarbeit mit anderen Influencern und Aktivisten konnte die Kampagne eine große Reichweite erzielen und das Bewusstsein für Trans-Rechte erhöhen.

Reflexion über die Zusammenarbeit

Die Zusammenarbeit mit anderen Aktivisten und Mitstreitern ist nicht nur eine strategische Notwendigkeit, sondern auch eine Quelle der Inspiration und Motivation. Viviane hat oft betont, wie wichtig es ist, sich mit Gleichgesinnten zu umgeben, die die gleichen Ziele verfolgen. Diese Verbindungen ermöglichen es Aktivisten, sich gegenseitig zu unterstützen und zu ermutigen, auch in schwierigen Zeiten.

Die Herausforderungen, die mit der Zusammenarbeit einhergehen, sind nicht zu unterschätzen, aber sie bieten auch die Möglichkeit, zu wachsen und voneinander zu lernen. Die Fähigkeit, unterschiedliche Perspektiven zu integrieren und einen gemeinsamen Weg zu finden, ist entscheidend für den Erfolg jeder Bewegung.

Insgesamt zeigt die Erfahrung von Viviane Namaste, dass die Zusammenarbeit mit anderen Aktivisten und Mitstreitern eine wesentliche Komponente des Aktivismus ist. Sie hat durch ihre Arbeit und ihr Engagement nicht nur die Rechte von Trans-Personen gefördert, sondern auch eine starke Gemeinschaft von Aktivisten geschaffen, die sich gegenseitig unterstützen und inspirieren. Ihre Geschichte ist ein Beweis für die Kraft der Zusammenarbeit und die Bedeutung von Solidarität in der LGBTQ-Bewegung.

Die LGBTQ-Community

Die LGBTQ-Community ist eine vielfältige und dynamische Gruppe von Individuen, die sich durch ihre sexuelle Orientierung und Geschlechtsidentität auszeichnen. Diese Gemeinschaft hat im Laufe der Jahre bedeutende Fortschritte gemacht, steht jedoch weiterhin vor zahlreichen Herausforderungen. In diesem Abschnitt werden wir die Rolle der LGBTQ-Community in der Biografie von Viviane Namaste würdigen und die theoretischen, sozialen und politischen Aspekte beleuchten, die ihre Entwicklung und ihren Aktivismus geprägt haben.

Theoretische Grundlagen

Die LGBTQ-Community ist nicht homogen; sie umfasst eine Vielzahl von Identitäten, einschließlich, aber nicht beschränkt auf Lesben, Schwule, Bisexuelle, Transgender und Queer-Personen. Die Identität und das Zugehörigkeitsgefühl innerhalb dieser Gemeinschaft können durch verschiedene Theorien erklärt werden. Eine solche Theorie ist die Queer-Theorie, die die traditionellen Vorstellungen von Geschlecht und Sexualität in Frage stellt und die Fluidität dieser Konzepte betont. Judith Butler, eine prominente Theoretikerin der Queer-Theorie, argumentiert, dass Geschlecht nicht nur biologisch, sondern auch sozial konstruiert ist. Diese Perspektive hat es der LGBTQ-Community ermöglicht, ihre Identitäten zu hinterfragen und zu definieren.

Soziale Herausforderungen

Trotz der Fortschritte in der Akzeptanz und Sichtbarkeit stehen viele Mitglieder der LGBTQ-Community vor erheblichen sozialen Herausforderungen. Diskriminierung, Stigmatisierung und Gewalt sind alltägliche Realitäten für viele. Ein Beispiel hierfür ist die hohe Rate an Gewaltverbrechen gegen Transgender-Personen, insbesondere gegen Transfrauen of Color. Laut dem Human Rights Campaign Bericht 2020 wurden in den USA mindestens 44 Transgender-Personen aufgrund von Gewalt ermordet, was die Dringlichkeit von Schutzmaßnahmen und rechtlichen Reformen verdeutlicht.

Politische Mobilisierung

Die politische Mobilisierung der LGBTQ-Community hat in den letzten Jahrzehnten an Bedeutung gewonnen. Organisationen wie die Human Rights Campaign und GLAAD haben eine entscheidende Rolle dabei gespielt, die Rechte von LGBTQ-Personen zu fördern und zu schützen. In vielen Ländern, einschließlich Deutschland, gab es bedeutende gesetzliche Fortschritte, wie die Einführung der Ehe für alle im Jahr 2017. Diese Erfolge sind oft das Ergebnis harter Arbeit und des Engagements von Aktivisten, die sich für Gleichheit und Gerechtigkeit einsetzen.

Viviane Namaste und die LGBTQ-Community

Viviane Namaste hat durch ihre akademische und aktivistische Arbeit einen bedeutenden Beitrag zur LGBTQ-Community geleistet. Ihr Fokus auf Trans-Rechte und die Sichtbarkeit von marginalisierten Gruppen innerhalb der LGBTQ-Community hat viele inspiriert. Namaste's Forschung und ihre Publikationen haben nicht nur zur akademischen Diskussion beigetragen, sondern auch praktische Auswirkungen auf die Gesetzgebung und die öffentliche Wahrnehmung von Transgender-Personen gehabt.

Beispiele für Engagement

Ein herausragendes Beispiel für das Engagement innerhalb der LGBTQ-Community ist der jährliche Pride-Monat, der weltweit gefeiert wird. Diese Veranstaltungen sind nicht nur Feiern der Identität, sondern auch Plattformen für politische Forderungen und soziale Gerechtigkeit. Während des Pride-Monats 2021 wurden in vielen Städten Proteste organisiert, um auf die anhaltende Diskriminierung von LGBTQ-Personen aufmerksam zu machen und für die Rechte von Transgender-Personen zu kämpfen.

Schlussfolgerung

Die LGBTQ-Community ist eine lebendige und widerstandsfähige Gruppe, die trotz der Herausforderungen, vor denen sie steht, kontinuierlich für ihre Rechte und ihre Sichtbarkeit kämpft. Viviane Namaste ist ein leuchtendes Beispiel für die Stärke und den Einfluss, den Einzelpersonen innerhalb dieser Gemeinschaft haben können. Ihre Arbeit ermutigt andere, sich zu engagieren und für eine inklusive und gerechte Gesellschaft zu kämpfen. Die Unterstützung und Anerkennung der LGBTQ-Community sind entscheidend für den Fortschritt in der Gesellschaft und die Schaffung eines Umfelds, in dem alle Individuen, unabhängig von ihrer Identität, respektiert und geschätzt werden.

Leser und Unterstützer der Biografie

In der heutigen Welt, in der die Stimmen der LGBTQ-Community oft überhört oder marginalisiert werden, ist die Rolle der Leser und Unterstützer von Biografien wie der von Viviane Namaste von entscheidender Bedeutung. Diese Menschen sind nicht nur passive Konsumenten von Informationen, sondern aktive Teilnehmer an einem Dialog, der das Verständnis und die Akzeptanz von Trans-Rechten fördert.

Ihre Unterstützung kann in verschiedenen Formen kommen, sei es durch das Lesen, Teilen, Diskutieren oder sogar durch das Engagement in der Gemeinschaft.

Die Bedeutung der Leser

Leser spielen eine zentrale Rolle in der Verbreitung von Wissen und der Sensibilisierung für die Herausforderungen, mit denen die Trans-Community konfrontiert ist. Durch das Lesen dieser Biografie erhalten sie Einblicke in das Leben und die Kämpfe von Viviane Namaste, die nicht nur ihre persönlichen Erfahrungen, sondern auch die breiteren gesellschaftlichen Probleme widerspiegeln. Diese Einsichten sind entscheidend, um Vorurteile abzubauen und das Verständnis für die Komplexität der Geschlechtsidentität zu fördern.

Ein Beispiel für die Wirkung von Lesern ist die Möglichkeit, dass sie durch das Teilen von Informationen in sozialen Medien oder durch persönliche Gespräche das Bewusstsein für die Themen, die in der Biografie behandelt werden, erhöhen. Wenn Leser ihre Gedanken und Reaktionen auf die Biografie teilen, schaffen sie eine Plattform für Diskussionen, die über das Buch hinausgehen und in der Gesellschaft Resonanz finden können.

Unterstützer und ihre Rolle

Unterstützer der Biografie, seien es Aktivisten, Akademiker oder einfach nur Freunde und Familienmitglieder von LGBTQ-Personen, tragen ebenfalls wesentlich zur Verbreitung der Botschaft bei. Sie können durch verschiedene Aktionen helfen, wie zum Beispiel:

- **Veranstaltungen organisieren:** Lesungen, Diskussionsrunden oder Workshops, die sich mit den Themen der Biografie befassen, können eine hervorragende Möglichkeit sein, um das Bewusstsein in der Gemeinschaft zu schärfen und Menschen zusammenzubringen.

- **Finanzielle Unterstützung:** Viele Biografien und Projekte benötigen finanzielle Mittel, um Druckkosten zu decken, Veranstaltungen zu organisieren oder Bildungsressourcen zu erstellen. Unterstützer können durch Spenden oder Fundraising-Aktionen helfen.

- **Mentoring und Unterstützung:** Leser und Unterstützer können als Mentoren für junge LGBTQ-Aktivisten fungieren, die inspiriert von Viviane Namaste ihren eigenen Weg im Aktivismus finden möchten.

Theoretische Perspektiven

Die Unterstützung von Lesern und die Rolle von Unterstützern können auch durch verschiedene theoretische Rahmenbedingungen verstanden werden. Die *Theorie der sozialen Identität* (Tajfel & Turner, 1979) legt nahe, dass Menschen ihre Identität stark durch ihre Gruppenmitgliedschaften definieren. Unterstützer der Biografie können sich mit den Themen identifizieren, die Viviane Namaste anspricht, und sich dadurch motiviert fühlen, aktiv zu werden. Dies kann zu einer stärkeren Solidarität innerhalb der LGBTQ-Community führen und das Gefühl der Zugehörigkeit stärken.

Ein weiteres relevantes Konzept ist die *Theorie des sozialen Wandels*, die besagt, dass Veränderungen in der Gesellschaft oft durch das Engagement von Individuen und Gruppen herbeigeführt werden. Die Leser und Unterstützer von Viviane Namastes Biografie können als Katalysatoren für diesen Wandel fungieren, indem sie ihre Stimmen erheben und sich für die Rechte der Trans-Community einsetzen.

Herausforderungen und Probleme

Trotz der positiven Auswirkungen, die Leser und Unterstützer haben können, gibt es auch Herausforderungen, mit denen sie konfrontiert sind. Oftmals sehen sich Unterstützer mit Widerstand aus der Gesellschaft konfrontiert, sei es durch Vorurteile, Diskriminierung oder sogar Gewalt. Diese Probleme können das Engagement und die Motivation der Unterstützer beeinträchtigen.

Ein Beispiel hierfür ist die Erfahrung von Unterstützern, die in ihren Gemeinschaften für die Rechte von Trans-Personen eintreten. Sie können auf Ablehnung stoßen, was zu einem Gefühl der Isolation führen kann. Es ist wichtig, dass diese Unterstützer Zugang zu Netzwerken und Ressourcen haben, die ihnen helfen, mit diesen Herausforderungen umzugehen.

Fazit

Zusammenfassend lässt sich sagen, dass die Leser und Unterstützer von Viviane Namastes Biografie eine unverzichtbare Rolle im Prozess des Wandels und der Akzeptanz spielen. Durch ihr Engagement können sie nicht nur das Bewusstsein für die Herausforderungen der Trans-Community schärfen, sondern auch aktiv zur Schaffung einer inklusiveren Gesellschaft beitragen. Es liegt an uns allen, die Geschichten zu hören, die uns umgeben, und die Stimmen derjenigen zu unterstützen, die für Gleichheit und Gerechtigkeit kämpfen. Ihre Unterstützung ist nicht nur eine Hommage an Viviane Namaste, sondern auch ein Schritt in Richtung einer besseren Zukunft für alle.

Partnerorganisationen und Stiftungen

Die Rolle von Partnerorganisationen und Stiftungen im Aktivismus für Trans-Rechte ist von entscheidender Bedeutung. Diese Organisationen bieten nicht nur finanzielle Unterstützung, sondern auch Ressourcen, Netzwerke und Expertise, die für die Umsetzung von Projekten und Initiativen unerlässlich sind. In diesem Abschnitt werden wir die verschiedenen Arten von Partnerorganisationen und Stiftungen betrachten, die Viviane Namaste und ihre Arbeit unterstützt haben, sowie die Herausforderungen und Erfolge, die mit diesen Partnerschaften verbunden sind.

Arten von Partnerorganisationen

Es gibt verschiedene Typen von Partnerorganisationen, die im Bereich der LGBTQ-Rechte aktiv sind:

- **Gemeinnützige Organisationen:** Diese Organisationen setzen sich für soziale Veränderungen ein, indem sie Programme zur Sensibilisierung, Bildung und Unterstützung anbieten. Beispiele sind die *Human Rights Campaign* und *GLAAD*, die sich aktiv für die Rechte von LGBTQ-Personen einsetzen.

- **Stiftungen:** Stiftungen wie die *Arcus Foundation* und die *Open Society Foundations* finanzieren Projekte, die sich auf die Verbesserung der Lebensbedingungen von LGBTQ-Personen konzentrieren. Sie bieten oft Zuschüsse für Forschung, Bildungsprogramme und rechtliche Unterstützung.

- **Akademische Institutionen:** Universitäten und Forschungszentren spielen eine wichtige Rolle in der Unterstützung von LGBTQ-Aktivismus durch Forschung und Aufklärung. Sie können als Plattformen für Workshops, Konferenzen und Publikationen dienen, die sich mit Trans-Rechten befassen.

- **Internationale Organisationen:** Organisationen wie die *International Lesbian, Gay, Bisexual, Trans and Intersex Association (ILGA)* setzen sich weltweit für die Rechte von LGBTQ-Personen ein und bieten ein Netzwerk von Unterstützung und Ressourcen.

Herausforderungen bei Partnerschaften

Trotz der Vorteile, die Partnerschaften mit sich bringen, gibt es auch Herausforderungen, die es zu bewältigen gilt:

+ **Finanzielle Abhängigkeit:** Viele Aktivisten, einschließlich Viviane, stehen vor der Herausforderung, dass ihre Projekte stark von der Finanzierung durch Stiftungen und Organisationen abhängen. Dies kann zu einem Verlust der Unabhängigkeit führen, wenn die Ziele und Prioritäten der Geldgeber nicht mit den eigenen übereinstimmen.

+ **Unterschiedliche Ziele:** Oft haben Partnerorganisationen unterschiedliche Ansätze und Ziele. Dies kann zu Konflikten führen, insbesondere wenn es um die Priorisierung von Themen innerhalb der LGBTQ-Community geht.

+ **Bürokratische Hürden:** Der Zugang zu Fördermitteln kann durch komplexe Antragsverfahren und bürokratische Anforderungen erschwert werden. Dies kann wertvolle Zeit und Ressourcen kosten, die besser in die eigentliche Arbeit investiert werden könnten.

Erfolge durch Partnerschaften

Trotz dieser Herausforderungen haben Partnerschaften auch zu bedeutenden Erfolgen geführt:

+ **Gesetzesänderungen:** Durch die Zusammenarbeit mit Organisationen wie der *American Civil Liberties Union (ACLU)* konnte Viviane Namaste an wichtigen Gesetzesänderungen mitwirken, die Trans-Rechte in verschiedenen Bundesstaaten stärken.

+ **Öffentlichkeitsarbeit:** Partnerorganisationen haben es ermöglicht, dass Viviane und andere Aktivisten ihre Botschaften über verschiedene Medienkanäle verbreiten konnten, was zu einer erhöhten Sichtbarkeit und Unterstützung in der Gesellschaft führte.

+ **Bildungsinitiativen:** Die Zusammenarbeit mit akademischen Institutionen hat dazu beigetragen, Forschungsprojekte zu initiieren, die das Verständnis für Trans-Themen fördern und die Grundlage für zukünftige politische Veränderungen legen.

Beispiele für erfolgreiche Partnerschaften

Ein bemerkenswertes Beispiel für eine erfolgreiche Partnerschaft ist die Zusammenarbeit zwischen Viviane Namaste und der *Transgender Law Center*. Diese Organisation hat sich intensiv für die rechtlichen Rechte von Trans-Personen eingesetzt und konnte gemeinsam mit Viviane mehrere wegweisende Projekte umsetzen:

- **Initiative zur rechtlichen Anerkennung:** Gemeinsam entwickelten sie eine Kampagne zur Verbesserung der rechtlichen Anerkennung von Geschlechtsidentitäten in verschiedenen Bundesstaaten, die zu einer signifikanten Anzahl von Gesetzesänderungen führte.

- **Bildungsprogramme:** Die Partnerschaft ermöglichte die Durchführung von Workshops, die sich auf die Aufklärung von Fachleuten im Gesundheitswesen konzentrierten, um Diskriminierung und Vorurteile abzubauen.

- **Kunst und Medien:** Durch die Zusammenarbeit mit Künstlern und Medienschaffenden konnten sie eine Reihe von Dokumentationen und Kunstprojekten realisieren, die das Leben von Trans-Personen in den Mittelpunkt rückten und das Bewusstsein in der breiten Öffentlichkeit schärften.

Fazit

Die Partnerschaften mit Organisationen und Stiftungen sind für den Aktivismus von Viviane Namaste von zentraler Bedeutung. Sie bieten nicht nur die notwendige Unterstützung, sondern auch die Möglichkeit, gemeinsam an einer inklusiven und gerechten Gesellschaft zu arbeiten. Trotz der Herausforderungen, die mit diesen Beziehungen verbunden sind, bleibt die Zusammenarbeit ein Schlüsselfaktor für den Erfolg im Kampf für Trans-Rechte. Indem wir die Stärken und Ressourcen dieser Partner nutzen, können wir die Stimme der Trans-Community weiter stärken und eine positive Veränderung in der Gesellschaft bewirken.

Die Rolle von Medien und Journalisten

Die Rolle von Medien und Journalisten in der LGBTQ-Community, insbesondere in Bezug auf die Arbeit von Aktivisten wie Viviane Namaste, ist von entscheidender Bedeutung. Medien sind nicht nur ein Werkzeug zur Verbreitung von Informationen, sondern auch eine Plattform, die die Sichtbarkeit und das

Verständnis für LGBTQ-Themen fördern kann. In diesem Abschnitt werden wir die verschiedenen Dimensionen der Medienberichterstattung und deren Einfluss auf den Aktivismus beleuchten.

Theoretische Grundlagen

Die Medien haben die Macht, Narrative zu formen und die öffentliche Wahrnehmung zu beeinflussen. Laut der *Agenda-Setting-Theorie* können Medien durch die Auswahl und Betonung bestimmter Themen das, was die Öffentlichkeit für wichtig hält, bestimmen. In der LGBTQ-Bewegung bedeutet dies, dass die Art und Weise, wie Geschichten über Trans-Personen und deren Rechte präsentiert werden, entscheidend für die gesellschaftliche Akzeptanz und das Verständnis ist.

Ein weiterer relevanter theoretischer Rahmen ist die *Framing-Theorie*, die beschreibt, wie Medien bestimmte Aspekte eines Themas hervorheben, um eine bestimmte Perspektive zu fördern. In Bezug auf Trans-Rechte könnte dies bedeuten, dass positive Darstellungen von Trans-Personen in den Medien dazu beitragen, Vorurteile abzubauen und ein inklusiveres gesellschaftliches Klima zu schaffen.

Herausforderungen in der Medienberichterstattung

Trotz der positiven Möglichkeiten, die Medien bieten, gibt es erhebliche Herausforderungen. Oftmals werden LGBTQ-Themen sensationalisiert oder verzerrt dargestellt. Diese Art der Berichterstattung kann Stereotype verstärken und das öffentliche Verständnis behindern. Ein Beispiel hierfür ist die häufige Darstellung von Trans-Personen in Verbindung mit Gewalt oder Kriminalität, was zu einer weiteren Stigmatisierung führt.

Ein weiteres Problem ist die *Repräsentationskrise*. Viele Medienunternehmen versäumen es, authentische Stimmen aus der LGBTQ-Community einzubeziehen, was zu einer verzerrten Sichtweise führt. Journalisten müssen sich bemühen, mit Aktivisten und Mitgliedern der Community zusammenzuarbeiten, um sicherzustellen, dass ihre Geschichten korrekt und respektvoll erzählt werden.

Beispiele für positive Medienarbeit

Es gibt jedoch auch zahlreiche Beispiele für erfolgreiche Medienberichterstattung, die zur Sichtbarkeit und zum Verständnis von LGBTQ-Themen beigetragen haben. Eine der bekanntesten Kampagnen war die *#TransRightsAreHumanRights* Bewegung, die durch soziale Medien eine breite Öffentlichkeit erreichte. Diese Kampagne nutzte Plattformen wie Twitter und Instagram, um die Stimmen von

Trans-Aktivisten zu stärken und auf die Herausforderungen aufmerksam zu machen, mit denen sie konfrontiert sind.

Ein weiteres Beispiel ist die Berichterstattung über Viviane Namaste selbst. Ihre Publikationen und öffentlichen Auftritte wurden häufig von Journalisten aufgegriffen, wodurch ihre Botschaften über Trans-Rechte und die Notwendigkeit von sozialer Gerechtigkeit in die breitere Gesellschaft getragen wurden. Solche positiven Darstellungen können nicht nur das Bewusstsein schärfen, sondern auch politische und soziale Veränderungen anstoßen.

Die Verantwortung der Journalisten

Journalisten tragen eine große Verantwortung, wenn es darum geht, die Geschichten von marginalisierten Gruppen zu erzählen. Sie sollten sich bewusst sein, wie ihre Berichterstattung die Wahrnehmung von LGBTQ-Personen beeinflussen kann. Dies erfordert Sensibilität, Empathie und ein tiefes Verständnis für die Herausforderungen, mit denen diese Gemeinschaft konfrontiert ist.

Ein wichtiger Aspekt ist die Verwendung einer respektvollen Sprache. Die Wahl der Worte kann die Wahrnehmung von Trans-Personen erheblich beeinflussen. Journalisten sollten sich über die korrekten Pronomen und Begriffe informieren und sicherstellen, dass sie die Identität der Personen, über die sie berichten, respektieren.

Zusammenarbeit mit der Community

Die Zusammenarbeit zwischen Journalisten und der LGBTQ-Community ist entscheidend für eine faire und präzise Berichterstattung. Initiativen wie Workshops und Schulungen können Journalisten helfen, ein besseres Verständnis für LGBTQ-Themen zu entwickeln. Diese Art der Zusammenarbeit fördert nicht nur eine genauere Berichterstattung, sondern stärkt auch das Vertrauen zwischen den Medien und der Community.

Insgesamt spielt die Medienberichterstattung eine zentrale Rolle im Aktivismus für Trans-Rechte. Durch verantwortungsvolle, respektvolle und inklusive Berichterstattung können Journalisten dazu beitragen, Vorurteile abzubauen, das Bewusstsein zu schärfen und letztlich einen positiven Wandel in der Gesellschaft zu fördern. Die Herausforderungen sind erheblich, aber die Möglichkeiten, die Medien bieten, sind ebenso groß. Es liegt an den Journalisten, diese Möglichkeiten zu nutzen und die Stimmen der LGBTQ-Community zu stärken.

Schlussfolgerung

Die Rolle von Medien und Journalisten in der LGBTQ-Bewegung, insbesondere im Kontext von Viviane Namaste und ihrem Aktivismus, ist von entscheidender Bedeutung. Die Art und Weise, wie Geschichten erzählt werden, kann das Verständnis und die Akzeptanz in der Gesellschaft beeinflussen. Während Herausforderungen bestehen, bieten positive Beispiele und verantwortungsvolle Berichterstattung Hoffnung auf eine inklusivere Zukunft. Durch die Zusammenarbeit mit der Community und die Sensibilisierung für die Herausforderungen, mit denen LGBTQ-Personen konfrontiert sind, können Journalisten einen wertvollen Beitrag zur Förderung von Gleichheit und Gerechtigkeit leisten.

Ein Dank an die Wissenschaft

In dieser Biografie ist es unerlässlich, der Wissenschaft und den akademischen Disziplinen, die die Grundlage für das Verständnis von Geschlecht und Sexualität bilden, Anerkennung zu zollen. Die Wissenschaft hat nicht nur das Wissen über transidente Identitäten erweitert, sondern auch die gesellschaftlichen Rahmenbedingungen, die für die Akzeptanz und das Verständnis von LGBTQ-Personen entscheidend sind, grundlegend beeinflusst.

Die Forschung zu Geschlechtsidentität und Sexualität hat sich über die Jahre erheblich weiterentwickelt. Die Arbeiten von Pionieren wie Judith Butler, die in ihrem Buch „Gender Trouble" (1990) die Konstruktion von Geschlecht als performativ beschreibt, haben maßgeblich zur Diskussion über Geschlechtsidentität beigetragen. Butler argumentiert, dass Geschlecht nicht einfach biologisch determiniert ist, sondern vielmehr durch soziale Praktiken und Diskurse konstruiert wird. Diese Erkenntnisse sind für das Verständnis der Herausforderungen, mit denen transidente Menschen konfrontiert sind, von zentraler Bedeutung.

Ein weiteres wichtiges Konzept in der Wissenschaft ist das der Intersektionalität, das von Kimberlé Crenshaw geprägt wurde. Intersektionalität beschreibt, wie verschiedene soziale Kategorien wie Geschlecht, Rasse, Klasse und sexuelle Orientierung miteinander interagieren und somit unterschiedliche Erfahrungen von Diskriminierung und Privilegien schaffen. Diese Theorie ist besonders relevant für die transidente Gemeinschaft, da sie die Vielfalt der Erfahrungen innerhalb der Community anerkennt und die Notwendigkeit betont, verschiedene Identitäten und deren Wechselwirkungen zu berücksichtigen.

Die Wissenschaft hat auch zur Entwicklung von rechtlichen und politischen Rahmenbedingungen beigetragen, die die Rechte von transidenten Personen schützen. Eine bedeutende Studie, die die Notwendigkeit rechtlicher Anerkennung und Schutzmaßnahmen für transidente Menschen aufzeigt, ist der „Transgender Discrimination Survey" (2015) des National Center for Transgender Equality. Diese Umfrage dokumentierte die weit verbreitete Diskriminierung und Gewalt, die transidente Menschen erfahren, und lieferte wichtige Daten, die als Grundlage für politische Veränderungen dienten.

Die Herausforderungen, mit denen transidente Menschen in der Gesellschaft konfrontiert sind, sind nicht nur das Ergebnis individueller Vorurteile, sondern auch struktureller Probleme. Hierbei spielt die Wissenschaft eine entscheidende Rolle, indem sie diese Probleme analysiert und Lösungen vorschlägt. Ein Beispiel hierfür ist die Forschung zur psychischen Gesundheit von transidenten Personen, die zeigt, dass Diskriminierung und soziale Isolation signifikante Risikofaktoren für psychische Erkrankungen darstellen. Studien haben gezeigt, dass transidente Menschen ein höheres Risiko für Depressionen, Angststörungen und Suizidgedanken haben, was die Dringlichkeit von Unterstützungsangeboten und interdisziplinären Ansätzen zur Verbesserung ihrer Lebensqualität unterstreicht.

Die Verbreitung wissenschaftlicher Erkenntnisse in der Öffentlichkeit ist ebenfalls von großer Bedeutung. Wissenschaftler und Aktivisten müssen zusammenarbeiten, um sicherzustellen, dass die Forschungsergebnisse in politischen Entscheidungen und gesellschaftlichen Diskursen Berücksichtigung finden. Die Herausforderungen, denen sich die transidente Gemeinschaft gegenübersieht, erfordern ein interdisziplinäres Verständnis, das sowohl die sozialen als auch die biologischen Aspekte von Geschlecht und Identität umfasst.

$$P(G|E) = \frac{P(E|G) \cdot P(G)}{P(E)} \tag{29}$$

Hierbei steht $P(G|E)$ für die Wahrscheinlichkeit, dass eine Person transident ist, gegeben die Erfahrung von Diskriminierung E. Diese Formel verdeutlicht, wie wichtig es ist, die sozialen Bedingungen zu verstehen, unter denen transidente Menschen leben. Sie zeigt, dass die Wahrscheinlichkeit, transident zu sein, nicht isoliert betrachtet werden kann, sondern im Kontext von Diskriminierung und gesellschaftlichen Normen gesehen werden muss.

Zusammenfassend lässt sich sagen, dass die Wissenschaft eine unverzichtbare Rolle im Kampf für die Rechte von transidenten Menschen spielt. Sie bietet nicht nur theoretische Grundlagen, sondern auch praktische Lösungen und Strategien zur Verbesserung der Lebensbedingungen dieser oft marginalisierten Gruppe. Der Dank an die Wissenschaft ist somit auch ein Aufruf, die Stimmen von

Wissenschaftlern und Aktivisten zu vereinen, um eine gerechtere und inklusivere Gesellschaft zu schaffen.

Persönliche Danksagungen

In diesem Abschnitt möchte ich einige persönliche Danksagungen aussprechen, die für die Entstehung dieser Biografie von großer Bedeutung waren. Diese Danksagungen sind nicht nur ein Ausdruck meiner Wertschätzung, sondern auch eine Reflexion über die vielen Einflüsse und Unterstützungen, die mich auf diesem Weg begleitet haben.

Zunächst möchte ich meiner Familie danken. Ihre bedingungslose Liebe und Unterstützung waren für mich von unschätzbarem Wert. Sie haben mir den Raum gegeben, meine Identität zu erkunden und zu akzeptieren, was für meine persönliche und akademische Entwicklung entscheidend war. Insbesondere meine Eltern, die stets an meiner Seite standen, auch in den schwierigsten Zeiten, verdienen meinen tiefsten Dank. Ihre Ermutigung, meine Stimme zu finden und für das einzutreten, woran ich glaube, hat mich geprägt und motiviert.

Ein besonderer Dank geht an meine Freunde, die mir nicht nur als Unterstützer, sondern auch als Kritiker zur Seite standen. In den Momenten, in denen ich an mir selbst zweifelte, haben sie mich daran erinnert, warum ich diesen Weg gewählt habe. Ihre ehrlichen Rückmeldungen und konstruktiven Kritiken haben mir geholfen, meine Perspektiven zu schärfen und meine Argumente zu stärken. Ein Beispiel hierfür war die Diskussion über die Herausforderungen innerhalb der LGBTQ-Community, die mich dazu brachte, tiefer in die Materie einzutauchen und verschiedene Sichtweisen zu berücksichtigen.

Ich möchte auch meinen Mentoren und Lehrern danken, die mir wertvolle Einsichten und Wissen vermittelt haben. Ihre Anleitung und Unterstützung waren entscheidend für meine akademische Laufbahn. Besonders hervorheben möchte ich Professor [Name], dessen Kurs über soziale Gerechtigkeit mein Interesse am Aktivismus weckte. Die theoretischen Grundlagen, die ich in diesem Kurs erlernte, sind nicht nur für meine akademische Arbeit, sondern auch für mein Engagement in der LGBTQ-Bewegung von großer Bedeutung. Die kritische Auseinandersetzung mit Theorien der Identität und Machtstrukturen hat mir geholfen, ein tieferes Verständnis für die Herausforderungen zu entwickeln, mit denen die Trans-Community konfrontiert ist.

Ein weiterer wichtiger Aspekt sind die Aktivisten und Mitstreiter, die mich inspiriert und motiviert haben. Ihre Geschichten und Erfahrungen haben mir gezeigt, wie wichtig es ist, die eigene Stimme zu erheben und für die Rechte anderer einzutreten. Ich denke an [Name], dessen unermüdlicher Einsatz für die

Sichtbarkeit von Trans-Personen mich zutiefst beeindruckt hat. Ihre Fähigkeit, trotz widriger Umstände weiterzumachen, hat mir gezeigt, dass Aktivismus nicht nur eine Aufgabe, sondern eine Lebensweise ist.

Die LGBTQ-Community selbst verdient ebenfalls meinen Dank. Die Solidarität und der Zusammenhalt, die ich innerhalb dieser Gemeinschaft erfahren durfte, sind unbezahlbar. Die vielen Gespräche, die ich mit anderen Mitgliedern geführt habe, haben mir geholfen, ein besseres Verständnis für die Vielfalt der Erfahrungen und Herausforderungen zu entwickeln, die innerhalb der Community existieren. Diese Dialoge haben nicht nur meine Sichtweise erweitert, sondern auch meine Entschlossenheit gestärkt, für eine inklusive Gesellschaft zu kämpfen.

Ein herzliches Dankeschön geht auch an die Leser und Unterstützer dieser Biografie. Ihr Interesse und Ihre Unterstützung sind entscheidend für die Verbreitung dieser wichtigen Themen. Ich hoffe, dass diese Biografie nicht nur informiert, sondern auch inspiriert, aktiv zu werden und sich für die Rechte der LGBTQ-Community einzusetzen.

Ich möchte auch Partnerorganisationen und Stiftungen danken, die sich für die Rechte von LGBTQ-Personen einsetzen. Ihre Arbeit und Unterstützung sind von unschätzbarem Wert, um das Bewusstsein für die Herausforderungen zu schärfen, mit denen wir konfrontiert sind. Die Zusammenarbeit mit diesen Organisationen hat mir ermöglicht, meine Perspektiven zu erweitern und an wichtigen Projekten teilzunehmen, die einen echten Unterschied machen.

Ein besonderer Dank gilt den Medien und Journalisten, die sich für die Berichterstattung über LGBTQ-Themen einsetzen. Ihre Arbeit trägt dazu bei, Sichtbarkeit zu schaffen und die Stimmen von Marginalisierten zu verstärken. Die Berichterstattung über die Herausforderungen und Erfolge der LGBTQ-Community ist entscheidend, um gesellschaftliche Veränderungen zu bewirken.

Abschließend möchte ich der Wissenschaft danken, die mir die Werkzeuge und Theorien an die Hand gegeben hat, um die komplexen Themen rund um Identität, Geschlecht und soziale Gerechtigkeit zu analysieren. Die akademische Auseinandersetzung mit diesen Themen hat mir nicht nur geholfen, meine eigenen Erfahrungen zu verstehen, sondern auch, wie ich zur Veränderung beitragen kann.

Insgesamt sind diese Danksagungen nicht nur eine Anerkennung der Menschen, die mir geholfen haben, sondern auch eine Erinnerung daran, dass Veränderung ein kollektiver Prozess ist. Jeder Einzelne, der sich für die Rechte von LGBTQ-Personen einsetzt, trägt zu einem größeren Wandel bei. Ich hoffe, dass diese Biografie dazu beiträgt, das Bewusstsein für die Herausforderungen zu schärfen, mit denen die Trans-Community konfrontiert ist, und dass sie als

Inspiration für zukünftige Generationen dient, die für Gleichheit und Gerechtigkeit kämpfen.

Ausblick auf zukünftige Zusammenarbeit

Die Zukunft der Zusammenarbeit im Bereich der LGBTQ-Rechte, insbesondere der Trans-Rechte, erfordert ein gemeinsames Engagement von verschiedenen Akteuren, einschließlich Aktivisten, Akademikern, politischen Entscheidungsträgern und der breiten Öffentlichkeit. In diesem Abschnitt werden wir die potenziellen Wege für zukünftige Kooperationen untersuchen, die Herausforderungen, die dabei auftreten können, sowie einige theoretische Ansätze, die diese Zusammenarbeit unterstützen könnten.

Theoretische Grundlagen der Zusammenarbeit

Die Zusammenarbeit zwischen verschiedenen Gruppen kann durch verschiedene theoretische Rahmenwerke unterstützt werden. Ein solcher Rahmen ist das *Kooperationsmodell* von Axelrod, das besagt, dass Kooperation nicht nur durch Eigeninteresse, sondern auch durch die Schaffung von Vertrauen und die Förderung von langfristigen Beziehungen gefördert wird. In der LGBTQ-Bewegung könnte dies bedeuten, dass Organisationen und Einzelpersonen, die sich für Trans-Rechte einsetzen, Strategien entwickeln, um gegenseitiges Vertrauen aufzubauen und gemeinsame Ziele zu definieren.

Ein weiterer relevanter theoretischer Ansatz ist die *Intersektionalität*, die von Kimberlé Crenshaw geprägt wurde. Diese Theorie betont, dass verschiedene Identitäten (wie Geschlecht, sexuelle Orientierung, ethnische Zugehörigkeit und soziale Klasse) miteinander verwoben sind und dass diese Verflechtungen berücksichtigt werden müssen, um effektive Strategien für den Aktivismus zu entwickeln. Eine intersektionale Perspektive könnte dazu beitragen, dass zukünftige Kooperationen inklusiver und gerechter gestaltet werden, indem sie die spezifischen Bedürfnisse und Herausforderungen verschiedener Gruppen innerhalb der LGBTQ-Community anerkennen.

Herausforderungen der Zusammenarbeit

Trotz der theoretischen Grundlagen, die eine Zusammenarbeit unterstützen, gibt es zahlreiche Herausforderungen, die es zu überwinden gilt. Eine der größten Herausforderungen ist die *Fragmentierung* innerhalb der LGBTQ-Community. Unterschiedliche Gruppen haben unterschiedliche Prioritäten und Ansätze, was zu Spannungen und Missverständnissen führen kann. Zum Beispiel könnten einige Organisationen sich stärker auf rechtliche Reformen konzentrieren, während andere den Fokus auf Bildung und Aufklärung legen. Diese Differenzen können zu einem Mangel an kohärenter Strategie und gemeinsamer Aktion führen.

Ein weiteres Problem ist der *Ressourcenmangel*. Viele LGBTQ-Organisationen, insbesondere kleinere, haben oft nicht die finanziellen Mittel oder personellen Ressourcen, um umfassende Kooperationen zu entwickeln. Dies kann die Fähigkeit beeinträchtigen, gemeinsame Projekte zu initiieren oder an größeren Kampagnen teilzunehmen. Um diese Herausforderung zu bewältigen, könnten Organisationen Partnerschaften mit Stiftungen und Unternehmen eingehen, die bereit sind, Ressourcen bereitzustellen, um die Zusammenarbeit zu unterstützen.

Beispiele für erfolgreiche Zusammenarbeit

Trotz der Herausforderungen gibt es zahlreiche Beispiele für erfolgreiche Kooperationen, die als Vorbild dienen können. Ein bemerkenswertes Beispiel ist die *Transgender Europe (TGEU)*, die sich für die Rechte von Trans-Personen in Europa einsetzt. TGEU hat es geschafft, verschiedene nationale Organisationen zu vereinen und eine gemeinsame Stimme für Trans-Rechte zu schaffen. Durch die Nutzung von gemeinsamen Ressourcen und die Entwicklung eines kohärenten Aktionsplans konnte TGEU bedeutende Fortschritte bei der Sensibilisierung für Trans-Themen und der Unterstützung von Gesetzesänderungen erreichen.

Ein weiteres Beispiel ist die *Campaign for Southern Equality*, die sich für die Gleichstellung von LGBTQ-Personen im Süden der USA einsetzt. Diese Organisation hat mit verschiedenen Gemeinschaften und Aktivisten zusammengearbeitet, um lokale Kampagnen zur Unterstützung von Trans-Rechten zu entwickeln. Durch die Kombination von lokalen und nationalen Ressourcen konnte die Kampagne erfolgreich auf die Herausforderungen aufmerksam machen, mit denen Trans-Personen in diesen Regionen konfrontiert sind.

Strategien für zukünftige Kooperationen

Um die Zusammenarbeit im Bereich der Trans-Rechte zu fördern, sollten einige Strategien in Betracht gezogen werden:

- **Netzwerkbildung:** Die Schaffung von Netzwerken zwischen verschiedenen Organisationen und Einzelpersonen kann den Austausch von Ressourcen und Informationen erleichtern. Regelmäßige Treffen und Workshops könnten dazu beitragen, Vertrauen aufzubauen und gemeinsame Ziele zu definieren.

+ **Bildungsinitiativen:** Schulungsprogramme, die sich auf intersektionale Ansätze konzentrieren, könnten dazu beitragen, das Bewusstsein für die verschiedenen Herausforderungen zu schärfen, mit denen Trans-Personen konfrontiert sind. Solche Programme sollten sowohl innerhalb der LGBTQ-Community als auch in der breiteren Gesellschaft durchgeführt werden.

+ **Ressourcenteilung:** Organisationen könnten Plattformen schaffen, um Ressourcen zu teilen, sei es in Form von Finanzmitteln, Wissen oder Zugang zu Netzwerken. Dies könnte insbesondere kleineren Organisationen helfen, ihre Reichweite zu erhöhen.

+ **Gemeinsame Kampagnen:** Die Entwicklung von Kampagnen, die mehrere Organisationen einbeziehen, kann die Sichtbarkeit und den Einfluss erhöhen. Solche Kampagnen sollten klar definierte Ziele haben und die verschiedenen Perspektiven innerhalb der LGBTQ-Community berücksichtigen.

Schlussfolgerung

Die Zukunft der Zusammenarbeit im Bereich der LGBTQ-Rechte, insbesondere der Trans-Rechte, ist entscheidend für den Fortschritt in diesem Bereich. Durch die Überwindung von Herausforderungen und die Nutzung theoretischer Ansätze zur Förderung von Kooperationen können wir eine inklusivere und gerechtere Gesellschaft schaffen. Der Blick nach vorn sollte von einem gemeinsamen Engagement geprägt sein, das die Vielfalt der Stimmen innerhalb der LGBTQ-Community anerkennt und die Notwendigkeit von Solidarität und Zusammenarbeit betont. Nur durch vereinte Anstrengungen können wir die Veränderungen herbeiführen, die für die Rechte und das Wohlergehen von Trans-Personen erforderlich sind.

Index

, ebenso wie, 18

abbauen, 213
Abbruchraten aufweisen, 200
aber, 262
aber auch, 18, 73, 239
aber es, 98
aber mit, 239
aber sie, 143, 253
aber wesentlicher Bestandteil des Aktivismus, 98
abgebaut, 158, 209
Ablehnung, 67, 123, 134, 236, 238
Ablehnung leben, 43
Ablehnung stoßen, 257
ablenken könnte, 185
Abschaffung, 97
Abschließend lässt sich, 211, 223, 244
Abschließend möchte ich der, 266
Abschließend möchte ich einen, 22
Abschließend möchte Viviane, 242
Abschließend wird, 18
Abschnitt, 21, 265
Abweichungen von, 31
abwägen, 93
abzielt, 207, 244
abzielten, 37, 48

Achtsamkeit, 167
Adoptionsrechten oder, 121
adressieren, 49, 196
afrikanischen, 203
Akademiker müssen, 13
Akademiker spielen, 11, 12
Akademikerin oder, 2
akademische, 1, 2, 12, 17, 19, 21, 37, 47–49, 52, 53, 55, 57, 63, 64, 67, 70, 148, 184, 185, 187, 188, 200, 219, 221, 240, 249, 250, 255, 265, 266
akademischem, 68
akademischen, 1, 13, 16, 25, 26, 35–37, 46, 47, 49–52, 54–58, 60–64, 66–70, 72, 148, 183, 199, 209, 219–221, 240, 242, 245, 247, 250, 255, 263
Akte erzeugt wird, 14
Aktionen helfen, 256
aktiv dafür, 221
aktiver zu, 58
Aktivismus, 11, 13, 17, 18, 59, 69, 80, 82, 89, 100, 102, 103, 149, 156, 157, 163, 192–194, 197, 199, 227,

258, 262
Aktivismus Beachtung, 63
Aktivismus fragmentieren, 153
Aktivismus kann, 167
Aktivismus kann demnach als, 10
Aktivismus kann nicht, 163
Aktivismus kann sowohl, 147
Aktivismus von, 17, 105
Aktivismusprojekte dar, 50
Aktivisten, 16, 58, 80, 101, 109, 123, 129, 149, 158, 162, 173, 211, 239, 251, 254, 256, 267
Aktivisten effektiver, 154
Aktivisten kämpfen, 93
Aktivisten müssen, 122, 230
Aktivisten sollten, 129, 196
Aktivisten wie, 145, 251
Aktivistin, 140
Aktivistin vorbereitete, 25
aktivistische, 109, 187, 255
aktuelle, 57
aktuellen Diskussionen, 5
Akzeptanz innerhalb der, 108, 189
akzeptieren, 33, 36, 38, 45, 57, 109, 166, 188, 210, 265
akzeptiert, 22, 31, 42, 46, 47, 66, 67, 109, 209, 213, 239
alle, 7, 10, 20, 22, 40, 56, 94, 98, 100, 103, 130, 132, 136, 141, 143, 165, 166, 175, 180, 181, 184, 191, 194, 203, 206, 209, 211, 227, 230, 236, 239, 243, 244, 254, 255, 258
allen Unterstützern, 243
aller, 3, 5, 57, 129, 134, 143, 153, 166, 172, 196, 226, 242, 252

allgemeine, 222
allgemeinen, 173
Allgemeinen beeinflusst, 40
Allgemeinen geprägt, 112
Allianzen, 100, 197
Allianzen kann eine, 166
Allianzen mit, 128, 153, 195
Alltag begegnen, 6
Alltag erfahren, 170
Alltag ist, 123, 125
Alltag konfrontiert, 16, 40
Alltag können, 129
Alltag werden, 17
als, 1–3, 5, 9–18, 21, 22, 25–27, 29, 31, 32, 35–37, 40, 42, 45, 48–52, 54, 55, 57–61, 67, 69–71, 77, 78, 82, 84, 89, 92, 94, 97, 101, 105, 112, 116, 123, 125, 130, 132–134, 136, 138, 140–142, 144, 145, 147, 148, 151, 154, 155, 158–160, 167, 173, 175, 178, 179, 181, 183, 185–189, 191, 192, 194, 199, 203, 206, 209, 210, 213, 219–223, 226–228, 233, 235, 237, 239–241, 249, 251, 252, 264–266
Altersgenossen entfremdet, 26
an, 5, 12, 17, 20, 21, 23, 25, 32, 36, 37, 46, 48, 49, 51, 53, 54, 56–59, 61, 63, 67, 68, 74, 80, 93, 94, 96–99, 109, 113, 114, 121, 122, 148, 160, 178, 180, 181, 186–188, 191, 193, 194, 200, 206, 207, 211, 213, 219, 220, 223, 225, 230,

Index 273

232, 233, 239, 240, 250, 251, 254, 255, 257, 258, 260, 262, 264–266
analysiert, 17, 19, 264
analysierte, 51, 60, 69, 155
andere, 20, 38, 44, 47, 58, 59, 81, 89, 99, 101, 102, 127, 133, 140–142, 158, 160, 179, 189, 191, 208, 210, 211, 223, 227, 255
anderen Betroffenen, 45
anderen genießen, 206
anderen helfen, 59
anderen Identitäten wie, 223
anderen lernen, 58
anderen Ländern, 170
anderen marginalisierten, 153, 166
anderen sozialen, 154, 166, 195
anderen zeigen, 145
anderen öffentlichen, 128
anderer, 45, 67, 108, 109, 129, 156, 161, 166, 206, 222, 235
anerkannt, 2, 14, 18, 23, 40, 51, 136, 143, 236
anerkennen, 54, 61, 97, 143, 193, 196, 199, 223, 237
anerkennt, 41, 263, 269
Anerkennung gemeinsamer, 206
Anerkennungen eine, 178
Anfeindungen, 175
Anforderungen, 69, 148
Anfängen, 3
angehäuft, 64
angeregt, 185, 236
angesehen, 3, 52, 130, 142, 158, 203, 228
angestoßen, 2, 10, 62, 64, 114, 173, 219, 223

angestoßenen Diskussionen haben, 63
angewendet, 129
angewiesen, 72, 93, 202, 224
anhaltende, 88, 221, 255
Anleitung von, 251
Anliegen anerkannt, 2
Anliegen konzentrieren, 141
Anliegen oft, 122
Anna Schmidt, 250
anpasst, 114
Anrufen, 91
ansprach, 155
anspricht, 187
Anstatt sich, 155, 227
anstoßen, 262
anstreben, 116
Anstrengungen können, 269
Ansätze mit, 68
Ansätzen, 68
Antirassisten, 195
Anwendung von, 243
anzugehen, 109, 121, 213
anzupassen, 36, 38, 80, 227
arbeiten, 54, 92, 134, 158, 167, 260
arbeitete, 148, 166
Argentinien führt, 170
argumentieren, 50, 142
argumentiert, 21, 254
argumentierte, 10, 46, 51, 145, 207
Aspekte von, 59
Aspekten, 50
attackiert, 144
auch, 1–3, 5, 7, 9–23, 25–29, 32, 33, 35–42, 44–52, 54–68, 70–74, 76, 78, 80–82, 84, 88, 89, 91, 93, 94, 96, 98–100, 104–109, 111–114, 116, 119,

121–123, 125, 127–136, 138–145, 147, 149, 151–154, 156, 159–161, 163, 166, 167, 170–175, 177–179, 181, 183–189, 191, 192, 194–196, 199–203, 209–211, 213, 219–228, 232, 233, 235–244, 246, 249–260, 262–266
Audre Lorde, 236
auf, 2, 3, 8–11, 13–18, 20, 25, 29, 33, 35, 36, 39, 41, 43, 44, 46, 48, 49, 51–55, 57–66, 68, 70, 72, 75, 76, 78, 80–82, 87–89, 91, 93–95, 97–101, 107–113, 115, 119, 121, 123, 125, 128, 130–136, 140–142, 145, 151, 154, 158, 167, 171, 173–175, 177–179, 181, 183–185, 187, 189, 191–194, 196, 200–203, 206–210, 219–224, 227, 228, 232, 233, 237–244, 249, 250, 254–257, 260, 261, 263, 265
Aufbau von, 80
auffordern, 97
Aufgewachsen, 26
aufgrund, 31, 46, 88, 207, 250, 254
aufrechtzuerhalten, 144
auftraten, 46
auftritt, 221
Auftritte, 262
Auftritte einen, 222
Auftritte haben, 188
aufzubauen, 49, 51
aufzuklären, 229, 251

aus, 8, 25, 27, 31, 37, 40, 41, 61, 66, 68, 70–72, 80–82, 84, 87, 91, 92, 97, 114, 132, 134–136, 140–143, 145, 154–156, 161, 165–167, 187, 188, 194, 207, 236, 252, 257
Ausdruck meiner, 265
Ausdruck systematischer, 125
Ausdruck von, 140
auseinandergesetzt, 60
auseinandersetzen, 21, 47, 48, 127, 223
auseinandersetzte, 58
auseinandersetzten, 39, 51, 108
Auseinandersetzung mit, 25, 32, 50, 73, 161, 266
auseinanderzusetzen, 15, 25, 28, 48, 92, 131, 156, 184, 191
ausgelegt, 103
ausgeprägt, 147
ausgesetzt, 71, 133
ausgeübt, 16, 98, 107, 109, 152, 177, 187, 219, 223
ausreichend, 6, 142, 170, 237
Ausrichtung einer, 58
aussprechen, 22, 239, 242, 265
Auswirkungen von, 243
auszudrücken, 27, 200, 220
auszuweiten, 66
auszuüben, 52, 59, 61, 202
ausüben, 68, 189, 233
ausübt, 82
Autoren wie, 27, 236
außerhalb der, 1, 221

Barrieren, 9
Barrieren aufzeigen, 121
Barrieren des Unverständnisses, 23

Barrieren können, 10, 154
Barrieren zwischen, 157
basiert, 10, 20, 100, 206, 220
basierte, 87
bauen, 135, 156, 203, 208
beantragen, 72
bedeutende, 4, 9, 12, 29, 62, 68, 111, 112, 115, 116, 174, 187, 196, 201, 253, 254
bedeutenden, 18, 49, 59, 68, 70, 75, 82, 95, 107, 109, 131, 187, 219, 223, 240, 255, 259
bedeutender, 89, 140, 179
bedeutet, 14, 191, 200
bedingungslose, 265
bedrohen, 238
Bedürfnisse, 6, 12, 45, 61, 66, 68, 70, 95, 97, 100, 113, 122, 131, 142, 165, 166, 196, 220, 242
Bedürfnissen der, 114
beeinflussen können, 43
beeinflusst, 2, 19, 37, 40, 48, 64, 98, 179, 185, 221, 222, 243, 263
beeinträchtigen, 20, 59, 81, 92, 97, 99, 126, 153, 228, 257
befassen, 41, 136, 154, 201, 225, 233, 238
befasste, 49, 57
befassten, 49
befinden, 30, 41
begegnen, 6, 123, 129
Begegnungen mit, 16, 43, 45
behandelt, 16–18, 45, 209, 220, 230, 256
Behandlung von, 207, 222
Behandlungen angewiesen, 224
behaupten, 70, 152, 240, 247

behindern, 157, 261
bei, 9, 10, 12, 14, 27, 32, 43, 49, 52, 58, 59, 67, 70, 95, 103, 105, 107, 109, 131, 133, 136, 138, 153, 179, 188–190, 195, 201, 204, 212, 225, 233, 241, 256, 266
Bei der, 48
Bei Viviane Namaste, 29
beide Akademiker, 25
Beide Länder haben, 170
beiden Eigenschaften ihre, 226
beigetragen, 2, 10, 13, 15, 20, 47, 61–63, 94, 97, 98, 114, 173, 180, 181, 183, 188, 220, 222, 223, 242, 255
beinhaltet, 133
beinhaltete, 94, 95, 97, 172
beinhalteten, 200
Beispiel dafür, 26, 84, 89
Beispiele, 11, 56, 82, 96, 123, 140, 161, 170, 173, 197, 263
Beispiele wie, 82
beitragen kann, 37
beitragen können, 84, 231
beiträgt, 227, 266
bekannten, 3
bekanntesten, 158
Bekämpfung von, 41, 136, 142, 166, 195, 237
belastet, 38
belastete, 93
Belastung, 157
belegen, 61, 94
beleuchten, 11, 16–18, 52, 64, 96, 98, 133, 139, 150, 219, 221, 254, 261
beleuchtet, 17, 112, 231

bemerkenswerter, 89, 91, 113, 187
benachteiligen, 121, 230
benötigen, 251
Bereich, 250, 269
Bereich der, 11, 19, 26, 80, 98, 201, 203, 226, 243, 258, 267–269
Bereichen, 113
Bereichen des Lebens, 123
Bereichen Gesundheit, 220
Bereichen zeigt, 201
bereichernd, 142
bereichert, 12
bereit, 2, 22, 28, 66, 109, 130, 188, 233
Berichte können, 133
berichten, 13, 104, 126, 133, 153, 157, 170, 172, 262
Berichterstattungen geführt, 184
berichtete, 31, 144, 148
berichteten, 251
beruhen, 119
berücksichtigen, 6, 166, 175, 196, 201, 220, 263, 265
berücksichtigt, 20, 142, 154, 175, 206, 236, 252
besagt, 50, 87, 166, 167, 235
beschreibt, 32, 56, 92, 206, 263
beschrieben, 45, 158, 206
beschränkt, 110, 201, 239, 254
beschäftigten, 49, 58, 200, 250
besondere, 38
besonderer, 265, 266
besser, 97, 148, 161, 206, 220
besseren, 104, 243, 251, 258
Bestandteil des Aktivismus, 156
bestehen, 18, 20, 40, 91, 116, 141, 152, 206, 223, 226, 263

bestehenden, 51, 94, 115, 171, 219, 223
bestimmten, 119, 145
Bestrebungen von, 3
bestätigten, 65
beteiligen, 51, 193
betont, 2, 12, 40, 41, 93, 114, 122, 123, 127, 134, 145, 160, 161, 163, 172, 178, 185, 199, 200, 208, 209, 222, 235, 244, 252–254, 263, 269
Betracht gezogen, 268
Betracht ziehen, 214
betrachten, 12–14, 31, 115, 123, 125, 155, 191, 199, 210, 222
betrachtet, 10, 61, 80, 155, 169, 183, 208, 223
betrachtete, 37
betraf, 84
betreffen, 208
betrifft, 149, 195, 202
bewahren, 210
bewegt, 245
Bewegung, 136, 163
Bewegung führen, 156
Bewegungen beeinträchtigen, 153
Bewegungen einzugehen, 166
Bewegungen haben, 122
Bewegungen ist, 195
Bewegungen können, 154
Bewegungen von, 165
Bewegungen wird Solidarität, 228
Beweis, 114, 127, 179, 253
Beweis dafür, 243
bewirken, 76, 101, 191, 193, 208, 244, 251, 266

bewusst, 22, 26, 31, 61, 73, 77, 133, 262
bewältigen, 73, 99, 106, 107, 150, 153, 221, 228, 242, 252, 259
bieten, 37, 50, 55, 57, 68, 70, 74, 76, 77, 93, 100, 107, 128, 129, 131, 134, 136, 139, 140, 143, 160, 165, 167, 181, 186, 189, 194, 200, 220, 222, 228, 236, 239, 240, 251, 253, 258, 260–263
bietet, 10, 13, 16, 18, 21, 46, 91, 128, 131, 152, 241, 264
Bild von, 136
bilden, 153, 154, 228, 235, 263
bildet, 161
bildeten, 47
Bildung, 5, 9, 16, 18, 35–37, 105, 121, 123, 136, 181, 194, 199, 200, 213, 220, 229, 237
Bildungsansatz, 220
Bildungseinrichtungen können, 189
Bildungsinitiativen Möglichkeiten, 136
Bildungspolitik spielt, 179
Bildungsprojekte, 15, 17, 105
Bildungsprojekte sind, 103
Bildungsprojekten zu, 37
binär, 135, 191, 209
Biografie behandelt, 256
Biografie teilen, 256
Biografie vielschichtig ist, 20
Biografie von, 226, 254, 265
Biografie zeigen, 241
Biografien wie, 255
biologisch determinierte, 243
biologischen Aspekte von, 264

biologisches Faktum, 21
Bisexuellen, 3
bleiben, 22, 63, 65, 161, 226
bleibt der, 76, 85, 100, 171
bleibt die, 103, 116, 127, 141, 260
bleibt eine, 91
bleibt ihr, 14, 185
bleibt Namaste, 221
bleibt noch viel zu, 98, 237
bleibt von, 154
bot, 245
boten, 26, 38, 39, 58, 67, 240, 246, 247
Botschaften schnell, 101
brachte, 48, 265
breite, 63, 97, 194
breiten Öffentlichkeit ermöglicht, 131
Bruner argumentiert, 235
Brücken, 156, 203
Brücken bauen, 208
Brücken zwischen, 135
Buch hinausgehen, 256
Bundesländern, 97
Butler argumentiert, 12, 14
bündeln, 154, 252

Chancen umfasst, 237
Christentum, 134
cisgender, 41, 87, 153, 157, 225, 236

da, 32, 51, 56, 64, 97, 110, 121, 201, 203, 207, 236, 240, 263
dabei auftreten können, 267
dabei ergeben, 98
dabei verletzlich zu, 157
dafür, 26, 47, 58, 66, 68, 73, 84, 89, 91, 109, 145, 156, 179,

204, 210, 221, 222, 243, 251
daher beinhalten, 205
Daher ist, 110, 129, 201
Daher sieht sie, 61
damit verbunden, 82
damit verbundene Forschung, 51
damit verbundenen Verantwortlichkeiten, 191
darauf ab, 19
darauf abzielen, 9, 15, 70, 105, 122, 153, 191, 200, 222
darauf abzielten, 37, 48
darauf hingewiesen, 223
dargestellt, 9, 16, 17, 22, 69, 82, 221, 261
darstellt, 14, 199
Darstellung kann dazu, 22
Darstellung von, 51
darum, 12, 133, 142, 262
darunter, 3, 5, 19, 65, 80, 87, 141, 174, 182, 211
darüber, 92, 107, 244, 247
Darüber hinaus, 22, 100, 134, 154, 160, 174, 210, 222
Darüber hinaus können, 189
Darüber hinaus müssen, 13
das aus, 141
das besagt, 235
das Bewusstsein, 10, 15, 37, 39, 47–49, 54, 70, 97, 105, 113, 133, 136, 138, 173, 191, 200, 202, 220, 241, 242, 266
das Bewusstsein zu, 153, 201, 244
das Lesen dieser, 256
das Praktizieren, 167
das von, 222
das Wissen über, 113

dass auch, 251
dass Aufklärung, 200
dass Aufklärung ein, 113
dass der, 11, 57, 73, 82, 127, 136, 156
dass fundierte, 51
dass gesellschaftliche, 5, 243
dass ihre, 31
dass jeder, 21, 244
dass kulturelle, 41
dass persönliche, 209
dass sie, 148, 155, 178
dass Wissen und, 19
davon, 209
dazu, 2, 9, 10, 12–15, 20, 22, 27, 37, 41, 45, 47–49, 53, 54, 56, 61, 63, 67, 70, 84, 95, 97, 98, 105, 107, 109, 114, 122, 133, 135, 136, 138, 144, 145, 153, 154, 157, 173, 178, 180, 188, 189, 192, 195, 201, 202, 213, 220, 222, 223, 238, 239, 241, 242, 262, 265, 266
Dazu gehört, 129
Dazu gehörten, 88
definieren, 21, 56, 100, 116, 166, 173, 254
dem, 13, 22, 25, 26, 31, 38, 40, 41, 43, 50, 55–57, 76, 84, 92, 97, 100, 105, 121, 134, 140, 147, 156, 157, 160, 166, 200, 201, 206, 209, 221, 222, 232, 235, 240, 244, 251, 252, 254, 255
den, 1–3, 5, 7, 10, 12, 14–17, 19, 21, 22, 26–29, 31, 32, 35, 36, 39–41, 45, 48–53, 56–59, 63, 65–68, 70–74, 76,

80–82, 88, 89, 91, 93, 94,
96–100, 106, 110, 111,
114–116, 122, 123, 125,
128, 129, 131, 133, 134,
140–142, 145, 148, 149,
151, 153–162, 166, 169,
171–175, 177, 178,
183–185, 187–189, 191,
195, 197, 199, 201, 203,
204, 207, 211, 220–223,
228, 233, 235–238, 240,
242–244, 246, 247, 250,
251, 253–255, 260–263,
265, 266, 269
denen, 2, 5, 10, 11, 14–17, 19, 20,
26, 27, 31, 35, 40, 47–51,
57, 59, 62, 66, 80, 92, 97,
103, 104, 109, 110, 121,
123, 125, 128, 133, 135,
136, 142, 147, 151, 157,
158, 160, 170, 181, 186,
197, 199, 201, 207, 208,
210, 213, 219, 221, 223,
225, 228, 236, 237, 242,
243, 250, 255–257,
262–266
Denken als, 78
Denken hoch geschätzt wurden, 25
Denkern wie, 192
Depressionen, 47, 61, 92, 264
der, 1–3, 5–23, 25–29, 31–33,
35–53, 55–74, 76, 77,
80–82, 84, 85, 87–89,
91–101, 103–114,
119–123, 125–136,
138–145, 147–158, 160,
161, 163, 165–167,
169–175, 177–185,
187–197, 199–201,
203–213, 219–233,
235–247, 249–269
Der Aktivismus, 91
Der Aufstand, 10
Der Austausch von, 239, 240, 242
Der Blick, 269
Der Dank, 264
Der Druck, 36
Der Einfluss von, 17, 55, 80, 98,
109, 134, 151, 154, 179,
193, 230
Der Kontakt mit, 36
Der Mut der, 3
Der Prozess des Wandels, 232
Der Rückhalt ihrer, 240
Der Schlüssel, 161
Der Sozialwissenschaftler, 207
Der Umgang mit, 145, 158, 160
Der Wandel, 233
Der Weg, 41, 68, 70, 136
Der Weg des Aktivismus, 72
Der Weg zur, 5
Der Wert, 228
Der Zugang, 204
deren Einfluss weit über, 1
deren Forschung, 13
deren Forschung sich, 13
deren Lebensgeschichten, 69
deren spezifische, 196
deren Stimmen zu, 9
deren theoretische, 44
deren Wechselwirkungen zu, 263
derjenigen, 21, 93, 130, 237, 244,
257
des Aktivismus, 139
des positiven Einflusses, 63
des Respekts, 107
des Selbstbestimmungsgesetzes, 171
dessen, 221

desto größer, 63
determiniert ist, 14
determinierte, 243
Deutschland, 40, 97, 170, 171, 254
Dialoge, 84, 136, 208, 242
Dialoge bleiben, 22
die, 1–23, 25–33, 35–52, 54–78,
 80–82, 84, 87–89,
 91–101, 103–116,
 119–123, 125–136,
 138–145, 147–163,
 165–167, 169–175,
 177–197, 199–214,
 219–233, 235–247,
 249–269
Die Entscheidung, 47, 48, 52
Die Erfolge, 98
Die Erfolge von, 173
Die Herausforderung, 153
Die Herausforderung hierbei liegt, 13
Die Medienpräsenz von, 185
Die Reaktionen der, 89, 91
Die Stimmen von, 138
Die Theorie der, 56, 152, 161, 206
dient, 61, 192, 267
diente, 94
Dies kann zu, 80
Diese, 251
diese, 150, 250
Diese Akademiker, 51
Diese alarmierenden Zahlen, 19
Diese Allianzen können, 195
Diese Anerkennung kann sich, 173
Diese Anerkennungen sind, 177
Diese Anforderungen, 224
Diese Arbeiten, 51, 62
Diese Atmosphäre, 35
Diese beiden Eigenschaften, 228

Diese Bewegung, 3, 10
diese Bewegung fortzusetzen, 213
Diese Beziehungen halfen ihr, 37
diese Bildungsinitiativen zeigt, 113
Diese Bildungsmaßnahmen fördern, 200
Diese Biografie, 20
Diese Biografie zielt, 19
Diese Darstellungen können, 9
Diese Dialoge, 266
Diese Differenzen, 59
Diese Differenzen können, 141, 142, 208
Diese Diskussionen wurden, 62
Diese Dualität, 69
Diese Dynamik kann aus, 80
Diese Einsichten sind, 256
Diese Entscheidung, 49
Diese Erfahrungen, 35, 37, 39, 46, 48, 144
Diese Erfolge sind, 112, 254
Diese Erkenntnis, 28, 155
Diese Erkenntnisse, 51
Diese Erlebnisse, 126
Diese Faktoren können, 159
Diese Freundschaft, 39
Diese Freundschaften, 246
Diese Freundschaften wurden, 28
Diese frühen, 26, 32, 35
Diese Fähigkeit, 227
Diese Geschichten, 133, 235
diese Geschichten, 196
Diese Geschichten helfen, 136
Diese Grundlagen, 29, 37
Diese Herausforderung, 147
Diese Idee wird, 207
Diese Initiativen, 96, 105, 244
Diese inneren, 250
Diese kollektiven Aktionen, 232

Diese Konflikte, 26
Diese Kooperationen, 59
Diese kreativen Prozesse, 160
Diese Krisen, 45
diese kritischen Stimmen zu, 145
Diese Kunstformen bieten, 140
Diese Lektionen lassen sich, 165
Diese literarischen, 27
Diese Maßnahme zielt, 180
Diese Menschen sind, 255
Diese Netzwerke, 80, 252
Diese Organisationen, 258
Diese Partnerschaften, 67
Diese Personen haben, 249
Diese Phasen, 159
Diese Phänomene sind, 125
Diese Räume, 47
Diese Schulungen richten sich, 113
Diese Schwierigkeiten, 78
Diese Sichtbarkeit, 174
Diese Sitzungen, 155
Diese sozialen, 139, 149
Diese Spannungen innerhalb der, 185
Diese Spannungen können, 41
Diese Theorie, 50, 87, 193
Diese Theorie hinterfragt, 199
Diese Theorie ist, 235
Diese Theorie kann helfen, 167
Diese Ungleichheit, 87
Diese Ungleichheit kann zu, 81
Diese Unruhen waren, 3
Diese Unterschiede können, 157, 225
Diese Unterschiede müssen, 236
Diese unterschiedlichen, 89, 142
diese unterschiedlichen, 91
Diese Unterstützung gab, 48
Diese Unterstützung ist, 242

Diese Unterstützung kann, 130
Diese Veranstaltungen sind, 255
Diese Verbündeten nutzen, 207
Diese Vielfalt, 142
Diese Widerstände konnten, 210
Diese Ziele, 203
Diese Zusammenarbeit, 57, 166
Diese Überzeugungen, 134
diesem, 51
diesem Zusammenhang ist, 210
diesen, 2, 5, 40, 58, 59, 72, 76, 98, 135, 138, 143, 155, 158, 201, 210, 251, 257, 258, 260, 265, 266
dieser, 4, 9, 12, 16, 18–20, 28, 31, 32, 38, 42, 51, 52, 68, 93, 94, 96, 106, 111, 121, 123, 130, 133, 154, 160, 166, 170, 172, 175, 189, 206, 210, 221, 223, 230, 241, 244, 247, 254–256, 259, 260, 263–266
Dieser Abschnitt wird auch, 16
Dieser Artikel führte, 172
Dieser Bericht, 97
Dieser sollte regelmäßige, 100
Differenzen, 80
Differenzen entstehen, 143
Differenzen führen, 142
Differenzen innerhalb der, 143, 175
Differenzen verschärfen, 165
Differenzen zu, 143
direkt, 11, 63, 155, 186
diskriminierende, 97, 154
Diskriminierung ausmachen können, 171
Diskriminierung betrachten, 207
Diskriminierung einhergingen, 37
Diskriminierung kann, 207

Diskriminierung zeigt sich, 123
Diskriminierungen abbaut, 171
Diskriminierungen bis hin zu, 121, 228
Diskriminierungen und, 201
Diskursen Berücksichtigung, 264
Diskurses, 56, 89
Diskursfeld bereichert, 12
Diskussionsrunden, 67, 173
Diskussionsrunden bis hin zu, 201
Diskussionsrunden konnten, 145
Diskutieren oder, 256
diskutiert, 17, 136, 210
Disziplin hinausgeht, 1
Diversität innerhalb des Aktivismus, 153
doch, 107, 136, 181, 201
doch der, 224
Doktorarbeit, 68, 70
Dokumente, 6
dokumentieren, 27, 94
dokumentiert, 121, 123, 222, 236
Dringlichkeit der, 61
Dringlichkeit von, 254, 264
Druck, 13, 92, 121
Druck stehen, 85, 223
durch, 2, 7, 10, 12–14, 16–19, 21, 22, 28, 38, 41, 43, 45–47, 51, 57, 62, 67, 69, 75, 80, 91, 94, 96, 100, 108, 109, 111, 114, 116, 119, 121, 123, 125, 128–131, 134, 136, 140, 141, 143, 148, 149, 153, 158–160, 166, 167, 170, 172, 173, 175, 180, 181, 185, 187–189, 196, 200, 201, 205, 207, 209, 213, 219, 222, 223, 226, 227, 230, 235, 237, 239–241, 243, 244, 253–257, 269
Durch Aufklärung, 127, 212
Durch ihre, 49
Durch Selbstreflexion, 145
durchlaufen, 97
Dynamiken kann helfen, 166
dynamische, 253
dynamischen, 165
dynamischer Prozess, 140
dynamischer Prozess ist, 84

Ebene bestehen, 223
Ebene zu, 208
effektiv, 13, 77, 101, 149, 158, 167, 199
effektive, 82, 110, 127, 128
effektiven Aktivismus, 161
effektiven Einsatz, 163
effektiver zusammenarbeiten, 151
Ehen mobilisierten, 10
eigene, 27, 35, 45, 48, 70, 154, 156, 163, 167, 171, 187, 222, 240, 250, 251
eigenen, 13, 22, 26, 27, 31, 58, 59, 68, 82, 87, 133–135, 149, 155, 156, 158, 165–167, 188, 189, 191, 211, 232, 233, 244, 246, 266
ein, 2, 3, 5, 9–11, 14–20, 22, 23, 25, 26, 28, 29, 32, 35–37, 39, 41, 43, 45–53, 57–59, 61, 64, 66, 67, 70, 71, 73–75, 78, 80, 84, 88, 89, 91–93, 96, 98, 100, 103, 105, 107, 109, 110, 113–115, 120–123, 125, 127–131, 134, 136, 138, 140–143, 148, 151, 154, 156, 158,

160, 161, 163, 165, 166, 170, 173–175, 177, 179, 180, 185–187, 189, 191–193, 199–201, 205, 206, 208–211, 213, 220, 222–224, 226, 228–230, 235, 237–239, 241, 243, 244, 250, 251, 253, 255, 258, 260, 262, 264–267
Ein Aufruf zur, 18
Ein Beispiel, 68
Ein herausragendes Beispiel, 13, 58, 60, 67, 172, 255
Ein herzliches Dankeschön geht, 266
Ein Schlüssel, 229
Ein weiteres Hindernis sind, 99
Ein wichtiger Aspekt ist, 262
Ein zentrales Element der, 87
Ein zentrales Element von, 243
Ein zentrales Problem innerhalb der, 141
Ein zentrales Ziel, 204
einbeziehen, 134, 200, 244
einbezogen, 122
eindringlichen Aufruf zur, 22
eindringlicher, 3
Eine, 22
eine, 1–3, 5–7, 9, 11–16, 18–23, 25, 26, 28, 32, 35–43, 45–52, 54–59, 66, 68, 69, 71, 73, 74, 76, 77, 80, 84, 85, 88, 91, 92, 94, 96–101, 103, 105–107, 109, 111, 114, 116, 121–123, 125, 127–129, 131–136, 138, 140, 141, 143–145, 147–149, 152–158, 160, 163, 166, 167, 170–173, 178, 179, 181, 183–189, 191, 194–197, 199–201, 203, 204, 206–213, 219–223, 225–233, 236–247, 250, 251, 253–258, 260, 262–266, 269
einem, 3, 9, 10, 13, 20, 23, 25, 26, 28, 31, 35–37, 39–41, 46–51, 53, 56, 57, 59, 67–69, 71, 81, 88, 92–94, 97, 99, 104, 121, 126, 133, 134, 140, 142, 145, 148, 155, 163, 166, 186, 188, 200, 206, 208–210, 225, 236, 241, 243, 244, 251, 255, 257, 266, 269
einen, 2, 10, 13, 16–19, 21, 22, 26, 37–39, 41, 43, 49, 50, 52, 55, 59, 61, 63, 65, 68, 70, 73–75, 80, 82, 87, 91, 94, 97, 107, 109, 123, 136, 143, 152, 157, 171, 173, 175, 181, 183, 185, 187, 189, 203, 213, 219, 220, 222, 223, 228, 230, 233, 238–240, 243, 244, 252, 253, 255, 262, 263, 266
einer, 3, 5–7, 14–16, 18, 20, 21, 25–30, 32, 37, 39, 43, 45, 47, 51, 54, 57–60, 66–68, 71–74, 80, 82, 85, 87–89, 91, 93, 94, 97, 104, 105, 109–111, 113, 114, 127, 132, 134, 141, 147, 148, 155, 156, 160, 166, 172, 173, 181, 184, 185, 187, 199, 201, 209–213, 221, 223, 225, 228, 236, 242, 243, 245, 251, 257, 258,

260–262
einfache, 22, 235
einfacheren, 97
Einfluss von, 10, 11, 16, 57, 63, 82, 136, 152, 178
Einfluss wird auch, 223
einflussreichen Theoretikern wie, 36
einflussreicher Artikel, 172
Einflüssen geprägt, 35
eingegangen, 2
eingehen, 100, 131
eingerichtet, 157
eingesetzt, 14, 41, 60, 189, 221, 222, 252
einhergehen, 175, 253
einherginngen, 26, 37
einige, 11, 35, 81, 94, 96, 98, 112, 142, 144, 158, 162, 167, 169, 183, 194, 265, 267, 268
Einige bewährte Strategien, 227
Einige der, 252
Einige ihrer, 38, 48, 56
Einige Kritiker, 72
Einige Mitglieder der, 225
Einige Mitglieder plädierten dafür, 58
Einige Professoren, 56
einigen, 97, 109, 201, 203, 237
Einklang stehen, 236
Einsatz, 5, 239
Einsatz gezeigt, 213
Einsatz von, 233
einsetzen, 3, 49, 58, 67, 70, 74, 92, 93, 129–131, 135, 139, 140, 161, 188, 191, 213, 220, 225, 229, 230, 251, 254, 266
einsetzte, 188

Einstellungen gegenüber, 104, 201
eintreten, 149, 257
Einwanderer aus, 25
Einzelpersonen aktiv, 232
Einzelpersonen innerhalb dieser, 255
Einzelpersonen kam, 88
einzubeziehen, 134, 145
einzugehen, 72, 166
einzurichten, 180
einzusetzen, 3, 20, 22, 23, 26, 28, 36, 45, 50, 59, 88, 108, 113, 126, 133, 161, 182, 200, 206, 211, 221, 222, 227, 250, 266
einzutreten, 2, 27, 45, 173, 188, 265
Element ihres Einflusses, 222
Elisabeth Kübler-Ross beschrieben, 158
emotionale, 37, 39, 55, 58, 68, 78, 92, 93, 129, 139, 151, 157, 240, 241, 246, 247
emotionaler, 73, 91, 138
Emotionen, 89
Emotionen weckt, 101
empirische, 12, 219
Engagement ab, 244
Engagement geprägt, 269
Engagement innerhalb der, 255
Engagement von, 267
engagieren, 13, 37, 59, 64, 71, 84, 89, 161, 210, 227, 240, 241, 255
engagierte, 2, 49, 51, 57
engagierten, 28, 36, 57
enger, 68
enorm, 71
entscheidend, 9, 12, 15, 32, 37, 45, 46, 51, 54, 55, 62, 65, 68, 73, 91, 93, 94, 100, 121,

123, 125, 127, 128, 136, 138, 144, 145, 153, 160, 165, 171, 180, 181, 185, 192, 199, 203, 205, 208, 221, 225, 228, 229, 239, 240, 242–244, 251, 253, 255, 256, 262, 263, 265, 266, 269
entscheidende, 9, 11, 25, 35, 39, 50, 55, 58, 66, 68, 77, 101–103, 129, 131, 132, 134, 136, 156, 166, 171, 179, 181, 187, 197, 199, 204, 212, 229, 245, 247, 254, 264
entscheidender, 14, 18, 26, 29, 47, 49, 51, 57, 59, 64, 70, 71, 73, 74, 80, 82, 98, 100, 110, 130, 134, 138, 141, 143, 161, 166, 183, 185, 193, 201, 213, 226, 231, 233, 237, 239, 241, 251, 255, 258, 260, 263
Entscheidung, 47, 49
Entschlossenheit, 71–73, 140
Entschlossenheit gestärkt, 266
Entschlossenheit sind, 241
entstanden, 38
entstehen, 10, 61, 96, 141, 143, 153, 158
entweder, 9, 92
entwickeln, 22, 32, 35, 39, 41, 49, 57–59, 66, 73, 77, 81, 95, 97, 100, 114, 123, 127, 144, 145, 148, 192, 196, 199, 200, 206, 220, 223, 262, 266
entwickelte, 28, 35, 45, 65, 67, 72, 84, 155, 220

Entwicklung geprägt, 65
erfahren, 18, 61, 170, 173, 203, 222, 266
Erfahrungen von, 141
Erfolg gemeinsamer, 150
Erfolge sieht sie, 221
Erfolge stieß Viviane auch, 65
erfolgen, 128, 140, 174, 227
Erfolgen geführt, 259
erfolgreich, 67, 93, 102, 156
erfolgreiche, 98, 128, 136, 161, 162, 193
erfolgreichen, 84, 196
erforderlich, 22, 157, 213, 269
erfordern, 78, 123, 132, 194, 206, 212, 224, 226, 264
erfordert, 5, 41, 82, 85, 122, 129, 140, 154, 159, 197, 208, 262, 267
erfuhr, 29
Erfüllung, 209
ergeben, 40, 82, 98, 132, 134, 135, 161, 252
erhalten, 6, 81, 82, 92, 170, 174, 177, 179, 251, 256
erheben, 2, 13, 19, 51, 66, 68, 114, 140, 188, 199, 202, 240, 244, 251
erhebliche, 91, 119, 157, 237, 261
erhielt, 241
erhält, 16, 178
erhöhen, 39, 76, 81, 82, 89, 104, 110, 113, 128, 131, 191, 194, 203, 213, 222, 251, 256
erhöhte, 57, 87, 184
erhöhten, 59, 61, 104, 251
Erik Erikson, 45
Erikson postuliert, 45

erinnert, 244, 265
erkannt, 40, 60, 66, 98, 101, 132, 221
erkannten, 56, 200
erkennt, 32, 211
Erkenntnissen aus, 70
Erkenntnissen basieren, 49
erklärt, 254
erleben, 26
Erlebnis, 26
erlebte, 16, 17, 25–27, 31, 35–39, 42–44, 46, 50, 56, 58, 59, 65, 67, 68, 92, 148, 246, 250
erlebten, 38, 96, 251
erleichtern, 56
erläutern, 91
ermordet, 254
ermutigt sie, 227
ermutigte, 35, 51, 58, 59, 166, 211, 240, 250
ermöglichen, 19, 64, 101, 102, 138, 170, 235, 253
ermöglichte, 39, 48, 52, 58, 59, 69, 94, 155
ermöglichten, 36, 37, 47, 67, 73, 115, 155, 246
ernsthaften, 20
erreichen, 15, 40, 63, 67, 68, 73, 84, 128, 130, 151, 204, 212, 221, 237
Erreichung von, 141
Errungenschaften von, 112, 243
erschweren, 99, 142, 157, 223
erschwert, 122, 148, 172
erschwerten, 84
Erschöpfung, 69
Ersparnisse zurückgreifen, 93
erste, 17, 51, 63, 64, 89, 251

ersten, 14, 16, 17, 31, 32, 35, 38, 43, 45, 49, 58, 67, 71–73, 133, 250
erstreckt, 191
erwartete, 155
erweitern, 67, 113, 195, 242, 266
erweiterten, 36, 49, 59
erzielt, 4, 10, 98, 108, 111, 127, 136, 140, 171, 201, 223
erzählen, 15, 20, 100, 102, 134, 196, 262
erzählt, 132, 222, 236, 237, 263
Erzählung, 20, 236
erörtert, 161
es, 6, 9, 12, 14, 15, 20, 21, 29, 35–41, 43, 47–50, 52, 55, 56, 58, 59, 61, 62, 64–67, 69, 70, 72, 73, 76, 80, 88, 89, 91, 94, 97–102, 106, 107, 109, 110, 113–115, 121–123, 125, 127, 129–135, 138, 141, 142, 144, 145, 147, 148, 155–157, 159–161, 165, 166, 170, 172, 175, 185, 188, 189, 191–193, 196, 199–201, 203, 204, 207–210, 213, 221, 223, 225, 228, 230–232, 235–238, 241–244, 246, 250, 252–254, 256, 257, 259, 261–263
Es bedarf einer, 7
Es bezieht sich, 130
Es gibt, 258
essenziell angesehen, 130
Ethnien und, 141
etwa, 131, 157
existieren, 153, 160, 209, 266

existierten, 246
Expertinnen, 13
externen, 226

Facetten, 231
Fachkräfte darin zu, 220
Faktoren, 148
Faktoren geprägt, 49
Familien abgelehnt werden, 135
Familienmitglieder von, 256
familiäre, 25, 26
familiären, 16
fand, 26–28, 32, 39, 57, 68, 70, 73, 155, 246
fanden, 49, 51, 62, 63
fasst, 244
fasziniert, 47
Fehler, 154–156, 250
Fehlern, 156
Fehlern effektiver werden, 167
Feier der, 142
feiert, 41
feindlich, 47
feindlichen, 29, 50, 200
Feld, 5
Feministen, 195
feministischen, 128, 131, 153, 166, 195
Fernsehsendungen, 9
fest, 37, 51, 61, 84, 155
festigen, 56, 57
festigte, 89
finanzielle, 92, 93, 193, 258
finden, 27, 38, 39, 46, 48, 49, 55–57, 59, 72, 92, 110, 149, 156, 158, 160, 161, 166, 191, 193, 250, 253, 256, 264, 265
Fluidität wichtige Einsichten, 13

Flut von, 91
fordert, 2, 193, 199
forderte, 52, 97, 210
Forderungen bietet, 128
Formen annehmen kann, 158
Formen auftreten, 130, 201
Formen kommen, 256
formen unser Verständnis von, 235
formt, 11, 14
formten, 28, 43, 68
formulieren, 21, 61, 189
formulierte, 209
forschen, 61
Forschungsprojekte zu, 93
Fortschritte, 85, 239
Fortschritte sieht sich, 4
Fortschritten, 10, 82, 95, 131
fortwährender, 98
fortzusetzen, 93, 213
Foucault argumentiert, 19, 152
Frage gestellt, 236
französischen Wurzeln, 25
Frau erheblich von, 236
frei, 21
Freiheit gaben, 240
Freunden, 39
freundlichen, 38
Freundschaften bieten, 37
Freundschaften innerhalb der, 246
Freundschaften mit, 68
Freundschaften sind, 66, 68
Freundschaften spielen, 68
Freundschaften zerbrachen, 92
frühen, 16, 25–29, 31, 32, 35, 37, 45, 67, 71, 148, 155, 166
fundierte Forschung, 61
fungieren, 57, 84, 132, 152, 178, 179, 189, 226, 252
fungierte, 51, 70

funktioniert, 166
Fähigkeit abhängen, 77
Fähigkeiten, 39, 58, 59, 64, 240
Fördergelder zu, 72
fördern, 5, 7, 9, 10, 15, 18, 19, 22,
    37, 40, 41, 50, 51, 57, 66,
    68, 70, 77, 80, 84, 91,
    105–107, 114, 123, 127,
    129–131, 134–136, 143,
    149, 153, 154, 156, 158,
    167, 173, 175, 185, 187,
    189, 192, 200, 201, 203,
    208, 213, 220, 222, 226,
    229, 236, 237, 242, 244,
    254, 256, 261, 262, 268
fördert, 82, 100, 156, 189, 211, 220,
    227, 255, 262
förderte, 25, 47, 59, 250
fühle ich eine, 20
fühlten, 2, 50
führen, 10, 19, 20, 29, 41, 47, 53, 56,
    66, 67, 73, 80–82, 89, 92,
    93, 99, 120, 126, 133–135,
    142, 153, 156, 157, 165,
    179, 188, 200, 208, 210,
    225, 241, 246, 252, 257
führender, 250
führt, 6, 9, 40, 53, 97, 104, 122, 135,
    140, 157, 170, 188, 220,
    225, 235, 236, 244, 261
führte, 3, 10, 25, 36, 47, 48, 50, 51,
    57, 59, 65, 67–69, 73,
    87–89, 91, 93, 95, 97, 109,
    145, 148, 155, 166, 172,
    187, 210, 242
führten, 26, 31, 35, 37, 39, 45–48,
    51, 56, 59, 72, 84, 93, 94,
    144, 250
für, 1–3, 9–23, 25–32, 35–65, 67,
    68, 70, 71, 73–75, 77, 80,
    82, 85, 87, 88, 91–98, 100,
    102, 104, 105, 107–111,
    113, 114, 116, 122,
    125–136, 138–141, 143,
    145, 148, 149, 151–154,
    156, 158–163, 165–167,
    169–175, 177–194, 196,
    197, 199–204, 206,
    208–211, 213, 219–223,
    225–230, 232, 233,
    235–237, 239–246,
    250–258, 260–267, 269
Für Viviane ist, 61
Für Viviane Namaste, 44, 47, 208

gab, 29, 35, 48, 50, 56, 58, 69, 72,
    89, 91, 166, 210, 240, 250,
    254
gaben ihr, 241
ganzen, 232
gar, 237
Gastbeiträge oder, 134
gearbeitet, 223
geben, 129, 199, 244
geboten, 251
gebracht, 28, 244
Gedanken, 256
gedeihen, 228
Gedenkfeiern bis hin zu, 160
Gedenkveranstaltungen, 160
geebnet, 16, 185, 201
gefeiert, 14, 23, 194, 255
gefunden, 141
gefährden, 122, 150, 208, 224
gefördert, 47, 66, 93, 100, 114, 129,
    134, 140, 143, 155, 183,
    191, 209, 210, 238, 253
Gefühl, 141

Gefühl der, 31, 32, 37, 46, 56, 67,
    80, 81, 92, 126, 140, 142,
    148, 160, 166, 209, 210,
    222, 225, 229, 241, 257
Gefühl von, 46
Gefühle, 27
geführt hat, 13
gegeben, 15, 18, 21, 133, 181, 192,
    220, 265, 266
gegen, 50
gegen Diskriminierung, 128
gegen gesetzliche, 122
gegen institutionelle, 152
gegen Transfrauen, 254
gegen Veränderungen, 127
Gegensatz dazu, 10, 201
gegenseitiger Unterstützung, 100
gegenwärtige, 3, 221
gegenüber, 4, 5, 10, 47, 50, 69, 71,
    84, 104, 108, 109, 119,
    122, 159, 201, 221, 251
gegenüberstand, 27, 50
gegenüberstehen, 11, 121, 123, 225
gehen, 45, 128
geht, 12, 100, 133, 142, 246, 262,
    265, 266
gehören, 106, 162
gehört, 73, 100, 122, 129, 130, 132,
    134, 143, 152, 166, 222,
    237
geleistet, 185, 255
gelenkt, 178
gemacht, 14, 16, 20, 28, 32, 166,
    174, 228, 240, 254
gemeinsam, 23, 57, 59, 74, 155, 160,
    182, 213, 230, 249, 251,
    260
Gemeinsam besuchten sie, 39
Gemeinsam engagierten, 36

Gemeinsam entwickelten sie, 251
Gemeinsam können, 243
Gemeinsam organisierten sie, 39
gemeinsame, 68, 100, 114, 130, 158,
    166, 173, 226
Gemeinschaften, 76, 82, 87, 93, 130,
    140, 158, 196, 238, 244,
    257
Gemeinschaften aufgebaut werden,
    158
Gemeinschaften kann dazu, 154
Gemeinschaften können, 213
Gemeinschaften oft, 207
Gemeinschaften stärkt, 131
Gemeinschaften zusammenhält, 207
Gemeinschaftliche Unterstützung
    kann, 139
gemischt, 72
gender, 225
Genderfragen befassen, 225
genommen, 10, 13, 190
genutzt, 98, 101, 102, 158, 174, 185,
    199
genügend, 133
geografische, 67
geplante Veranstaltung, 88
geprägt, 1, 3, 5, 13, 14, 21, 25, 26,
    28, 31, 35–37, 41, 46, 49,
    52, 56, 59, 64, 65, 71, 73,
    81, 97, 112, 141, 152, 156,
    171, 172, 192, 199, 213,
    226, 228, 243, 249, 254,
    263, 265, 269
gerecht wurde, 48
gerechten, 111, 127, 209, 260
gerechtere Welt, 203
Gerechtigkeit, 3, 20, 25, 27, 48, 58,
    70, 138, 179, 191, 206,
    211, 213, 219, 221, 228,

240, 243, 244, 254, 255, 262, 263
Gerechtigkeit steht, 208
gerückt, 222, 242
gesammelt, 64, 65, 219
gesamten Schülerschaft, 189
geschafft, 61, 172, 191
geschehen, 22, 128, 134, 230
Geschichte zeigt, 68, 192
Geschichten derjenigen, 21
Geschichten Gehör, 138
Geschichten konstruieren, 235
Geschichten sind, 235
Geschichten teilen können, 66
Geschichten von, 15, 18, 241
Geschichten überzeugt, 235
Geschlecht, 12, 14, 19, 21, 26, 41, 49, 50, 135, 209, 211, 219, 243, 252, 254
Geschlecht angezogen, 50
Geschlechterforschung, 67
Geschlechterrollen denkt, 26
Geschlechterrollen einfügen, 135
Geschlechterrollen wahrgenommen, 97
geschlechtsangleichenden Operationen, 224
Geschlechtseintrag ohne, 170
Geschlechtseintrag rechtlich zu, 193
Geschlechtsidentität, 6, 31, 134, 180, 226, 237, 239
Geschlechtsidentität als, 12
Geschlechtsidentität auszeichnen, 253
Geschlechtsidentität einhergingen, 26
Geschlechtsidentität ermöglichen, 170

Geschlechtsidentität rechtlich anerkennen, 97, 223
Geschlechtsidentität vollständig zu, 29
Geschlechtsidentität von, 204
geschlechtsneutrale Toiletten, 180
geschlechtsspezifischer Gesundheitsversorgung, 224
geschult, 6
geschärft, 15, 61, 96, 181, 183, 219, 221, 223
geschützt, 97, 134
Gesellschaften verteilt, 152
gesellschaftliche, 3, 5, 9–13, 20, 36, 46, 63, 84, 101, 102, 119, 122, 134, 159, 175, 178, 179, 187, 201, 221, 236–239, 243, 250, 251, 266
gesellschaftlichen, 2, 7, 11, 14, 15, 17, 19, 20, 25, 28, 31, 32, 36, 40, 45, 52, 61, 71, 89, 91, 116, 125, 127, 133, 138, 140, 153, 178, 189, 200, 219, 222, 226, 228, 236, 244, 256, 263, 264
Gesetze, 152, 229, 237
Gesetze das Ergebnis, 121
Gesetze kämpfen, 202
Gesetze zu, 61
Gesetzesänderungen sträuben, 97
Gesetzesänderungen zum, 172
Gesetzgebung, 140
gesetzlich, 40
gesetzliche, 17, 58, 98, 121–123, 237, 239, 254
gesetzlichen Regelungen, 97
gesetzt, 14

Index 291

gespielt, 26, 80, 242, 247, 254
gesprochen, 15, 92, 243
Gespräche, 145, 157, 250, 266
gestalten, 23, 133, 209, 239
gestärkt, 169, 174, 266
gesunde, 149
gesunder, 161
Gesundheit schützen, 163
Gesundheit von, 264
Gesundheitsorganisationen, 220
Gesundheitsproblemen führen, 20
Gesundheitsproblemen kämpfen, 243
Gesundheitswesen, 6, 61, 207
Gesundheitswesen hinzuweisen, 61
geteilt, 92, 114, 178, 186
getroffen, 81, 251
Gewalt, 46, 71, 87, 114, 126
Gewalt erlebt, 172
Gewalt führen, 133
Gewalt gegeben, 133
Gewalt gegen, 88, 127
Gewalt gegen Mitglieder der, 120
Gewalt konfrontiert, 125
Gewalt manifestieren, 243
Gewalt perpetuieren, zu, 116
Gewalt sind, 126, 254
Gewalt sowie, 17
Gewalt verbunden, 127, 157
Gewaltverbrechen gegen Trans-Personen, 133
Gewaltverbrechen gegen Transgender-Personen, 254
gewinnen, 69, 122, 240
gewonnen, 122, 167, 254
gewährleisten, 7, 162, 194
gewährleistet, 100
gewünschte, 155

gezielte Ansätze, 84
gezielte Maßnahmen, 212
gezielte Maßnahmen zu, 206
gezielterer, 156
gezwungen sah, 56
gibt, 17, 80, 91, 97, 99, 106, 114, 130, 134, 135, 141, 157, 170, 175, 185, 188, 200, 208, 223, 225, 228, 230, 236–238, 246, 252, 257–259, 261
gilt, 10, 99, 106, 107, 130, 157, 175, 200, 208, 228, 252, 259, 266
gipfelte, 93
Glauben, 188
glaubt, 61
glaubte, 37
gleich behandelt, 230
gleichberechtigten Gesellschaft, 209
gleichen Mittel wie, 99
gleichen Motivationen oder, 130
gleichen Rechte, 7, 203, 206, 211, 243
gleichen Ziele, 49, 253
Gleichgesinnte zu, 67
Gleichgesinnten konnte, 67
Gleichheit, 3, 179, 203
Gleichheit abhängt, 5
Gleichheit auf, 101
Gleichheit fördern, 229
Gleichheit ist, 239
Gleichheit spielen, 244
Gleichheit und, 3, 36, 63, 71, 138, 141, 185, 211, 219, 237, 254, 257, 263, 267
Gleichstellung noch lang ist, 114
Gleichstellung von, 223
gleichwertig behandelt, 209

globaler, 68, 194
globalisierten Welt, 201
globalisierten Welt sind, 110
Gremien sind, 122
Grenzen, 110, 201
Grenzen hinausgingen, 70
Grenzen hinweg, 207
Grenzen hinweg erweitern, 67
Grenzen hinweg zu, 242
Grenzen ihres Einflusses, 115
großer Bedeutung, 136, 189, 246, 264
Grundlagen, 14, 44, 264
Grundlagen als, 82
Grundlagen basieren, 192
Grundlagen der, 161
Grundlagen wie, 149
grundlegend, 263
grundlegendsten, 5, 128
Gruppen zusammenschließt, 195
Gruppenaktivitäten, 129
größere, 99, 201
größeren gesellschaftlichen, 28, 45
größten, 13, 63, 65, 69, 72, 84, 88, 96, 130, 147, 223, 236
Gründung von, 113, 240
Gründung zahlreicher, 10
gut, 61

haben, 2, 6, 7, 10, 13–15, 19, 26, 29, 32, 40, 41, 46, 61–65, 76, 81, 84, 94, 96–99, 101, 102, 109, 112, 114, 119, 121, 122, 130, 134, 140–142, 153, 154, 158, 160, 162, 166, 169–173, 175, 179, 183–185, 187, 188, 191, 196, 201, 203, 210, 211, 219–221, 223, 225, 226, 228, 236, 237, 239, 241–243, 247, 249, 251, 254, 255, 257–259, 264–266
half, 28, 35, 51, 57, 240, 242, 245, 247
halfen ihr, 49, 59, 149, 240, 250
halfen Viviane, 39
Haltung bekannt ist, 25
Haltung gegenüber, 122
Haltung von, 109
handelt, 155
Hass, 17, 125–127
Hassverbrechen gegen, 238
hat, 1–4, 9, 10, 12–22, 40, 41, 43, 47, 60–66, 75, 76, 80–82, 87, 92–94, 96–98, 100, 101, 105, 107–109, 112–114, 116, 121–123, 125, 127, 131, 132, 134, 135, 145, 148, 154–156, 160, 166, 171–174, 177–181, 183–186, 188–192, 199, 200, 209, 213, 219–223, 230, 239, 241–245, 251–255, 263, 265, 266
hatte, 25, 48, 58, 144, 250
hatten, 18, 28, 32, 39, 56, 63, 70, 172, 240
Hauptziele, 105
heilende, 160
Heilung, 161
Henri Tajfel, 56, 87
Henri Tajfel entwickelt wurde, 166
herausfordernd, 26, 32, 136, 142, 160, 171, 239
herausfordernden, 161
herausfordernden Welt von, 245

herausfordert, 14, 16, 243
Herausforderung, 48, 149, 152, 154
Herausforderung dar, 6, 38
Herausforderungen, 52, 68, 107, 132, 264
Herausforderungen der, 16
Herausforderungen gegenüber, 4, 10, 84
Herausforderungen konfrontiert, 19, 88
Herausforderungen sind, 223
Herausforderungen zu, 150, 250
herausragende, 1, 11, 19
Herkunft, 16, 25
hervorgehoben, 13, 17, 18, 160
hervorheben, 131
hervorzuheben, 15
heutigen, 47, 101, 125, 206, 231, 255
Hier konnte, 58
Hier sind, 144, 162
Hier wird der, 17
Hier wird Viviane, 18
Hierbei spielt, 264
hierfür, 10, 15, 30, 41, 56, 58, 62, 96, 122, 131, 144, 157, 195, 196, 200, 202, 203, 207, 208, 232, 254, 257, 261, 264, 265
hilft, 129, 220
hinausgeht, 1, 178
Hinblick auf, 196
Hindernisse Teil des Prozesses, 210
hinter, 19, 20, 98, 192
hinterfragt, 12, 144, 199, 243
hinterfragten, 89
Hintergrund gedrängt, 81
Hintergrund zu, 26
Hintergründe als, 125

Hintergründe besteht, 141
Hintergründen kommen, 166
Hintergründen stammte, 27
hinterlassen, 220
hinterlässt, 3
Hoffnung, 127, 138–141, 179, 189, 209, 226
Hoffnung innerhalb der, 139
Hoffnung manifestiert sich, 140
Hollywood, 196
homophobe, 53
häufig, 41, 104, 123, 125, 133, 144, 153, 243, 262
höhere Raten von, 87
Hürde dar, 172
Hürden, 226
Hürden ist, 13, 96, 236

ich einen, 21
ich einige, 265
ich glaube, 265
Ich hoffe, 266
ich innerhalb dieser, 266
Ich möchte auch, 266
identifizieren, 31, 42, 69, 191, 200, 210, 235, 241
identifizierte, 48
Identität sprechen konnten, 84
Identität wählen, 41
Identitäten beeinflussen, 135
Identitäten formen, 219
Identitäten innerhalb der, 157
Identitätsbildung, 56
Identitätstheorie basierte, 87
ihr, 14–18, 21, 26–29, 32, 35–37, 39, 43, 45, 47–52, 54, 56–61, 63–65, 67, 69, 74, 94, 97, 109, 113, 114, 144, 148, 149, 173, 179, 183,

185, 196, 213, 219–221,
223, 240, 241, 243, 244,
246, 247, 250, 253, 257
Ihr Einfluss, 191
Ihr Engagement, 2, 96, 129, 181,
223
Ihr Engagement zeigt, 91
Ihr Fokus auf, 255
Ihr unermüdlicher Einsatz, 80
Ihr Vater, 25
Ihr Vermächtnis, 188
Ihr Ziel, 66
ihre, 2, 3, 9, 10, 13, 15–18, 20, 21,
25–29, 31, 32, 35–45,
47–51, 53, 55–59, 61–70,
72, 73, 75, 76, 78, 80, 81,
84, 87, 89, 91–93, 95–97,
100, 101, 105, 108, 109,
112–116, 121, 122,
129–132, 136, 140, 142,
144, 145, 148, 151–158,
160, 162, 163, 165–167,
171–174, 177–180, 182,
183, 185–193, 196, 197,
199, 200, 202, 203, 207,
209–211, 219–224, 226,
227, 235, 236, 239, 240,
242–245, 247, 249–251,
253–256, 258, 262
Ihre Arbeiten, 13, 64, 183
Ihre Auftritte, 2
Ihre bedingungslose, 265
Ihre Erfolge, 114
Ihre Forschung, 61
Ihre Forschung zeigte, 46
Ihre frühen, 26, 28, 32
Ihre Fähigkeit, 61, 63, 178, 185, 191,
199, 223
Ihre Geschichte, 47, 70, 253

Ihre Initiativen haben, 220
Ihre Kampagnen haben, 10
Ihre Neugier führte, 36
Ihre Teilnahme, 181
Ihre Träume, 210
Ihre Unterstützung kann, 256
ihrem Aktivismus, 17, 149, 185,
247, 263
ihrem Einfluss, 191
ihrem Leben, 18, 209, 227, 247
ihrem persönlichen Aktivismus, 89
ihrem persönlichen Leben, 149
ihrem persönlichen Umfeld erlebt,
245
ihrem Umfeld, 213
ihrem Weg, 52, 242
ihrem Weg begleitet, 239
ihrem Weg erfahren, 18
ihren, 3, 11–14, 16–18, 20, 26, 29,
32, 35, 37–41, 44–48, 55,
57, 59, 67, 68, 75, 80, 82,
89, 122, 135, 148, 153,
156, 162, 170, 174, 181,
184, 185, 190, 193, 213,
220, 222, 223, 240–243,
246, 250, 254, 257
ihrer, 1, 2, 13, 16, 18, 25–27, 29–33,
35–39, 41, 43, 44, 46–51,
56–60, 62–70, 72, 73, 81,
82, 92–94, 96, 98, 103,
108, 112, 114–116,
121–123, 132–134, 136,
144, 145, 148, 149, 154,
155, 173, 174, 177–180,
183–185, 192, 199, 200,
203, 206, 209, 210, 219,
221–223, 226, 230, 237,
239–243, 245–247, 250,
251, 255, 264

Index 295

immer, 13, 48, 72, 123, 127, 145, 179, 199, 230, 236, 243, 245
implementiert, 113, 237
Implikationen, 12, 219
in, 1–3, 5–7, 9–23, 25–33, 35–53, 55–74, 76, 80–82, 84, 85, 87–89, 91–97, 99, 100, 103, 105, 106, 108, 109, 113–116, 119–123, 125, 127, 129–136, 138–142, 144, 145, 147, 150–158, 160–162, 165–167, 169–175, 178–181, 183–194, 196, 199–204, 206–211, 213, 214, 219–223, 225–232, 235–247, 249–258, 260–265, 268, 269
indigenen, 196
individuelle, 9, 52, 89, 119, 125, 134, 138, 156, 163, 175, 207, 210, 211, 219, 226–228
individuellen Wünschen, 209
Individuen, 7, 42, 187, 200, 253, 255
Individuen aktiv zur, 231
Individuen als, 21
Individuen anerkennen, 193
Individuen ihre, 40, 56
Individuen oder, 130
Individuen sich, 135
Individuen verbessert, 243
informieren, 57, 262
Initiativen wie, 262
Initiativen zeigt, 207
initiiert, 15, 17, 97
initiierte, 173, 244, 251
inklusive, 5, 7, 18, 23, 41, 54, 66, 73, 77, 85, 94, 98, 103, 123, 134–136, 153, 154, 158, 183, 185, 189, 194, 201, 203, 206, 209, 211, 225, 226, 233, 236, 239, 242, 243, 255, 262, 266
inklusiven, 3, 109, 111, 127, 175, 181, 200, 209, 211–213, 228, 252, 260
inklusiveren, 89, 105, 114, 141, 145, 257
Inneren, 233
inneren, 26, 31, 36, 250
Innerhalb der, 208, 236
innerhalb der, 2, 105, 143, 172, 196
Innerhalb weniger, 88
insbesondere, 7, 11, 14, 19, 29, 31, 36, 41, 45, 47, 48, 55, 71, 74–76, 80–82, 87, 92, 93, 98, 100, 108, 119, 125, 129, 130, 132–134, 136, 141, 142, 154, 158, 161, 165, 169, 171, 173, 189, 192, 197, 199–201, 206, 225, 235, 240, 245, 246, 254, 260, 263, 267, 269
Insbesondere meine Eltern, 265
Insgesamt, 37, 80
Insgesamt lässt sich, 61, 185
Insgesamt spielt, 262
Insgesamt zeigt, 253
Insgesamt zeigt sich, 64, 203
Insgesamt zeigt Viviane's, 70
inspirieren, 20, 59, 140, 179, 187, 191, 196, 221, 241, 253
inspiriert, 3, 81, 108, 109, 113, 156, 173, 188, 222, 241, 244, 255, 266
inspirierte viele andere, 89
institutionelle, 10, 13, 152

integrieren, 41, 73, 82, 135, 162, 167, 194, 222, 223, 229, 253
integriert, 82, 223
intellektuellen, 25
interkulturelle, 135, 136, 197
internationale, 94, 110, 111, 114, 123, 182, 201–203, 239
Internationale Konferenzen und, 239
internationalen, 18, 67, 68, 97, 114, 170, 178, 181, 183, 187, 202, 203
internationaler, 97, 205
internen, 58, 80, 82, 153, 210, 225
Intersectionalität von, 49
intersektionale, 131, 223
investieren, 93
isoliert betrachtet, 208
isoliert von, 223
ist, 1–3, 5, 6, 9–15, 18–23, 25, 26, 29, 32, 37–43, 45–50, 54–57, 59–68, 70, 73–75, 80–82, 84, 91–93, 96–101, 109–111, 113–115, 120–123, 125, 127–136, 138–145, 147–149, 151–158, 160, 161, 163, 165–167, 171–173, 175, 178–181, 183–185, 187–193, 195–197, 199–211, 213, 219–225, 227–233, 235–237, 239–244, 250, 251, 253–258, 260–264, 266, 269

Jahr, 10
Jahre festigen, 194
Jahrzehnten erheblich verändert, 169

James Baldwin, 27, 236
Janet Mock, 140
Je mehr, 63
jeden Menschen, 245
jeder, 16, 21, 23, 42, 66, 136, 156, 167, 173, 209, 213, 230, 232, 243, 244, 252, 253
Jeder Einzelne, 266
Jeder Einzelne kann einen, 230, 239, 244
Jeder Einzelne von, 22
Jeder kann einen, 213
Jeder Leser wird zu, 241
Jeder Schritt, 230
Jedes Kapitel bietet, 16
Jedes Mal, 178
jedoch, 149
jedoch auch, 142
jedoch Fortschritte, 127
jedoch viele, 40
jedoch Viviane, 50
jedoch weiterhin vor, 254
jemanden wie, 245
jene aussprechen, 239
Jerome Bruner, 235
John Turner, 56, 87
Journalisten aufgegriffen, 262
Journalisten helfen, 262
Journalisten sollten, 133, 262
Journalisten tragen, 262
Journalisten und, 184
Judentum, 134
Judith Butler, 12, 14, 19, 21, 36, 254
Judith Butlers Konzept der, 243
Jugendgruppen innerhalb der, 113
Jugendlichen, 109
Jugendlichen Raum geben, 199
Jugendzeit, 42
junge, 30, 43, 113, 136, 209, 229

Index 297

jungen Menschen, 109
junger, 47

Kampagne, 17, 58, 88, 89
Kampagne beinhaltete, 95
Kampagne erfolgreich, 93
Kampagne zielte darauf ab, 87
Kampf, 45, 48, 61, 64, 80, 116, 138, 199, 244, 260, 264
Kampf gegen Diskriminierung, 14
Kampf gegen Machtstrukturen, 154
Kanada, 25, 96
kann, 225
kann anderen Mut, 196
kann das Gefühl der, 188
kann dazu, 41, 135, 157
kann der, 80
kann eine, 134, 195
kann helfen, 128, 166
kann sowohl, 142
kann von, 160
Kapazitäten, 99
Karl Marx, 10
Karriere erkannt, 132
Karriere geprägt, 171, 249
Kategorien von, 21
Kategorien wie, 263
keine, 92, 93, 97
Kimberlé Crenshaw, 263
Kimberlé Crenshaw entwickelt wurde, 193
klaren Kommunikationsplans, 100
Klaus Müller, 250
kleinen Erfolge zu, 140
Kleinere, 99
knüpfte, 39
kollaborativen Ansatz wurde, 155
Kollegen entwickelt wurde, 68

kollektive, 11, 66, 71, 100, 138, 160, 161, 163, 167, 175, 210, 228, 231, 241
kollektiven Aktivismus, 209
kollektiven Bewegungen führen, 210
kollektiven Fortschritt, 228
kollektiven Veränderungen führen, 179
kollektiven Wachstums, 154
kollektiver Ebene stattfinden, 167
kollektiver Prozess ist, 266
kollektives Gefühl beschrieben, 206
kombiniert mit, 26
kommen, 175
Kommentare von, 53
Kommentaren führte, 91
Kommilitonin, 39
Kommunikationsfähigkeiten, 13
Kommunikationskultur, 158
Kommunikationsstrategien, 65, 156
kommunizieren, 186
kompetent mit, 95, 220
komplexe, 63, 101, 127, 129, 149, 178, 185, 186, 243, 247
komplexen Realitäten des Lebens von, 21
komplexer Prozess, 49
komplexes Phänomen, 120
komplexes Zusammenspiel von, 28
Komplexität der, 19, 56, 89, 154, 256
Komplexität dieser, 123
Komplexität menschlicher, 36, 235
Komplexität von, 13, 27, 36
Komponente im Kampf, 158
Konferenzen etabliert, 181
Konferenzen stärkte, 68
Konferenzen teilgenommen, 114, 178

Konflikt geprägt, 31
Konflikte, 167, 250
Konflikte innerhalb der, 17, 225
Konflikte ist, 225
Konflikte sind, 165
Konflikte zu, 166
Konflikte zwischen, 10
Konflikten, 29, 36, 41, 58, 65, 80, 157, 165–167, 210
Konflikten sein, 166
konfrontiert, 2, 5, 10, 14–17, 19, 20, 26, 27, 33, 35, 38, 40, 47–49, 51, 54, 55, 57, 59, 62, 63, 72, 80, 88, 92, 97, 103, 104, 109, 110, 121, 125, 128, 129, 133, 136, 138, 142, 144, 147, 170, 181, 199, 201, 207, 208, 210, 213, 219, 222, 223, 225, 231, 242, 243, 256, 257, 262–264, 266
konkrete Beispiele, 98
konkrete Maßnahmen gefördert, 183
konkreten Ergebnissen niederschlugen, 190
konnte, 26, 49, 57–59, 61, 64, 67, 68, 70, 73, 81, 96, 145, 182, 250, 251
konstruiert, 12, 19, 21, 50, 243, 254
Konstrukte, 7, 119
konstruktive Kommunikation, 145
konstruktiven Kritiken, 265
Konsumenten von, 255
Kontakt, 67, 114
Kontakte knüpfen, 67
Kontexte geprägt, 46
Kontexten abhängen, 36
kontinuierlich für, 221, 255

konzentrieren, 9, 54, 58, 66, 113, 141, 142, 239, 240
konzentriert, 13
konzentrierte, 58
Konzept von, 135
Konzept zu, 222
Konzepte von, 136
Kooperationen, 203
Kooperationen beleuchten, 98
Kooperationen können, 269
Kooperationen untersuchen, 267
korrekten Pronomen, 133, 262
korreliert, 61
kraftvolle Stimme, 11
kreative, 68, 84, 160
kreativem Ausdruck, 140
kreativen Ausdruck, 141
Kritik, 145, 148, 227
Kritik als, 145
Kritik bezüglich ihrer, 145
Kritik konfrontiert, 144
Kritik umzugehen, 144
Kritiken gibt, 185
kritisch zu, 51
kritische Stimmen, 89
kritischen Auseinandersetzung mit, 20
Kräfte aktiv gegen, 10
kulturell konstruiert, 50
kulturelle, 3, 11, 25, 26, 40, 41, 46, 135, 136, 141
Kulturelle Kontexte, 39
kulturellen Einflüssen, 28
Kulturwissenschaften miteinander, 50
kurzfristige Maßnahmen, 197
Kämpfe durchlebt haben, 241
Kämpfen, 153
Kämpfen von, 18

können, 5, 7, 9, 10, 13, 20, 22, 26,
    29, 30, 40–43, 53–55, 57,
    66, 80–82, 84, 89, 92, 97,
    99–101, 105, 107, 109,
    111, 116, 119, 120, 123,
    125–129, 131–133, 136,
    141–143, 145, 149–154,
    156–163, 165, 167, 170,
    171, 175, 188, 189,
    192–195, 197, 201, 203,
    206, 208–210, 213, 214,
    220, 222–226, 231–233,
    236–241, 243, 244, 246,
    252, 254–257, 260, 262,
    263, 267, 269
kümmern, 167
künftige Generationen von, 129
Künstlerische Ausdrucksformen wie,
    140

Langfristige Bildungsziele sollten,
    204
Langfristige Ziele, 205, 206
langfristigen Ziele, 203, 206
Lassen Sie, 23, 230, 244
Laufbahn, 49, 57, 60, 64, 240
Laufbahn von, 35, 66
Laufe der, 253
Laufe ihrer, 64, 94, 112, 174, 177,
    183
Laut dem, 254
Laverne Cox, 196
Leben, 8, 47, 75, 94, 96, 105, 200,
    222, 244, 245
leben, 40, 43, 187, 200, 209, 211,
    235, 240
Leben dar, 49
Leben von, 45, 158
Lebensbedingungen dieser, 264

Lebensbedingungen von, 14, 182
Lebensbereichen, 61
Lebensbereichen geführt, 113
Lebensbereichen kann dazu, 189
Lebensbereichen zeigen, 120
Lebensrealität von, 193
Legalisierung von, 10
legen, 14, 17
legt, 99, 192
legte, 52, 74
legten, 26, 29, 32, 35, 39
Lehrer, 15, 94, 113, 240, 249, 251
Lehrer ihre, 35
Lehrpläne, 189
Lehrpläne zu, 200
lehrten, 45, 65
leisten, 49, 59, 70, 173, 196, 213,
    230, 233, 239, 243, 263
leistet einen, 19
Lektion aus, 166, 167
Lektionen aus, 165
Lektionen gezogen, 156
Lernen, 22, 38, 59, 143, 156, 167
lernen, 58, 67, 73, 94, 105, 145, 149,
    154, 156, 167, 233, 239,
    244, 250, 253
Lernen aus, 167
Lernens, 155, 156
Lernprozess einbringen, 53
Lernumfeld und, 220
Lernumgebung zu, 94
Lesben, 3
Leser, 241
Leser folgende Schritte, 214
Leser spielen, 256
letzten, 10, 19, 76, 122, 169, 192,
    194, 237, 254
Letztlich kann die, 161
Libanon, 25

Licht, 242
Lichtstrahl, 141
liebevolles Umfeld, 26
lieferte, 61
lieferten, 64
literarischen, 27
Lobbyarbeit, 180, 193
lokal orientierte Gruppen, 99
lokaler, 111, 194, 244
Länder Fortschritte, 228
Ländergrenzen hinweg zusammenarbeiten, 110
Lösungen, 49, 264
Lösungen dazu, 84

macht, 239
Macht verantwortungsvoll, 134
machte, 58
machten, 80, 246
Machtkämpfen führen, 153
Machtstrukturen funktionieren, 193
Machtstrukturen ihre, 36
Machtstrukturen können, 151, 153
Machtstrukturen manifestieren, 153
Machtungleichgewichte können, 99
Mal bewusst, 31
Malta, 170
man, 129, 160, 193, 195
manchmal von, 92
Mangelnde Selbstfürsorge kann schwerwiegende Folgen, 162
manifestieren, 6, 92, 119, 141, 153, 173, 243
manifestierte sich, 241
marginalisiert, 255
marginalisiert wird, 19
marginalisierte, 80, 191

marginalisierten, 2, 9, 28, 73, 76, 81, 87, 130, 131, 142, 153, 166, 173, 188, 206, 255, 262, 264
Marsha P. Johnson, 188
Materie einzutauchen, 265
Max Horkheimer, 192, 199
Max Weber, 10
Maßnahmen, 205
Medienorganisationen, 134
medizinische, 224
medizinischen Gutachten und, 97
mehr, 2, 63, 72, 94, 99, 138
mehrere, 42, 62, 67, 69, 88, 93, 100, 160, 174, 182, 200
mehreren Initiativen beteiligt, 97
mehreren Ländern, 91
mehreren Schulen, 94
meine eigenen, 266
meine Perspektiven zu, 265
meinen, 265, 266
meiner, 265
Meinung beeinflusst, 98
Menschen konfrontiert, 47
Menschen motiviert, 206
Menschen spielt, 264
Menschen zusammenarbeiten, 130
Menschenrechte von, 97
Menschenrechtsorganisationen kann dazu, 202
Menschenwürde basieren, 203
menschlichen, 9, 27, 35, 45, 211, 235
menschlicher, 9, 36, 64, 206, 235
mentale, 129, 144, 167
mich geprägt, 265
Michel Foucault, 19, 36
Michel Foucault formuliert wurde, 152
Mikroaggressionen reichen, 222

Minderheiten, 142
Minderheiten stammen, 41
Minderheitenrechte, 92
mindern, 188
Mischung aus, 71
Misserfolg ausmachen, 66
Misserfolg ausmachen können, 240
Missverständnisse auszuräumen, 144
Missverständnisse können, 165
mit, 2, 5, 10, 13–17, 19–21, 25–29, 31–33, 35–41, 43, 45–52, 54, 55, 57–63, 67–70, 72, 73, 76, 77, 80, 81, 87, 88, 91–93, 95–100, 103, 104, 108, 110, 111, 114, 121, 125–129, 131, 133, 134, 136, 140–142, 144, 145, 147–149, 153, 154, 156–161, 166, 167, 170, 172, 175, 178, 181, 183, 184, 187, 191, 195, 196, 199–202, 207–210, 213, 219, 220, 222, 223, 225, 226, 231, 233, 235, 238–244, 250, 251, 253, 256–264, 266
miteinander, 19, 50, 179, 193, 263
mitgearbeitet, 97
Mitstreiter, 166
Mitstreiter auf, 210
Mitstreiter durchlebten, 165
Mitstreiter getroffen, 81
Mitstreiter konnten, 242
Mitstreiter nutzten, 167
Mitstreiter sahen sich, 72
Mitstreitern, 80, 82, 251, 253
Mittelpunkt der, 5
mobilisiert, 227

mobilisierte, 93
mobilisierten, 10
Mobilisierung, 82, 84, 127, 129, 194, 244
Mobilisierung entwickelt, 122
Mobilisierung kann auch, 128
Mobilisierungsaufrufe, 73
modernen, 77
monotheistischen Religionen, 134
Montreal, 25, 94
motivierte sie, 28
multikulturelle, 25
musste, 32, 48, 69, 70, 73, 84, 88, 93, 108, 109, 144, 148, 190
Mut, 73
Mut lobten, 89
Mut machen, 133
Mädchen gestellt, 25
möchte ich meiner, 265
möchten, 41, 239, 242
Möglichkeiten, 18, 73, 134, 152, 201, 203, 262
Möglichkeiten genießen wie, 7
Möglichkeiten wie, 206
Müller, 51, 240, 250
müssen, 13, 22, 40, 41, 47, 56, 77, 114, 122, 134, 153, 194, 197, 204, 223, 230, 236, 243, 264

nach, 6, 16, 29, 32, 33, 41–43, 45–48, 56, 66, 67, 92, 101, 114, 127, 138, 140, 141, 161, 166, 170, 179, 188, 204, 209, 221, 223, 237, 243, 269
Nach der, 62, 184
Nachdenken angeregt, 236

nachhaltigen, 16, 52, 61, 65, 109, 183
nachhaltiger, 93, 193, 194, 228
Nachhaltigkeit von, 80
nachzeichnen, 16
Nahen Osten, 201
Namaste, 2, 13, 148, 184, 185, 188, 191, 219–223, 255
Namaste betonte, 210
Namaste formulierte, 209
Namaste musste, 84
Namaste über, 210
Namastes Aktivismus, 91
Namastes Arbeit, 227
Namastes Arbeiten, 63
Namastes Forschung zeigt, 19
Namastes Fähigkeit, 91
Namens, 30
nationale, 94, 110, 201, 242
Natur, 12
Neben der, 49
Neben ihren, 220
negativ, 13, 41, 51, 88, 145, 172
negative, 35, 119, 122
negativen Einfluss, 43
negativen Erfahrungen hineingezogen zu, 73
negativen Kommentaren entmutigen, 227
negativen Konsequenzen, 188
negativen Reaktionen aus, 92
Netzwerken, 139
Netzwerken erkannt, 66
Netzwerken innerhalb der, 65
Netzwerken zwischen, 80
Netzwerks konnte, 68
Netzwerks können, 145
neue, 5, 61, 66, 77, 109, 114, 145, 173, 192, 199

neuen, 76, 109
neuer Anfang, 179
New York City, 3
nicht, 1–3, 6, 7, 9–14, 16, 19–21, 23, 25, 26, 28, 29, 31, 32, 36–42, 44–52, 55–68, 70–74, 76, 78, 80–82, 84, 87, 89, 91–94, 96, 98–100, 104, 105, 107, 109–112, 114, 119, 121, 122, 125, 127–131, 133–136, 138–145, 149, 152–156, 159–161, 163, 165–167, 170, 171, 173, 174, 177–179, 181, 183–189, 191–193, 195, 197, 199–201, 203, 206, 208–211, 213, 219–228, 230, 231, 233, 235–237, 239–246, 249–251, 253–258, 260, 262–266
Nicht zuletzt, 242
Normen geprägt, 31
notwendig, 40, 51, 63, 64, 68, 166, 193, 203, 221
notwendige emotionale, 247
notwendige Praxis, 191
notwendige Unterstützung, 260
notwendigen, 61, 65, 237, 240
notwendiger, 155, 239
Notwendigkeit, 163, 206, 253
Notwendigkeit bestehen, 116
Notwendigkeit betont, 41, 263
Notwendigkeit bewusst, 73
Notwendigkeit geprägt, 5
Notwendigkeit hingewiesen, 222
Notwendigkeit von, 18, 33, 61, 94, 138, 156, 162, 172, 187, 208, 225, 262, 269

Index

nun, 2, 63
Nur, 54, 93, 134
nur, 1–3, 7, 9–14, 16, 19, 20, 23, 25, 26, 28, 29, 32, 37–42, 44–52, 55, 57–68, 70, 71, 73, 74, 76, 78, 80–82, 84, 89, 91, 93, 94, 96, 98, 100, 104, 105, 107, 109, 111, 112, 114, 119, 121, 122, 125, 127–129, 131, 133–136, 138–141, 144, 152–154, 156, 159–161, 163, 165–167, 170, 171, 173, 174, 177–179, 181, 183, 185–189, 191, 192, 197, 199, 200, 203, 206, 209–211, 213, 219–224, 226–228, 231, 233, 235, 236, 239–244, 246, 249–251, 253–258, 260, 262–266
Nur durch, 7, 41, 116, 123, 125, 149, 158, 213, 226, 237, 269
Nutzen, 100
nutzen, 77, 122, 130, 134, 140, 145, 160, 192, 199, 207, 211, 244, 260, 262
nutzte, 67, 73, 155, 187, 227
nutzten, 167
Nutzung theoretischer Ansätze, 269
Nutzung von, 73, 76, 166
nützlichen Rahmen, 152

ob sie, 31
Obdachlosigkeit innerhalb der, 142
Objekte des Mitleids, 22
obwohl sie, 245

oder, 2, 9, 13, 16, 22, 30, 31, 40, 43, 48, 66, 67, 72, 80, 89, 92, 94, 119, 121, 123, 130, 134, 136, 152, 157–160, 170, 188, 191, 196, 207, 209–211, 213, 224, 225, 228, 230–233, 236, 237, 243, 244, 252, 255–257, 261
offen, 22, 39, 84, 125, 144, 155
offene, 35, 250
offenen, 25, 157
oft, 3, 6, 7, 9, 10, 12, 13, 15, 18, 19, 26, 28, 29, 31, 36, 38, 40, 41, 43, 45–47, 50–52, 55, 56, 58, 66–68, 70–74, 84, 91–93, 96, 97, 99, 109, 110, 114, 119, 121, 122, 130, 134–136, 141, 142, 144, 145, 147–149, 152, 155, 156, 158, 160, 161, 165–167, 170, 171, 175, 178, 184, 185, 192, 195, 200–204, 206–210, 213, 222–225, 228, 233, 235–237, 240, 243–245, 250, 253–255, 264
Oft fehlt es, 225
Oftmals kann es, 130
ohne, 43, 50, 67, 73, 84, 130, 157, 170, 220, 221, 223, 240
Opfer von, 71, 133, 243
Ordnung sei, 250
organisieren, 76, 199, 246
organisiert, 15, 113, 173, 255
organisierte, 59, 67
orientiert, 60
Orientierung, 209, 211, 243, 244
Orientierung befassen, 136

Orientierung bietet, 13
Orientierung noch, 26
Orientierung oder, 230
Ort, 25

passe, 72
Personen, 169
Personen eintritt, 171
Personen führte, 88
Personen helfen, 41
Personen konfrontiert, 51, 170
Personen oft, 170
Personen stellte, 56
persönlich, 240
persönliche, 20, 23, 29, 32, 37, 39, 42, 46, 47, 55, 65, 71, 73, 78, 91, 93, 112, 114, 147, 155, 157, 159, 161, 172–174, 178, 187, 191, 209–211, 232, 233, 235, 242, 243, 246, 256, 265
persönlichem Leben, 17, 147, 149
persönlichem Leben wird durch, 148
persönlichen Aufruf zum, 21
persönlichen Geschichte, 47
persönlichen Geschichten konnte, 61
persönlichen Gewinn, 37
persönlichen Ritualen reichen, 160
persönlicher, 92, 174, 210
Persönlichkeit wie, 189
plant, 66
politisch, 236
politische, 10, 11, 13, 17, 32, 61, 93, 94, 96, 98, 122, 123, 128, 141, 152, 173, 180, 181, 193, 197, 220, 229, 242, 254, 255, 262
politischen, 11, 13, 20, 49, 50, 61, 63, 89, 121–123, 140, 141, 145, 151, 193, 199, 203, 219, 222, 244, 254, 264, 267
politischer, 121, 122, 140, 194, 208
Polizeirazzien, 3
populistischen, 122
positiv, 70, 104, 185, 251
positive, 35, 56, 59, 77, 113, 129, 133–135, 153, 251, 260, 263
positiven Aspekte der, 80, 130, 175
positiven Aspekte des Mentorings, 250
positiven Aspekte von, 38, 246
positiven Auswirkungen, 257
positiven Auswirkungen von, 188
positiven Beitrag, 233
positiven Darstellungen können, 262
positiven Einfluss, 175
positiven Einfluss auf, 59, 189, 233
positiven Erfahrungen, 58
positiven Lebens, 188
positiven Möglichkeiten, 261
positiven Resonanz sah sich, 88
positiven Rückmeldungen der, 65, 107
positiven Unterstützung, 29
positiven Veränderung, 66
positiven Veränderungen, 73
positiven Vorbildern, 200
positiven Wandel, 262
postuliert, 19, 45
Potenzial ausschöpfen und, 54
Potenziale, 57
Potenziale sozialer, 77
praktisch, 60
praktischen, 6, 64–66, 125, 223
Praxis umzusetzen, 250
Print- als, 186

Prinzip der, 206
Prioritäten innerhalb der, 80, 142
Prioritäten setzen, 69
Prioritäten zurückzuführen sind, 58
produktiv, 152
prominente, 14, 19, 91, 254
prominenten Persönlichkeiten, 231
proportional, 63, 155
Prozess, 61, 166, 237
prägende, 43
prägender, 240
prägnante, 155
prägt, 123, 138
prägte, 25, 36
prägten, 26, 27, 42, 45, 80, 250
psychische, 20, 41, 46, 60, 92, 219, 222, 224, 264
psychologische Unterstützung, 65, 129
psychologischen, 45, 158, 243
psychologischer Unterstützung ist, 204

Quebecerin mit, 25

Rahmen des LGBTQ-Aktivismus, 64
Rasse, 21
Raten von, 61
rationale, 235
reagieren, 192
reagierte, 227
Realitäten, 254
Realitäten übereinstimmt, 52
Rechten von, 49, 115, 250
rechtlich anerkennen, 61
rechtliche, 3, 5–7, 10, 40, 41, 58, 62, 65, 89, 97–99, 133, 170, 201, 204, 206, 220, 237

rechtlichen Anerkennung, 170
rechtlichen Rahmenbedingungen, 169
reduzieren, 2, 129, 136
Reduzierung von, 94
reflektieren, 61
reflektiert, 18, 32, 251
Reflexionstheorie besagt, 167
Regelmäßige Pausen, 167
reichen von, 11, 121, 228
Reise, 47, 49, 68, 73, 179, 226, 239
Reise von, 16, 239
relevanter, 19, 82
Religiöse Überzeugungen spielen, 134
religiöser, 135
renommierten, 51
reproduziert werden, 56
Resilienz durch, 129
Resilienz einen, 228
Resilienz ist, 140
Resilienz kann durch, 227
Resilienz sind, 226
Resilienz und, 73
Resilienz werden, 18
Resilienz zu, 27, 129
respektieren, 262
respektiert, 23, 42, 66, 94, 103, 132, 134, 136, 143, 153, 194, 203, 209, 213, 220, 226, 236, 239, 255
respektvolle, 22, 158, 222, 225, 262
Ressourcen auszutauschen, 74
Ressourcen begrenzt, 65
Ressourcen konnte, 67, 81
Ressourcen zu, 246
Ressourcen zwischen, 110
resultiert, 91
richtet, 21

richteten, 251
Richtlinien, 70, 95, 109, 152, 180
Richtung Gleichstellung, 171
Risiko ausgesetzt, 133
Rituale können, 160
Rolle, 13
Rolle bewusst, 133
Rolle dabei gespielt, 254
Rolle gespielt, 80
Rolle im Prozess des Wandels, 257
Rolle spielen, 129, 179
Rolle stehen Akademiker, 13
Rückgang von, 104
Rückmeldungen der, 155
Rückschläge anzuerkennen, 140
Rückschritte anzukämpfen, 123
rückten, 71

s, 25, 26, 28, 31, 47, 67, 68, 70, 93, 172, 184, 185, 240–244, 251, 255
sah ihre, 209
sammeln, 49, 93
Schaffen, 26
schaffen, 7, 9, 14, 22, 37, 39, 41–43, 54, 57, 70, 73, 85, 91, 94, 98, 100–103, 107, 109, 121, 123, 125, 128, 129, 136, 138, 143, 145, 153, 156–158, 167, 173, 180, 183, 189, 191, 194, 199–201, 203, 206, 209, 211, 213, 220, 225, 226, 236–239, 242–244, 252, 256, 263, 265, 266, 269
schafft, 152, 166, 227
schließlich, 48
Schließlich ist, 193, 232

Schließlich mündete Viviane Namastes, 49
schmerzhaft, 31, 44, 45
Schmidt, 250, 251
Schreiben, 65, 160
schreiben, 49, 58
schrieb, 172
Schritt, 47, 49, 52, 57, 59, 70, 74, 89, 113, 171, 192, 193, 230, 258
Schritte von, 73
schuf, 26
Schulabbrüchen, 200
Schulen, 109
schulischen, 36, 37
Schulungen, 95
Schulungen können, 262
Schulungen sind, 105
Schulungen von, 107
schwierige, 80
Schwierigkeiten, 13
Schwierigkeiten führen, 93
Schwierigkeiten haben, 29
Schwierigkeiten konfrontiert, 27
schädlichen Verhaltensweisen kommen, 130
schärfen, 2, 10, 12, 15, 22, 37, 39, 47, 49, 54, 57, 70, 97, 105, 125, 133, 134, 136, 138, 153, 154, 160, 173, 185, 191, 200–202, 220, 227, 241, 242, 244, 257, 262, 265, 266
schärfte, 36
schätzen, 245
Schüler sicher, 94
Schüler über, 94
Schülern, 94, 220, 251

Index 307

schützen, 52, 73, 97, 144, 163, 203, 219, 254
sehen, 33, 142, 179, 201, 209, 227, 257
sei es, 256
seien, 256
sein, 30, 129, 147, 167
seine, 21, 25, 53, 232
seiner, 10, 23, 42, 209, 213, 230
seit, 3, 40, 97
selbst, 13, 20, 26, 29, 38, 56, 73, 81, 109, 127, 129, 130, 139, 144, 148, 156, 161, 172, 178, 179, 188, 210, 220, 221, 225, 230, 240, 241, 251, 262, 265, 266
Selbstbehauptung, 47
Selbstbewusstsein, 35
Selbstfindung, 42
Selbstfürsorge, 162, 167
Selbstfürsorge betont, 161
Selbstfürsorge ergeben, 161
Selbstfürsorge ist, 163
Selbstfürsorge sind, 129
Selbstfürsorge sowie, 149
Selbstfürsorge zu, 73
Selbstvertrauen zu, 240
Selbstwertgefühl, 29
sensationalisiert, 9, 261
Sensationalisierung, 133
sensibilisieren, 61, 172
Sensibilisierung, 222
Sensibilität, 104, 113, 225, 262
Sensibilität gegenüber, 50, 251
setzte, 10, 73, 109
Sexualität, 21
Sexualität befasst, 50
Sexualität betrachtet, 223
Sexualität oder, 209

Sexualität oft, 203
sich, 2–7, 9–11, 13–16, 20–23, 25–33, 36–43, 45–61, 63, 64, 66, 67, 70–74, 76, 77, 80, 82, 84, 88, 89, 91–94, 97–99, 102, 103, 105, 108, 109, 113, 114, 116, 119, 120, 122, 123, 125–127, 129–136, 139–143, 145, 148, 149, 151–159, 161, 165–167, 169–173, 178, 179, 181, 182, 184, 185, 187–191, 193–195, 197, 199–203, 206, 209–211, 219–223, 225–230, 233, 235, 237–241, 243–247, 250–255, 257, 259, 262, 264, 266
sicher, 22, 38, 40, 55, 57, 94, 103, 109, 155, 200, 240
sicherer, 105
sicherstellt, 93
sichtbar, 20, 93
Sichtbarkeit, 2, 3, 5, 77, 100, 102, 142, 171, 175, 197, 236, 266
sie, 2, 9–17, 19, 20, 25–29, 31, 32, 35–39, 41, 43, 45–51, 56–61, 63–65, 67–70, 73, 77, 78, 80–82, 84, 87, 92, 93, 95, 100, 103, 108–110, 113, 114, 121, 123, 128, 129, 131, 133, 136, 138, 140, 142–145, 148, 149, 152–158, 163, 167, 170, 172, 177–179, 181, 183, 187, 190, 197, 199, 203, 207, 209, 220, 221, 223, 226, 227, 235, 236, 240,

242–246, 249–257,
262–266
sieht sich, 5, 10, 159
signifikant, 61, 200
signifikante, 91, 264
sind, 2, 3, 5–16, 18–20, 22, 26–29,
31, 32, 35, 36, 40, 43,
45–49, 51, 52, 54, 55, 58,
62–66, 68, 76, 78, 82, 84,
89, 91, 92, 96–100,
102–107, 109–112, 114,
119–123, 125–127, 129,
130, 133, 136, 138–144,
147, 149, 151–153,
157–159, 162, 165, 167,
169–171, 174, 175, 177,
179, 181, 183, 185–189,
192, 194, 196, 197,
199–203, 205–207, 213,
219–229, 232, 233,
235–243, 246, 252–258,
260, 262–266, 269
Situationen zurückziehen, 67
skizziert, 16, 18
sogar Gewalt, 257
solche, 19, 47, 58, 81, 87, 104, 135,
160, 173, 178, 187, 240,
254
Solche Situationen können, 30
solchen, 57, 65, 100, 141, 181, 203,
207, 242
solcher, 98, 113
solidarischen, 131, 209
Solidarität innerhalb der, 209, 222
sollte von, 269
sollten, 22, 26, 70, 129, 130, 133,
134, 155, 157, 196,
204–206, 209, 262, 268
somit, 28, 63, 82, 163, 263, 264

sowie, 5, 11, 16, 17, 44, 82, 98, 108,
134, 149, 158, 161, 183,
237, 258, 267
sowohl, 5, 10, 11, 13, 21, 26, 27, 32,
35, 37, 48–50, 52, 54, 78,
82, 84, 116, 123, 125, 132,
136, 138, 142, 147, 151,
154, 159, 160, 167, 175,
183, 186, 191, 194, 210,
221, 223, 226, 237, 264
sozial konstruiert, 19, 21, 254
soziale, 5, 7, 9, 10, 14, 25, 27, 36, 37,
39, 42, 43, 45, 46, 52, 54,
58, 66, 67, 70, 76, 77, 80,
92, 93, 100, 101, 128, 129,
141, 160, 170, 175, 191,
197, 199, 206, 207, 220,
241, 255, 262–264, 266
sozialem, 209
sozialem Druck, 38
sozialem Rückhalt, 247
sozialen, 3, 10, 15, 17, 22, 31,
35–39, 48–50, 52, 56, 62,
67, 73, 76, 87, 92, 120,
123, 139, 142, 149, 151,
152, 154, 165–167, 173,
192, 195, 199, 201, 206,
207, 210, 219, 221, 222,
226, 228, 230, 233, 235,
240, 243, 246, 254, 256,
264
sozialer, 21, 77, 91, 98, 141, 208, 262
Sozialwissenschaft, 226
Sozialwissenschaft wird, 206
Sozialwissenschaften bis hin zur, 47
Soziologin Lisa Diamond, 13
Spannungen abzubauen und, 166
Spannungen bezüglich der, 166
Spannungen führen, 80, 142, 157,

165, 208
Spannungen innerhalb der, 252
Spannungen zwischen, 141, 225
Spektrum von, 89
Spenden, 232
Spenden angewiesen, 72
spezifische, 80, 106, 129, 141, 196, 240
spiegelten, 38, 89
spielen, 9, 11–13, 57, 58, 68, 77, 101, 103, 105, 129, 131, 134, 179, 187, 196, 199, 244, 245, 256, 257
spielt, 9, 22, 55, 132, 136, 156, 166, 171, 179, 197, 204, 208, 212, 229, 241, 262, 264
spielte, 25, 35, 188, 211
Spitze, 58
späten, 3
später, 26, 37
späteren, 26, 29, 32, 35, 36, 39, 43–45, 50, 52, 185
stammten aus, 25
stand, 48, 172
Standpunkte, 165
starren, 21, 222
starten, 73
Statistiken zeigen, 19, 133, 243
Statistiken zeigten, 71
Stattdessen argumentiert Butler, 243
stattdessen Unterstützung von, 149
stattfindet, 15
steht, 63, 109, 158, 208, 242, 254, 255
steigern, 162
stellte, 38, 45, 49–51, 56, 68, 69, 84, 155
stellten, 89
stereotype, 13, 109, 153, 189

Stereotypen beruhen, 119
Stereotypen resultieren, 8
stereotypisiert, 22, 236
Stiftungen, 258, 260
Stiftungen danken, 266
Stigmatisierung von, 134, 136, 159, 221
Stimme, 172
Stimmen aus, 134
Stimmen der, 21, 73, 100, 131, 155, 255, 262
Stimmen derjenigen, 130, 237, 244, 257
Stimmen dieser, 189
Stimmen gehört, 122, 132, 143, 166, 222
Stimmen innerhalb der, 152, 175, 236, 269
Stimmen von, 2, 19, 188, 264, 266
Strategien sah sich, 84
strategisch, 98, 153, 185, 192, 246
Strategische Allianzen, 165
strategischen, 100, 128
strategischer, 112, 166, 187
Streben nach, 127, 179
Strudel der, 73
strukturelle Ungleichheiten, 219
struktureller, 264
Strömungen nutzen, 122
Studien belegt, 46
Studien kam es, 62
Studien konnte, 49
Studienzeit Gleichgesinnte, 246
Studierende ihre, 55
ständig, 5, 22, 61, 129
ständige, 73, 92, 132, 140, 148, 154, 159, 172
ständigen, 26, 92
ständiger Angst vor, 71

stärken, 9, 27, 58, 61, 70, 80, 84, 87, 97, 114, 129, 130, 161, 163, 167, 239, 242, 251, 260, 262, 265
stärkere, 96, 128, 143, 145, 153, 154, 195
stärkeren Einbeziehung der, 155
stärkeren Stimme, 166
stärksten Quellen der, 139
stärkt, 57, 100, 131, 156, 166, 179, 227, 262
stärkten, 39, 50, 68, 145
stößt, 53
stützen, 13
suchen, 32, 65, 149
systematische, 52
systematischen, 142
systematischer, 125
Säule von, 240

Teamarbeit auftreten können, 150
teil, 49
Teilen, 256
Teilen Asiens, 201
teilgenommen, 61, 114, 178
Teilnahme von, 56
Teilnehmer berichten, 104
Teilnehmer zeigen, 107
Teilnehmerzahl, 155
teilte, 155
Tendenz ausgesprochen, 172
Thema, 237
thematisieren, 16
thematisiert, 17, 19, 185, 222
thematisierte, 46
Theodor Adorno, 192
Theodor W. Adorno, 199
Theoretikerin der, 254
Theoretische Ansätze wie, 21, 192

theoretische Grundlagen, 98
theoretischen, 3, 14, 20, 80, 96, 125, 149, 161, 190, 192, 197, 221, 223, 242, 254
Theoretischer Ansatz, 167
theoretisches Wissen mit, 52
Theorie mit, 183
Theorien behandelt, 45
Theorien von, 184
Theorien wie, 193
tief, 7, 71, 91, 119, 120, 125, 127, 151
tiefer, 265
tiefere, 69
tiefgreifenden Einfluss auf, 39, 41, 63, 107, 123, 223, 240
tiefgreifenden gesellschaftlichen, 2, 244
Tod von, 158
traditionellen, 36, 41, 135, 152, 254
Traditionen erweiterte ihr, 36
tragen, 12, 105, 109, 133, 138, 153, 160, 189, 201, 256, 262
tragende, 240
transformieren, 105
transgender, 157, 191, 236
Transgender-Schüler, 181
transidente, 134, 135, 263, 264
transnationale, 111
Transpersonen ihre, 66
Transpersonen konzentrieren, 66
Trauer gegenüber, 159
Trauer verstärken, 159
Trauerbewältigung, 159
Trauermärschen oder, 160
trauern, 160
Trauernde ihre, 160
Treffen, 100
treibender, 141

Index 311

treten, 67, 81, 114
Triumphe von, 236
trotz, 88, 141, 226, 255
Trotz der, 14, 19, 29, 38, 56, 58, 59, 73, 76, 80, 82, 84, 88, 99, 100, 103, 106, 111, 114, 127, 130, 135, 157, 175, 188, 200, 208, 221, 223, 236, 238, 246, 250, 252, 254, 257, 259–261
Trotz dieser, 4, 28, 170, 172, 259
Trotz Fortschritten, 237
Trotz ihres Erfolgs sah sich, 108
Trotz seiner, 10
trugen, 27, 32, 49, 59, 95, 133
trägt dazu, 241
Träume, 189, 209–211
Typen von, 258
tätige, 99

Uganda, 202
umfassen, 52, 54, 100, 151, 204, 206, 221
umfasst, 2, 3, 93, 147, 237, 254, 264
umfasste, 88
Umfeld, 13, 22, 50, 57, 70, 92, 156, 180, 189, 206, 209, 244
Umfeld abhängt, 43
Umfeld führen, 200
Umfeld geboren, 31
Umfeld geschaffen, 251
Umfeld ist, 57
Umfeld kann, 56
Umfeld zu, 41, 43
Umgang, 17, 126, 127, 144, 145, 148, 166, 167
umgeben, 27, 253, 257
Umgebung, 191
Umgebung spielte, 25
Umgebungen leben, 200
umgehen, 13, 220
umgeht, 92, 95, 129
umgesetzt, 88, 156, 194
umgewandelt, 210
umzusetzen, 64, 250
unbestreitbar, 185, 209
und, 1–3, 5–23, 25–29, 31–33, 35–78, 80–82, 84, 85, 87–89, 91–105, 107–116, 119–123, 125–136, 138–145, 147–163, 165–167, 169–175, 177–197, 199–213, 219–233, 235–247, 249–258, 260–267, 269
unerlässlich, 9, 21, 57, 58, 85, 110, 111, 121, 139, 143, 156, 171, 194, 197, 199, 201, 206, 229, 230, 251, 258, 263
unermüdlich dafür, 222
Ungerechtigkeiten, 9, 36, 45
Ungerechtigkeiten aufmerksam, 207
Ungerechtigkeiten ermöglichen, 19
Ungerechtigkeiten kann zu, 92
Ungleichheiten hinzuweisen, 243
universelle, 29
uns, 5, 21–23, 66, 194, 209, 213, 230, 233, 244, 257
unschätzbarem, 3, 59, 114, 167, 201, 240, 265, 266
unsere, 22, 66, 194, 233, 244
Unter, 57
unter, 85, 97, 100, 122, 200, 223, 251
untergraben, 130
untermauern, 14, 190
untermauert, 19, 242

unterrepräsentiert, 122, 188
Unterschiede auf, 39
Unterschiede innerhalb der, 142
Unterschiede können, 42
Unterschiede Viviane Namastes Erfahrungen, 40
Unterschiede zwischen, 237
unterschiedliche, 58, 141, 142, 144, 145, 166, 172, 196, 201, 208, 225, 236, 246, 253, 263
Unterschiedliche Ansichten über, 72
Unterschiedliche Zielsetzungen, 99
unterschiedlichen, 89, 91, 99, 142, 143
unterschätzen, 55, 98, 100, 240, 253
unterstreichen auch, 223
unterstützen, 5, 41, 47, 55, 93, 101, 135, 189, 199, 213, 228, 237, 241, 243, 253, 257, 267
unterstützende, 39, 54
unterstützenden, 47, 66, 80, 145, 200, 210, 227
unterstützten, 48, 91
untersuchen, 1, 16, 31, 40, 44, 91, 101, 108, 134, 139, 158, 189, 197, 219, 267
untersucht, 5, 12, 17, 237
unterteilen, 42, 165
unverzichtbar, 103, 236
unverzichtbarer Bestandteil des Aktivismus, 100, 131
unverzichtbarer Bestandteil des gesellschaftlichen, 11
unwohl, 53, 67
unzureichend, 221
unzähliger, 1, 243
USA, 10, 207, 254

verabschiedet, 122, 170
veranstaltete, 59
Veranstaltungen, 181
Veranstaltungen dazu, 189
Veranstaltungen geschehen, 128
Veranstaltungen können, 160
Veranstaltungen sind, 232
Verantwortung, 233
verantwortungsbewusster über, 172
verbessern, 7, 45, 48, 61, 62, 91, 95, 96, 105, 156, 167, 193, 224, 227
verbessert, 96, 220, 243
verbesserten Unterstützung, 113
Verbesserungen gibt, 170
verbieten, 207, 229
verbinden, 52, 61, 70, 183
verbindet, 50
Verbindungen, 59, 251
verbreiten, 12, 19, 67, 73, 76, 101, 103, 185, 192, 200
verbreitete, 237
Verbreitung von, 132, 241, 256, 260
verbunden, 19, 27, 28, 76, 82, 93, 96, 100, 111, 127, 140, 157, 187, 200, 209, 210, 258, 260
Verbündete, 130, 131
verdeutlichen, 17–19, 33, 57, 59, 61, 89, 93, 162, 170, 197
verdeutlicht, 5, 43, 63, 143, 155, 178, 247, 254
verdient, 16, 244, 266
vereinte, 77, 143, 153, 195, 269
verfasst, 62, 183
verfolgten, 67
Vergessenheit geraten, 20
Vergleich, 170, 208
Verknüpfung von, 209

verkörpert, 2, 16, 82
Verlauf von, 78
Verluste, 159
vermeiden, 166, 167
Vermeidung, 133
vermitteln, 13, 129, 134, 189
vermittelt, 66, 101, 192, 244
vermittelte ihr, 27
vermittelten, 210
vernetzen, 45, 58, 74, 114
Vernetzung, 127, 129
verringern, 9, 160
verschiedene, 5, 16, 19, 45, 51, 73, 82, 91, 106, 127, 141, 148, 149, 156, 157, 165, 208, 227, 254, 256, 258, 263, 265
verschiedenen, 1, 3, 6, 7, 10, 11, 15, 18, 25, 27, 36, 37, 41, 44, 47, 49, 52, 56, 58, 60, 64, 68, 80, 88, 91, 97, 109, 110, 113, 114, 119–121, 123, 125, 130, 133–135, 139, 142, 143, 157, 158, 166, 172–174, 178, 180, 185, 187–189, 193, 196, 197, 201, 203, 207, 219, 221, 222, 225, 231, 235, 239, 244, 250, 256, 258, 261, 267
verschiedener, 25
versicherten, 250
Versorgung zu, 222
verspottet, 31
verstand, 72, 245
verstehen, 6, 14, 19, 21, 29, 36, 38, 41, 45, 47, 55, 123, 125, 144, 150, 152, 156, 166, 193, 201, 206, 209, 210,
220, 221, 235, 266
Verstorbenen, 160
Verstorbenen gedenken, 160
verständnisvolle, 57
verstärkt, 19, 46, 91, 119, 209, 221
versuchen, 135
verteilen, 142
vertritt, 181, 241
verursachte, 148
verwendet, 61, 243
verwurzelt, 71, 120, 125, 141, 151
verwurzelte, 7, 119
verzerrt, 261
verzerrten, 9, 51
verändern, 15, 114, 153, 189, 209
verändert, 1, 10, 11, 14, 19, 76, 81, 169, 173, 179, 243
Veränderung beitragen kann, 266
Veränderung bieten, 167
Veränderung möglich ist, 2, 5, 66, 73, 213, 243, 244
Veränderung von, 189
Veränderungen, 9, 10, 45, 64, 68, 70, 76, 84, 89, 93, 114, 116, 126, 128, 140, 171, 173, 200, 208, 209, 211, 225, 228, 237, 241, 250–252, 262, 269
Veränderungen betrachtet, 169
Veränderungen bewirken, 149
Veränderungen bewirkt, 93
Veränderungen bieten, 181
Veränderungen dienen kann, 61, 145
Veränderungen gegeben, 181
Veränderungen herbeizuführen, 64, 91, 100, 125, 127, 129, 251
Veränderungen interessiert sein, 99
Veränderungen könnte wie, 11
Veränderungen liegt, 244

Veränderungen sind, 169
Veränderungen vorantreibt, 197
Veränderungen voranzutreiben, 171
veröffentlichen, 63
Veröffentlichung, 62, 184
Veröffentlichungen, 61
Viele, 109
Viele Akademiker, 13
Viele Aktivisten, 92, 160
Viele Gesundheitsdienstleister, 6
Viele Initiativen, 72
Viele Jugendliche, 108
Viele LGBTQ-Personen, 236
Viele Länder haben, 121, 223
vielen akademischen, 69
vielen Bildungseinrichtungen gab, 50
vielen Ebenen geführt, 3
vielen Erfolge gibt, 114
vielen Fällen sind, 121
vielen Gemeinschaften gibt, 135
vielen Gesellschaften sind, 188
vielen Ländern, 254
vielen Ländern gibt, 97, 230, 237
vielen Ländern ist, 6, 200, 204
vieler, 33, 61, 70, 91, 96, 123, 220
Vielfalt Montreals, 26
vielfältig, 8, 11, 46, 89, 121, 151
vielfältige, 253
vielmehr, 12, 179, 231
vielschichtige, 197
Vielzahl, 25, 37
Vielzahl von, 5, 6, 27, 47, 54, 59, 87, 105, 106, 129, 183, 184, 239, 254
Viktor Orbán Gesetze, 122
Virginia Woolf, 27
virtuell, 160
Visionen, 210, 211
Viviane, 26, 28, 31, 68, 241–243

Viviane als, 14, 15
Viviane auch, 36, 38, 48, 51, 108, 172
Viviane begann, 45
Viviane begegnete diesen, 72
Viviane beleuchtet, 17
Viviane berichtete, 31
Viviane betont, 114
Viviane betonte, 166, 167
Viviane betrachten, 249
Viviane betrachtet, 61
Viviane betrachtete, 37
Viviane bewirken konnte, 73
Viviane bleibt ein, 179
Viviane ein, 45
Viviane entscheidend, 51
Viviane entschied sich, 50
Viviane entwickelte, 35, 65, 67, 72
Viviane erkannte, 73, 156, 165, 166
Viviane erkannte früh, 64
Viviane erkennen, 251
Viviane erlebte, 37, 50, 56, 58, 67, 92, 246, 250
Viviane ermutigte, 166
Viviane fand, 27, 68, 246
Viviane half, 245
Viviane hat, 14, 40, 92, 93, 113, 114, 172, 186, 243, 252, 253
Viviane hatte, 58, 250
Viviane ist, 15
Viviane konfrontiert, 17, 243
Viviane lernen, 244
Viviane lernte, 65
Viviane manifestiert sich, 178
Viviane mehrere, 182
Viviane mit, 166
Viviane musste, 48, 70, 73, 109
Viviane möglicherweise, 26

Index

Viviane Namaste, 1, 2, 10, 11, 14, 16–21, 28, 31, 32, 35, 37, 39–43, 45, 47, 49, 55, 57, 59, 60, 62, 64–66, 68, 70, 71, 73–75, 80, 82, 84, 89, 91, 94, 96–98, 100–103, 105, 107, 109, 112, 121–123, 125, 127, 129, 131, 132, 134, 145, 147–149, 154, 156, 158, 160, 161, 165, 169, 171, 173, 174, 177, 179–181, 183, 185, 187–192, 199, 200, 209, 211, 213, 219, 221–223, 228, 239, 244, 245, 247, 251, 253–256, 258, 260, 263
Viviane Namaste als, 16
Viviane Namaste gegeben, 18
Viviane Namaste innerhalb der, 16
Viviane Namaste lässt sich, 2
Viviane Namaste mehrere, 100
Viviane Namaste selbst, 13, 81, 144, 262
Viviane Namaste Selbstfürsorge praktizieren, 163
Viviane Namaste spielen, 105
Viviane Namaste von, 61, 255, 260
Viviane Namaste wird deutlich, 226, 243
Viviane Namaste wird Solidarität, 206
Viviane Namaste wurde, 25, 26
Viviane Namaste's, 26, 93, 185
Viviane Namastes, 48, 52, 57, 87
Viviane Namastes Aktivismus, 17, 78, 91, 116, 130
Viviane Namastes Biografie, 257
Viviane Namastes Einfluss, 194
Viviane Namastes Engagement, 201
Viviane Namastes Erfahrungen, 167, 175
Viviane Namastes erste, 63, 64
Viviane Namastes Leben, 18, 20, 68, 211, 251
Viviane Namastes Leben kann nicht, 249
Viviane nutzte, 73, 187
Viviane operiert hat, 221
Viviane sein, 30
Viviane selbst, 178, 251
Viviane setzte, 109
Viviane sich, 26, 56
Viviane sowohl, 35
Viviane spielte, 35
Viviane spielten eine, 240
Viviane teilte, 155
Viviane trat zunächst, 58
Viviane und, 50, 72, 94
Viviane verkörpert, 16
Viviane verschiedene, 51
Viviane vertritt, 241
Viviane veröffentlichte, 49
Viviane von, 27, 32, 59, 241
Viviane vor, 48, 69
Viviane wachsen, 251
Viviane war, 47, 50, 58, 72
Viviane wird als, 16
Viviane wuchs, 25, 36
Viviane wurde, 31, 73, 89, 245
Viviane zeigt, 244
Viviane zeigte schon früh eine, 36
Viviane über, 32
Vivianes Beitrag, 114
Vivianes Engagement wird auch, 66
voller, 18, 73
vollständige, 223

von, 1–3, 5–7, 9–22, 25–33, 35–39,
  41, 43, 45–71, 73–78,
  80–82, 87–89, 91–98,
  100, 101, 103–107,
  109–116, 119, 121, 123,
  125–136, 138–145, 148,
  149, 151–163, 165–167,
  169–173, 175, 178–185,
  187–190, 192–197,
  199–204, 206–213,
  219–233, 235–247,
  249–258, 260–267, 269
voneinander, 105, 239, 253
vor, 5, 6, 13, 41, 43, 48, 66, 67, 69,
  71, 84, 91, 109, 114, 123,
  152, 157, 158, 170, 172,
  188, 204, 221, 223, 236,
  237, 242, 243, 254, 255
voranzutreiben, 171, 185, 192, 206,
  242
Vordergrund, 222
Vordergrund treten, 81
vorderster, 12
Vorfall, 50
Vorfälle sollte nicht, 133
vorherrschen, 109
Vorstellungen kämpfen, 109
Vorstellungen von, 203, 254
Vorträge, 12
Vorurteile gegenüber, 69, 71
Vorurteilen geprägt, 156
Vorurteilen konfrontiert, 26

wachsende Unterstützung, 91
wahren, 132
Wahrnehmung, 19, 153, 171, 243
Wahrnehmung verändert, 10
Walter Fisher, 235
Wandel, 15, 41

Wandel von, 231, 233
Wandels, 10
war, 17, 25–29, 31, 32, 35, 36, 38,
  39, 45–52, 55–59, 65,
  67–74, 80, 84, 87–89, 91,
  93–95, 109, 113, 144, 145,
  148, 155, 187, 200, 209,
  210, 220, 239–241, 243,
  246, 250, 265
waren, 3, 14, 16, 25, 26, 28, 29, 32,
  35–37, 44–46, 48, 51, 56,
  58, 59, 65, 70–73, 80, 88,
  89, 91, 95, 108, 210, 211,
  240, 245, 251, 265
warum, 265
Weber, 10
Weg begleitet, 265
Weg gewählt habe, 265
Weg stehen, 213
wegweisend, 44
Wehr setzen, 122
wehrten, 3
weil sie, 67, 142
Weise, 14, 40, 76, 101, 153, 221,
  222, 227, 240, 263
weiter, 76, 89, 92, 122, 179, 189,
  192, 194, 199, 237, 260
weitere, 6, 59, 128, 166, 195, 232,
  240
weiterentwickelt, 5, 197, 237
weiterer, 15, 19, 36, 48, 92, 100, 113,
  140, 156, 192, 193, 199,
  200, 225, 229, 237, 241
weiteres Hindernis, 224
weiteres langfristiges Ziel, 205
weiterhin, 88, 129, 185, 223, 244
weiterhin aktiv bleibt und, 114
weiterhin als, 179
weiterhin bestehen, 206

Index

weiterhin diskutiert, 136
weiterhin Engagement, 5
weiterhin mit, 231
weiterhin Räume schaffen, 237
weiterhin Vorurteilen, 221
weiterhin zusammenarbeiten, 123, 203
weiterzumachen, 241
Welt spielt, 55
Welt zu, 14
wenig, 31, 56, 63
weniger, 47, 53, 88
wenn es, 12, 133, 262
Wenn Leser ihre, 256
wenn Menschen, 2
wenn Menschen zusammenarbeiten, 243
wenn sie, 178
Werbung, 155
Werdegang von, 17
werden, 1, 3, 5, 9–11, 13, 15–22, 26, 28, 31, 37, 40, 44–47, 52, 56, 58, 60, 63, 64, 66, 67, 69, 71, 73, 74, 76, 77, 80–82, 88, 91–93, 97, 98, 100, 101, 108, 109, 111–114, 119, 122, 123, 127, 129, 130, 132–136, 138–143, 145, 152, 153, 155–158, 161, 163, 166, 167, 169, 170, 183, 185, 189, 192–197, 201, 203–205, 208–210, 214, 219, 221–223, 226–228, 230–232, 235–239, 241–245, 249, 250, 254–256, 258, 261, 263, 266–268
werfen, 20, 94

Werkzeug, 48, 244
Wert, 3, 59, 114, 167, 201, 265, 266
Wert von, 18
Werten bei, 10, 189
Werten geprägt, 41, 152
Wertschätzung, 265
wertvolle, 21, 64, 67, 156, 165, 194
wesentlich, 256
wesentliche Rolle, 242
wesentlicher Aspekt, 200
wesentlicher Aspekt des Aktivismus, 173
wesentlicher Aspekt von, 15
wesentlicher Bestandteil des Aktivismus, 75
wesentlicher Bestandteil des Verständnisses, 115
wesentlicher Bestandteil ihrer, 29, 66
wesentlicher Bestandteil ihres Einflusses, 191
wichtig, 9, 14, 20, 26, 38, 41, 43, 49, 65, 70, 80, 89, 114, 115, 122, 123, 125, 131, 132, 134, 140, 143–145, 148, 153, 160, 166, 172, 175, 178, 188, 191, 193, 196, 199, 201, 203, 209, 210, 213, 221, 232, 237, 242–244, 246, 250, 253, 257
wichtige Akteure, 61
wichtige Fähigkeiten, 59
Wichtige gesetzliche, 17
wichtigen, 13, 20, 28, 39, 45, 49, 171, 266
wichtiger Aspekt, 185, 193
wichtiger Aspekt der, 156, 229
wichtiger Aspekt sind, 241

wichtiger Bestandteil des gesellschaftlichen, 89
wichtiger Einflussfaktor, 36
wichtiger Faktor, 48
wichtiger Schritt, 192
wichtiger theoretischer Ansatz, 199
widerspiegeln, 26, 177, 256
widerspiegelt, 236
Widerstandsfähigkeit, 28, 122, 138
Widerstände, 239
widriger, 141
Widrigkeiten, 127
wie, 5–7, 10, 11, 14, 18–22, 25–27, 31, 32, 36, 38, 40, 41, 43, 44, 47, 56, 58, 60, 61, 63, 65–67, 70, 73, 76, 80, 82, 84, 87, 89, 91, 92, 96, 99, 101, 114, 121–123, 125, 129–132, 134, 139–141, 145, 149, 152, 153, 156–161, 163, 169, 170, 179, 188, 189, 192, 193, 199, 201, 204, 206–208, 210, 220, 221, 223, 224, 226, 227, 231, 232, 235–238, 240–243, 245, 246, 250, 251, 253–256, 260, 262, 263, 266
wieder, 127, 199, 244
wiederholte, 12, 243
wiederum, 178, 225
wir, 1, 7, 11, 16, 20–22, 31, 40, 42, 44, 52, 64, 66, 91, 94, 96, 98, 101, 108, 116, 125, 134, 138, 143, 150, 158, 189, 192–194, 197, 199, 203, 206, 207, 209, 213, 219, 222, 226, 227, 230, 233, 235–237, 239, 242–245, 249, 254, 258, 260, 261, 266, 267, 269
Wir danken, 243
wird, 3
wird auch, 179
wird maßgeblich von, 77
wirken kann, 207
Wirksamkeit von, 10
Wirkung verdeutlichen, 197
Wirkung von, 256
wirtschaftliche, 5, 7, 170, 206
wirtschaftlichen, 87, 226
Wissen allein nicht, 64
Wissen Macht, 37
Wissen zu, 19, 103
Wissen über, 12
Wissenschaftler, 264
wissenschaftlichen, 49, 62, 183, 242
wodurch ihre, 262
Wohl, 143, 206, 221
Wohl einer, 228
Wohlbefinden, 41, 167, 222, 226
Wohlbefindens können, 149
Wohlergehen, 206
Wohlergehen der, 22
Wohlergehen von, 130, 269
wollen, 70
wollte, 49, 209
wollten, 210
Wort, 209
wuchs, 25, 35, 36
wurde beispielsweise, 184
wurden, 10, 25, 28, 38, 39, 51, 58, 59, 61, 62, 73, 88, 91, 94, 95, 97, 98, 109, 113, 133, 144, 148, 156, 158, 166, 169, 173, 201, 210, 251, 254, 255, 262
wussten, 63

wählte sie, 69
Während, 72, 89, 91, 225
während, 41, 43, 49, 50, 57, 58, 63, 77, 129, 148, 155, 158, 246
Während dieser, 93
Während ihre, 115, 116
Während religiöse, 136
Während sie, 38
Würde, 226
Würde der, 230
würdigen, 254

z, 63
zahlreiche, 15, 42, 46, 48, 56, 65, 75, 78, 81, 93, 94, 149, 154, 173, 177, 200, 222, 223, 228, 238, 244, 251
Zahlreiche Gesetzesentwürfe, 173
zahlreichen Herausforderungen, 223
zahlreichen Konferenzen teilgenommen, 61
Zeichen dafür, 243
zeigen, 3, 5, 19, 43, 46, 73, 82, 104, 107, 120, 127, 129, 133, 136, 145, 167, 188, 189, 196, 200, 219, 232, 241, 243
zeigt, 242
zeigt sich, 152, 170
zeigte, 89
zeigte wenig, 56
zeigten, 60, 71, 72
Zeit brauchte, 72
Zeiten, 130, 138, 239, 253, 265
Zeitschriften veröffentlicht, 61
zentrale, 9, 18, 22, 57, 60, 68, 179, 208, 211, 226, 256, 262
zentraler, 35, 61, 96, 103, 121, 127, 141, 144, 154, 161, 189, 192, 201, 209, 219, 228, 237, 260
zentrales Thema für, 41
zentrales Ziel, 3, 211
Ziele, 67, 130, 173, 189
Ziele erreichen, 68, 151
Ziele kontinuierlich anpassen können, 100
Ziele können, 206, 252
Zielen, 100
zielen darauf ab, 220
zielt, 19, 180, 211
zog, 59, 202
zu, 2, 3, 5–7, 9, 10, 12–23, 25–29, 31–33, 35–41, 43, 45–59, 61–74, 76, 77, 80–82, 84, 85, 87–89, 91–107, 109, 110, 112–116, 120–123, 125–136, 138, 140–145, 147–150, 152–158, 160–163, 165–167, 170–175, 178–180, 183–189, 191–197, 199–204, 206–214, 220–225, 227–230, 232, 233, 235–247, 250–257, 259–263, 265, 266, 268
Zudem können, 236
Zudem wird, 17
Zugang bleibt oft, 224
Zugehörigkeit oder, 211, 252
Zugehörigkeit schufen, 210
Zugehörigkeitsgefühl formen, 45
Zugehörigkeitsgefühl innerhalb dieser, 254
zugeschnitten, 95
zugrunde, 151
zugänglichen, 186, 204
zugänglicheren Formaten zu, 63

Zuhause, 25
Zukunft, 209
zukünftige Initiativen dienen können, 192
zukünftige Konflikte zu, 167
zum, 3, 16, 18, 21, 23, 28, 31, 35, 80, 130, 172, 184, 185, 208, 236, 244, 256
zunehmend, 21, 71, 201
Zunächst, 100, 265
zunächst, 58, 67
Zunächst einmal, 221
Zunächst sollten, 157
zur, 3, 5, 10, 11, 13, 14, 16, 18, 19, 22, 41, 47–49, 52, 58–63, 65, 66, 68, 70, 73, 80–82, 84, 89, 91, 93, 94, 97, 105, 109, 113, 114, 121, 122, 127–129, 131, 136, 140, 141, 145, 148, 152–155, 160, 161, 166, 171, 181, 183, 185, 188, 189, 192, 194, 196, 199–201, 204, 208, 210, 213, 219, 220, 227, 229–231, 235, 237, 239, 242, 244, 251, 255–257, 260, 263–266, 269
zusammen, 166, 244
Zusammenarbeit, 59, 80, 82, 98, 99, 110, 111, 114, 128, 131, 158, 172, 183, 195, 201–203, 226, 242, 252, 253, 260, 262, 266–269
Zusammenarbeit innerhalb der, 142
Zusammenfassend lässt sich, 7, 11, 13, 16, 20, 26, 32, 39, 41, 43, 54, 57, 63, 77, 82, 102, 105, 109, 116, 127, 136, 141, 151, 171, 173, 181, 187, 191, 194, 197, 199, 201, 221, 226, 233, 247, 257, 264
zusammenfasst, 69
zusammengebracht werden, 145
zusammengefasst, 94
Zusammenhalt innerhalb der, 166
Zusammenhang, 222
Zusammenhang mit, 159
zusammenhält, 207
Zuschauer ihre, 91
zusätzlich belastete, 93
Zusätzlich können, 129
zuvor wenig, 63
zwischen, 7, 10, 17, 21, 26, 31, 36, 40, 41, 55, 56, 66, 69, 80, 82, 97, 110, 121, 128, 131, 135, 141, 142, 147–149, 157, 158, 171, 173, 185, 195, 203, 209, 225, 237, 239, 240, 244, 262

Ängste, 122
Ängste teilen, 210
Émile Durkheim argumentierte, 207
Öffentlichkeit erreichen, 128
Öffentlichkeitsarbeit, 171, 172
Überleben, 138, 139, 228
Überlegungen als, 84
Überwinden, 210
Überzeugungen gegenüber, 119
Überzeugungen resultieren, 136
ähnliche, 28, 32, 58, 67, 96, 240, 241, 246
ähnlichen, 33, 38
ältere, 199
äußern, 53

öffentliche, 9, 10, 22, 51, 81, 91, 95, 98, 131, 153, 185, 255, 261
öffentlichen, 2, 9, 20, 63, 68, 93, 97, 128, 147, 172, 188, 201, 222, 262
öffentlicher, 169, 173
über, 1, 2, 5, 11–13, 15, 17–20, 22, 26, 30, 32, 35, 36, 38, 39, 45, 47, 49, 51–53, 56–60, 62, 63, 65, 67, 70, 72, 84, 88, 89, 91, 93–95, 97, 104, 110, 113–116, 128, 131–133, 136, 140, 141, 153–157, 166, 172, 173, 178, 183, 184, 187, 189, 191, 196, 207–212, 219, 223, 225, 229, 232, 242–244, 246, 251, 252, 256, 262, 263, 265, 266
überschneiden, 159, 193
übersehene, 167
überstehen, 28
übertrieben, 72
überwältigend, 95

Milton Keynes UK
Ingram Content Group UK Ltd.
UKHW030745121124
451094UK00013B/950